21世纪高等学校
经济管理类规划教材
高校系列

SPSS DATA ANALYSIS

SPSS数据分析实用教程（第2版）

李洪成 张茂军 马广斌 编著

ECONOMICS AND MANAGEMENT

人民邮电出版社
北京

图书在版编目（CIP）数据

SPSS数据分析实用教程 / 李洪成，张茂军，马广斌编著. -- 2版. -- 北京 : 人民邮电出版社，2017.3
21世纪高等学校经济管理类规划教材. 高校系列
ISBN 978-7-115-44528-5

Ⅰ. ①S… Ⅱ. ①李… ②张… ③马… Ⅲ. ①统计分析－软件包－高等学校－教材 Ⅳ. ①C819

中国版本图书馆CIP数据核字(2017)第005234号

内 容 提 要

本书以 SPSS 19 和 SPSS 22 中文版进行编写。本书首先从实用角度讲解统计分析的基本概念和理论，通过数据仿真讲解了随机数、随机变量、分布函数、密度函数、抽样分布等基本概念和理论；然后从实际案例入手详细介绍了描述性统计分析、假设检验、相关分析、回归分析、方差分析、聚类分析、主成分分析、因子分析、判别分析和典型相关分析等相关知识。本书通过大量的实际案例来解析数据分析的技术和技巧，通过本书的学习，读者可以锻炼和提高数据分析技能，掌握数据分析的技巧。

本书将统计分析的基本原理和数据分析的实践相结合，可作为高等院校统计学教学的实训教材，也可作为市场分析、定量分析等从业人员的参考用书。

◆ 编　　著　李洪成　张茂军　马广斌
　责任编辑　武恩玉
　执行编辑　孙燕燕
　责任印制　杨林杰
◆ 人民邮电出版社出版发行　　北京市丰台区成寿寺路 11 号
　邮编　100164　　电子邮件　315@ptpress.com.cn
　网址　http://www.ptpress.com.cn
　北京捷迅佳彩印刷有限公司印刷
◆ 开本：787×1092　1/16
　印张：21　　　　　2017 年 3 月第 2 版
　字数：568 千字　　2025 年 1 月北京第 14 次印刷

定价：49.80 元

读者服务热线：(010)81055256　印装质量热线：(010)81055316
反盗版热线：(010)81055315

前　言

在过去的几年中，信息基础设施的建设越来越完善。很多企业的大型数据仓库业已建立，并积累了大量的历史数据。对这些数据的利用和发掘，进一步找到有用的信息，发现过去经营中所蕴含的规律成为大家关注的焦点。电信、金融业、农业等很早就在经营活动中大量应用统计分析的工具；制造业、零售业和政府部门等也开始大规模地应用统计分析工具。随着电子商务的蓬勃发展，像京东、百度、阿里巴巴、1 号店等也都广泛地应用统计技术来深入挖掘它们的数据。随着统计工具在经济生活中应用的深入，对统计方法和统计工具的要求变得更加迫切。

作为数据分析和建模的基本工具，机器学习、数据挖掘等成为目前热门的技术。作为数据分析的理论基础学科，统计学的理论和实践变得同样重要。在了解统计学基本理论的基础上，掌握统计学在实践中的应用技术和技巧变得尤其重要。

写作背景

SPSS（Statistical Product and Service Solutions，统计产品与服务解决方案）统计分析软件以其易用性和强大功能已成为最流行的数据分析工具之一。由于 SPSS 软件图形界面友好、上手快，它已经成为国内高校中讲授得最多的统计分析软件之一。一般而言，只要学过基本的统计学课程，就可以在 2～3 周内学会应用 SPSS 进行基本的数据分析；没有经过统计学训练的读者，也可以在 2～3 周内掌握 SPSS 软件的基本操作。考虑到两种不同背景的读者，编者从教学工作的实际需要出发编著了本书。具有统计学理论训练的读者，可以通过本书的案例，学习实际数据分析的经验和技巧；没有学习过统计学理论的读者，可以从本书提供的理论背景中掌握数据分析的思想。

本书内容

本书主要侧重于 SPSS 在实际工作中的应用，结合实际的案例来系统讲述 SPSS 的相关应用。本书的统计学知识部分主要参照教育部“统计学”课程教学规范的内容要求。全书共分为 14 章，第 1 章～第 9 章主要内容为：统计分析和 SPSS 软件简介、数据文件的建立和管理、描述性统计分析、概率论初步、均值的比较、非参数检验、相关分析、回归分析、方差分析，这些是统计学课程的核心内容。第 10 章～第 14 章为多元统计分析方法，它们分别为：聚类分析、主成分分析、因子分析、判别分析和典型相关分析。本书各章基本上是各自独立的，读者可以从第 1 章开始按顺序阅读，也可以选择感兴趣的章节进行阅读。对于统计学的实训课程，如果为 2 个学分，可以选择第 1 章～第 8 章的内容。如果为 3 个学分，可以选择第 1 章～第 14 章的全部内容。

本书特点

本书的每一部分都是从实际案例入手来讲述 SPSS 软件的实现，对结果给出解释，并对分析过程给出相应的建议。本书具体特点如下。

（1）采用 SPSS 统计分析软件的较新版本——SPSS 22 中文版。介绍了最新的相关功能，如非参数检验、图表构建程序、两步法聚类等。本书的所有例子适用于 SPSS 16 之后的所有版本。

（2）从实际的案例入手，大部分数据取材于 SPSS 自带的案例数据或者 SPSS 的实际应用案例。

（3）对相应的分析选项和分析结果给出了详细的解释。

（4）每章的后面给出了相关的思考和练习题；读者可以对相关的内容和技巧进行练习。

感谢

本书是多人共同努力的结果，马广斌编写了第 10 章和第 11 章，张茂军编写了第 13 章和第 14 章。徐晓琴、曾凯、曹文伟、李红军、赵鹏等也参加了本书的编写。同时，本书的翻译得到了国家自然科学基金（项目编号 71461005）和广西高校数据分析与计算重点实验室的资助，在此一并表示最衷心的感谢！

技术支持网站

由于编者水平有限，书中难免有不足之处。如有偏颇之处，恳切希望读者批评指正。本书应用到的数据可以在人民邮电出版社教育社区网（www.ryjiaoyu.com）网站下载，也可以访问网站 http://www.datamining.com.cn/books。本书还提供技术支持网站：http://www.javathinker.net/hong。

在该网站，读者可以下载本书的案例数据、勘误信息。如果是采用该书作为教材的教师，可以下载本书的教学课件、习题答案和其他教学辅助文件。

李洪成

2016 年 10 月 12 日

目　录

第1章 统计分析和SPSS软件简介

【本章学习目标】

- 统计分析的基本概念和有关术语。
- 统计数据的分类。
- 常见的统计分析软件以及它们的特点。
- 明确SPSS统计分析软件的主要应用领域。
- 明确SPSS主要模块及功能。
- 了解SPSS的安装方式和SPSS的界面，掌握SPSS运行的几种方式。
- 学习SPSS帮助系统。

现在，数据已经成为日常生产、经营和决策分析必不可少的元素，而对数据的分析和洞察成为日常决策的重要一环。SPSS数据分析软件是目前该领域应用最为广泛的软件之一，它可使用户以快捷、易用的方式应用统计分析的知识，对数据进行整理、分析和可视化，并以清晰的方式向用户呈现出数据分析的结果。SPSS使得人们对数据的理解与洞察变得更加方便，从而可以帮助人们做出更好的决策。本章首先介绍了统计分析的基本概念和进行统计分析的步骤，介绍了数据的类型，并给出了常见的统计分析软件的简单介绍；其次介绍了SPSS软件的特点、主要功能和安装方法；最后介绍了SPSS软件的几种运行方式及界面、窗口和帮助系统的相关内容。

1.1 统计分析的基本概念

统计学是研究收集数据、整理数据，总结和分析数据中所蕴含的信息，并且据此得到结论以解决特定问题或者辅助决策的一门科学。同时，统计学可以提供衡量决策的置信程度（决策的置信区间和置信度）。按照大统计学家C. R. Rao（C. R. 劳）的说法："今天，统计学已发展成为一门媒介科学，它研究的对象是其他学科的逻辑和方法论——做出决策的逻辑和验证这些决策的逻辑。统计学的未来依赖于向其他学科领域内的研究者正确传授统计学的观点；依赖于如何能够在其他知识领域内将其主要问题模式化。"①

统计学研究的对象是数据，后者是用于得到结论或者做出决策所依据的"事实"或者"证据"。数据的一个重要特征是它的变动性。一个班级中所有学生的身高都相同吗？当然不同！它们是因人而异的。每个人的头发的颜色相同吗？答案也是否定的。因此，不同的个体之间是有变化的。统计分析的目的之一就是描述数据的变动性，并且寻找和理解引起数据变化的原因。

统计学研究的对象的全体所组成的集合称为**总体**（Population）。在实际中，总体是很难获得

① [美] C.R.劳. 统计与真理：怎样运用偶然性. 北京：科学出版社，2004-7。

的。有时候总体过于庞大，我们不可能得到研究对象所有成员的相关资料。例如，研究上海市 18 岁的青少年的身高时，上海市所有 18 岁的青少年的身高将是总体，但我们很难得到总体的所有数据。另外一种情况下，获取总体数据的成本太大，或者道德因素等不允许获取。例如，研究某种治疗癌症的新药的效果，那么研究的对象应该是全体服用该新药的癌症病人，然而在明确该药的确有效之前，不可能把该新药应用于所有癌症病人。基于以上原因，总体数据总是难以获得的。我们一般选取总体中有代表性的一个子集合进行研究，该子集称为**样本**（Sample）。大部分情况下，数据分析是基于样本的。

统计学上常常通过一些数值指标来描述总体的特征，这些指标称为总体的参数（Parameter）。用来描述样本特征的指标称为统计量（Statistic）。一般而言，统计量是样本所蕴含信息的概括和浓缩。

统计学可以分为描述性统计（Descriptive Statistics）和推断性统计（Inferencial Statistics）。描述性统计主要进行数据的整理和汇总，其相关过程可以通过描述性统计量、统计图和统计表等工具来进行。而推断性统计则是关于把从样本数据中得到的结论推广到总体，并衡量该结果应用于总体数据的可靠性的方法的集合。

统计分析是指应用统计学的概念和方法对数据进行分析和汇总，得出结论，从而辅助决策的过程。统计学为统计分析提供理论依据和方法论。下面分别介绍统计分析的步骤和统计分析的对象——数据。

1.1.1　统计分析的步骤

一般进行一次完整的统计分析，需要经过以下过程。

（1）认识研究的问题，明确研究目标。

（2）收集和研究目标有关的数据。获取总体数据一般是很困难或者比较昂贵的，典型的做法是获取总体的一个子集，即样本。数据收集在统计分析过程中是十分重要的。如果收集的数据不正确，那么所有的分析都是没有任何意义的，即所谓“分析的是错误数据，得到的是错误结论（Garbage in，Garbage out）”。

（3）对数据进行描述性统计分析。通过描述性统计分析指标或者统计图表，对数据有一个概括的认识，从中洞察出可以应用的分析方法。

（4）进行统计推断。应用适当的统计方法，把从样本中得到的结论推广到研究对象的总体，并且给出该结论的可信程度。

（5）应用分析结果进行决策。

进行一项统计分析项目，一般都要经过以上 5 个步骤。我们在学校学习的统计学教材主要讲解步骤（3）和步骤（4）。步骤（2）一般在“抽样调查”课程中讲解。上述过程如图 1-1 所示。

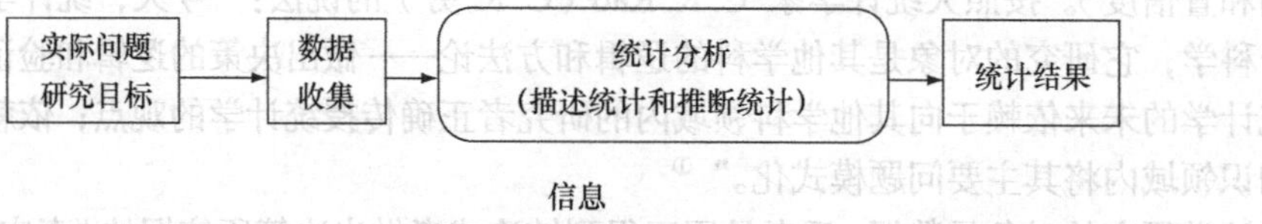

图 1-1　统计分析过程图

1.1.2　数据的类型

1. 定性变量和定量变量

我们一般把分析的个体的特征称为变量。每个个体的特征的具体取值即为该变量的观测值，即数据。根据个体特征的不同，数据（或者变量）也呈现出不同的特征。例如，如果研究银行客户的行为特征，则我们关心的用户特征有姓名、年龄、性别、受教育的年数、个人收入水平、家庭收入、工作年数、存款余额等。

这里，姓名、性别两个特征是**定性变量**，或者称为**分类变量**，其相应的观测值为**定性数据**。性别有两个合法的取值：男和女。大部分情况下，用数值编码来代表这两个取值，如用数值 0 表示男，用 1 表示女。这里的数值 0 和 1 只是表示个体的特征不同，但是没有具体的数量意义，所以它们之间的任何数学运算（加、减、乘、除等）的结果是没有意义的。而像年龄、受教育的年数、个人收入水平、家庭收入、工作年数、存款余额等变量则不同，它们的不同取值除了表示个体的特征不同之外，还具有具体的数量意义。这些变量被称为**定量变量**，其相应的观测值则为**定量数据**。如年龄变量，某个体年龄 18 岁，表示该个体的年龄特征的取值为 18，并且该取值具有具体的数量意义，18 岁是小于 19 岁，并且比 17 岁的个体大 1 岁，而定性变量则没有这一层数量意义。定量变量之间的数学运算结果是有具体意义的。例如，甲的年龄为 24 岁，乙的年龄为 22 岁，则 24-22=2（岁），表示甲的年龄比乙要大 2 岁。

根据取值的特征，定量变量又分为**离散变量**和**连续变量**。离散变量的所有可能的取值是有限的，或者所有可能的取值是可以一一列举的，如性别变量只有两个可能的取值。而连续变量理论上任何两个取值之间都有无限多个可能的取值，其取值可以精确到任意位数。例如，上例中的年龄的取值一般为整数，如 18 岁、19 岁、20 岁等是可以列举出来的。而存款余额的取值一般是不可以列举的，理论上存款人民币 1 900.01 元和人民币 2 000 元之间可以有无限个可能的存款余额值。

变量的分类关系如图 1-2 所示。

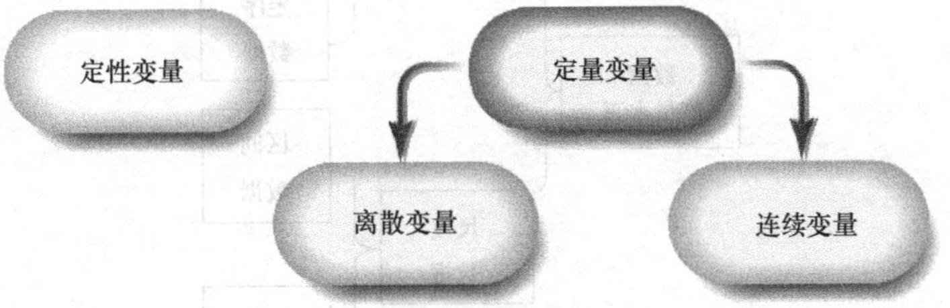

图 1-2　变量类型

2. 变量的度量尺度

根据变量的类型，统计数据也有相应度量尺度（Scale of Measurement）。定性变量对应的数据的度量水平为分类数据，根据取值是否具有内在的大小关系，分类数据又分为**名义数据**（Norminal）和**有序数据**（Ordinal）。定量变量对应的数据的度量水平为**尺度数据**（Scale），尺度数据又称为定距数据。根据零值是否具有意义，尺度数据又可以细分为区间数据（Interval）和定比数据（Ratio）。数据的度量水平决定了数据中所蕴含信息的数量，并决定了对数据进行分析时可以采用的汇总和统计分析方法。

数据收集时的度量尺度（Scales of Measurement）分为以下 4 种：名义数据（Nominal）、有序数据（或者称为定序数据，Ordinal）、区间数据（Interval）和比例数据（或者称为定比数据，Ratio）。下面进行详细介绍。

（1）名义数据。当数据被用来标记或者命名个体的特征时，数据就是名义数据。名义数据可以是字符，也可以是数值。例如，假设有一个变量表示学生的专业，其所有取值为 Major1= {数学，经济学，金融，会计，物理，化学，计算机，生物，电子工程}；也可以采用下面的编码来分别代表学生专业的取值 Major2={10,11,12,13,14,15,16,17,18,19}。这里的 Major1 和 Major2 代表的含义是完全一样的，它们都是名义数据。

（2）有序数据。有序数据又称为定序数据。如果一个名义数据可以进行有意义的排序，则该名义数据为有序数据。名义数据可以是字符，也可以是数值。例如，如果一门课程的最终成绩以字母方式给出，即 A 表示成绩的区间为[90,100]；B 表示成绩的区间为[80,90)，C 表示成绩的区间为[70,80)，D 表示成绩的区间为[60,70)，E 表示成绩的区间为[0,60)。很明显，根据分数从高到低的顺序，可以排序为 ABCDE；也可以把这 5 个水平的成绩用数值表示：5：A，4：B，3：C，2：D，1：E。

（3）区间数据。如果有序数据之间的区间可以由一个固定的度量单位来衡量，则该数据为区间数据。例如，设最近一周的温度分别为{24,25,25,26,27,25,26}，最后一天的温度减去第一天的温度，26-24=2（度），即最后一天的温度比第一天高两度。也就是说，任何两个湿度之间的差值都是有意义的。

（4）比例数据。比例数据又称为定比数据。如果区间数据之间的比值有具体的意义，则该区间数据就是比例数据。例如，距离、高度和重量等都是比例数据的例子。对于比例数据，数值 0 表示该变量表示的属性在零点不存在。例如，距离为 0 表示没有发生任何位移。而对于区间数据温度而言，温度为 0° 并不是表示没有温度。设有两天的温度值分别为 20℃和 10℃，相应比值 2 是没有具体的含义的，因为我们不能说某天比另一天热 1 倍。数据的度量水平如图 1-3 所示。

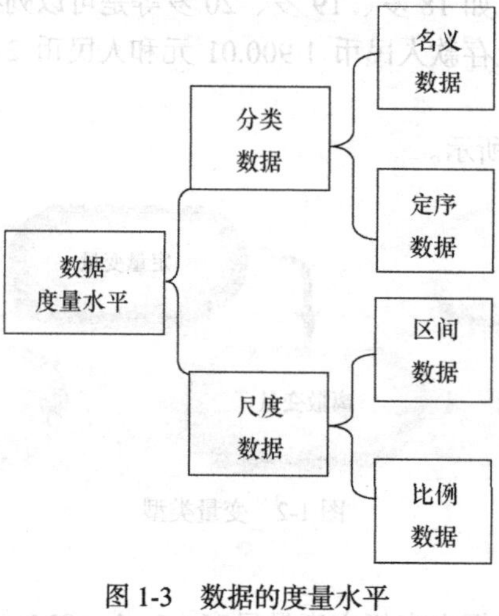

图 1-3　数据的度量水平

3. 横截面数据、时间序列数据和面板数据

为了统计分析的需要，分清下面这几种类型的数据是很重要的：横截面数据、时间序列数据和面板数据。

（1）横截面数据。**横截面数据**（Cross-sectional Data）是指在同一个时间点或者接近同一时间点收集的不同对象的数据。它对应同一时点上不同对象所组成的一维数据集合，数据对应于不同的个体或者地域。这类数据体现的是对象个体的差异。

例如，2015 年不同国家的国内生产总值（Gross Domestic Product，GDP）；2012 年中国 31 个省市自治区的人口数量；2016 年 9 月 26 日，上证 50 成分股的收盘价；2016 年 9 月 30 日，上海市不同区的最高温度，所有这些都是横截面数据的例子。

（2）时间序列。**时间序列**（Time Series）数据是指对同一对象在不同的时间点连续观察所收集的数据。它着眼于研究对象在时间顺序上的变化，寻找对象随时间发展的规律。例如，中国从 1998 年以来的年度 GDP；上证指数 2015 年 6 月 1 日到 2016 年 5 月 31 日的日收盘价，都是同一对象在不同时间的取值构成的数据集合，是时间序列数据。

（3）面板数据。**面板数据**（Panel Data），又称为纵向数据（Longitudinal Data），或者称为时间序列-横截面（Time Series-Cross Section，TS-CS）数据。它是横截面数据和时间序列数据的结合，是截面上的个体在不同时间点的重复测量数据。如表 1-1 所示的数据整体就是面板数据；而单独看任何一个年份的数据，如 2003 年这一列的数据，都是横截面数据；而单独看任何一个城市所在的那一行的数据都是时间序列数据。整个面板数据是时间序列和横截面的结合。

表 1-1　　时间序列数据、横截面数据和面板数据

	销售额（美元）			
	2003	2004	2005	2006
亚特兰大（Atlanta）	435 000	460 000	475 000	490 000
波士顿（Boston）	320 000	345 000	375 000	395 000
克利夫兰（Cleveland）	405 000	390 000	410 000	395 000
丹佛（Denver）	260 000	270 000	285 000	280 000

横截面数据

时间序列数据

1.1.3　数据的来源

按照数据获取的方法不同，数据可分为观测数据和实验数据。观测数据可能是总体数据也可能是样本数据（局部），实验数据一般都是样本数据。

1. 观测数据

观测数据是对客观现象进行直接调查或者实地测量所取得的数据，在数据取得的过程中一般没有对客观现象或者事物施加任何人为控制因素和条件约束。几乎所有与社会经济现象有关的统计数据都是观测数据，如 GDP、房价等。目前，在社会经济问题研究中，观测是取得数据最主要的方法之一。另外，市场调研中来源于调查问卷或者电话调查的数据一般也是观测数据。目前，大量的经济数据库，如 Wind、大智慧、国泰安的 CSMAR 等数据库中的数据大部分都为观测数据。

2. 实验数据

通过在实验中控制实验对象及其所处的实验环境而收集到的数据，称为实验数据。

实验数据一般是在科学实验环境下取得的数据。在实验中，实验环境是受到严格控制的，数据的产生一定是某一约束条件下的结果，如一种新产品使用寿命的数据和一种新药疗效的数据等。在自然科学研究中，实验方法应用非常普遍。自然科学领域的数据大多都是实验数据。

1.2　常见统计分析软件简介

市场上常见的统计分析软件有几十种之多。下面简要地介绍几种国内常用的统计分析软件：SPSS、SAS、R 和其他统计分析软件。

1.2.1　SPSS

SPSS 统计分析软件是最常用的统计分析软件之一，其全称为 IBM SPSS Statistics，是企业

中最广泛应用的商业数据分析软件之一。我们将在 1.3 节及以后的章节中详细介绍该软件的历史、特点和用法。

1.2.2 SAS

SAS（Statistical Analysis System）统计分析软件是最常用的统计分析软件之一。SAS 最早开始于北卡罗来纳州立大学的一个农业研究分析项目。1966 年美国农业部的研究项目产生了大量的数据。在美国国立卫生研究院（National Institute of Health）的一笔研究经费的资助下，美国农业部资助的 8 所大学构成的“南部大学统计研究联合体（University Statisticians Southern Experiment Stations-USSES）”开始开发一个通用统计软件包来分析农业相关的数据。该项目的成果“统计分析系统 SAS（Statistical Analysis System）”，就是 SAS 软件名称和 SAS 公司诞生的基础。1972 年的 SAS 版本是真正意义上的发行量较大的版本。该版本共计有 37 000 行代码，基本上是由两个人完成的，他们是吉姆·古德奈特（Jim Goodnight，贡献了 32%的代码）和吉姆·巴尔（Jim Barr，贡献了 65%的代码）①。

1976 年 7 月，新的 SAS 版本发行。该版本成为统计计算和数据管理上完善的一个版本。同年，Goodnight、Barr、Helwig 和 Sall 4 个人离开北卡州立大学创建 SAS 公司。

SAS 软件提供了从描述性统计到试验设计、方差分析、相关分析、回归分析、时间序列分析等多种推断性统计分析过程。SAS 分析方法的实现通过过程调用完成，而许多过程同时提供了多种算法和选项。现在，SAS 较常用的版本为 SAS 9.2 和 SAS9.3。

SAS 最早是用编程方式来进行统计分析的，相对于仅仅通过窗口对话框来操作的软件而言，尤其是对于初学者来说学习的曲线相对较长。

1.2.3 R 语言

R 是有名的开源统计软件包，它最早由新西兰奥克兰大学统计系的 Robert Gentleman 和 Ross Ihaka 两个人所开发，现在已经成为免费软件基金会的 GNU 项目。R 软件和最早起源于贝尔实验室的 John Chambers 开发的 S 语言类似，可以认为是 S 语言的一种实现。S 的代码基本上不用修改就可以在 R 下运行。R 包含所有的基本统计分析功能、线性和非线性模型、经典的统计检验、时间序列分析、聚类分析以及高级的作图技巧等。另外，R 可以在运行时调用 C 或者 Fortran 的代码来完成计算量很大的工作。R 还有用户开发的各种特殊用途的添加包，目前大约有 8 685 个添加包（2016 年 6 月）。SPSS 的 R 插件可以把 R 的功能和 SPSS 统计分析软件集成在一起，充分利用 SPSS 软件的易用性和 R 的统计方法及强大的作图功能。

1.2.4 其他统计分析软件

其他常见的统计分析软件有 Eviews、JMP、Minitab、Stata 等。另外，Matlab 和 Python 等语言也常常成为许多统计分析工作者喜爱的数据分析软件。

在过去，Eviews 和 Stata 常常被用作计量类课程的演示软件。这两款软件比较小巧，易学、易用。在近几年中，随着大数据概念深入人心，Python 语言也被大量地用于数据分析领域。该语言在科学计算、金融数据分析中有大量的用户。

① 参见 http://www.barrsystems.com/about_us/the_company/sas_history.asp。

1.3 SPSS 统计分析软件的历史

SPSS 是软件英文名称的首字母缩写，其最初为 Statistical Package for the Social Sciences 的缩写，即“社会科学统计软件包”。随着 SPSS 产品服务领域的扩大和服务深度的增加，SPSS 公司已于 2000 年正式将英文全称更改为 Statistical Products and Service Solutions，意为“统计产品与服务解决方案”，标志着 SPSS 的战略方向做出了重大调整。2009 年 3 月 19 日，SPSS 公司将 SPSS 四大系列产品（Statistics Family、Modeling Family、Data Collection Family、Deployment Family）整合到一个综合分析平台，将四类产品统一加上 PASW（Predictive Analysis Software）前缀，喻义 SPSS 产品的发展方向为预测分析领域。此后，SPSS 把正在发行的 SPSS 17 统计分析软件正式更名为 PASW Statistics 17，之后发行的版本 18 的官方名称为 PASW Statistics 18。同年的 10 月 2 日，IBM 宣布完成收购 SPSS 公司，随后 SPSS 统计分析产品更名为 IBM SPSS Statistics。2010 年 8 月，发布了 IBM SPSS Statistics 19.0，之后在 2011—2015 年的 5 年里，每年的 8 月发布一个新的版本，即版本 20 到版本 24。本书写作时用到的软件为 IBM SPSS Statistics 22，也是目前的最新版本之一。虽然，产品名称历经变迁，但是软件自身的统计分析功能变化不大。在本书中，还是采用简单的名称：SPSS 或者 SPSS Statistics。

SPSS 是世界上最早的统计分析软件，是美国斯坦福大学的 3 位研究生于 20 世纪 60 年代末开发出来的。诺曼·尼（Norman Nie）——SPSS 软件的 3 位创始者之一，当时是斯坦福大学政治学的博士研究生，他为了分析从多个国家收集到的几千份调查问卷，与本特（Bent，斯坦福大学运筹学方向研究生）、赫尔（Hull）一起开发了一套自动化处理数据和输出统计分析结果的程序。他们开发的第一个版本于 1968 年正式发布。一开始，SPSS 就以其丰富的、高质量的文档而被广泛传播和应用。随着 SPSS 销售量的迅速增长，SPSS 软件的两位创始人——Norman Nie 和 Hull 于 1975 年在芝加哥成立了 SPSS 公司。1984 年，SPSS 公司首先推出了世界上第一个基于个人计算机的统计分析软件 SPSS/PC+，开创了 SPSS 微机系列产品的开发方向，极大地扩充了它的应用范围，并使其能很快地应用于自然科学、社会科学等各个领域。世界上许多有影响的报刊纷纷就 SPSS 的自动统计绘图、深入的数据分析、使用方便、功能齐全等方面给予了高度的评价与称赞。迄今，SPSS 软件已有 40 余年的成长历史，拥有全球约 25 万家产品用户（分布于通信、医疗、银行、证券、保险、制造、商业、市场研究、科研教育等多个领域和行业），它是世界上应用最广泛的专业统计分析软件之一。

1.4 SPSS 版本和授权

截至 2016 年 1 月，SPSS 的最新版本为 IBM SPSS Statistics 24。SPSS 软件的升级相对比较有规律，基本上每年发行一个新版本。SPSS 软件从版本 11 开始的发行历史如下。

- SPSS 11.0.1——2001 年 11 月发布。
- SPSS 12.0——2003 年发布。
- SPSS 13.0——2004 年发布。
- SPSS 14.0——2005 年发布。
- SPSS 15.0.1——2006 年 11 月发布。

- SPSS 16.0.2——2008 年 4 月发布。
- SPSS Statistics 17.0.1——2008 年 12 月发布。
- PASW Statistics 17.0.2——2009 年 3 月发布。
- PASW Statistics 18.0——2009 年 8 月发布。
- IBM SPSS Statistics 19.0——2010 年 8 月发布。
- IBM SPSS Statistics 20.0——2011 年 8 月发布。
- IBM SPSS Statistics 21.0——2012 年 8 月发布。
- IBM SPSS Statistics 22.0——2013 年 8 月发布。
- IBM SPSS Statistics 23.0——2014 年 8 月发布。
- IBM SPSS Statistics 24.0——2015 年 8 月发布。

其中，SPSS 版本 14 和版本 16 都有官方的中文版发行。从版本 17 开始，SPSS 把所有支持的语言集成到一起，用户可以在选项中选择 11 种语言的任何一种版本。

SPSS 安装完成之后需要有授权号码才能正常运行。SPSS 17 有自带的试用授权，试用期为 1 个月。SPSS 18 的试用期限为 3 周，而 SPSS 19 的试用期限为两周。SPSS 程序安装完成后，会要求输入授权号码或者许可证。许可证授权向导允许每台计算机获取一个 SPSS Statistics 许可证。如果用户没有立刻获取许可证，可以启用临时试用许可证，临时许可证可以启用所有 SPSS 的高级模块。产品试用期从首次应用许可证开始，到期后，SPSS Statistics 将不再运行，用户必须获取许可证才能继续使用 SPSS Statistics。许可证通过锁定代码（Lock Code）绑定计算机硬件。如果更换了计算机或其硬件，则需要新锁定代码并再次进行授权过程，才能继续使用 SPSS 软件。如果超出了许可证协议中规定的可允许授权数量，授权将失败。另外，许可证对时间变化敏感。如果更改了系统时间，将会导致 SPSS 软件运行失败。

注意

（1）必须获取许可证或启用临时试用许可证才能使用 SPSS Statistics。

（2）安装正式授权软件之后，不要轻易更改系统时间，否则会导致软件运行失败。

1.5 SPSS 统计分析软件的特点

SPSS 是世界上最早采用图形菜单驱动界面的统计软件，其最突出的特点就是操作界面友好，输出结果美观。它将几乎所有的功能都以统一、规范的界面展现出来，使用 Windows 窗口展示出各种管理和分析数据的功能，以对话框方式展示出各种功能选择项。用户只要掌握一定的 Windows 操作技能，粗通统计分析原理，就可以使用该软件为特定的科研工作服务，或者进行企业级的数据分析。

SPSS 采用类似 Excel 表格的方式输入与管理数据，数据接口十分通用，能方便地从任何类型的数据文件或者数据库中读入数据。SPSS 统计过程既包括了常用的、成熟的统计过程，也包含了一些高级的统计分析方法，如 Bootstrapping 方法、市场直销方法等，完全可以满足专业人士的工作需求。SPSS 输出结果十分美观，采用 SPSS 专有的 SPO 格式存储结果，结果也可以直接转存为 HTML 格式、文本格式、PDF 格式、Excel 格式、Word 格式或者 PPT。对于熟悉老版本编程方式运行 SPSS 的用户，SPSS 还特别设计了语法生成窗口，用户只需在菜单中选好各个选项，然后单击【粘贴】按钮，就可以自动生成标准的 SPSS 程序。这极大地方便了中级、高级用户的使用。

SPSS 的主要特点如下。

（1）操作简单：除了数据录入及部分语法命令程序需要键盘键入外，大多数操作可通过菜单、按钮和对话框来完成。用户只需要掌握简单的 Windows 操作技巧，便可应用 SPSS 软件进行统计分析。

（2）无须编程：具有第四代语言的特点，只需告诉系统要做什么，无须说明要怎样做。只要了解统计分析的原理，而无须通晓各种统计算法，便可得到需要的统计分析结果。对于常见的统计方法，SPSS 的命令语句、子命令及选择项的选取大多可通过对话框操作完成。因此，用户无须花大量时间记忆大量的命令、过程、选择项，从而避免了漫长的学习过程。同时，熟悉或精通编程者，如果喜欢，可以通过编程来实现窗口和对话框分析的所有功能。

（3）功能强大：具有完整的数据输入、编辑、统计分析、报表、图形制作等功能。自带 11 种类型共计 136 个函数。SPSS 提供了从简单的统计描述到复杂的多元统计分析方法，如数据的探索性分析、统计描述、列联表分析、二维相关、秩相关、偏相关、方差分析、非参数检验、多元回归、生存分析、协方差分析、判别分析、因子分析、聚类分析、非线性回归、Logistic 回归等。随着版本的更新，SPSS 的功能也不断完善。例如，在 SPSS 16 版本中增加了神经网络模块，在 SPSS 17 版本中增加了 EZ RFM 分析，在 SPSS 18 版本中新增了 Bootstrapping 分析。

（4）方便的数据接口：能够读取及输出多种格式的文件。例如，由 dBASE、FoxBASE、FoxPRO 产生的*.dbf 文件，文本编辑器软件生成的 ASCII 数据文件，Excel 的*.xls 文件或者*.xlsx 文件等均可转换成可供分析的 SPSS 数据文件。同样能够把 SPSS 的图形转换为 7 种不同格式的图形文件。SPSS 的输出结果可保存为 TXT、PDF、Word、Power Point、Excel 或者 HTML 格式的文件。

（5）灵活的功能模块组合：SPSS for Windows 软件分为若干功能模块。用户可以根据自己的分析需要和计算机的实际配置情况灵活选择。

（6）与其他程序的无缝结合：SPSS 新版本（版本 16 或者更高的版本）可以调用开源统计分析软件 R 或者开源高级程序语言 Python 的功能模块，实现诸如支持向量机（SVM）、关联分析、偏最小二乘等功能。

注意　SPSS 统计软件版本 17 和版本 18 更名为 PASW Statistics。IBM 收购了 SPSS 公司之后，统计分析产品的名称为 IBM SPSS Statistics。从版本 19 开始，产品正式更名为 IBM SPSS Statistics。SPSS 公司的官方网站网站从 2011 年初也正式迁移到 IBM 平台。

1.6　SPSS 主要模块及功能简介

SPSS Statistics 主要包含 17 个模块。这些模块的组合丰富了 SPSS Statistics 的分析功能。这 17 个模块分别介绍如下。

1. IBM SPSS Statistics

SPSS Statistics 是 SPSS Statistics 软件运行的平台，确保用户能综合使用 SPSS Statistics 软件的其他功能模块和 Statistics 家族的产品。在这个平台上，用户可以完成任意需求的数据分析。该模块是从 SPSS 18 版本才开始有的，在以前版本中，它是和 SPSS Statistics Base 模块一起的。

2. IBM SPSS Statistics Base

SPSS Statistics Base 模块是 SPSS Statistics 软件的基础模块，提供数据访问、数据管理和准备、数据分析和报告、统计图表等功能，含有基本的统计分析过程，如计数、交叉列表分析、描述统计、探索分析、均值比较、方差分析、相关性分析、非参数检验、多重响应分析、因子分析、线性回归、曲线估计、聚类分析、判别分析及尺度分析等。

3. IBM SPSS Regression

SPSS Regression 是非线性建模分析程序，使用户能够应用高级、成熟的方法分析数据。当用户需要预测行为和事件，而数据不满足线性回归假设时，可利用多项/二项 Logistic 回归、非线性回归、加权最小二乘、两阶段最小二乘、Probit 等回归方法实现。

4. IBM SPSS Advanced Statistics

SPSS Advanced Statistics 含有专门用以描述、拟合数据间内在复杂关系的统计方法，可以使分析更为准确，并得出更为可靠的结论。SPSS Advanced Statistics 提供了一组功能强大的单变量及多变量的高级分析技巧。SPSS Advanced Statistics 模块的多变量分析技术包括广义线性模型（GZLMS）、混合模型、一般线性模型（GLM）、方差成分估计、MANOVA、Kaplan-Meire 估计、Cox 回归、层次对数线性模型、对数线性模型、生存分析等。

5. IBM SPSS Custom Tables

SPSS Custom Tables 在创建表格的同时，能够实时更新，帮助分析人员在较少时间里做出美观、精确的表格。利用 SPSS Custom Tables，用户可以展现调查、客户满意度、投票选举等的结果分析。SPSS Custom Tables 灵活的交互功能，创建表格时的可预览性，及其统计推断和数据管理的能力，可以帮助用户方便、清楚地了解结果。

6. IBM SPSS Categories

SPSS Categories 可以图形化展示数据中的潜在关系，通过启发性的概念映射、最优尺度、偏好尺度和数据降维技术，揭示数据中全部潜在的关系。SPSS Categories 为分析人员提供了深入分析复杂分类数据和高维数据的全部工具。通过 SPSS Categories，用户可以直观地解释数据，了解大型表中的计数、分级和排序中的关联情况。

7. IBM SPSS Exact Tests

为了确定变量之间的关系，研究人员往往首先查看交叉表或非参数检验中的 *P* 值。如果数据满足潜在的假设，用传统的计算方法是可以的。但是，如果数据属于小样本，或数据变量中很高的比例集中于某一类别，或者不得不将数据细分为几个类别，传统的检验方法将不能得出正确结论。SPSS Exact Tests 可以得到更为准确的结果。

8. IBM SPSS Missing Values

利用 SPSS Missing Values 填充缺失数据，用户可建立更佳模型且得到更有效的结论。缺失值可能会严重影响分析结果，如果把它们忽略或者计算时排除它们，那很可能会得出不正确的结论。SPSS Missing Values 是每位关心数据有效性的分析人员的有利工具。该模块提供 6 种缺失值诊断报告，使分析人员可以从多个角度检查数据，发现数据缺失模式。然后，分析人员可以估计摘要统计量，并利用统计方法填充缺失值。

9. IBM SPSS Conjoint

SPSS Conjoint 是用来模拟消费者决策过程的研究工具。SPSS Conjoint 能加强用户对消费者偏好的理解，使用户能更有效地进行产品设计、定价和营销；帮助衡量产品或服务在消费者心中的位置。具备了这些知识，公司在设计产品时，就能把对于目标市场最重要的属性特征包含进来，根据这些属性值进行定价，并专注于最有可能吸引目标购买者的点上。即使市场上的竞争者、产品和价格随时间发生改变，依然可以继续利用由 SPSS Conjoint 得出的结果来模拟情况发生变动后的市场。这样在投入大量资源进行产品开发和营销活动前，就能够提前预测市场的响应。

10. IBM SPSS Complex Samples

SPSS Complex Samples 提供了专门的统计工具，帮助计算出复杂抽样设计的统计量和标准误差。绝大多数常规的统计软件都假定数据是通过简单随机抽样取得的，而简单随机抽样在大多数大规模调查中既不现实也不经济。此外，用常规统计分析方法分析此类样本数据有得到错误结果的风险。例如，统计数据的估计标准误差经常太小，易导致对精度产生错误的认识。SPSS Complex Samples 将抽样设计融合调查分析中，因此能在由复杂抽样得到的总体中获得更加有效的统计推论。

11. IBM SPSS Decision Trees

SPSS Decision Trees 能识别群体及预测结果。SPSS Decision Trees 模块能够直接创建分类决策树，帮助分析人员用户快速并准确地识别群体，发现群体之间的关系并预测未来事件。分析人员用户可以应用分类决策树于分段、分层、预测、数据降维、变量筛选、类别合并及连续变量离散化等。高度形象化的图解以非常直观的方式展现分类结果，分析人员可以清楚地把分类结果给业务人员解释。这些树也方便探索结果，并直观地确定模型是如何展开的。直观的结果能够帮助分析人员找出具体的子群以及通过传统的统计方法难以发现的关系。

12. IBM SPSS Data Preparation

SPSS Data Preparation 可强化数据校验工作，从而获得更准确的分析结果。该模块使分析人员能够简单便捷地识别可疑或无效的观测、变量及数据值；了解数据缺失的模式，总结变量的分布。SPSS Data Preparation 使数据校验效率化、流程化，简化了数据校验过程，可迅速地完成分析之前的数据准备，并使结果更为精确。

13. IBM SPSS Forecasting

SPSS Forecasting 模块利用完备的时间序列模型提高预测能力，包括多重曲线拟合、平滑及自回归方程估计。利用专家建模器，用户可自动从自回归求和滑动平均模型（Auto Regresstive Integrated Moving Average Model，ARIMA）和指数平滑模型中选择最佳拟合时间序列和因变量的模型，避免反复选择模型的工作。

14. IBM SPSS Advanced Visualization

SPSS Advanced Visualization 模块是 SPSS 的高级绘图模块，通过该模块，用户可以实现数据可视化操作。

15. IBM SPSS Neural Networks

SPSS Neural Networks 模块可用来建模数据中复杂的输入/输出关系或者数据之间的模式。用户可以选择分类算法（分类输出）或者预测算法（数值型输出）。目前，可用的两类算法是多层感知器学习算法和径向基函数（Radial Basis Function，RBF）。

16. IBM SPSS Direct Marketing

SPSS EZ RFM 基于最近购买（Recency）、频率（Frequency）、金额（Monetary）来细分消费群体，为市场营销者瞄准目标市场提供了所需工具。此类 RFM 分析以前是比较困难的，现在 SPSS 的市场直销（SPSS Direct Marketing）模块就可以方便地进行 EZ RFM 分析。

17. IBM SPSS Bootstrapping

SPSS Bootstrapping 模块可帮助用户创建更加可靠的模型，得到更加精确的结果。只要模型是稳定的，它就可以产生准确、可靠的结果。无论公共部门的学术、科研工作，还是企业的决策部门，Bootstrapping 都是一种较好的检测模型稳定性的技术。SPSS Bootstrapping 模块使得这种技术变得非常简单，并且容易实现。SPSS Bootstrapping 通过重复抽样，能快捷地估计出观测值的分布，以及估计标准误差和总体参数的置信区间，并能估计平均、中位数、比例、优势比、相关系数、回归系数及其他统计量，并且 SPSS Bootstrapping 方法可以减小离群值和异常值的影响，因此可以更加清楚地了解建模的数据。

另外，SPSS 从版本 17 开始提供了 R 编程支持。只要安装了 R 插件，在 SPSS 中就可以调用 R 的所有统计分析程序，这大大地扩展了 SPSS 统计分析软件的功能。

1.7 SPSS 的安装

从版本 17 开始，SPSS 软件不再是一种语言一个安装介质，而是将所有的语言都集成到软件中，用户可以在各种语言之间自由切换。启动 SPSS 软件后，该软件可以在英文、法语、德语、意大利语、俄语、日语、简体中文等 11 种语言间切换。可以说，SPSS 为一套软件，可以选择任何主流语言。

SPSS 的安装十分方便，用户只要按照安装界面的提示，按步骤进行即可。各种版本的安装都是很类似的，下面以 IBM SPSS Statistics 19 为例，介绍 SPSS 的安装过程。其主要步骤如下。

（1）插入安装盘，打开光盘文件，单击“setup.exe”，或者等出现安装界面时，单击安装 IBM SPSS Statistics 19.0，按步骤安装，如图 1-4 所示。

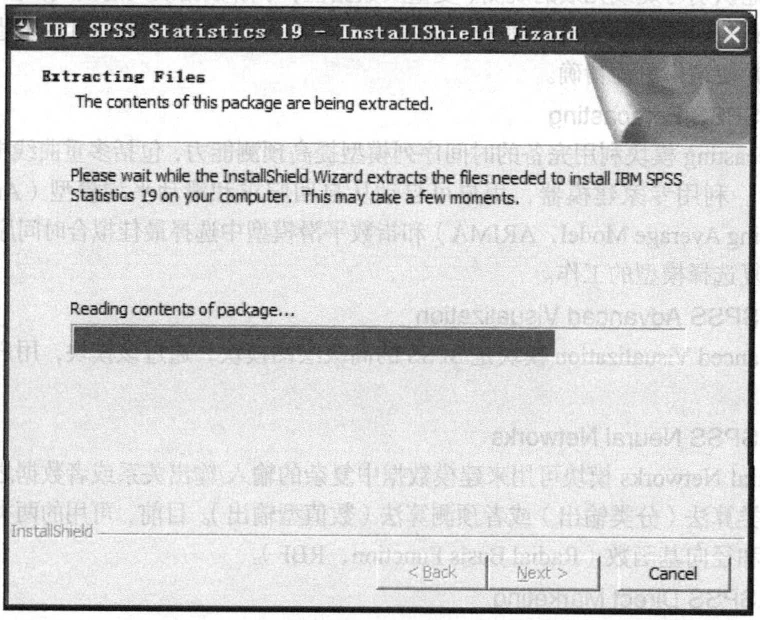

图 1-4 安装开始

（2）选择 license 类型安装。SPSS Statistics 有 3 种许可证类型：单用户许可、站点许可、网络许可。单用户许可证和站点许可证类似，只是站点许可证可以允许 1 个以上的用户同时使用该许可，而单用户仅允许 1 个用户使用该许可。如果超出允许的用户数目，安装时会提示，已经超出了许可证支持的用户数。网络许可证是安装 SPSS 软件到任意多台计算机，而可以同时调用 SPSS 处理器的用户数目由网络许可证控制。这里我们选择单用户许可，如图 1-5 所示。

（3）接受软件的许可协议。接受 SPSS 软件的许可协议条款的情况，如图 1-6 所示。

（4）选择安装的路径。默认安装路径为“C:\Program Files\IBM\SPSS\Statistics\19\”。用户可以据情况修改安装目录，如图 1-7 所示。

（5）单击【下一步】按钮进行安装。安装进程的情况如图 1-8 所示。

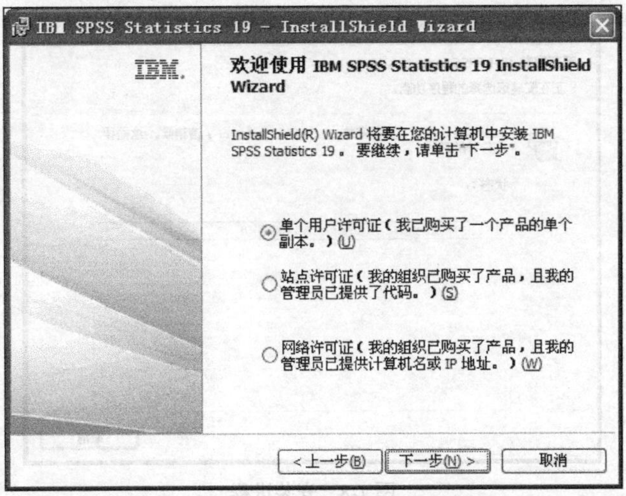

图 1-5　选择许可证

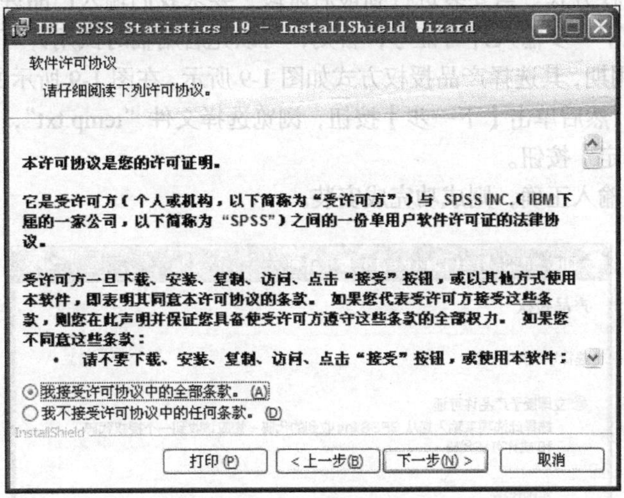

图 1-6　接受协议条款

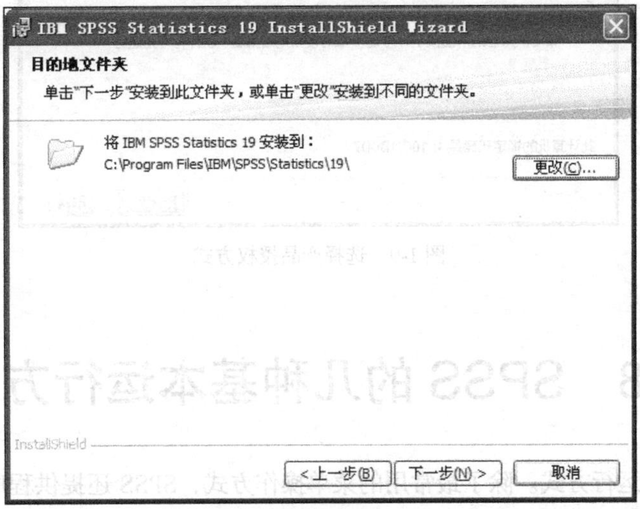

图 1-7　选择安装路径

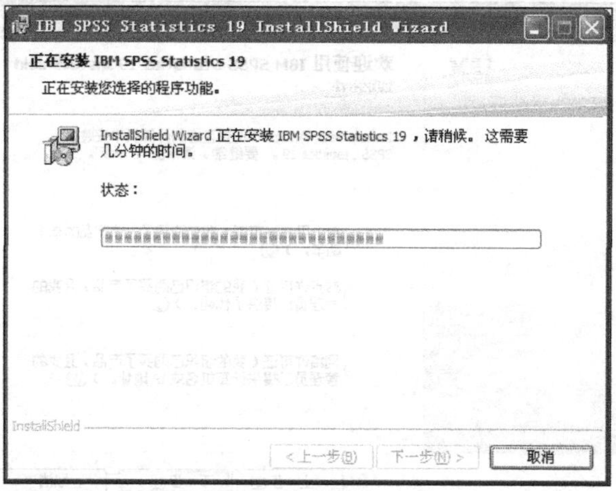

图 1-8　安装进程

（6）选择产品授权方式。当安装进行到最后阶段，要求我们输入产品许可证。如果已经有了产品许可证，可以在下一步输入许可证号；否则，可以先启用临时试用许可证。SPSS 19 临时许可证允许 14 天的试用期，其选择产品授权方式如图 1-9 所示。在图 1-9 所示的对话框中，选择“启用以用于临时使用”，然后单击【下一步】按钮，浏览选择文件“temp.txt”，该文件为临时许可证文件，最后单击【确定】按钮。

（7）如果许可证输入正确，则成功完成安装。

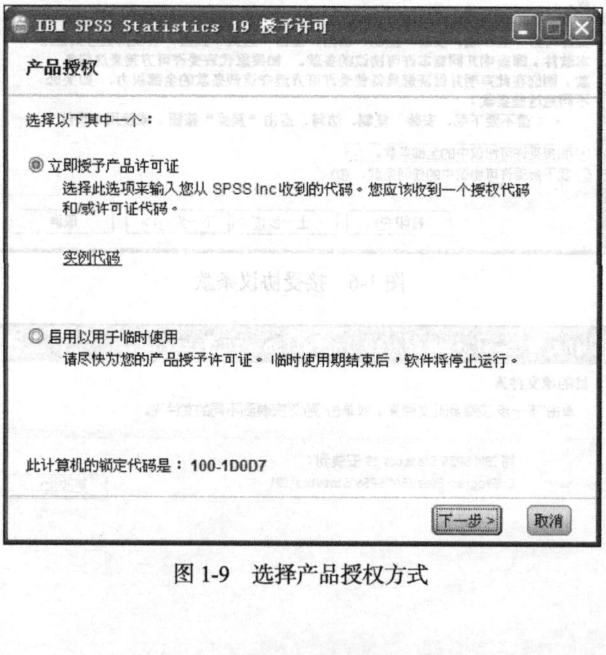

图 1-9　选择产品授权方式

1.8　SPSS 的几种基本运行方式

SPSS 提供 4 种运行方式。除了最常用的菜单操作方式，SPSS 还提供程序运行方式、Include 运行方式、Production Facility 方式。

1. 菜单操作方式

SPSS 的常用操作方式是菜单操作。这种方法图形用户界面友好、操作简单、形象直观，能够一步步引导用户完成对数据的描述和模型的建立。例如，做一个频数分析。首先在菜单【文件】→【打开】中打开要分析的数据“Employee data.sav”，对雇佣类别做频数分析。在“频率（F）”对话框中选择变量“雇佣类别”，如图 1-10 所示。单击【确定】按钮即可输出频数表，如表 1-2 所示。

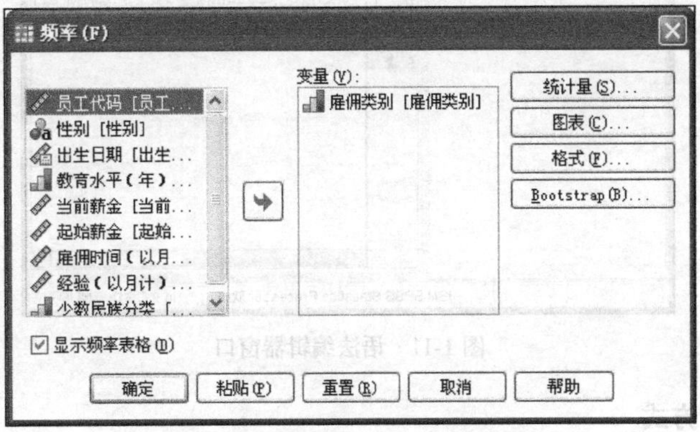

图 1-10 “频率（F）”对话框

表 1-2 雇佣类别频率表

	频率	百分比	有效百分比	累积百分比
职员	363	76.6	76.6	
保管员	27	5.7	5.7	
经理	84	17.7	17.7	100.0
合计	474	100.0	100.0	

2. 程序运行方式

SPSS 的程序运行方式是在 Syntax 编辑窗口中输入程序。如要打开一个数据“Employeedata.sav”，然后对雇佣类别做频数分析，则需要编辑如下程序。

```
NEW FILE.
DATASET CLOSE ALL.
GET FILE='D:\SPSSIntro\Employee data.sav'.
DATASET NAME myData WINDOW=FRONT.
FREQUENCIES VARIABLES=雇佣类别
 /STATISTICS=VARIANCE RANGE MINIMUM MAXIMUM MEAN MEDIAN MODE
 SKEWNESS SESKEW KURTOSIS SEKURT
 /ORDER=ANALYSIS.
```

以上程序可以在任何文本编辑器中输入，也可在相应菜单操作的对话框中，用【Paste】按钮可以把相应的操作转化为 Syntax 语言。在 SPSS 语法编辑器中，选择所有的语法命令行，单击【Run】工具按钮，就可以运行程序。或者直接在 SPSS 的语法编辑器窗口输入上述语法，如图 1-11 所示。

注意　本书中给出的案例，除了给出窗口方式进行分析之外，也给出了相应的语法程序。以后的章节中，在给出程序代码的地方，读者只要把相应的语法键入语法编辑器窗口，然后单击“Run”工具按钮即可运行。

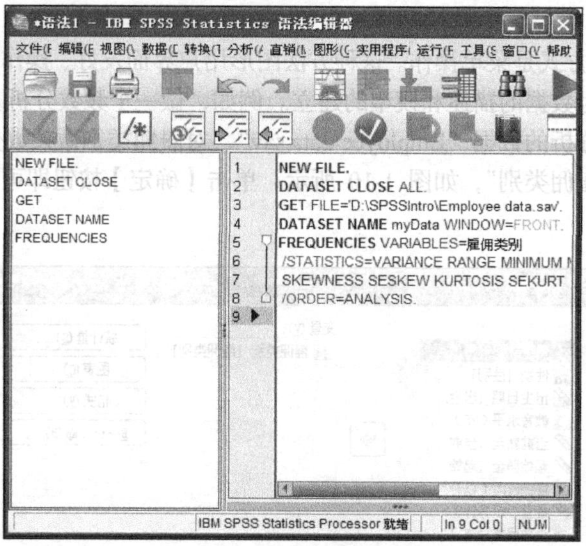

图 1-11　语法编辑器窗口

3. Include 运行方式

在编写 Syntax 命令时，如果要调用其他语法文件，除了复制粘贴现有的资源外，还可以用 Include 命令。如需要调用“automation.sps”文件，只要在 Syntax 编辑器窗口输入下列命令即可。

```
Include 'C:\SPSSIntro\Syntax\automation.sps'
```

4. Production Facility 方式

Production Facility 生产作业方式提供了以自动化方式运行 SPSS Statistics 的功能。在生产作业方式下，程序可在无人看管的情况下运行，并在执行最后一条命令后终止，因此可以在其运行的同时执行其他任务或调度生产作业，使其在预定的时间自动运行。如果常常运行相同的一组耗时较长的分析（如周报告、例行月度统计或者预测），则生产作业方式很有用。

生产作业使用命令语法文件告诉 SPSS Statistics 该做什么。在 SPSS 菜单中，选择【实用程序】→【生产工作】，得到图 1-12 所示的生产工作窗口。

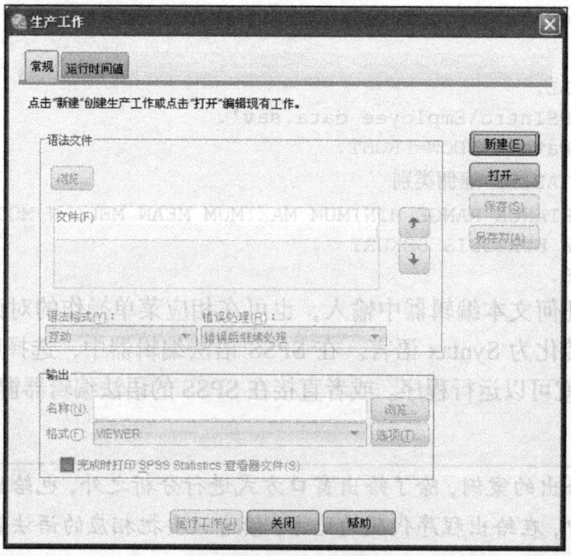

图 1-12　生产工作窗口

1.9　SPSS 的界面

SPSS 提供了 5 个基本窗口，分别为：数据编辑窗口、结果查看器窗口、结果编辑窗口、语法编辑窗口、脚本窗口。

1. 数据编辑窗口

SPSS 的数据编辑窗口是 SPSS 软件中常用的窗口，主要用来处理数据和定义数据字典，其分为两个视图：一个是用于显示数据的数据视图（Data View）；另外一个是变量视图（Variable View）。

数据视图是用来显示数据集中的记录或者个案。它和 Excel 中的数据表十分类似。在数据视图中，一行代表一条记录（Case）或者一个个案，一列代表一个属性或者变量（Variable）。表头是变量名。在图 1-13 所示的数据视图中，用户可以知道数据集的名字为“数据集 1”，它在物理上存储于数据文件“Employee data.sav”。另外，文件名的前面有一个星号（“*”），表示当前的数据集刚刚做过修改，还没有保存。在数据视图中，用户可以修改数据，如修改已经有的数据记录，删除记录，添加记录，或者修改一条记录的某一部分。相关操作和 Excel 类似。

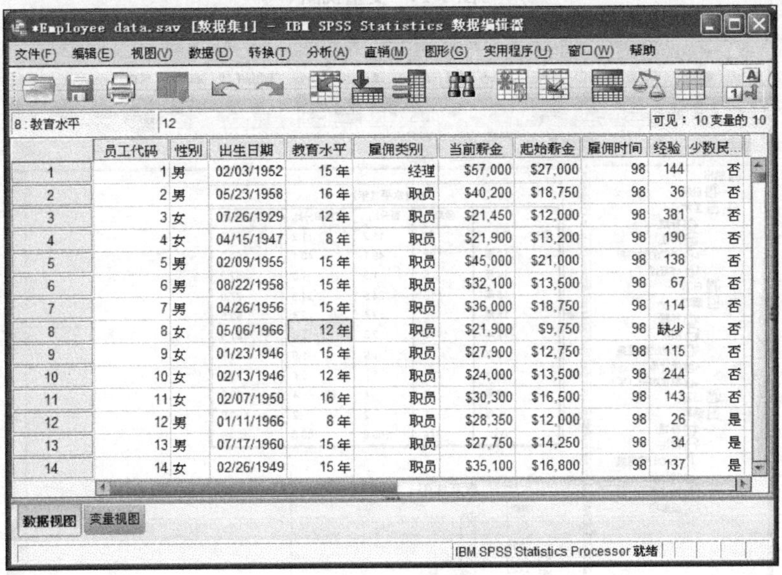

	员工代码	性别	出生日期	教育水平	雇佣类别	当前薪金	起始薪金	雇佣时间	经验	少数民...
1	1	男	02/03/1952	15 年	经理	$57,000	$27,000	98	144	否
2	2	男	05/23/1958	16 年	职员	$40,200	$18,750	98	36	否
3	3	女	07/26/1929	12 年	职员	$21,450	$12,000	98	381	否
4	4	女	04/15/1947	8 年	职员	$21,900	$13,200	98	190	否
5	5	男	02/09/1955	15 年	职员	$45,000	$21,000	98	138	否
6	6	男	08/22/1958	15 年	职员	$32,100	$13,500	98	67	否
7	7	男	04/26/1956	15 年	职员	$36,000	$18,750	98	114	否
8	8	女	05/06/1966	12 年	职员	$21,900	$9,750	98	缺少	否
9	9	女	01/23/1946	15 年	职员	$27,900	$12,750	98	115	否
10	10	女	02/13/1946	12 年	职员	$24,000	$13,500	98	244	否
11	11	女	02/07/1950	16 年	职员	$30,300	$16,500	98	143	否
12	12	男	01/11/1966	8 年	职员	$28,350	$12,000	98	26	是
13	13	男	07/17/1960	15 年	职员	$27,750	$14,250	98	34	是
14	14	女	02/26/1949	15 年	职员	$35,100	$16,800	98	137	是

图 1-13　数据视图

另外，从 SPSS17.0 开始，用户可以在数据视图中对数据进行查找和替换。

变量视图的功能是定义数据集的数据字典，用来定义和显示数据集中的变量信息，变量视图如图 1-14 所示。

2. 结果管理窗口

SPSS 的结果管理窗口也称为结果视图或者结果浏览器，用于存放 SPSS 软件的分析结果，如图 1-15 所示。整个窗口分为两个区：左边为目录区，是 SPSS 分析结果的目录；右边是内容区，显示与目录对应的内容。

3. 结果编辑窗口

结果编辑窗口是编辑分析结果的窗口。在结果视图中，选择要编辑的内容，双击或者单击右键选择“编辑内容”，选中的图形会出现在图表编辑器中。这样，用户可以在一个独立的窗口中编辑该图表。“图表编辑器”窗口如图 1-16 所示。

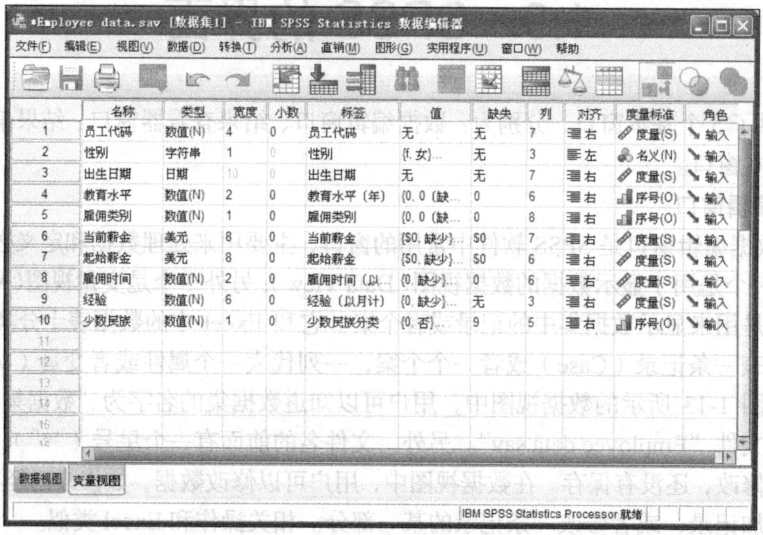

图 1-14　变量视图

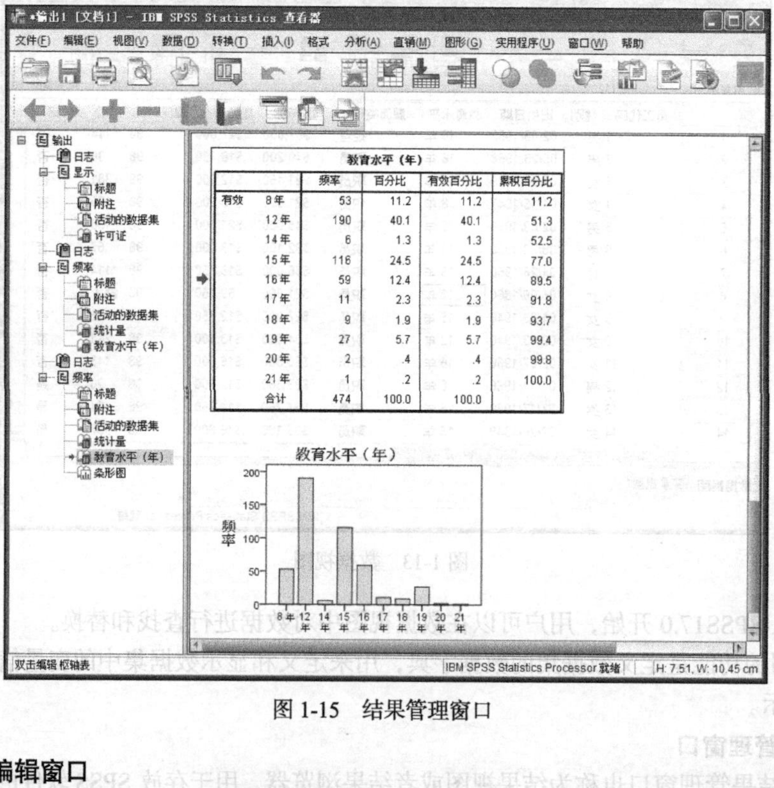

图 1-15　结果管理窗口

4. 语法编辑窗口

SPSS 除了提供菜单操作，也提供语法编程方式。语法编程除了能够完成窗口操作所能完成的所有任务外，还能够完成许多窗口操作所不能完成的其他工作。另外，在语法编辑窗口，用户可以调用开源软件 R 中的任何程序。语法编程方式是对菜单功能的一个补充，其可以使烦琐的统计分析工作得以简化，特别是一些需要重复进行的工作。SPSS 编程是经常进行统计分析的人员和高级用户喜爱使用的方式，语法编辑窗口如图 1-17 所示。

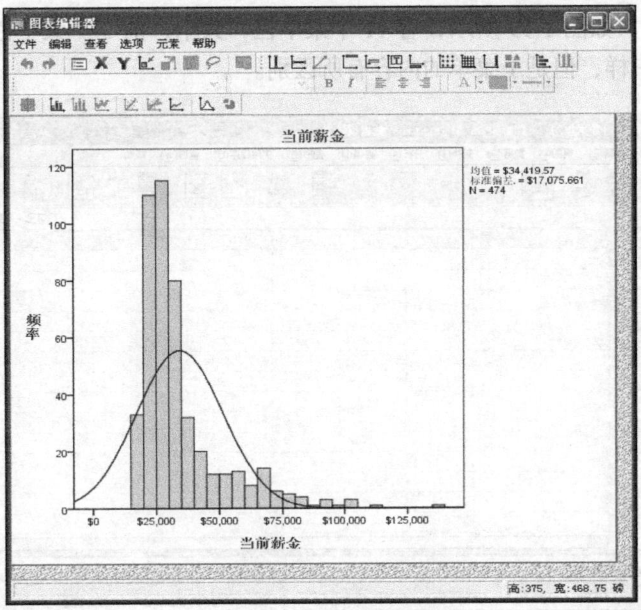

图 1-16　图表编辑器

5. 脚本窗口

SPSS 脚本是用 Sax Basic 语言编写的程序。脚本可以使 SPSS 内部操作自动化，可以自定义结果格式，可以连接 VB 和 VBA 应用程序。脚本编辑窗口如图 1-18 所示。

图 1-17　语法编辑窗口

图 1-18　脚本编辑窗口

1.10　SPSS 的图形用户界面

SPSS 的统计分析功能主要通过 3 个图形用户界面来调用。这 3 个图形用户界面分别为数据视图窗口、变量视图窗口和结果管理窗口。下面以数据视图窗口为例来简单介绍 SPSS 的菜单。

SPSS 的数据视图窗口如图 1-19 所示，有 11 个菜单栏，其中，前 3 个菜单栏和 Excel 或者 Word 的前 3 个菜单名称一样，但是子菜单的内容有所区别。

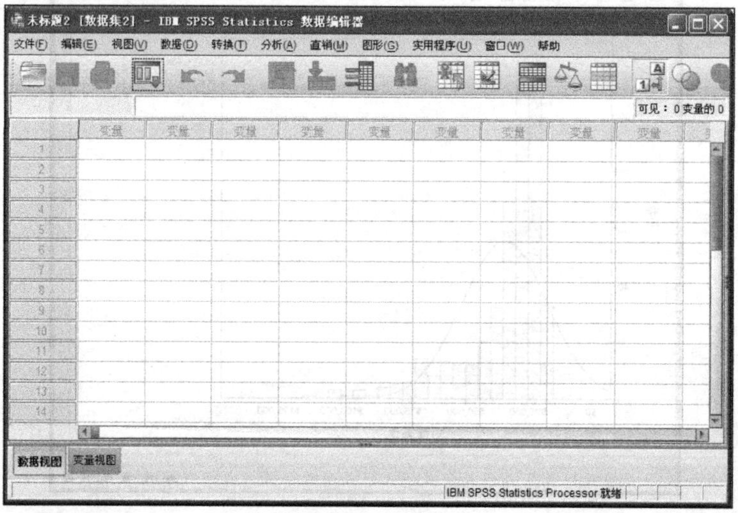

图 1-19　数据视图窗口

图 1-20～图 1-24 分别是 SPSS 的数据菜单、转换菜单、分析菜单、图形菜单和实用程序菜单。

（1）数据菜单的命令主要完成数据字典的定义、排序、数据验证、合并文件等，不会改变原始数据。

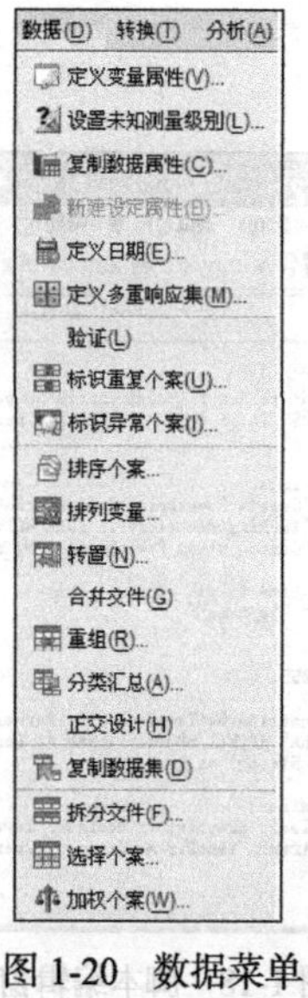

图 1-20　数据菜单

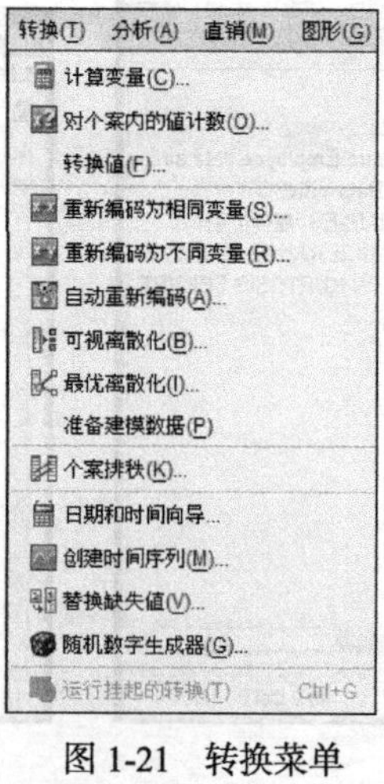

图 1-21　转换菜单

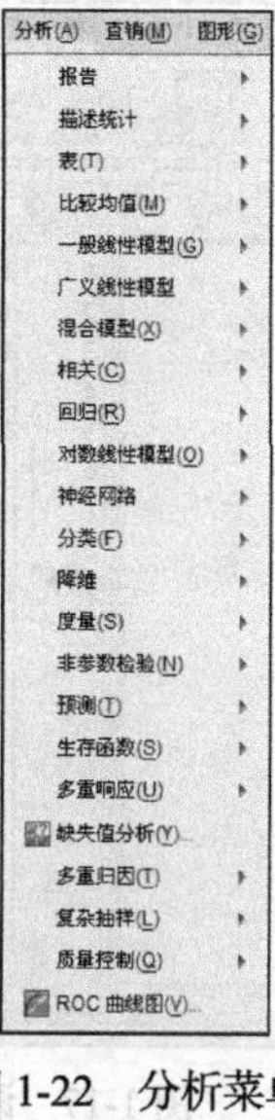

图 1-22　分析菜单

（2）转换菜单的命令主要用于基于原始变量重新转换生成新变量，如计算变量、可视离散化、创建时间序列等。它的可用功能如图 1-21 所示，其中，计算变量是在数据预处理中应用最广泛的。

（3）分析菜单包含了 SPSS Statistics 主要的统计分析功能，如所有的描述性统计分析命令、推断性统计分析命令，无论是一元统计还是多元统计分析，都集中在该菜单中。

（4）图形菜单，如图 1-23 所示，用于生成各种统计图形，如条形图、散点图、线图、面积图、直方图、箱图、饼图等。

（5）实用程序菜单，如图 1-24 所示，主要提供了一些高效率的应用 SPSS 的方法，如定义变量集、生产工作、集成 R 或者 Python 的外部程序等。

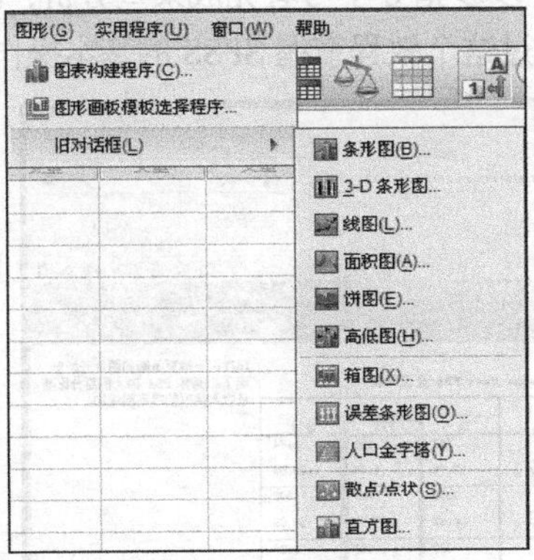

图 1-23　图形菜单

图 1-24　实用程序菜单

1.11　SPSS 帮助系统

SPSS 提供了友好的帮助功能，可以随时随地地为不同层次的用户提供帮助，其帮助系统包括主题帮助、教程、个案研究、统计辅导、语法命令参考、算法参考，以及 R 或者 Python 编程扩展帮助。另外，SPSS 系统的每个对话框都提供联机帮助。

1. 主题帮助

SPSS 的主题帮助，在菜单上选择【帮助】→【主题（P）】进入。SPSS 的主题帮助提供目录和索引两种方式查找所需的内容，如图 1-25 所示。

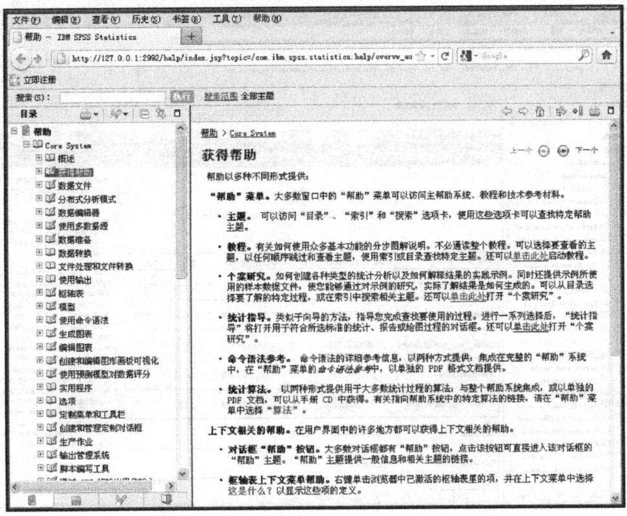

图 1-25　SPSS 联机帮助——主题

帮助系统的树形目录就像一本电子书，将所有的主题组建成一个树状结构。只要单击左边的主题，用户就可以找到所需的内容。在索引方式中，只要在索引栏中输入关键词，系统就会展现相关的主题。

2. 教程

SPSS 教程是为初级学者提供的学习资料，一步步指导学习者完成某些分析，以图形化、实例化的方式指导初学者如何使用 SPSS。初学者可以通过这个教程掌握 SPSS 的基本操作，如图 1-26 所示。

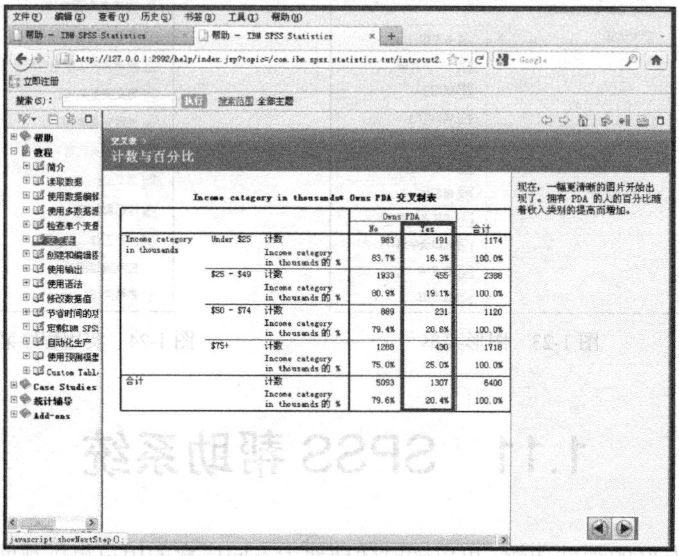

图 1-26　SPSS 帮助——教程

3. 个案研究

SPSS 的案例研究可以给中高级用户提供 SPSS 各模块主要分析方法的基本操作和结果的解读，其指导方式趋向于图形化、实例化。虽然个案研究的语言目前是英文，但是通过这个指导教材，用户可以掌握绝大多数的 SPSS 操作，熟悉 SPSS 的各种高级分析功能及其应用背景，如图 1-27 所示。

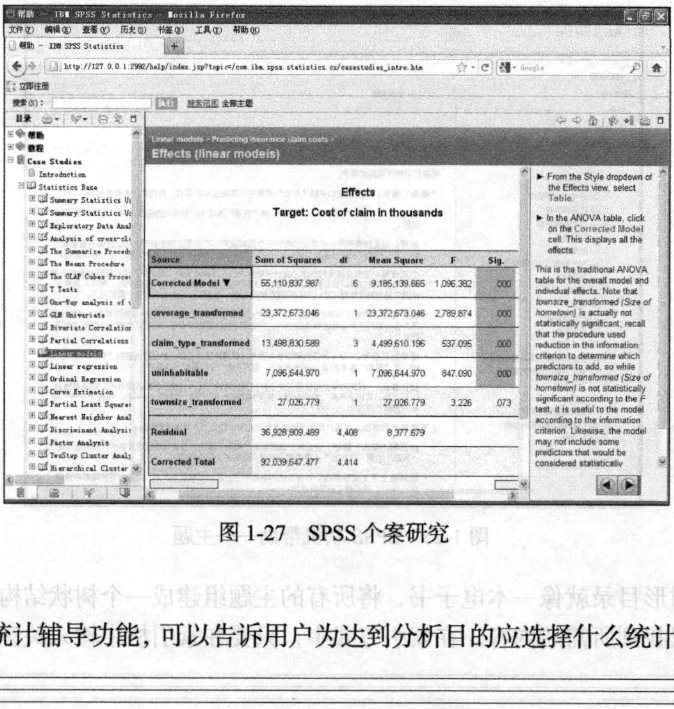

图 1-27　SPSS 个案研究

4. 统计辅导

SPSS 提供了统计辅导功能，可以告诉用户为达到分析目的应选择什么统计分析，并且一步步地指导用户如何进行统计分析，如图 1-28 所示。

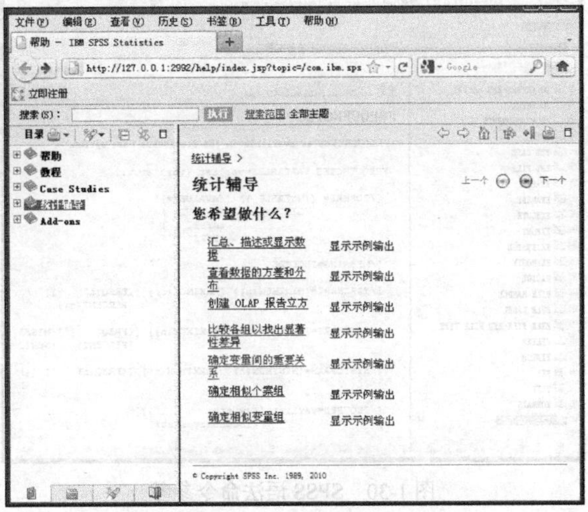

图 1-28　SPSS 统计辅导

5. 语法命令参考

对于 SPSS 的高级用户来说，有时会发现对话框操作比较烦琐，甚至觉得某些高级功能用对话框无法完成。实际上，大约有 20%的高级功能是必须要使用编程方式实现的，而且编程方式可以提高操作效率，处理更复杂的数据。为了方便高级用户的操作，SPSS 帮助系统提供了语法指南及相关分析的算法。只要选择【帮助】→【语法命令参考】，就可以打开相应的语法指令 PDF 文档。该文档有 2 300 多页，有语法命令的详细介绍。通过该参考文档，用户可以找到各种语法命令的用法，方便用户对高级操作的学习，如图 1-29 所示。

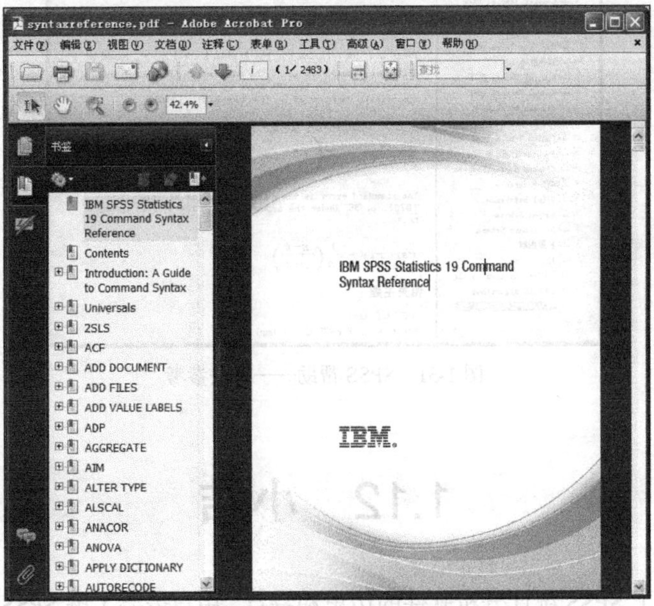

图 1-29　SPSS 语法命令参考文档

同时，SPSS 也对每个语法命令提供了联机帮助，在语法命令编辑器中，在相应的语法命令中，按【F1】键即可提供该语法命令的联机帮助，如图 1-30 所示。

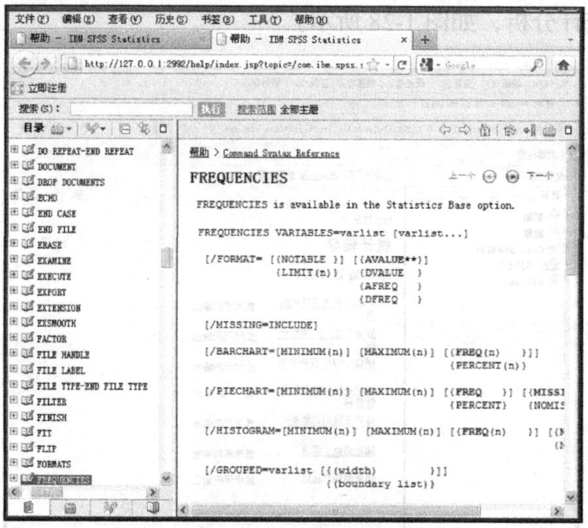

图 1-30　SPSS 语法命令参考

6. 算法参考

选择【帮助】→【算法】，将出现 SPSS 算法的联机文档，如图 1-31 所示。该联机文档提供了 SPSS 的各种统计分析所采用的算法。通过该文档，高级用户可以了解 SPSS 统计过程应用的具体算法，加深对统计过程的理解。

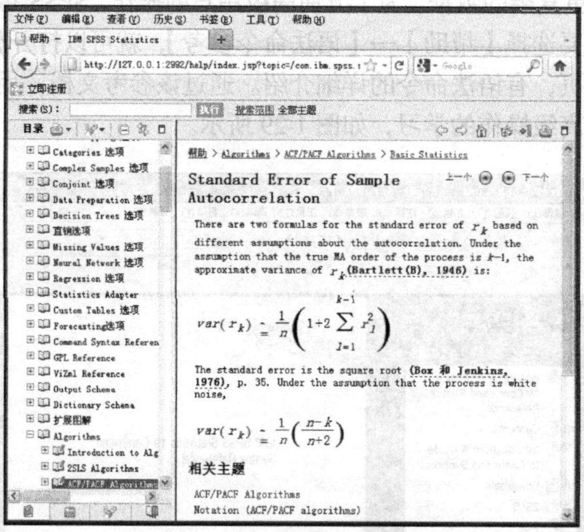

图 1-31　SPSS 帮助——算法参考

1.12　小结

本章主要介绍了 SPSS 统计分析软件的历史和特点。用户需要了解 SPSS 统计分析软件的模块化组成方式，了解运行 SPSS 统计分析软件的 4 种基本方式。应用 SPSS 进行统计分析需要用到 5 个窗口，读者需要熟悉这 5 个窗口的特点及作用。同时，用户还需要了解 SPSS 各个菜单大致所完成的功能，学会应用 SPSS 的帮助系统。

思考与练习

一、选择题

1. SPSS 发行版本的说法，正确的是：

A. 两年发行一个新版本　　B. 一年发行一个新版本
C. 没有任何规律　　D. 三年发行一个新版本

2. 哪些是 SPSS 统计分析软件的基本窗口：

A. 结果查看器窗口　B. 枢轴表窗口　C. 决策树视图窗口　D. 箱图编辑窗口

3. SPSS 帮助系统可以提供：

A. 算法指导　　B. 语法命令参考
C. 根据统计分析主题组织的帮助系统　　D. 以上都是

4. 下列哪些模块是 SPSS 18.0 的新增模块：

A. 回归分析模块　B. 自抽样模块　C. 神经网络模块　D. 市场直销模块

5. 哪些方式不是 SPSS 提供的运行方式：

A. 完全窗口菜单方式　　B. 程序运行方式
C. 生产作业方式　　D. 互联网运行方式

6. 哪些功能是 SPSS 基本模块（Base）所不能够直接实现的功能：

A. 数据管理与准备　B. 数据访问　C. 统计分析　D. 数据计划
E. 数据收集

7. 哪些类型的文件是 SPSS 不能够直接打开的：

A. *.sav 数据文件和*.sys 数据文件　　B. *.dbf 数据文件
C. *.dbf 数据文件　　D. SAS 统计软件产生的数据文件
E. *.html 文件

8. 从总体抽取的样本应该具有：

A. 随机性　B. 代表性　C. 正态性　D. 以上都是
E. 以上都不是

二、问答题

1. 指出下列变量是定性变量还是定量变量。然后，指出每个变量的度量水平。

（1）年销售量。
（2）星巴克咖啡杯的大小（{大杯，中杯，小杯}）。
（3）每股收益。
（4）支付方法（{现金，支付宝，信用卡，微信}）。

2. 指出以下变量的度量类型。

（1）民族。
（2）年级（如一年级、二年级等）。
（3）去年家庭收入。
（4）昨天的最高温度。

3. 什么是总体？什么是样本？二者有什么区别？
4. 什么是参数？什么是统计量？二者有什么区别？

第 2 章 数据文件的建立和管理

【本章学习目标】

- 理解信息、数据与数据处理的基本概念。
- 了解 SPSS 数据编辑器特点，熟悉 SPSS 的变量视图和数据视图。
- 掌握 SPSS 常用的工具按钮。
- 掌握数据录入 SPSS 软件的方法。
- 掌握把电子表格、数据库、文本文件等格式的数据文件读入 SPSS 软件的方法。
- 掌握 SPSS 数据集的数据字典。
- 学习合并两个数据文件的方法。
- 明确分割 SPSS 数据文件的方法。

数据是数据分析、统计检验与预测分析的基本对象。就像厨师手中的蔬菜、调味品等入锅的材料，数据是统计部门、市场调查等部门所面对的对象。数据采集完成之后，需要录入软件分析系统才能够进行分析和应用。本章主要学习 SPSS 录入数据的特点，SPSS 的数据字典，把原始数据录入 SPSS 软件的方法，把其他系统生成的数据文件导入 SPSS 软件中的方法等。另外，本章还介绍把多个数据文件中的数据合并为一个数据文件及根据组别把数据文件拆分成若干组的方法。

2.1 数据管理的特点

SPSS 数据管理器与 Excel 电子表格十分相似，所见即所得。SPSS 数据编辑器的每一行数据称为一个个案（Case），对应一个对象的记录。该对象可以是一个员工、一个样品等。每一列数据代表个体的一个属性，即变量（Variable）。例如，一个职工有员工号、姓名、职务、部门、联系电话、工资等属性，这些属性都分别对应于 SPSS 数据集中的一个变量。在 SPSS 数据编辑器中，该职工的员工号、姓名、职务、部门、联系电话、工资等分别在相应的列中。用户可以直接在数据视图中对数据进行修改。例如，可以直接在数据视图中进行复制、粘贴，也可以直接修改某个个案的属性值，或者删除某一行或者某一列，添加一列（插入变量）或者一行（插入个案）。另外，数据编辑器视图中，用户还可以进行查找、（批量）查找替换等相关操作。

注意　SPSS Statistics 中主要有两类文件：数据文件和结果文件。SPSS 数据文件的默认格式为“*.sav”。SPSS 统计分析的结果可以用文件的形式保存下来，SPSS 版本 15 或者以前版本的输出结果文件的格式为“*.spo”，在其以后的版本中不能直接打开这类结果文件，需要在 SPSS 16 或者更高版本中安装结果浏览器软件 Legacy Viewer 才能阅读“*.spo”格式的输出结果文件。

2.2 SPSS 数据编辑器简介

2.2.1 开始 SPSS

当启动 SPSS 软件（SPSS Statistics）以后，默认情况下首先弹出图 2-1 所示的 SPSS 开始界面对话框。如果选择左边部分的两个选项，你可以进行如下的选择。

（1）选择【打开现有的数据源】，打开最近使用过的数据文件。

（2）选择【打开其他文件类型】，打开最近使用过的其他类型的非 SPSS 的*.sav 格式的文件，例如 SPSS 语法文件（*.sps），SPSS 结果输出文件（*.spv）等。

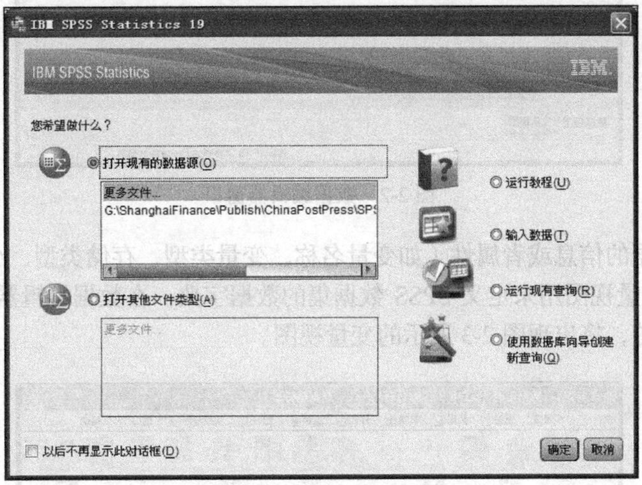

图 2-1　SPSS 开始界面

或者选择右边的 4 个选项之一。

（1）选择【运行教程】，将出现 SPSS 统计分析软件的教程，用户可以从中系统地学习 SPSS 统计分析软件的各项功能。

（2）选择【输入数据】，可以输入全新的数据。

（3）选择【运行现有的查询】，可以运行已有的 Sql 查询语句，在 SPSS 数据编辑器中显示查询结果。

（4）选择【使用数据库向导创建新查询】，SPSS 数据库向导将帮助用户一步一步地从数据库中获取数据。

如果勾选图 2-1 下方的【以后不再显示此对话框（D）】，则以后启动 SPSS 软件时，图 2-1 所示的对话框将不再出现。

2.2.2 SPSS 的数据编辑器界面

1. 数据编辑器界面

SPSS 数据编辑器有两个界面，数据视图界面和变量视图界面。数据视图界面的数据编辑区是数据的信息，而变量视图的数据编辑区是变量的信息。变量视图界面除不含编辑区选择栏外，其他和数据视图类似。

SPSS 的数据视图和 Excel 电子表格相似，其操作也类似 Excel，绝大部分数据管理和分析工作可以通过图形用户界面来完成，例如，你可以直接输入数据；可以单击鼠标右键，对数据进行复制、粘贴、剪切、拼写检查等操作。在图 2-1 中，我们选择【输入数据】，将得到图 2-2 所示的数据编辑器窗口。

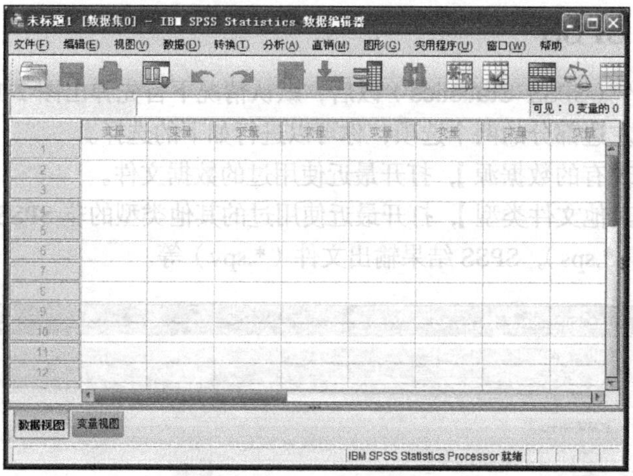

图 2-2　数据编辑器窗口

一些图书称数据的信息或者属性（如变量名称、变量类型、存储类型、小数点的位数等）为数据字典。SPSS 变量视图用来定义 SPSS 数据集的数据字典。在数据编辑器窗口（左下角），选择“变量视图”标签，将出现图 2-3 所示的变量视图。

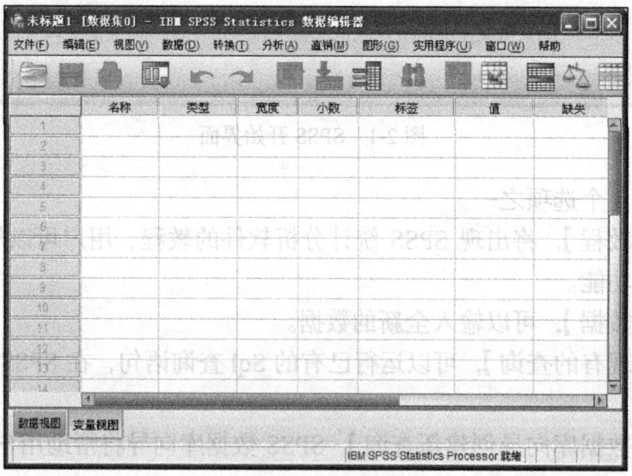

图 2-3　变量视图

SPSS 的数据编辑器界面，无论是数据视图还是变量视图，都和 Excel 界面十分相近。数据视图界面包含窗口名显示栏、窗口控制按钮、SPSS 菜单、常用工具按钮、数据单元格信息显示栏、编辑显示区、编辑区选择栏、状态显示栏，具体说明如下。

（1）窗口名显示栏：在窗口的顶部，显示窗口名称和编辑的数据文件名，没有文件名时显示为“未标题 1 [数据集 0]”。

（2）窗口控制按钮：在窗口顶部的右上角，第一个按钮是窗口最小化，第二个按钮是窗口最大化，第三个按钮是关闭窗口。

（3）SPSS 菜单：SPSS 菜单栏包含文件（File）、编辑（Edit）、视图（View）、数据（Data）、转换（Transform）、分析（Analyze）、直销（Direct Marketing）、图形（Graphs）、实用程序（Utilities）、窗口（Window）和帮助（Help）等 11 个子菜单。SPSS 英文版界面除了以上 11 个菜单以外，还有一个 Add-Ons 菜单，该菜单显示的是 SPSS 可以集成的 SPSS 的其他产品，如 Amos、Modeler 等。如果购买了相关的产品，他们会出现在 SPSS 相应的菜单中。

（4）数据单元格信息显示栏：和 Excel 类似，SPSS 工具栏的下方有单元格信息显示栏。在编辑显示区的上方，左边显示单元格和单元格所在列的变量名（单元格所在行号：变量名），右边显示单元格里的内容。

（5）编辑显示区：在窗口的中部，最左边列显示数据行的序列号，最上边一行显示变量名称，默认为“变量”（英文界面默认为“Var”）。

（6）编辑区选择栏：在编辑显示区下方，有两个标签，分别为数据视图（Data View）和变量视图（Variable View）。用户可以通过该选择栏在数据编辑区和变量编辑区之间进行切换。数据视图在编辑显示区中显示编辑数据，变量视图在编辑显示区中显示编辑数据的变量信息。

（7）状态显示栏：在窗口的底部，左边显示执行的系统命令，右边显示窗口状态。

2. SPSS 的常用工具按钮

SPSS 菜单的下方是常用的工具按钮。在 SPSS 的数据视图下，在窗口显示的第三行上，SPSS 有 18 个工具按钮。这些工具按钮有：打开文档、保存文档、打印、对话检索、取消当前操作、重复操作、转到某条记录、转到某个变量、显示变量信息、查找、在当前记录的上方插入新的空白记录、在当前变量的左边插入新的空白变量、选择个案、拼写检查、分割文件、加权个案、使用变量集、显示值标签，如图 2-4 所示。

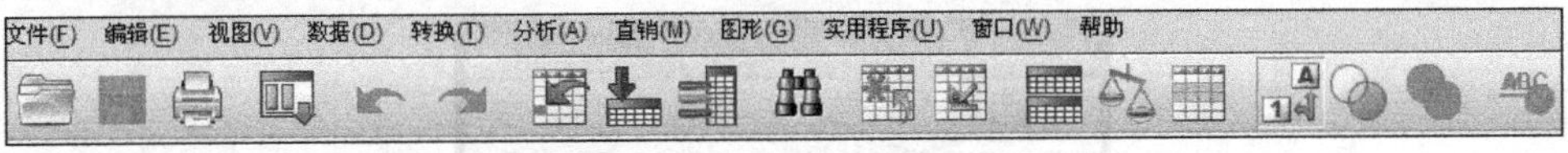

图 2-4　SPSS 工具栏

SPSS 有如下 18 个常见工具按钮。

（1）：打开已经建立的数据文件。这些文件可以是 SPSS 的数据文件，*.sav 格式或者*.por（SPSS 便携数据）格式；或者从其他系统生成的数据文件（如 SAS 数据文件、Excel 数据文件，Stata 数据文件等）。

（2）：保存当前的数据文件。

（3）：打印当前的数据文件。

（4）：检索最近使用的对话框，可以快速地回到近期的对话框窗口，重复运行或者修改以前的分析程序对话框中的设置。

（5）：取消用户最近的操作。

（6）：重复用户最近的操作。

（7）：转到某条记录或者个案。在大数据集文件中，该工具按钮可以使用户快速地定位到指定的记录。

（8）：转到某个变量。该按钮可以快速地定位到指定的数据列。

（9）：显示变量信息。和【实用程序】菜单中的【变量】子菜单一样，显示变量的数据字典。

（10）：在当前列（或者某个变量）中查找指定的值。

（11）：插入个案。该按钮将在当前位置插入一条空记录（即一空行）。

（12）：插入变量。该按钮将在当前位置插入一新的列。

（13）：选择个案。和【数据】菜单中的【选择个案】子菜单的作用一样，选择指定条件的记录。

（14）：拼写检查。和【实用程序】的子菜单【拼写】的作用一样，用来检查变量标签和值标签中的拼写错误。

（15）：分割文件（或者称为“拆分文件”）。按照分组变量将数据文件分割为单独的组，然后根据一个或多个分组变量的值进行分析。

（16）：加权个案。用指定的频率变量对数据记录进行加权。

（17）：使用变量集。将数据编辑器和对话框变量列表中显示的变量限制为所选中的变量集合中的变量。

（18）：选择在数据视图中显示变量的值标签还是变量值（即编码）。

3. 变量视图

变量视图可以定义和显示以下 11 个变量属性。

（1）变量的名称：给出变量或者属性的名称。变量名称需要符合 SPSS 变量名的命名准则。

- 必须以英文字母开头，其他部分可以含有字母、数字、下画线（即“_”）。
- 变量名尽量避免和 SPSS 已有的关键字重复，如 sum、compute、anova 等。
- SPSS 13 及以后版本支持变量名最长为 64Byte，即变量名最长为 64 个英文字符，或者 32 个中文字符。
- SPSS 变量名不区分大小写，即 SPSS 认为 Name、name、nAme 这 3 个变量名没有区别。

（2）变量类型：选择变量的显示方式，如图 2-5 所示。

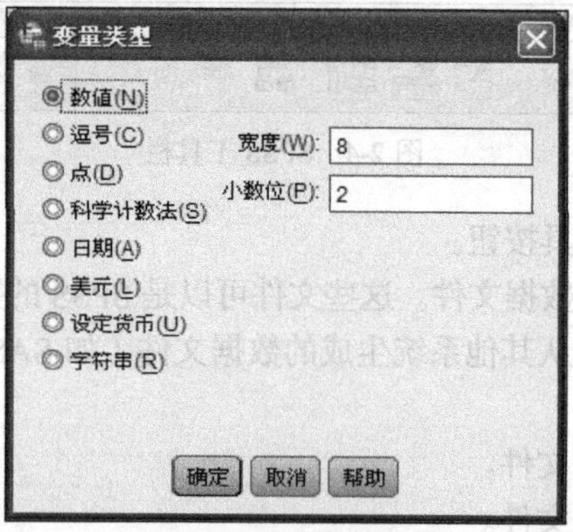

图 2-5　变量类型选择

- 数值型（Numeric）：即常见的尺度（Scale）变量，或者经过编码的分类变量（包含名义变量（Nominal）和有序变量（Ordinal））。需要定义数据的总的宽度和小数的位数。选中【数值(N)】以后，默认的数值宽度为 8，小数位为 2。用户可以根据需要进行修改。
- 逗号（Comma）：即整数部分用逗号分隔的数值。在整数部分，从个位算起，每 3 位数一个逗号。小数点仍然为“.”。
- 点：即整数部分用点分隔的数值。在整数部分，从个位算起，每 3 位数用一个点分隔。小数点为“,”。
- 科学计数法（Scientific）：用科学计数法来表示数值型数据。

- 日期（Date）：日期型数据。
- 美元（Dollar）：数据前有美元符号。用户可以选择具体数据的呈现方式。
- 设定货币：选用客户设定的货币格式。在应用该选项前，需要预先在选项中设置。方法为选择【编辑】→【选项】，进入选项设置对话框，然后选择“货币”标签，设定需要的货币格式，否则该格式不起作用。
- 字符串：如果变量或者属性是字符型数据，如“性别”变量的取值为“男”和“女”，则我们须定义“性别”为字符串型。

（3）变量宽度：对字符型变量，该数值决定了用户能输入的字符串的长度。

（4）小数位的宽度：设定小数位的宽度。

（5）变量标签：给变量更详细的说明或描述。在分析过程和结果显示中，可以选择显示变量名或者变量标签。

（6）变量的取值编码：对变量值进行编码。

（7）缺失值编码：对数据中的缺失值进行编码。

（8）列：设定该变量数据视图中列的宽度。

（9）对齐方式：列数据的对齐方式。

（10）变量度量类型：设定变量度量标准，有度量（Scale）、序号（Ordinal）、名义（Nominal）3 种选择。度量型变量的数值有具体的度量意义，如个数、高度、温度等。序号型变量为分类变量中的有序变量，如编码的“十分重要”“重要”“一般”“不重要”；成绩中的 A、B、C 等都是序号变量。名义型变量为分类变量，如名字、地址、电话等。

（11）变量角色：这是从 SPSS 版本 18 开始引入的 SPSS 数据挖掘软件 Modeler 中的一个数据属性，用来指定该变量在建模中的角色是输入、目标或者不进入建模等。SPSS 18 以前的版本没有该变量属性。

注意　由于 SPSS 不同的统计分析过程需要不同的数据类型，例如，判别分析中的因变量必须是数值型而不能是字符串。因而，用户在学习使用 SPSS 软件作统计分析时既要注意变量类型，也要注意变量的度量类型。变量的度量类型不是固定不变的，用户可以根据分析过程来改变变量的度量类型。

2.3　新建数据文件、数据字典

刚刚完成一项调查或者试验，可以把数据直接输入 SPSS 软件中，建立 SPSS 数据文件。一个好的习惯是，在数据输入 SPSS 之前，先定义数据文件的结构。这要求先了解数据的构成：每条记录有几个属性（或变量），每个属性的名称是什么，这个属性是分类型数据还是连续型数据。这些清楚以后，用户可以先进入变量视图，把相应的变量定义好，也就是等于把数据输入的模板定义好了，然后到数据视图中输入数据。另外一种方式是，先进入数据视图，采用 SPSS 默认的数据变量信息，把数据先录入，然后再到变量视图对变量属性进行相应的修改。

注意　SPSS 数据文件格式以每一行为一个记录，或称观察单位（Cases，许多 SPSS 书籍翻译为“个案”）；每一列为一个变量（Variable）。

现在，我们通过一个例子来学习数据的输入操作。我们对 12 个参加减肥活动的人做了一项调查。每个被调查者有一个 ID，然后调查他们的身高、参加活动以前的体重、参加活动以后的体重、性别、政治派别及 8 个有关性格的问题。我们把这些收集到的调查问卷结果输入 SPSS 中。这些问题相对应的 SPSS 变量为如下。

（1）ID 号（id）。

（2）性别（sex）。

（3）身高（height）。

（4）参加活动以前的体重（before）。

（5）参加活动以后的体重（after）。

（6）政治派别（party）。

（7）8 个有关性格的问题（分别记为 e1 到 e8）。

打开 SPSS 数据编辑器的变量视图，按照下列步骤进行操作。

（1）在“名称”栏输入变量名“id”，单击类型栏中的“数值（N）”单元格，该单元格变为带有省略号的图标（即 数值(N) ... ），单击该图标右侧的省略号，得到变量选择对话框，如图 2-6 所示。我们这里的变量“id”为数值型，因此，选择“数值”，把宽度改为 3，小数位设为 0，如图 2-6 所示。在标签栏，输入“问卷编号”。其他设置保持默认值。然后转到数据视图，在变量名“id”栏依次输入 1～12。

（2）双击变量名“id”右边的变量或者单击“变量视图”标签，转到变量视图。在第二行输入“sex”，定义为数值型，宽度设为 1，小数位设为 0。在标签栏对应的格子中输入“性别”，在“值”栏对应的格子内，单击右侧带有省略号的图标 ... ，【值（U）】输入：1，【标签（L）】输入：男。单击【添加】按钮，类似输入“女”，如图 2-7 所示。

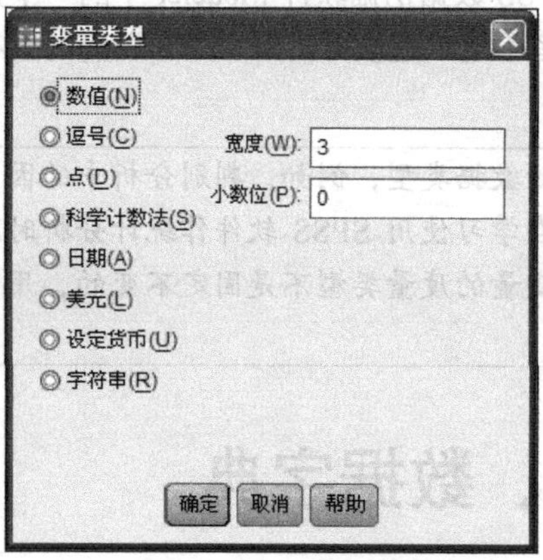

图 2-6　设置变量类型

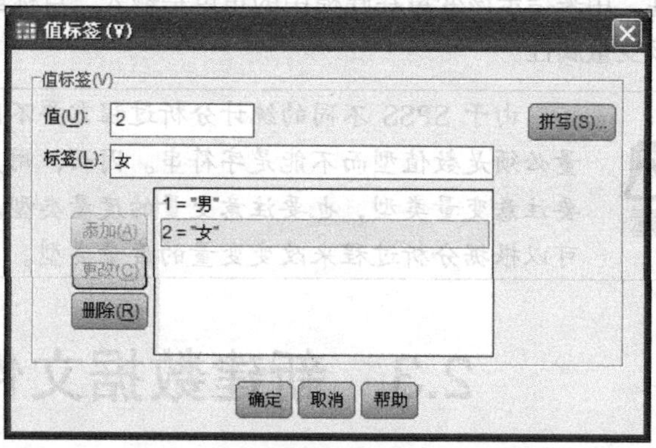

图 2-7　值标签

其他设置保留默认值。转到数据视图，依次输入数据：1，2，1，2，2，1，2，1，1，1，2，2。

（3）双击变量名“sex”右边的变量或者单击【变量视图】标签，转到变量视图。在第三行输入“before”，定义为数值型，宽度设为 3，小数位设为 0。其他设置保持默认值。转到数据视图，依次输入数据：76，59，67，65，63，72，70，68，69，74，68，63。类似地，输入变量“after”“party”“e1”到“e8”。

数据输入完毕之后，变量视图如图 2-8 所示，数据视图如图 2-9 所示。

注意

SPSS 输入数据有如下注意事项。

1. 字符型数据

在 SPSS 中，字符型数据值是区分大小写的，小写的 m 和大写的 M 是不一样的。

（1）在变量视图中设置可以输入的字符“宽度”，即字符的个数。当“宽度”值大于变量视图中设置的“列”值时，只显示“列”所设置的宽度的字符，但是其他字符仍然存在。一般“宽度”值大于“列”值。

（2）字符型数据也可以设置值标签。例如，“sex”变量的两个取值为 *M*、*F*，它们的值标签分别为 Female、Male。

（3）如果值标签为英语，可以单击“拼写”进行拼写检查，以检查值标签的英文拼写。

2. 缺失值处理

如果有数据缺失，SPSS 对于字符型数据和数值型数据有不同的处理方式。对于数值型数据，缺失值默认为“.”；对于字符串型数据，系统默认值为空。如果空字符串有意义，那么需要在变量视图对缺失值进行定义。

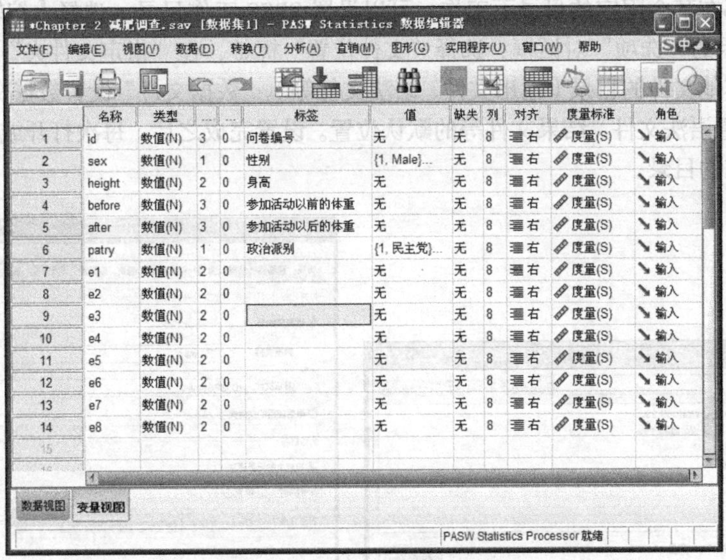

	名称	类型	...	...	标签	值	缺失	列	对齐	度量标准	角色
1	id	数值(N)	3	0	问卷编号	无	无	8	右	度量(S)	输入
2	sex	数值(N)	1	0	性别	{1, Male}...	无	8	右	度量(S)	输入
3	height	数值(N)	2	0	身高	无	无	8	右	度量(S)	输入
4	before	数值(N)	3	0	参加活动以前的体重	无	无	8	右	度量(S)	输入
5	after	数值(N)	3	0	参加活动以后的体重	无	无	8	右	度量(S)	输入
6	patry	数值(N)	1	0	政治派别	{1, 民主党}...	无	8	右	度量(S)	输入
7	e1	数值(N)	2	0		无	无	8	右	度量(S)	输入
8	e2	数值(N)	2	0		无	无	8	右	度量(S)	输入
9	e3	数值(N)	2	0		无	无	8	右	度量(S)	输入
10	e4	数值(N)	2	0		无	无	8	右	度量(S)	输入
11	e5	数值(N)	2	0		无	无	8	右	度量(S)	输入
12	e6	数值(N)	2	0		无	无	8	右	度量(S)	输入
13	e7	数值(N)	2	0		无	无	8	右	度量(S)	输入
14	e8	数值(N)	2	0		无	无	8	右	度量(S)	输入

图 2-8　完成输入后的变量视图

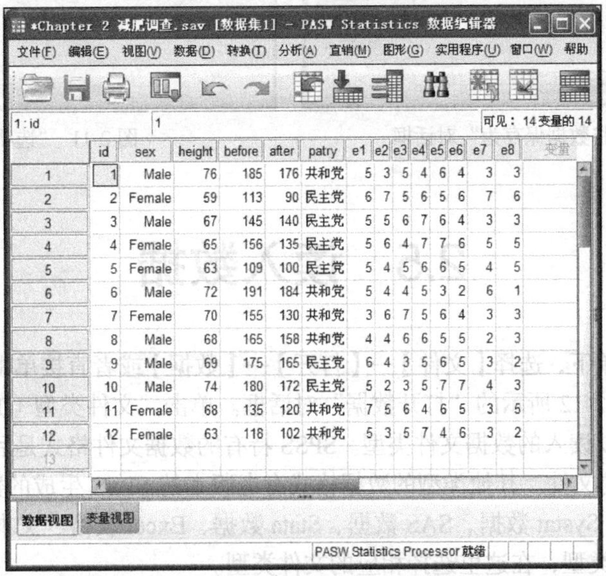

	id	sex	height	before	after	patry	e1	e2	e3	e4	e5	e6	e7	e8	变量
1	1	Male	76	185	176	共和党	5	3	5	4	6	4	3	3	
2	2	Female	59	113	90	民主党	6	7	5	6	5	6	7	6	
3	3	Male	67	145	140	民主党	5	5	6	7	6	4	3	3	
4	4	Female	65	156	135	民主党	5	6	4	7	7	6	5	5	
5	5	Female	63	109	100	民主党	5	4	5	6	6	5	4	5	
6	6	Male	72	191	184	共和党	5	4	4	5	3	2	6	1	
7	7	Female	70	155	130	共和党	3	6	7	5	6	4	3	3	
8	8	Male	68	165	158	共和党	4	4	6	6	5	5	2	3	
9	9	Male	69	175	165	民主党	6	4	3	5	6	5	3	2	
10	10	Male	74	180	172	民主党	5	2	3	5	7	7	4	3	
11	11	Female	68	135	120	共和党	7	5	6	4	6	5	3	5	
12	12	Female	63	118	102	共和党	5	3	5	7	4	6	3	2	

图 2-9　完成输入后的数据视图

2.4 保存文件

在数据输入过程中，要经常注意保存数据，而不要等到所有数据输入完成之后再进行保存。这样可以避免不必要的数据丢失，如计算机故障或者突然断电造成的数据丢失。当单击【保存】按钮时，SPSS 可以对变量有选择地进行保存，如图 2-10 所示。在保存数据对话框中，当单击【变量】按钮时，可以选择想要保存的变量，默认保存数据文件中所有的变量。

在“文件名（N）:”栏输入“Chapter 2 减肥调查”，然后单击【保存】按钮，该文件将被保存到在【选项】中所设置的工作目录下的“Chapter 2 减肥茶调查.sav”文件。在进行变量保存前，如果希望每次都在某个固定的目录下工作，可以设置 SPSS 工作目录。选择【编辑】→【选项】，打开图 2-11 所示的“选项”对话框，选择“文件位置”标签，在“指定文件夹”部分，设置数据文件的目录和其他文件的目录（输出文件、语法文件等）。“数据文件”设置数据文件的默认位置，“其他文件”设置语法文件、结果文件等的默认位置。设置完成之后，每次打开或者保存文件时将指向这里所设定的目录。

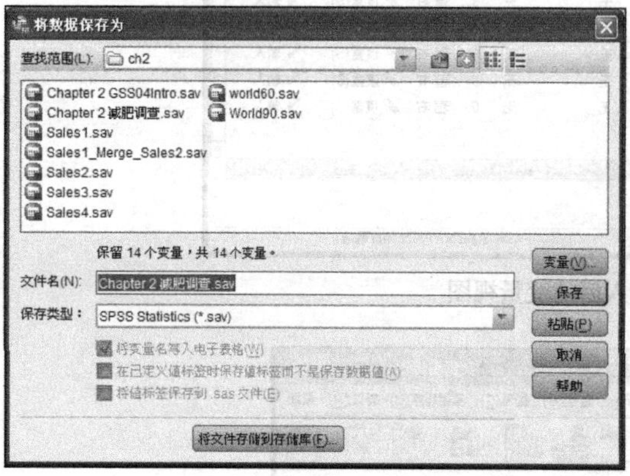

图 2-10 “将数据保存为”对话框

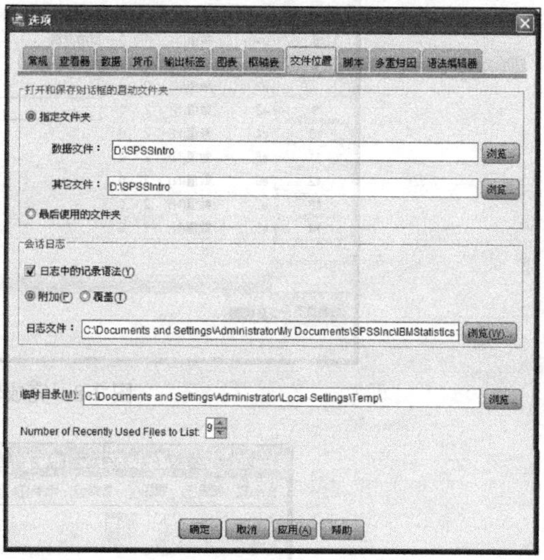

图 2-11 “选项”对话框

2.5 读入数据

在 SPSS 文件菜单下，选择【文件】→【打开】→【数据】或者直接单击工具按钮栏上的【打开】按钮，将得到图 2-12 所示的“打开数据”对话框。单击“文件类型（T）”右侧的向下箭头，列表给出了 SPSS 可以读入的数据文件类型。SPSS 特有的数据文件格式是后缀为“.sav”的文件，或者后缀为“.por”的文件。其他类型的数据格式有老版本的 SPSS 生成的数据（即 SPSS/PC+数据，后缀为“.sys”）、Systat 数据、SAS 数据、Stata 数据、Excel 表格、文本格式的数据等。根据需要打开的数据文件类型，在这里选择相应的文件类型。

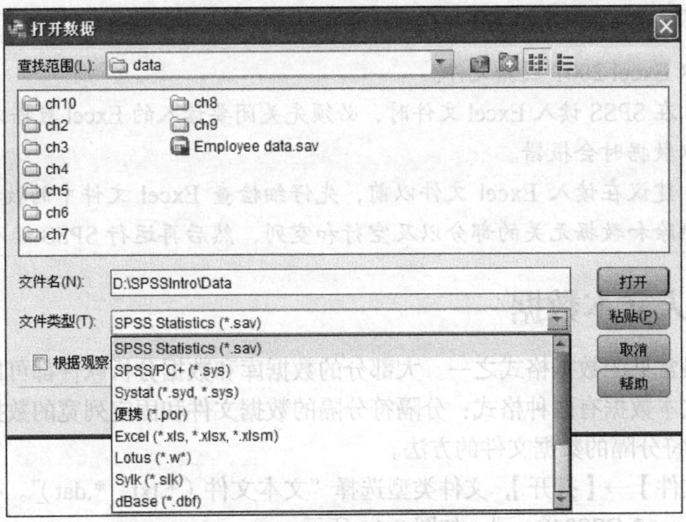

图 2-12　“打开数据”对话框

2.5.1　读入 Excel 数据

选择【文件】→【打开】→【数据】，文件类型选择 Excel，然后双击“Chapter 2 GSS04S.xls”，或者选中文件名，单击【打开】按钮，将弹出一个“打开 Excel 数据源”对话框，以选择需要打开的工作表及数据的范围。范围用“Xm:Yn”格式指定，X 代表 Excel 表格中开始读入的第一个数据的列名，m 代表行号；Y 代表 Excel 表格中读入的最后一个数据的列名，n 代表其所在的行号。默认情况下，选择 Excel 工作薄的最后工作的工作表和全部数据。默认情况下，SPSS 从第一行数据读入变量名。如果数据的第一行是数据，不要勾选“从第一行数据读入变量名”。

这里要打开的 Excel 文件的第一行是变量名，因此保留默认设置，如图 2-13 所示。

读入的数据在 Excel 2003 中的显示，如图 2-14 所示。

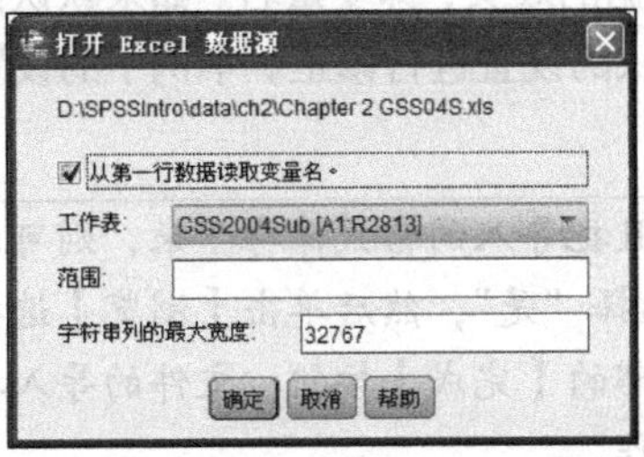

图 2-13　“打开 Excel 数据源”对话框

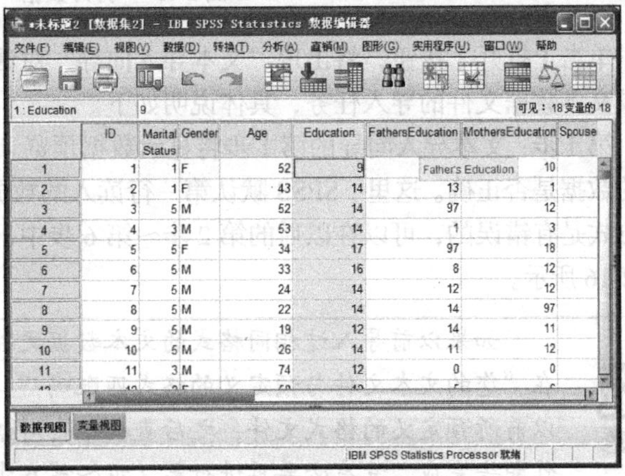

图 2-14　Excel 源数据

（1）SPSS 只是读入数据，其他和 Excel 单元格关联的属性，如注释、公式等，都不会被读入 SPSS 文件。因此，在读入 Excel 数据文件以前，需要确保 Excel 文件中含有的只是数据。在读入 SPSS 以前，需要先删除非数据部分单元格内的内容或者其他和需要处理的数据无关的单元格的内容。

注意

（2）从 SPSS 16 开始，可以读入 Excel 2007 数据文件。SPSS 15 及以前的版本不能够读取 Excel 2007 数据文件。

（3）在 SPSS 读入 Excel 文件时，必须先关闭要读入的 Excel 数据文件，否则 SPSS 软件读取数据时会报错。

（4）建议在读入 Excel 文件以前，先仔细检查 Excel 文件中的数据，确保格式正确，并删除和数据无关的部分以及空行和空列，然后再运行 SPSS 读入该文件。

2.5.2　读入文本数据

文本数据是最常见的数据格式之一。大部分的数据库和数据分析软件都可以把数据保存为文本格式。常见的文本数据有两种格式：分隔符分隔的数据文件和固定列宽的数据文件。本节将介绍 SPSS 读入分隔符分隔的数据文件的方法。

单击菜单【文件】→【打开】，文件类型选择“文本文件（*.txt，*.dat）”。在“打开数据”对话框，选择“Chapter 2 GSS04S.txt”，如图 2-15 所示。

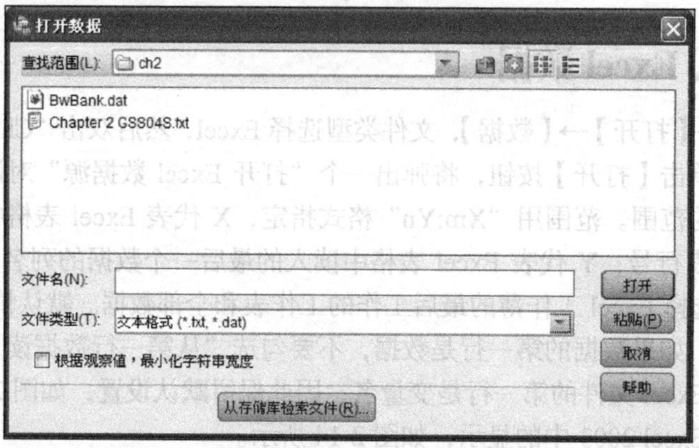

图 2-15　“打开数据”对话框

单击【打开】按钮，将出现“文本导入向导”对话框，该向导一共有 6 个步骤，将指导用户完成文本数据文件的导入任务，具体说明如下。

第 1 步：文本导入向导的第 1 步将显示数据预览。从预览中可以知道，SPSS 按照默认方式读入的数据是否正确。这里，SPSS 默认第一行读入的数据是数据的表头，即变量名。如果默认读入的方式是有错误的，可以在以后的第 2 步～第 6 步中，对默认的设置进行修正。本例中的设置如图 2-16 所示。

注意

如果以前导入过相同格式的文本数据文件，并且把导入的格式保存下来，则可以在“您的文本文件与预定义的格式匹配吗?”框中选择“是”，然后单击【浏览】选择以前所预定义的格式文件，之后直接单击对话框下部的【完成】按钮，文件的导入操作即告完成，没有必要再进行第 2 步～第 6 步的操作。

第 2 步：设置文本文件中变量的排列方式和变量名的设置。这里，要读入的文本文件的变量是由分隔符（制表符）分隔的，并且文件的顶部是变量名称。因此，在该对话框中做图 2-17 所示的设置。

第 3 步：设定从何处开始导入个案和导入个案的个数。文本导入向导的第 3 步将设置数据开始的位置、个案的分隔方式及需要导入的个案的个数，并且呈现采用设定后数据的预览。本例中的设置如图 2-18 所示。

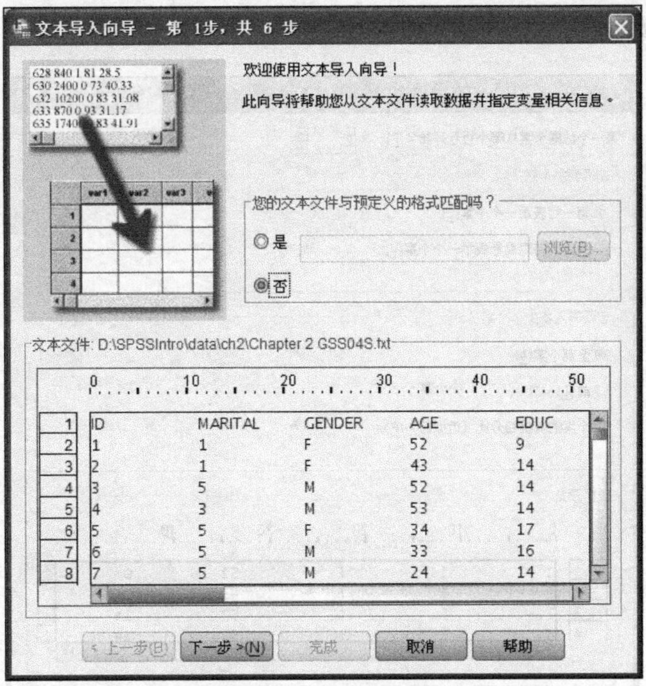

图 2-16　文本导入向导第 1 步

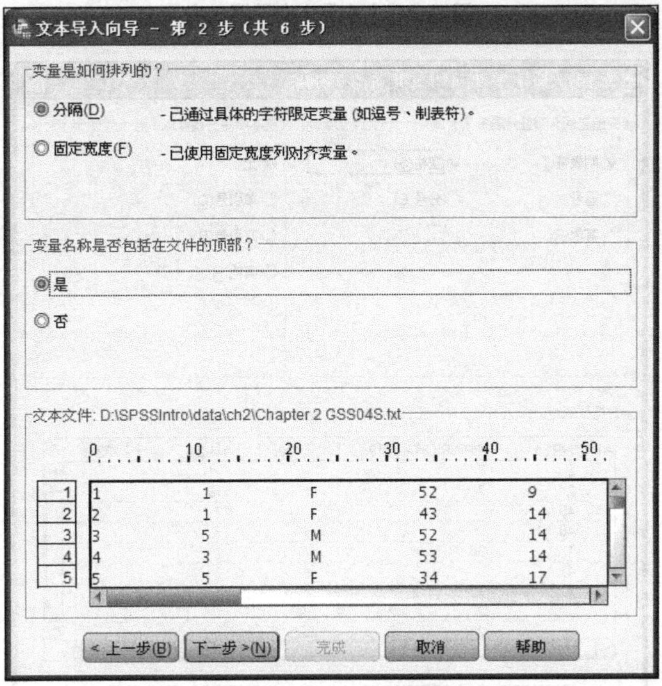

图 2-17　文本导入向导第 2 步

第 4 步：设定个案内变量的分隔方式。在“变量之间有哪些分隔符？”框中，有 5 种选择，分别是：“制表符”“空格”“逗号”“分号”“其他”。根据文本文件的格式，选定相应的分隔符。在“文本限定符是什么？”部分用来选定用什么方式来标识文本或者字符串，根据文本数据文件中的具体情况来设定“无”(即没有特殊标识)、“单引号”“双引号”或者“其他”。该对话框的“数据预览”部分显示按照设定情况所读入的数据的预览，如图 2-19 所示。

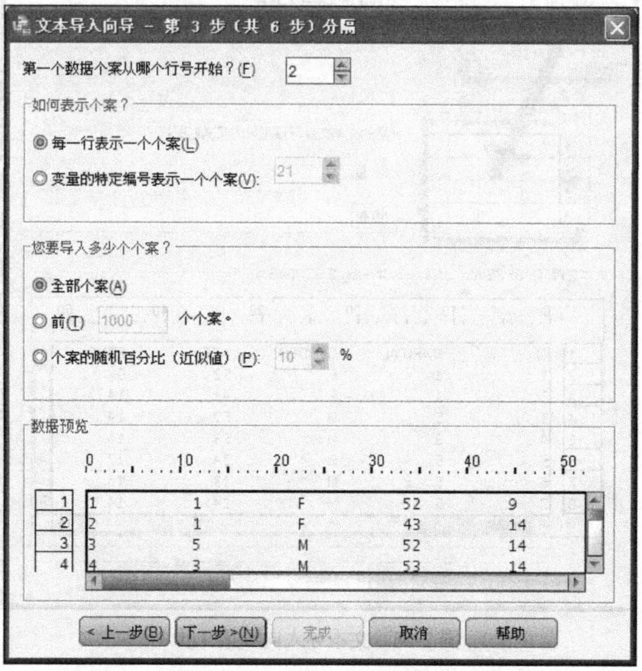

图 2-18　文本导入向导第 3 步

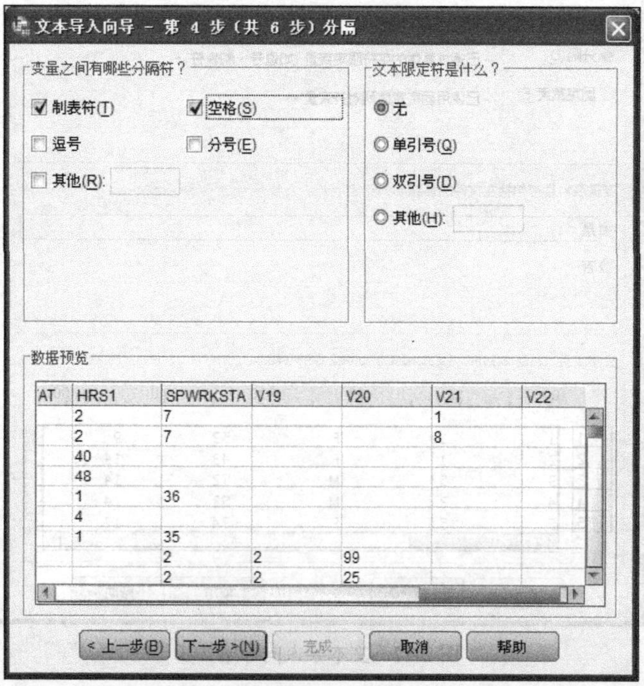

图 2-19　文本导入向导第 4 步

从图 2-19 的预览可以看出许多列没有数值，并且多出了 V19～V22，读入的最后 4 列不正确，因此怀疑按照默认方式读入数据是有错误的。这里需要借助文本编辑器打开需要读入的原始数据文件，检查是否有多余的列。经检查，原始文本文件中的数据和数据标题对应，没有多余的列，出错原因是读入向导中的变量分隔符选择不正确，因而需要更改变量间的默认分隔符。这里，“变量之间有哪些分隔符？”部分只勾选“制表符（T）”，去掉“空格（S）”前面的钩，如图 2-20 所示。

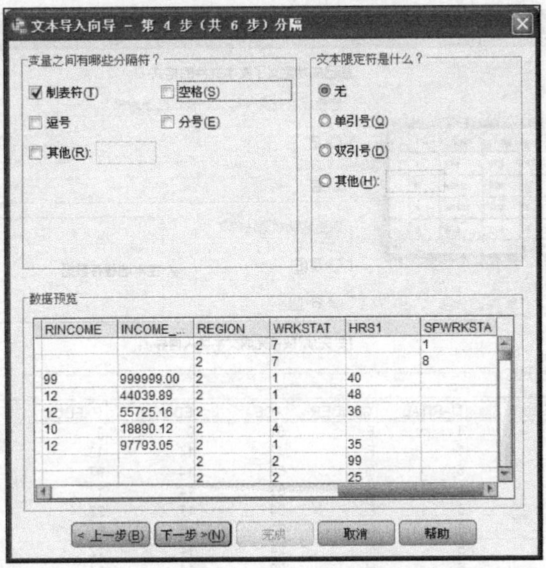

图 2-20　文本导入向导第 5 步

注意

（1）一定要正确设定变量间的分隔符才能够保证导入数据的正确性。

（2）在单击【下一步】按钮之前，要仔细检查数据预览部分。如发现不正确的部分，需要找到出错的原因，并及时返回相应的步骤进行修改。

第 5 步：对变量名及数据格式进行调整。SPSS 读入文本数据时，会根据指定的位置读入变量名，如果指定的变量名不符合 SPSS 变量名的命名规则，SPSS 导入时会进行转换。例如，如果指定的变量名中含有空格，则 SPSS 会自动地把空格删除。

单击“数据预览”中的部分变量名，可以调整变量名，或者检查变量的数据格式。在这里，INCOME_ACTUAL 默认的格式为数值，我们改为“美元”，如图 2-21 所示。

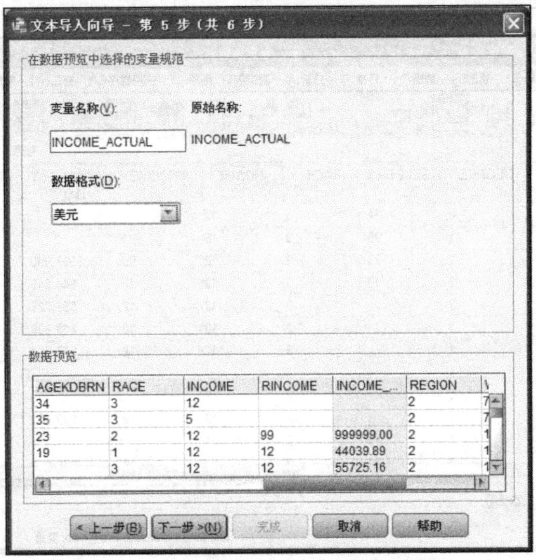

图 2-21　更改变量名称和数据格式

第 6 步：指定是否保存该导入数据的方式为文件格式并将其保存为语法文件。这里我们不保存该格式，即按照默认的方式选择“否”，如图 2-22 所示。

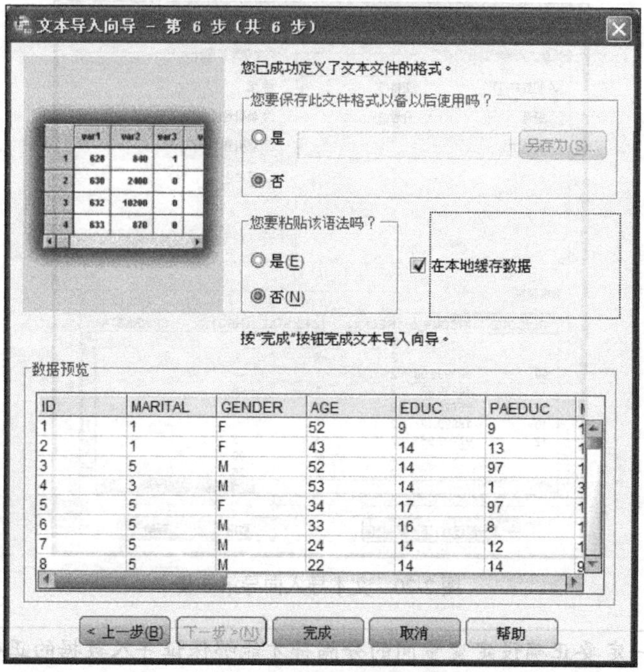

图 2-22　文本导入向导第 6 步

单击【完成】按钮，最后在 SPSS 数据视图中得到导入的数据，如图 2-23 所示。

注意

导入文本数据时，一定要在每一个步骤中检查数据预览，确定数据预览符合预期的格式；如果不正确的数据格式出现，回到相应的步骤调整相应的设置，直到数据预览正确为止。

如果尝试了所有可能的设置，读入数据仍然不正确，需要仔细检查原始的文本数据，确保原始的文本数据文件格式正确。

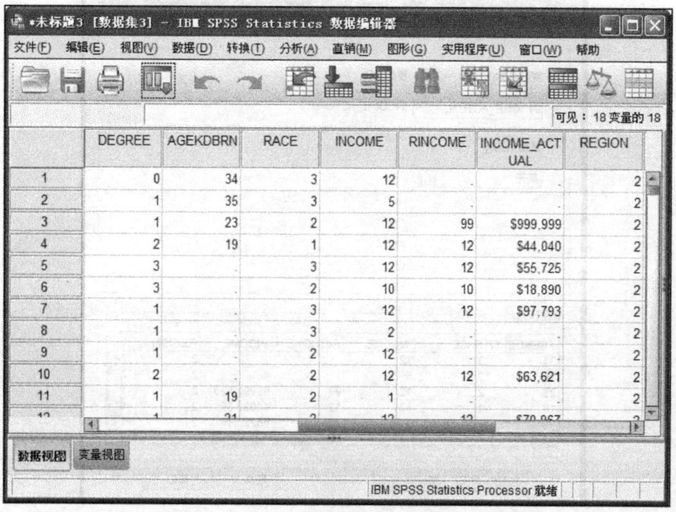

图 2-23　导入数据完成后的数据视图

2.5.3　读入数据库数据

SPSS 可以读入所有类型的数据库文件，如 Access、SQL Server、Oracle、DB2、MySql 等。所有的数据库文件都可以通过建立直接开放数据库连接（Open Database Connectivity，ODBC）数据源的方式来读入 SPSS 中。MS Access 和 MS Excel 类型的数据文件已经在 ODBC 数据源中列出，SPSS 可以直接读入 Excel 和 MS Access 数据库的数据文件。其他类型的数据库文件需要先建立 ODBC 数据源。

这里用 Access 数据库文件“Chapter 2 GSS04.mdb”为例来说明 SPSS 导入数据库文件的过程。“Chapter 2 GSS04.mdb”数据库包含两张表，分别为“GSS2004Add”和“GSS2004Sub”。其中，“GSS2004Sub”包含被调查者的人口统计学信息，如婚姻状况、年龄、性别、教育程度等；“GSS2004Add”包含被调查者对主要调查问题的反馈，如工作是否满意、对幸福情况的反馈，对健康状况的反馈等。这两张数据表在 Access 数据库中的视图，如图 2-24 所示。

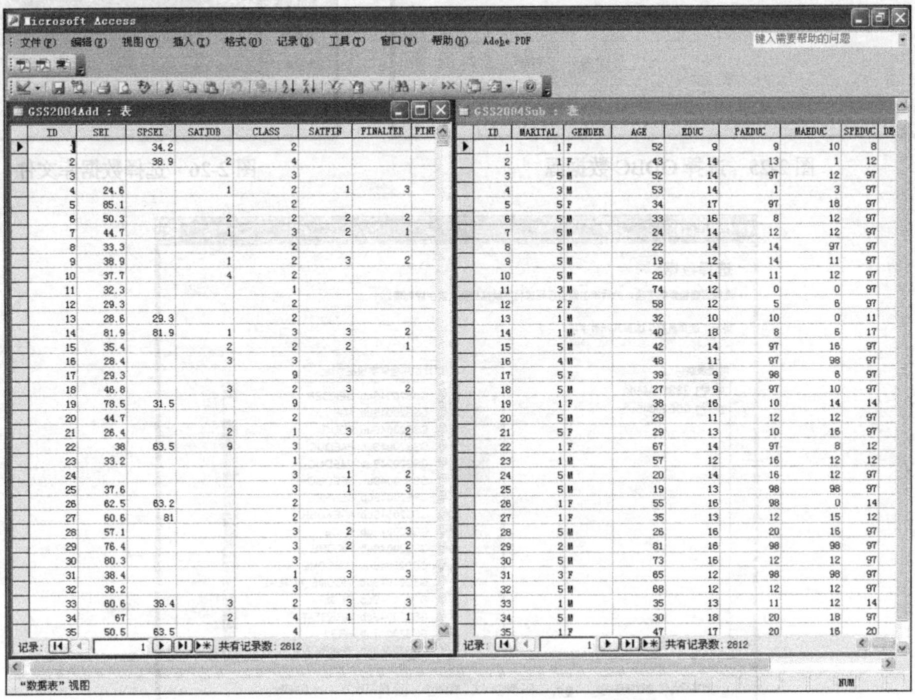

图 2-24　两张数据表在 Access 数据库视图

SPSS 数据库向导遵循下列步骤。

1. 选择数据源

（1）选择【文件】→【打开数据库】→【新建查询】，出现如下的“数据库向导”，选择 MS Access Database，如图 2-25 所示。

（2）单击【下一步】按钮，将弹出“ODBC 驱动程序登录”窗口，单击【浏览】按钮，选择相应的数据库文件。这里选择“Chapter 2 GSS04.mdb”，如图 2-26 所示。

2. 选择数据库表及其字段

单击【确定】按钮，将出现“数据库向导—选择数据”对话框。它将指导用户选择需要的字段（或者属性）。如图 2-27 所示，“可用表格（A）”中显示选定的数据库中所有的可用数据表，右栏显示选定的表格中的字段（即将被导入 SPSS 中的变量或字段）。这里选择两个数据表中的所有字段。

图 2-25　选择 ODBC 数据源

图 2-26　选择数据库文件

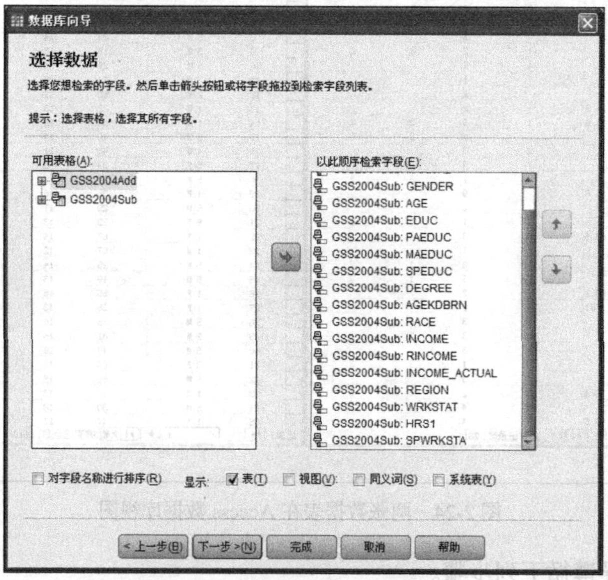

图 2-27　选择数据库表和字段

注意

（1）SPSS 可以一次读入两个或者两个以上的表。读入多个表时，需要先把需要读入的表的字段选入右栏，然后单击【下一步】按钮指定连接类型。连接类型有 3 种：内部关联、外部右侧和外部左侧。

（2）双击左侧“可用表格”中的数据库表或者数据库表的某个字段将直接把该数据表的所有字段或者选定的字段选入右侧的检索字段中。

3. 选择多个数据表之间的连接关系

这里把 Access 数据库中的两个数据表：“GSS2004Add”和“GSS2004Sub”都导入 SPSS 中。

单击【下一步】按钮，采用默认关联类型——内部关联，两张数据表的 ID 作为默认关联关键字，它们之间有一个双箭头关联，如图 2-28 所示。

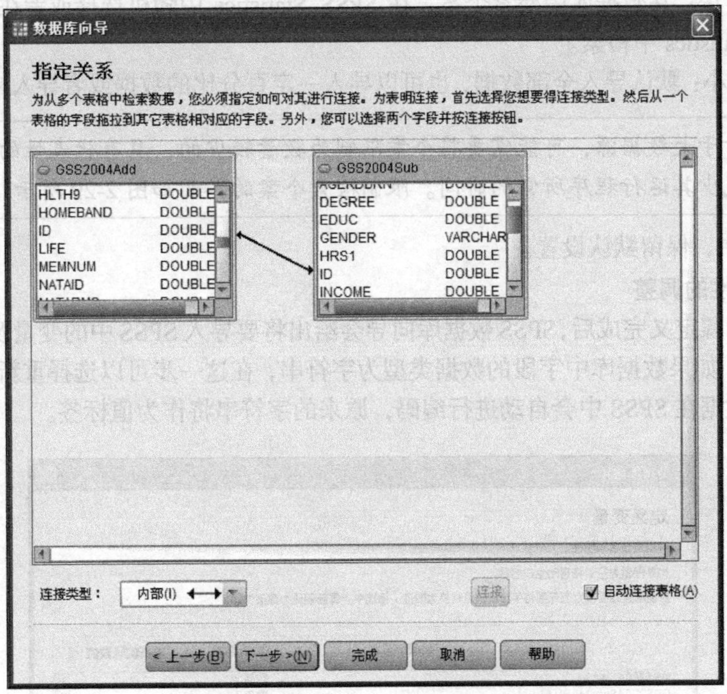

图 2-28　指定两个表之间的关联关系

4. 限制检索个案

单击【下一步】按钮，出现“限制检索的个案”向导，如图 2-29 所示。该对话框可以指定多个数据表之间的连接条件、单一数据表中选择个案的条件和数据的抽样方式。

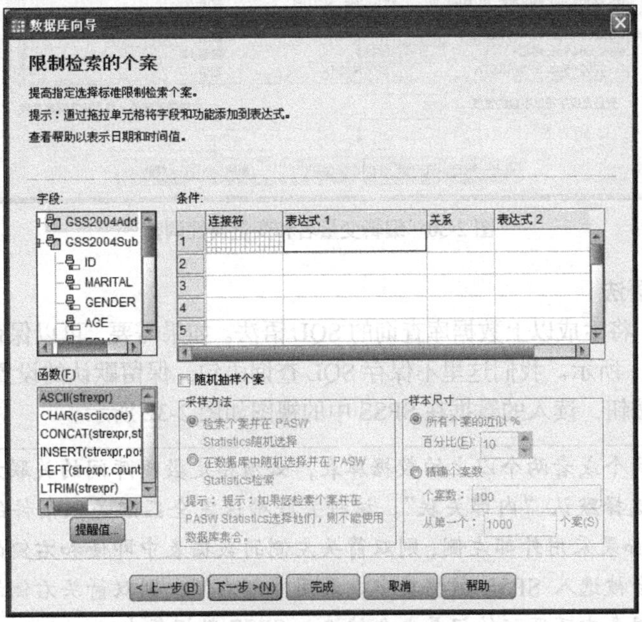

图 2-29　限制检索的个案

如果选中“随机抽样个案”，可以在满足条件的数据中随机选择一部分导入 SPSS 中。抽样条件由采样方法和样本大小指定。

（1）采样方法：在数据库中检索个案，在 SPSS Statistics 中随机选择或者在数据库中随机选择并在 SPSS Statistics 中检索。

（2）样本大小：默认导入全部数据，也可以导入一定百分比的数据或者导入精确个数的个案。

注意　对于大数据源，可能需要将个案限制为数量较少的、具有代表性的样本。这可以显著减少其运行程序所需的时间。限制检索个案的界面如图 2-29 所示。

在图 2-29 中，保留默认设置。

5. 变量属性的调整

以上所有步骤定义完成后，SPSS 数据库向导会给出将要导入 SPSS 中的变量及其属性的列表，如图 2-30 所示。如果数据库中字段的数据类型为字符串，在这一步可以选择重新编码为数值，这样导入的相应数据在 SPSS 中会自动进行编码，原来的字符串将作为值标签。

图 2-30　编辑变量名和变量属性调整

6. 生成 SQL 语法

这是最后一步，将生成以上数据库查询的 SQL 语法。如果需要，可以保存下来以备在其他程序中使用，如图 2-31 所示。我们这里不保存 SQL 查询语句，保留默认的设置。

单击【完成】按钮，读入的数据在 SPSS 中的视图如图 2-32 所示。

注意　读入两个或者两个以上的数据库表，必须指定数据库间的关联方式。大部分情况下，可以选择默认“内部关联”。该种关联确保完全匹配关联条件的记录才会被导入 SPSS 中。如果采用外部左侧，则双箭头左侧的数据表中即使和右侧的数据表中不匹配的记录也会被选入 SPSS 数据集中。采用外部右侧，则双箭头右侧的数据表中即使和左侧的数据表中不匹配的记录也会被选入 SPSS 数据集中。

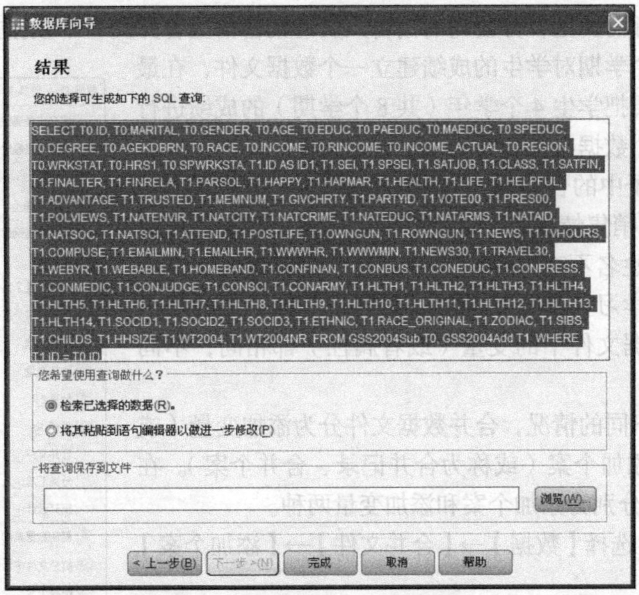

图 2-31　数据库导入的 SQL 语句

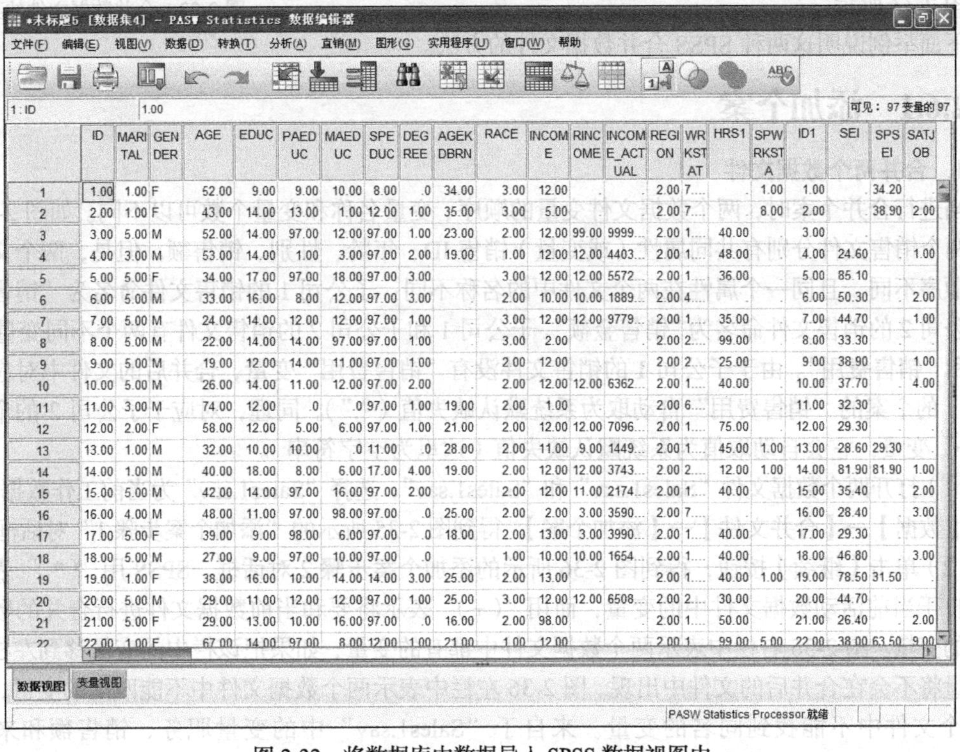

图 2-32　将数据库中数据导入 SPSS 数据视图中

2.6　数据文件的合并

有时候，要把多个数据文件合并为一个数据文件。例如，一个公司在全国各地有 30 多个分公司，每个月公司总部需要把各分公司的销售人员的销售情况合并到一个数据文件中。又如，一个学校教务部门每一个学期对学生的成绩建立一个数据文件，在最后学生毕业前，需要把学生 4 个学年（共 8 个学期）的成绩进行汇总，就需要把 8 个数据文件合并为一个数据文件。

上述第二个例子中的合并 8 个成绩文件和第一个例子中的合并 30 个子公司的销售情况是不同的。学生的 8 个学期的成绩文件中，除了学生姓名不变以外，其他变量（或者属性）是不同的，每个学期的学习科目是不同的。而第一个例子中的每个子公司销售情况数据文件中的变量（或者属性）都相同，不同的是销售人员。

针对以上两种不同的情况，合并数据文件分为添加变量（或称为合并变量）和添加个案（或称为合并记录、合并个案）。在 SPSS 中的操作方式分别为添加个案和添加变量两种。

（1）添加个案：选择【数据】→【合并文件】→【添加个案】，如图 2-33 所示。

（2）添加变量：选择【数据】→【合并文件】→【添加变量】，也如图 2-33 所示。

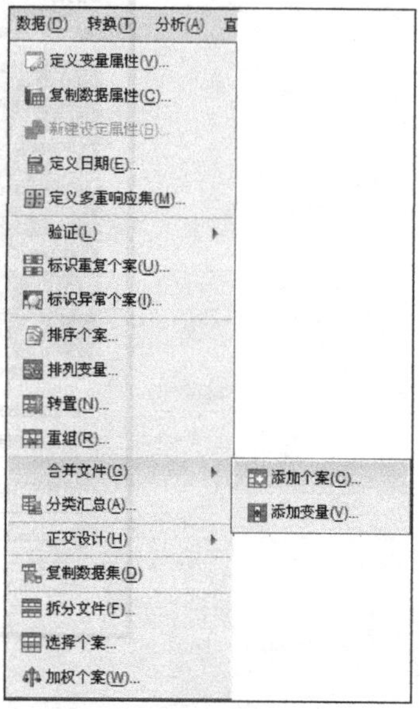

图 2-33　合并数据文件的菜单

下面举例说明这两种 SPSS 合并数据文件的方法。

2.6.1　添加个案

1. 合并两个数据文件

当进行合并个案时，两个数据文件变量的顺序、变量名称和变量个数可以不同。如图 2-34 所示，两个销售文件分别有共同属性（或变量）销售 ID、年龄、性别、销售额。但是，两个文件变量的顺序不同，且同一个属性在两个文件中的名称不同：子公司 1 的销售文件命名为“销售额”，而子公司 2 的销售文件命名为“销售金额”。子公司 1 和子公司 2 的销售文件有两个不同变量：“职务”和“销售费用”。由于子公司 1 的销售文件没有“销售费用”变量，合并后的文件中对应于子公司 1 的个案的“销售费用”自动取为系统默认缺失值（“.”）。同理，对应于子公司 2 的个案的“职务”变量，它会自动取值为系统默认缺失值（这里为空字符串）。

（1）打开两个数据文件“Sales1.sav”和“Sales1.sav”，选择“Sales1.sav”为当前工作数据文件。选择【数据】→【合并文件】→【添加个案】，得到图 2-35 所示的“添加个案步骤 1”对话框。

（2）单击【继续】按钮，得到图 2-36 所示的添加个案步骤 2 对话框。SPSS 用“(＊)”表示变量来自于当前活动数据文件中的变量，而用“(＋)”表示将要和当前数据文件进行合并的数据文件中的变量。图 2-36 右栏中表示两个数据文件中都有的变量，如果把该栏中的变量移到左栏，则该变量将不会在合并后的文件中出现。图 2-36 左栏中表示两个数据文件中不能匹配的变量，即在另一个文件中不能找到同名的变量。来自于“Sales1.sav”中的变量职务、销售额和来自于“Sales2.sav”中的销售费用、销售金额不能匹配。我们知道销售额和销售金额是同一属性，只是变量名称不同。我们首先选中“销售额”，然后在按住【Ctrl】键的同时选中“销售金额”，单击按钮【对（A）】。这样，SPSS 就自动把这两个变量作为同一变量，并在合并后的文件中命名为“销售额”。然后，同时选中左边框中剩余的变量，把它们选到右边的框中。如果选中图 2-37 右下角的“将个案源表示为变量（I）”，则会在合并后的文件中生成一个新的变量，用它来标识个案是来自于哪个数据文件。这里保留默认值（即选中该选项）。

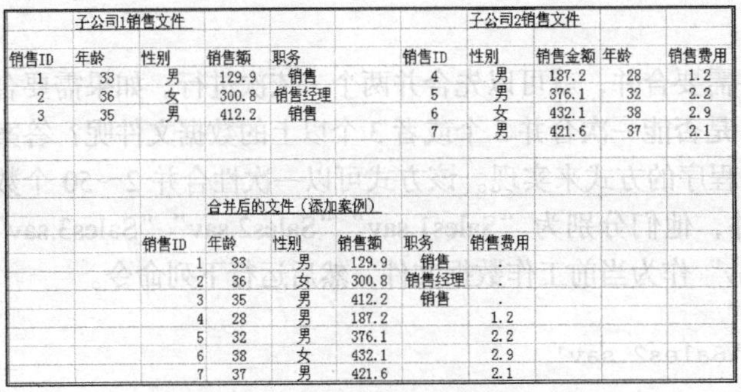

子公司1销售文件

销售ID	年龄	性别	销售额	职务
1	33	男	129.9	销售
2	36	女	300.8	销售经理
3	35	男	412.2	销售

子公司2销售文件

销售ID	性别	销售金额	年龄	销售费用
4	男	187.2	28	1.2
5	男	376.1	32	2.2
6	女	432.1	38	2.9
7	男	421.6	37	2.1

合并后的文件（添加案例）

销售ID	年龄	性别	销售额	职务	销售费用
1	33	男	129.9	销售	.
2	36	女	300.8	销售经理	.
3	35	男	412.2	销售	.
4	28	男	187.2		1.2
5	32	男	376.1		2.2
6	38	女	432.1		2.9
7	37	男	421.6		2.1

图 2-34　添加个案示例图

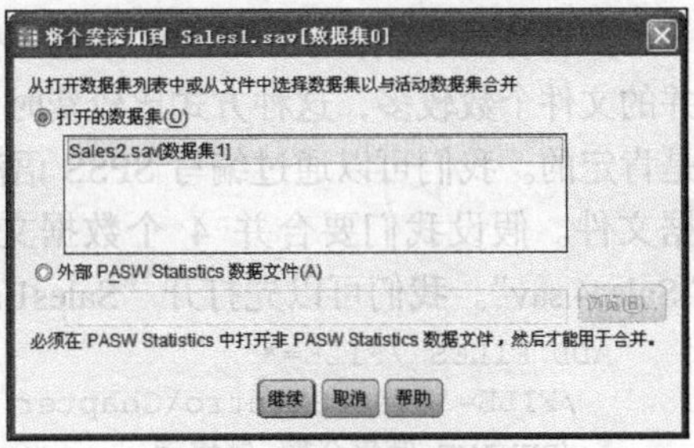

图 2-35　添加个案步骤 1

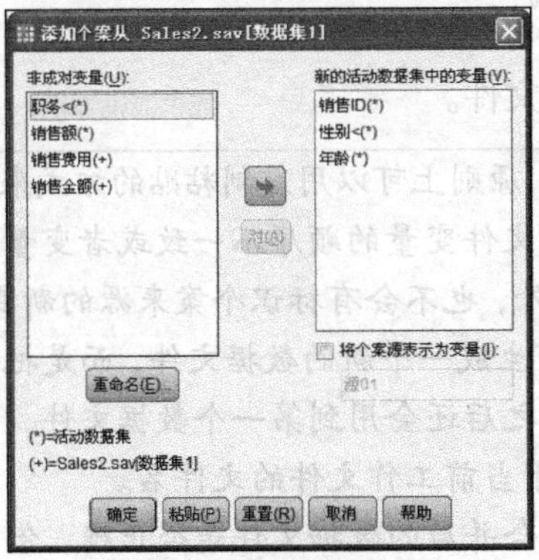

图 2-36　添加个案步骤 2

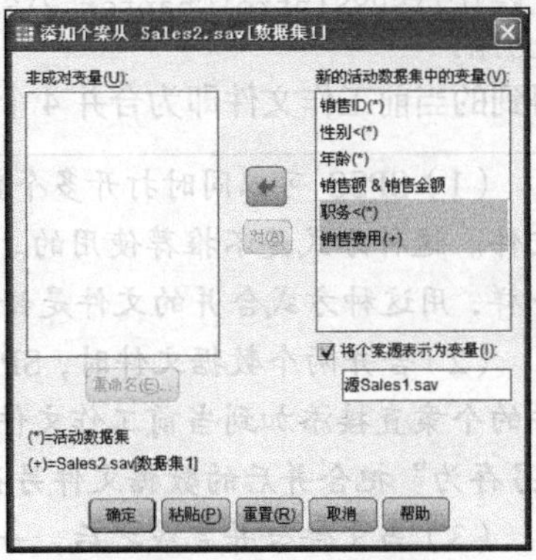

图 2-37　添加个案步骤 3

（3）单击【确定】按钮，得到的当前工作文件即为合并后的数据文件，如图 2-38 所示。这里，最后一列即为勾选了“将个案源表示为变量（I）”后生成的新变量，变量名称默认为“源 01”。“0”表示个案来源于当前活动数据文件，即“Sales1.sav”，“1”表示来源于“Sales2.sav”。

需要注意的是，SPSS 并没有为合并后的数据文件生成一个新的数据文件，而是把“Sales2.sav”的个案直接添加到当前工作文件，即“Sales1.sav”中。如果之后还会用到第一个数据文件，需要把合并后的数据文件另存为不同于当前工作文件的文件名，这里另存为“Sales1_Merge_Sales2.sav”，如图 2-38 所示。

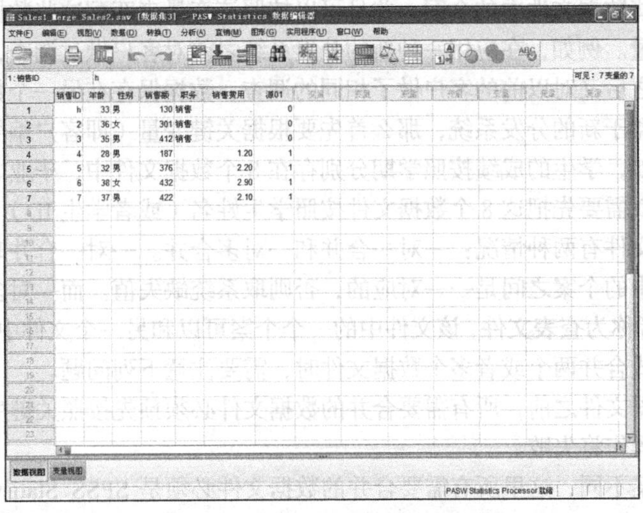

	销售ID	年龄	性别	销售额	职务	销售费用	源01
1	h	33	男	130	销售		0
2	2	36	女	301	销售		0
3	3	35	男	412	销售		0
4	4	28	男	187		1.20	1
5	5	32	男	376		2.20	1
6	6	38	女	432		2.90	1
7	7	37	男	422		2.10	1

图 2-38　合并个案后的数据文件

2. 合并两个以上数据文件

如果有 3 个或者 3 个以上的数据文件需要合并，就可以先合并两个，依次进行。如果需要合并的文件个数较多，这种方式比较费时。是否能一次合并 3 个或者 3 个以上的数据文件呢？答案是肯定的。我们可以通过编写 SPSS 语法程序的方式来实现。该方式可以一次性合并 2～50 个数据文件。假设我们要合并 4 个数据文件，他们分别为“Sales1.sav”“Sales2.sav”“Sales3.sav”“Sales4.sav”。我们可以先打开“Sales1.sav”作为当前工作数据文件，然后运行下列命令。

```
ADD FILES /FILE=*
  /FILE='C:\SPSSIntro\Chapter 2\Sales2.sav'
  /RENAME 销售金额=销售额
  /FILE='C:\SPSSIntro\Chapter 2\Sales3.sav'
  /FILE='C:\SPSSIntro\Chapter 2\Sales4.sav'.
  EXECUTE.
```

最后得到的当前工作文件即为合并 4 个文件后的文件。

注意

（1）SPSS 可以同时打开多个数据文件，原则上可以用复制粘贴的方式来合并这些文件。这种方式是不推荐使用的。如果这些文件变量的顺序不一致或者变量并不完全一样，用这种方式合并的文件是错误的。另外，也不会有标识个案来源的新变量生成。

（2）合并两个数据文件时，SPSS 并没有生成一个新的数据文件，而是把被合并文件的个案直接添加到当前工作文件中。如果之后还会用到第一个数据文件，需要选择“另存为”把合并后的数据文件另存为不同于当前工作文件的文件名。

（3）当文件合并完成之后，一定要检查合并后的数据文件是否正确。例如，可以应用探索性统计分析方法来检查合并后的文件。

（4）需要合并的数据文件可以是 SPSS Statistics 中已经打开的数据文件，或者没有打开的 SPSS Statistics 格式的数据文件（*.sav 格式），也可以是其他格式的数据文件，如“*.dBase”文件等。

2.6.2 添加变量

如果有两个数据文件，它们含有相同的个案，但是不同文件含有的属性不同，现在需要把这两个文件合并为一个文件，就需添加变量。如果需要合并的数据文件中都含有同一个变量，该变量可以用于标识这些数据文件中的个案，并且可以按照该变量来匹配这些数据文件中的记录，那该变量称为**关键变量**。例如，在应用一种新的分发系统之前对客户做过调查，数据保存在一个文件中；应用该系统之后又对以前的客户做了相同的调查，数据保存在另一个数据文件中。我们想知道哪些客户会受益于新的分发系统，那么首先要根据关键变量（即客户编号）把这两个数据文件合并在一起。又如，学生的成绩按照学期分别存在 8 个数据文件中，毕业之前需要对学生的成绩做出综合评价，就需要先把这 8 个数据文件按照学生姓名（或者学生 ID）合并在一起。

添加变量合并文件有两种情况：一对一合并和一对多合并。一对一合并时，两个数据文件是对等的，两个文件中的个案之间是一一对应的，否则取系统缺失值。而一对多合并时，一个文件会作为主文件，或者称为**查表文件**，该文件中的一个个案可以和另一个文件中的多个个案相匹配。

以添加变量方式合并两个或者多个数据文件时，需要注意下列问题。

（1）在合并数据文件之前，所有需要合并的数据文件必须预先按照关键变量进行升序排列。否则，合并文件的操作将失败。

（2）与添加个案不同，这里所有需要合并的数据文件必须是 SPSS Statistics 定义的数据文件格式（“*.sav”格式）或者已经在 SPSS Statistics 中打开的数据文件。

（3）由于一个文件中的变量需要添加到另一个文件，必须确保两个文件中需要合并的变量名称不同。

1. 一对一合并

一对一合并主要有以下几种情况。

（1）两个数据文件，如果进行一对一合并，一个文件中的每个个案只能根据关键变量匹配另一个文件中唯一的个案。反之亦然。

（2）如果一个文件中的某个个案在另一个文件中找不到个案来匹配，则该个案于第二个文件的变量上的取值为缺失值。反之亦然。

（3）如果一个文件中的某个个案在另一个文件中找到两个或者两个以上的个案来匹配，则该个案只取第二个文件中第一个相匹配的个案来连接，反之亦然。

假设我们有两个数据文件，一个称为“1960 年数据文件”，记录了 1960 年各个国家的人口数据；另一个称为“1990 年数据文件”，记录了 1990 年各个国家的人口数据。我们把两个数据文件合并在一起，比较各个国家 30 年来人口的变化情况。

如图 2-39 所示，国家作为关键变量。第一个文件的 Ghana 所在的个案在 1990 年数据文件中找不到匹配的国家，因此合并后的数据文件中 Ghana 在第二个数据文件的人口变量上为缺失值。在 1990 年数据文件中，有两个个案和 1960 年的个案 Russia 匹配，合并后的数据文件只取第一个匹配的个案。

1960 年数据文件		合并后的文件			1990年数据文件	
国家	人口	国家	60年人口	90年人口	国家	人口
Austria	X	Austria	X	Y	Austria	Y
Ghana	X	Ghana	X	.		.
Russia	X	Russia	X	Y	Russia	Y
	.	Russia	.	Y	Russia	Y
US	X	US	X	Y	US	Y
		Yemen	.	Y	Yemen	Y

图 2-39 一对一添加变量

在 SPSS 中，添加变量是通过菜单【数据】→【合并文件】→【添加变量】来完成的（见图 2-33）。打开 SPSS 的两个数据文件“World60.sav”和“World90.sav”，把“World90.sav”作为当前工作文件，如图 2-40 所示，该文件记录了 1990 年对各个国家进行调查的数据。我们需要和 1960 年的情况进行比较，因此需要按照关键变量“name”进行文件合并。在合并两个文件之前，首先要对两个数据文件按照关键变量“name”进行升序排列。这通过选择【数据】→【排序个案】来完成，这一步留给读者自己完成。只有首先完成个案的排序，然后才能进行下面的操作。

name	region	area	pop1990	lifeex87	urpop90	indeat90	educ90	inf8087
Afghanistan	Asia	65209	17	42	21.7	172	.	
Albania	Europe	2740	3	72	35.3	39	.	
Algeria	Africa	238174	25	63	44.7	74	6.1	5.
Angola	Africa	124670	10	45	28.3	137	3.4	
Argentina	South America	273669	32	71	86.2	32	3.3	298.
Australia	Oceania	761793	17	76	85.5	8	5.1	7.
Austria	Europe	8273	8	74	57.7	11	6.0	4.
Bahrain	Asia	68	1	71	82.9	26	.	
Bangladesh	Asia	13391	116	52	13.6	119	2.2	11.
Barbados	N & Cent America	43	0	75	44.7	11	.	
Belgium	Europe	3282	10	75	96.9	10	5.6	5.
Benin	Africa	11062	5	47	42.0	110	3.5	8.
Bhutan	Asia	4700	2	49	5.3	128	.	
Bolivia	South America	108439	7	54	51.4	110	2.4	601.
Botswana	Africa	56673	1	59	23.6	67	9.1	8.
Brazil	South America	845651	150	65	76.9	63	3.4	166.

图 2-40 “World90.sav”数据视图

（1）在数据文件“World90.sav”中（当前工作文件），选择【数据】→【合并文件】→【添加变量】，得到图 2-41 所示的“一对一添加变量步骤 1”对话框，选中“打开的数据集（O）”框中的数据文件“world60.sav”。

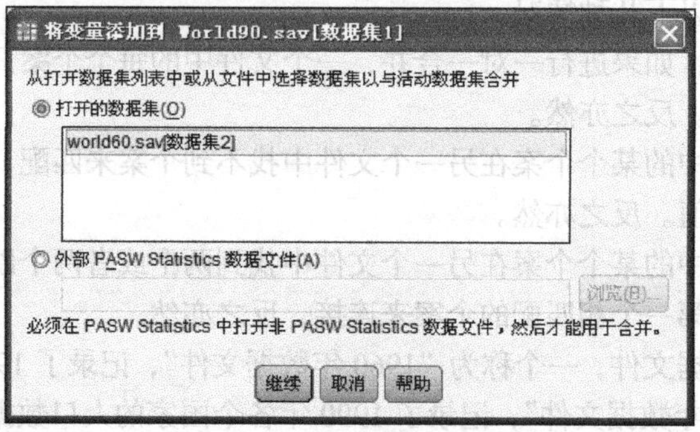

图 2-41　一对一添加变量步骤 1

（2）单击【继续】按钮，得到图 2-42 所示的“一对一添加变量步骤 2”对话框。在该对话框中，需要设置下列事项。

- 添加变量的类型：一对一或者一对多，SPSS 默认直接把第二个文件的数据添加到当前数据文件中，而没有指定联结两个文件的关键变量。这在大部分情况下是错误的，我们需要勾选“按照排序文件中的关键变量匹配个案”。然后选择“两个文件都提供个案（B）”，即一对一合并，另外，两个选项用于指定一对多合并中的关键字表文件。
- 合并后文件中保留的变量：默认为所有非重名的变量。当前活动数据文件中的变量在前（用“*”标识）。如果某些变量不需要出现在合并后的文件中，可以把它们选入“已排除变量（E）”框中。
- 重名变量的处理：“World90.sav”和“World60.sav”都含有变量“Name”和“Region”，SPSS 默认非当前文件中的重名变量被排除，本例中为“Name”和“Region”。如果合并后的文件需要这些重名的变量，需要先把这些变量重新命名，然后再选入右边的“新的活动数据集（N）”框中。
- 指定关键变量：把“Name”选入“关键变量（V）”框中。

（3）正确完成设置后的对话框如图 2-42 所示。

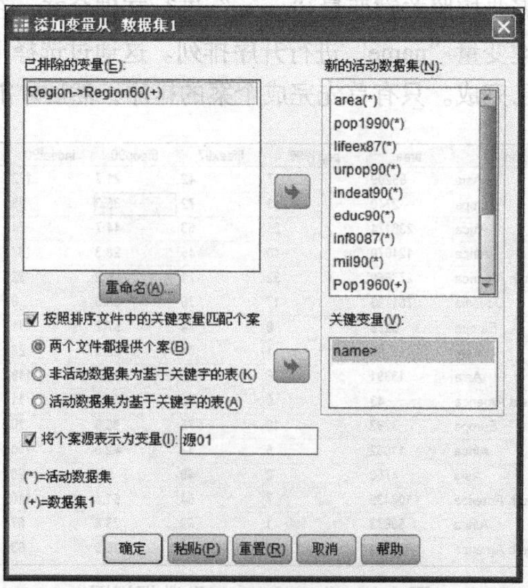

图 2-42　一对一添加变量步骤 2

（4）单击【确定】按钮，和 2.6.1 小节中添加个案一样，当前活动数据文件就是合并后的数据文件。如果还需要保留原来的文件，需要把当前活动数据文件另存为不同的文件名。这里另存为“World90v60.sav”。

2. 一对多合并

我们用图 2-44 来说明一对多添加变量的方法。这里有两个数据文件。一个是国家文件（左边 3 栏），其含有 3 个变量：国家、地区和变量 1。另一个数据文件是地区数据（右边 2 栏），其含有两个变量：地区和变量 2。地区数据文件作为主文件，地区变量作为关键变量，得到合并变量后的数据文件（中间 3 栏）。如图 2-43 所示，国家数据文件中的前 3 个国家的地区变量值都是 1，因此合并后的数据文件中前 3 个个案都和地区数据文件的第一个个案相匹配。而最下面的 UK 和 US 都与地区文件的第三个个案匹配。

国家数据				合并后的数据				地区数据	
国家	地区	变量1		国家	变量1	变量2		地区	变量2
Canada	1	X		Canada	X	A		1	A
France	1	X		France	X	A		2	B
Spain	1	X		Spain	X	A		3	C
UK	3	X		UK	X	C			
US	3	X		US	X	C			

图 2-43　一对多添加变量

和一对一添加变量一样，一对多添加变量是通过菜单【数据】→【合并文件】→【添加变量】来完成的（见图 2-33）。打开 SPSS 的两个数据文件：“CustomerSurveyA.sav”和“Customer Revenue.sav”，把“CustomerSurveyA.sav”作为当前工作文件，其记录了对某软件产品 A 进行的客户满意度调查数据。“CustomerRevenue.sav”是基于该产品的历史销售情况，按照工作单位性质和使用 A 产品的时间分类客户统计的年收入。这里分析的目的是比较不同收益类型客户的概要特征。这需要先按照关键变量“orgnType”（客户工作单位的类型）进行合并文件。

在合并两个文件之前，首先要对两个数据文件按照关键变量“orgnType”和“useA”进行升序排列。这通过选择【数据】→【排序个案】来完成，如图 2-44 所示。具体操作如下。

（1）从【窗口】菜单中选择“CustomerSurveyA.sav”作为当前工作文件，然后选择【数据】→【合并文件】→【添加变量】，得到图 2-45 所示的对话框，选中“打开数据集（O）”框中的文件。

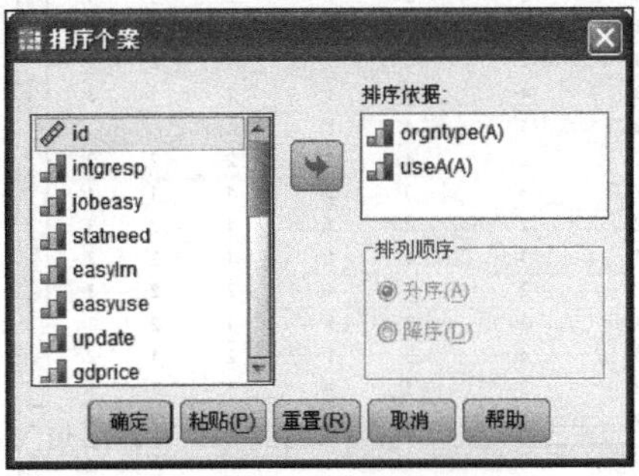

图 2-44　排序个案

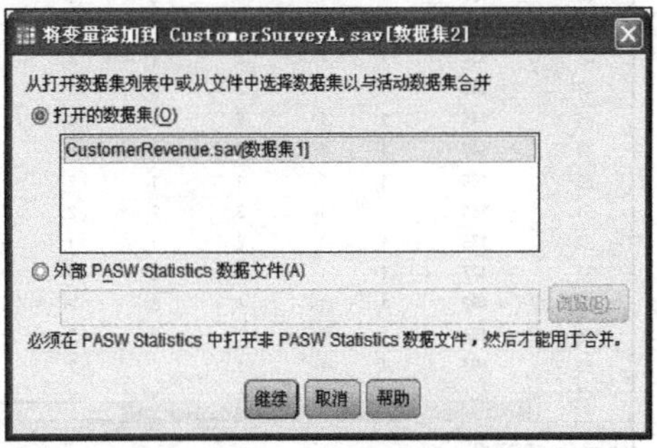

图 2-45　添加变量

（2）单击【继续】按钮，得到图 2-46 所示的添加变量对话框，它和图 2-42 类似，先勾选“按照排序文件中的关键变量匹配个案”。不同的是，这里选择下面的“非活动数据集为基于关键字的表（K）”，即用“CustomerRevenue.sav”作为主文件（或查表文件）。对其他选项进行图 2-46 所示的设置。

（3）设置完成后，单击【确定】按钮，弹出图 2-47 所示的警告对话框，再次提醒用户要按照关键变量排序。

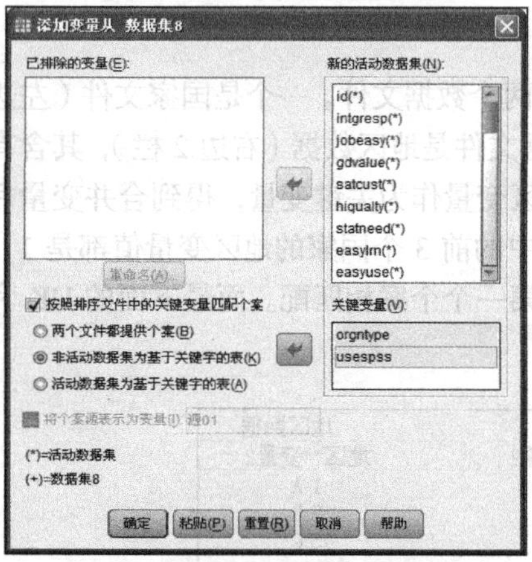

图 2-46　添加变量

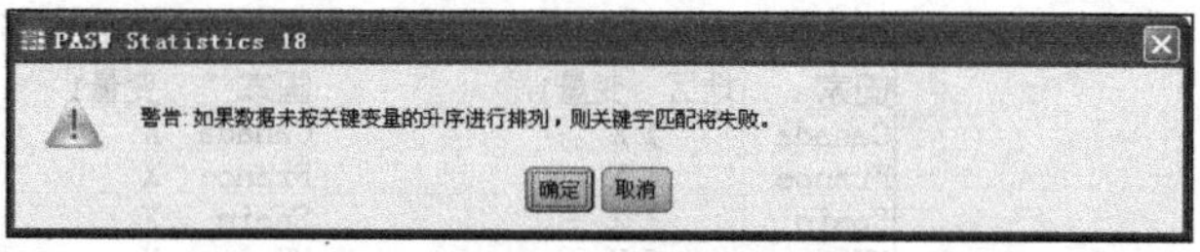

图 2-47　警告对话框

（4）单击【确定】按钮，即完成添加变量操作，得到的当前活动数据文件就是合并完成后的数据文件，如图 2-48 所示。如果还需要保留原来的文件，需要把当前活动数据文件另存为不同的文件名。这里把合并后的文件另存为“CustomerSurvey_Revenue.sav”。

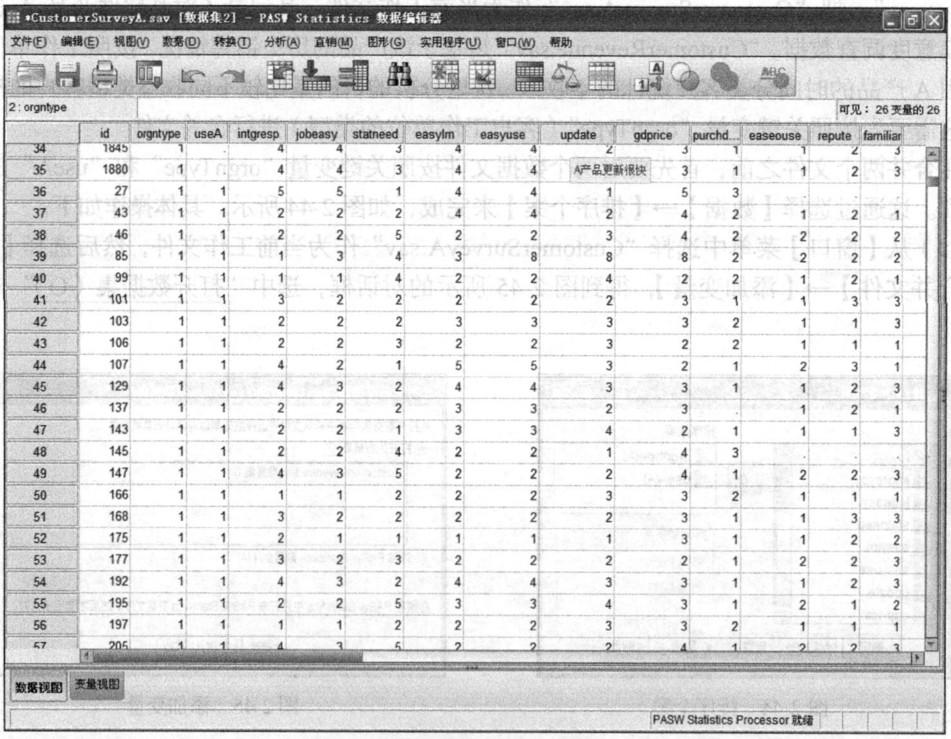

图 2-48　添加变量完成后的数据视图

注意

（1）一定要确认两个文件已经按照关键变量进行了升序排列。

（2）把关键变量选入“关键变量框（V）”中。

2.7　数据的拆分

在实际数据分析中，有时候需要按照不同的类别或者组来进行分析。这就需要先把数据文件中不同的组分离出来，SPSS 提供了下列方式。

（1）用【数据】→【选择个案】来分别选出各个组。有以下两种操作方式。

- 把需要分析的某个组别过滤出来，分析完该组别后关闭过滤器，然后重复以上过程来选择和分析另一个组别，直到分析完所有组别。
- 用【数据】→【选择个案】来分别选出各个组，但是不进行分析，而是把各个组别的个案都另存为数据集，然后再分别进行分析。当需要在不同组别中进行不同的分析时，该方法效率较高。

（2）用【数据】→【拆分文件】方式。当各个组互不相交（即没有任何个案同时归属于两个或以上的组别），并且需要一次性对不同的组别进行相同的分析时，该方式简单易行。本节讨论该种数据拆分方式。

以数据文件“Chapter 2 GSS04Intro.sav”为例，变量“martial”记录了婚姻状况，现在需要对不同婚姻状况的人进行比较分析。首先要按照婚姻状况对个案进行分拆。

选择【数据】→【分割文件】，得到对话框，如图 2-49（a）或者图 2-49（b）所示。默认情况下，SPSS 选择“分析所有个案，不创建分组（A）”。

SPSS 分割文件程序有以下两个选项。

（1）比较组：该选项将拆分文件组显示在一起以用于比较。对于枢轴表，将创建单个数据枢轴表，且可以将每个拆分文件变量在表的维度之间移动。对于图表，为每个拆分文件组分别创建图表，并在“浏览器”中将图表显示在一起。

（2）按组组织输出：该选项为每个拆分文件组分别显示每个过程中的所有结果。

为了便于读者理解，我们先应用第一种方式来拆分文件，如图 2-49（a）所示，然后进行描述性统计分析（见图 2-50），得到图 2-51 所示的结果；之后应用第二种方式来重新拆分文件，如图 2-49（b）所示，然后进行描述性统计分析，得到图 2-52 所示的结果。

按照图 2-49（a）和图 2-49（b）来分割文件之后，运行描述性统计分析，即【分析】→【描述性统计】→【描述】，选择“INCOME”变量和“INCOME_ACTUAL”变量，如图 2-50 所示。得到的分析结果分别如图 2-51 和图 2-52 所示，前者把所有组的结果放在同一张表中，而后者则将不同的组的分析结果输出到不同的表中。

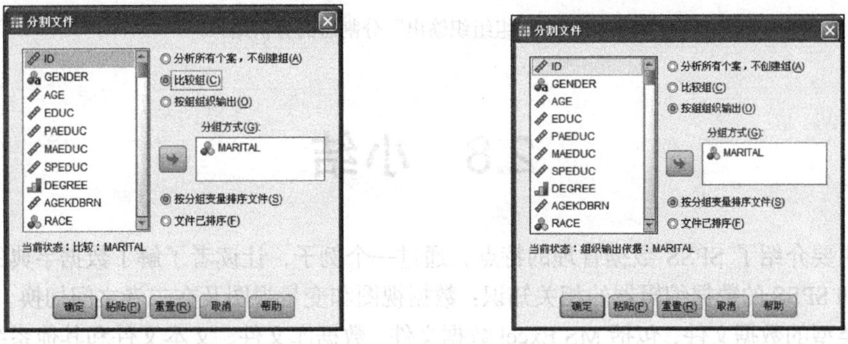

(a) 比较组　　　　(b) 按组组织输出

图 2-49　“分割文件”对话框

图 2-51 是按照图 2-49（a）的设置，选择“比较组”分隔后的分析结果，而如果按照图 2-49（b）的方式，选择“按组组织输出”，则分割后的分析结果，将按照不同的分组，分为单独的表格进行输出，如图 2-52 所示。

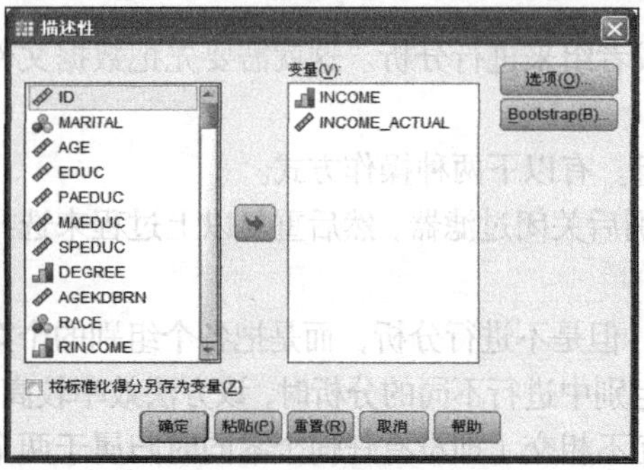

图 2-50 描述性统计分析

描述统计量

MARITAL STATUS		N	极小值	极大值	均值	标准差
MARRIED	TOTAL FAMILY	1436.0	1.0	13.0	11.7	1.5
	Income in	902.0	560.9	99964.3	45367.1	30037.6
	有效的 N （列	894.0				
WIDOWED	TOTAL FAMILY	183.0	1.0	13.0	10.4	2.5
	Income in	49.0	584.0	86429.3	32325.5	27779.2
	有效的 N （列	47.0				
DIVORCED	TOTAL FAMILY	406.0	1.0	13.0	10.7	2.5
	Income in	281.0	681.4	99852.4	42221.3	27789.7
	有效的 N （列	279.0				
SEPARATED	TOTAL FAMILY	92.0	1.0	13.0	9.9	3.3
	Income in	55.0	544.9	98615.0	34272.4	30052.0
	有效的 N （列	54.0				
NEVER MARRIED	TOTAL FAMILY	575.0	1.0	13.0	10.1	3.2
	Income in	401.0	552.3	99717.9	34246.1	29949.3
	有效的 N （列	384.0				

图 2-51 “比较组”分割后的分析结果

MARITAL STATUS = MARRIED

描述统计量[a]

	N	极小值	极大值	均值	标准差
TOTAL FAMILY INCOME	1436	1	13	11.71	1.484
Income in Dollars	902	560.89	99964.29	45367.0842	30037.60983
有效的 N（列表状态）	894				

a. MARITAL STATUS = MARRIED

MARITAL STATUS = WIDOWED

描述统计量[a]

	N	极小值	极大值	均值	标准差
TOTAL FAMILY INCOME	183	1	13	10.38	2.460
Income in Dollars	49	583.99	86429.28	32325.5286	27779.21130
有效的 N（列表状态）	47				

a. MARITAL STATUS = WIDOWED

MARITAL STATUS = DIVORCED

描述统计量[a]

	N	极小值	极大值	均值	标准差
TOTAL FAMILY INCOME	406	1	13	10.69	2.539
Income in Dollars	281	681.37	99852.45	42221.3313	27789.66369
有效的 N（列表状态）	279				

图 2-52 “按组组织输出”分割后的分析结果

2.8 小结

本章主要介绍了 SPSS 数据管理的特点，通过一个例子，让读者了解了数据字典的建立、数据的输入和 SPSS 的数据编辑器的相关知识：数据视图和变量视图及在二者之间切换。SPSS 可以读入各种类型的数据文件，包括 MS Excel 数据文件、数据库文件、文本文件和其他系统生成的数据文件。本章重点介绍了把 Excel 数据文件、文本文件和数据库文件读入 SPSS 统计分析软件的方法。另外，本章还介绍了如何把多个数据文件根据需求合并为一个数据文件。最后介绍了根据分组变量对数据文件进行分割的方法。

思考与练习

一、选择题

1. 有关 SPSS 数据字典的说法，正确的是：
   A. SPSS 数据集的数据字典可以复制到其他数据集中
   B. SPSS 数据集的数据字典是不能复制的
   C. SPSS 的数据字典可以通过“复制”和“粘贴”在不同数据文件中复制
   D. 以上都不对
2. SPSS 中可以通过多种方式查看数据字典，下列正确的是：
   A. 通过数据编辑器的数据视图
   B. 通过数据编辑器的变量图
   C. 通过选择【文件】→【显示数据文件信息】
   D. 通过选择【实用程序】→【变量】
3. 下列可以作为 SPSS 变量名的是：
   A. Prents12　　B. 1Name　　C. NOT TRUE　　D. @result
4. SPSS 中可以设置工作目录，具体设置可以按照以下的顺序：
   A.【选项】→【设置】　　B.【编辑】→【选项】→【设置】
   C.【编辑】→【选项】→【文件位置】　　D.【文件】→【选项】→【设置】
5. 当合并“Student_Infor.sav”（见表 2-1）和“Student_Scores.sav”（见表 2-2）两个数据文件为一个数据集“Student_Records.sav”时，是：
   A. 增加记录　　B. 增加变量
   C. 既不增加记录，也不增加变量　　D. 既增加变量，也增加记录

表 2-1　学生信息表

学生 ID	性别	年龄	班级
1	Female	14	A
2	Male	15	A
3	Male	15	A
4	Female	16	B
5	Female	15	B
6	Male	15	B

表 2-2　学生成绩表

学生 ID	科目	成绩
1	语文	89
2	语文	67
3	语文	78
4	语文	69
5	语文	79
1	数学	79

续表

学生 ID	科目	成绩
2	数学	84
3	数学	83
4	数学	85
5	数学	69

6. 对上题的文件合并中，哪个变量是关键变量：

A. 学生 ID　　B. 性别

C. 年龄和班级　　D. 科目和成绩

7. 在合并两个 SPSS 文件时，正确的说法为：

A. 如果是添加变量，SPSS 可以显示变量是来源于那个数据文件

B. 如果是添加个案，SPSS 可以显示个案是来源于那个数据文件

C. 合并两个 SPSS 文件后，将无法辨别个案来自于哪一个文件

D. 以上都不正确

二、操作题

1. 一位高中游泳对的教练想分析他所带队的游泳队员的成绩是否和队员的性别有关系。他记录了 11 位队员的 50 米自由泳的成绩，如表 2-3 所示。请把他们输入 SPSS，并保存为“Swim.sav”。

表 2-3　　游泳队员 50 米自由泳成绩

队员	性别	成绩
刘洁	女	29.34
王刚	男	30.98
葛英	女	29.78
温蕊	女	34.16
胡汉生	男	39.66
章箫	女	44.38
李小刚	男	34.8
金国梁	男	40.71
吴越	女	37.03
解文炜	男	32.81

2. 一家银行的数据文件分别存储于 Excel 2003 和 Excel 2007 中，它们的文件名分别为“BwBank.xls”和“BwBank.xlsx”，并且 Excel 数据表格的第一行为变量名。

（1）把这两个文件中的任何一个读入 SPSS 数据视图中。

（2）检查读入的数据文件，确认所有变量的数据类型为数值型，各变量的取值合理。然后，把它另存为 SPSS 格式的数据文件“Newbank1.sav”。

3. 一家银行的数据文件存储于 MS Access 数据库中的表中，数据库名为“BwBank.mdb”。

（1）把该数据库文件中的表读入 SPSS 数据视图中。

（2）检查读入的数据文件，确认所有变量的数据类型为数值型，各变量的取值合理。然后，把它另存为 SPSS 格式的数据文件“Newbank2.sav”。

4. 一家银行的数据文件以分隔符分隔的文本格式保存，文件名为“BwBank.txt”。该文本文

件的第一行为变量名。

（1）把该文本文件读入 SPSS 数据视图中。

（2）检查读入的数据文件，确认所有变量的数据类型为数值型，各变量的取值合理。然后，把它另存为 SPSS 格式的数据文件“Newbank3.sav”。

附录：为数据库文件建立 ODBC 数据源

（1）如果操作系统为 Windows XP，在开始菜单中，选择【设置】→【控制面板】→【管理工具】→【数据源（ODBC）】，将出现图 2-53 所示的“ODBC 数据源管理器”窗口。用户 DSN、系统 DSN 和文件 DSN 是建立用户数据源的类型，用户 DSN 意味着该 ODBC 数据源仅对当前登录到 Windows 的用户适用，而系统 DSN 则对该计算机的所有用户适用。这里，我们以默认的用户 DSN 为例，“用户数据源（U）”框中列出了已经建立的 ODBC 数据源。

（2）单击【添加】按钮，出现图 2-54 所示的对话框，用户从中选择数据源对应的驱动程序。这里以 MS Access 数据库为例，选择 Access Driver。

（3）单击【完成】按钮，出现图 2-55 所示的对话框，要求用户输入 ODBC 数据源名称和数据源对应的数据库目录地址。

（4）按照图 2-55 输入数据源名称“ODBC 数据源”，然后单击【选择（S）】来指定该数据源对应的数据库。这里选择“Chapter 2 GSS04.mdb”，如图 2-56 所示。

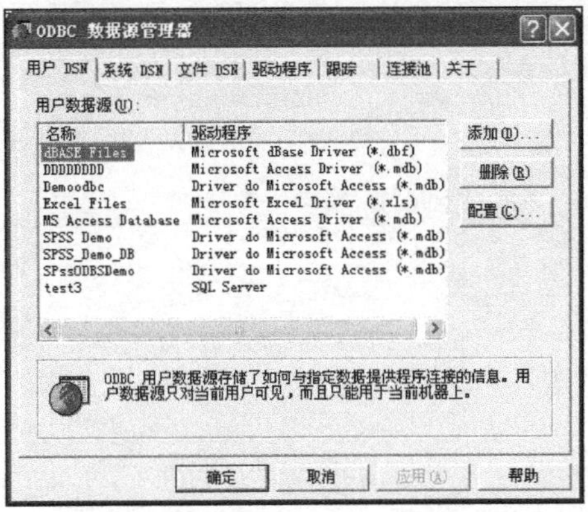

图 2-53　“ODBC 数据源管理器”窗口

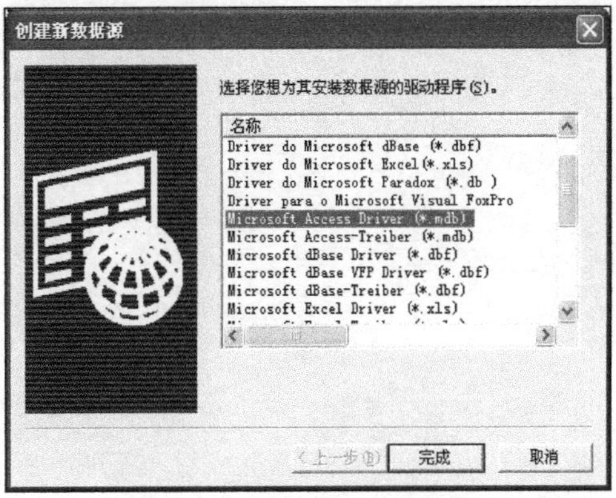

图 2-54　选择数据源驱动程序

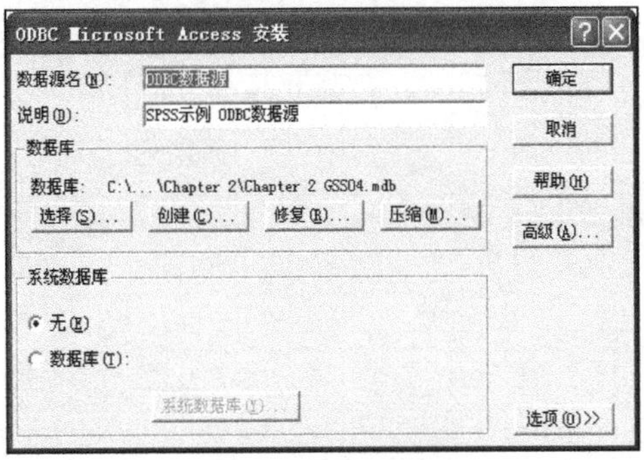

图 2-55　选择数据库

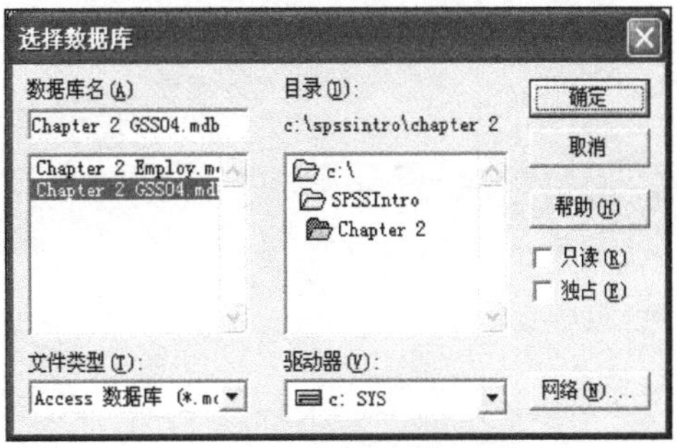

图 2-56　选择数据库

（5）单击【确定】按钮，回到上一层对话框（见图 2-55）后，再次单击【确定】按钮。完成 ODBC 配置后的对话框如图 2-57 所示，这时在用户数据源中就会出现刚刚添加的“ODBC 数据源”。

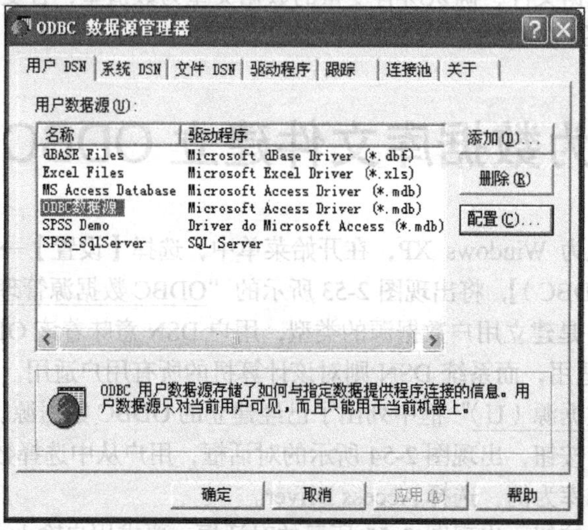

图 2-57　配置完成

（6）最后单击【确定】按钮，完成 ODBC 数据源的配置。

第 3 章 描述性统计分析

【本章学习目标】

- 掌握数据分析项目的整个过程。
- 掌握数据的分类方法。
- 对数据进行描述的图形化方法和数值方法。
- 学习分析数据分布的方法。
- 掌握应用 SPSS 进行描述性数据分析的方法。
- 掌握常用统计图形的绘制方法和解释技巧。

统计分析的目的是研究观察对象总体的特点。在现实生活中，一般无法得到观察对象的总体，只能从总体中抽取一部分。我们称这部分为一个样本。统计学就是通过样本数据来研究总体数据的一门学科，其所使用的研究方法有描述性统计分析方法和推断性统计分析方法。描述性统计分析方法是指应用分类、制表、图形及概括性数据指标（如均值、方差等）来概括数据分布特征的方法。而推断性统计分析方法则是通过随机抽样，应用统计方法把从样本数据得到的结论推广到总体的数据分析方法。例如，分析某个钢铁公司最近 5 年的经营状况，用户可以通过条形图、均值、方差等描述性统计分析方法，但是不能够把从分析该公司得到的结论推广到所有的钢铁公司。而推断性统计，则是应用随机抽样的方法，抽取许多家钢铁公司，然后应用 T 检验、卡方检验等方法来分析得到的结果是由于抽样的偶然性还是普遍存在的。推断性统计分析得到的结论适用于总体。本章介绍在 SPSS 软件中进行描述性统计分析的方法。第 5 章～第 14 章则介绍推断性统计分析的方法。

统计分析往往是从了解数据的基本特征开始的。统计上，需要把样本数据所含信息进行概括、融合和抽象，从而得到反映样本数据的综合指标。这些指标称为统计量。描述数据特征的统计量可分为两类：一类表示数据的中心位置，如均值、中位数、众数等；另一类表示数据的离散程度，如方差、标准差、极差等用来衡量个体偏离中心的程度。两类指标相互补充，共同反映数据的特征。

在进行数据分析时，第一步往往是先进行描述性统计分析，对数据做大致判断，为以后对总体进行正确统计推断打好基础。

3.1 频率分析

在描述定性观测值时，有时候我们需要把这些值按照某种原则分成一些组或者类，使得每个观测值必须且只能够落入一个类中。对于给定的类，落入这个类的个案数称为频率，落入该类中的个案数和个案总数的比例称为相对频率。频率分析主要通过频率分布表、条形图、饼图和直方图，以及集中趋势和离散趋势的各种统计量来描述数据的分布特征。

打开本章示例数据“Employ Data.sav”。该数据记录了某公司职工的基本信息，如性别、民族、出生日期、教育水平、工资水平、工作年限等。“教育水平”为分类变量，有 11 个类别。我们下面对“教育水平”变量进行频率分析，以了解该公司员工的受教育水平。

（1）选择【分析】→【描述统计】→【频率】，出现图 3-1 所示的“频率（F）”对话框，把“教育水平”变量选入右侧的“变量（V）”框中。

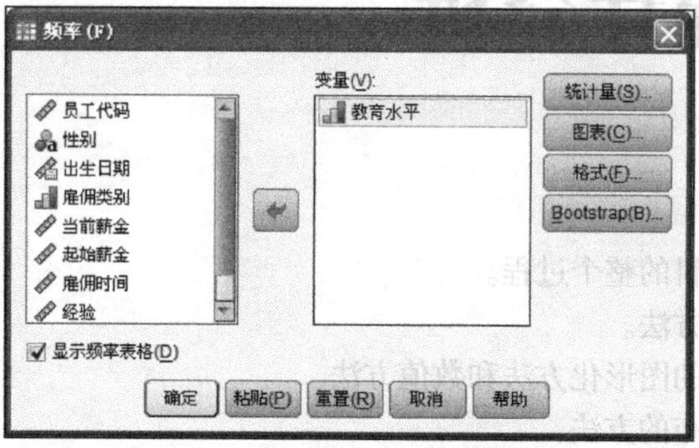

图 3-1 “频率（F）”对话框

（2）在图 3-1 下方，如果勾选【显示频率表格】复选框，可在输出中显示统计变量各具体值的频率、百分比、有效百分比、累计百分比，并且显示统计变量的有效和无效的个案数。如果不勾选【显示频率表格】复选框，则分析结果仅仅显示统计变量的有效和无效的记录数。我们采用默认值，要求输出频率表格，则得到输出结果如图 3-5、图 3-6 所示。

（3）在图 3-1 右方，单击【统计量（S）】按钮，出现图 3-2 所示的对话框，用户可以从中选择需要的统计量。它们分别是描述性统计分析指标：百分位值、集中趋势、离散和分布。3.2 节将介绍集中趋势；3.3 节介绍离散和百分位值（即分位数）；3.4 节介绍分布。

（4）在图 3-1 右方，单击【格式（F）】按钮，出现图 3-3 所示的对话框，它将设置频率表输出的排序方式。如果选择“按值的升序排列”或者“按值的降序排列”，则频率表将按照个案值的升序或者降序排列；如果选择“按计数的升序排序”或者“按计数的降序排序”，则频率表将按照各个类别的频率值进行升序或者降序排列。

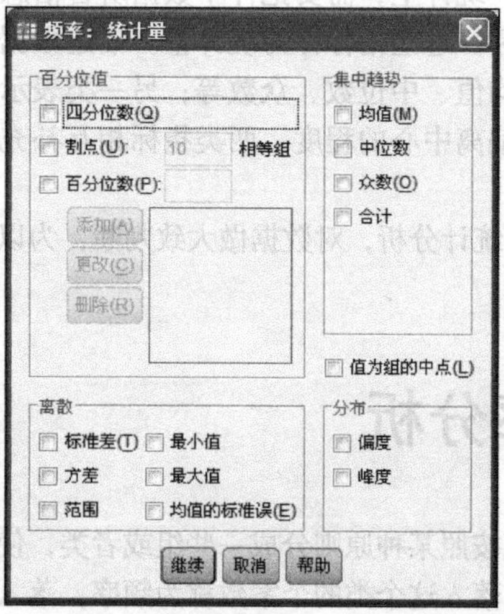

图 3-2 “频率：统计量”对话框

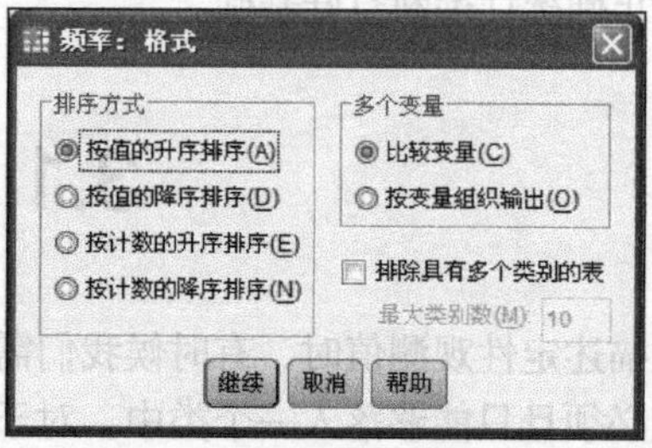

图 3-3 “频率：格式”对话框

（5）在图 3-1 右方，单击【图表（C）】按钮，出现图 3-4 所示的“频率：图表”对话框，供用户选择图形方式来描述数据，可供选择的统计图有条形图、直方图和饼图。输出结果除了图 3-5 和图 3-6 以外，还可以输出所选中的统计图。这里我们选择条形图，得到“教育水平”变量的频率分析-条形图如图 3-7 所示。

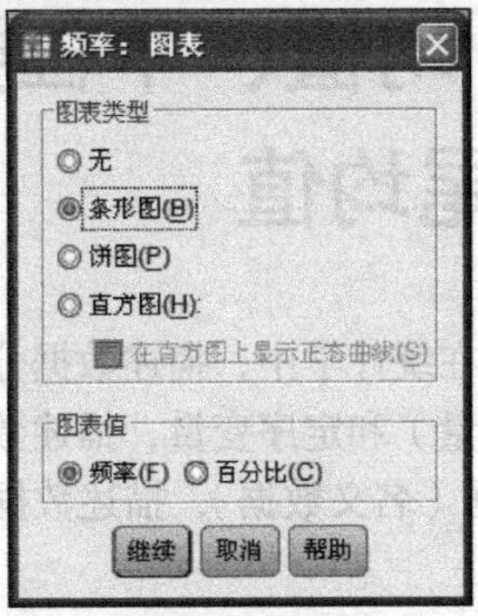

图 3-4 “频率：图表”对话框

统计量

教育水平（年）

N	有效	474
	缺失	0

图 3-5 频率分析结果 1

教育水平（年）

		频率	百分比	有效百分比	累积百分比
有效	8 年	53	11.2	11.2	11.2
	12 年	190	40.1	40.1	51.3
	14 年	6	1.3	1.3	52.5
	15 年	116	24.5	24.5	77.0
	16 年	59	12.4	12.4	89.5
	17 年	11	2.3	2.3	91.8
	18 年	9	1.9	1.9	93.7
	19 年	27	5.7	5.7	99.4
	20 年	2	.4	.4	99.8
	21 年	1	.2	.2	100.0
	合计	474	100.0	100.0	

图 3-6 频率分析结果 2

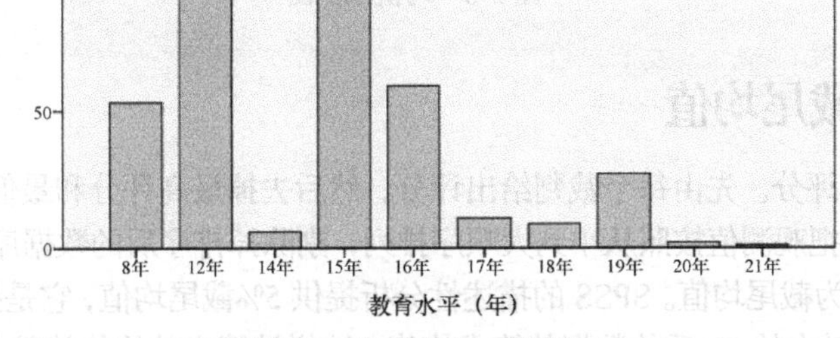

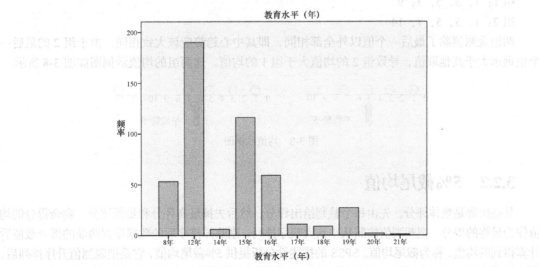

图 3-7 频率分析-条形图

注意　在频率分析中，饼图和条形图一般适用于分类变量的类别个数较少的情况。如果类别个数较多，如多于 10 类，建议选择直方图。

3.2　中心趋势的描述：均值、中位数、众数、5%截尾均值

中心趋势是指一组数据向某个中心值靠拢的倾向。在统计学中，描述数据分布的中心位置的统计量称为位置统计量。对于连续变量（或称为尺度变量）和定序变量，描述数据中心趋势的指标有均值、中位数、众数、5%截尾均值；对于定性数据（名义数据），描述数据中心趋势的指标只有众数。

注意　SPSS 中把变量分为 3 个水平，分别为尺度变量、定序变量、名义变量。在 SPSS 变量编辑窗口，要恰当地定义变量的水平。这是选择正确统计方法的基础。

有时候称尺度变量数据为连续数据，称名义变量数据为定性数据。统计学上把名义变量和定序变量统称为分类变量。

3.2.1　均值（或者算术平均数）

均值一般是指数据的算术均值（算术平均数），是数据中心趋势的主要度量指标，也是实际问题中使用最多的指标。设我们考察的变量有 n 个测量值，它们分别记为 $x_1,x_2,\cdots,x_n$，则算术均值如下。

$$\overline{x}=\frac{\sum_{i=1}^{n}x_i}{n}$$

数据的均值容易受极端值的影响，如考察下列两组观测值。

组 1：1，3，5，7，9

组 2：1，3，5，7，14

两组观测值除了最后一个值以外全部相同，即其中心趋势应该大致相同。由于组 2 的最后一个值远远大于其他取值，导致组 2 的均值大于组 1 的均值。这两组的均值示例图如图 3-8 所示。

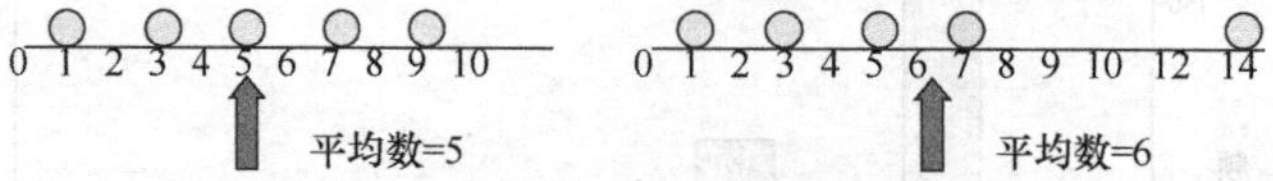

图 3-8　均值示例图

3.2.2　5%截尾均值

某些比赛是集体评分。先由每个裁判给出评分，然后去掉最高评分和最低评分，剩余得分的均值作为最终的得分。把观测值按照从小到大顺序排列，剔除掉排序后的数据序列两端的部分数值后计算得到的均值，称为截尾均值。SPSS 的描述性分析提供 5%截尾均值，它是把观测值升序排列后，剔除掉最小的 5%和最大的 5%后的数据的算术均值。这样计算出的均值就避免了极端值的影响。

假设我们考察的变量有 n 个测量值，它们分别记为 $x_1, x_2, \cdots, x_n$，把它们按照从小到大的顺序排列，排序后的数值记为 $x_{(1)} \leqslant x_{(2)} \leqslant \cdots \leqslant x_{(n)}$。

另外，记 $tc = 0.05n$，求得 k_1 和 k_2，使它们满足 $k_1 - 1 < tc < k_1$，$n - k_2 < tc < n - k_2 + 1$，则 5% 截尾均值如下。

$$T = \frac{1}{0.9n}[(k_1 - tc)y_{k_1} + (n - k_2 + 1 - tc)y_{k_2} + \sum_{i=k_1+1}^{k_2-1} y_i]$$

3.2.3 几何均值

还有一种均值称为几何均值（几何平均数）。它是样本数据连乘后得到的积开 n 次方得到的，其计算公式如下。

$$\overline{x} = \sqrt[n]{\Pi_{i=1}^{n} x_i}$$

计算几何平均数要求各观察值之间存在连乘关系，并且各个观察值的连乘积必须具有实际意义。它主要用于**相对数数列**（从其他数据衍生出来的比值数据），如比率、指数等数据的平均及计算平均发展速度等。它要求样本数据为正数。

注意

和算术平均值相比较，几何平均数应用范围较窄。如果数列中有一个数值为 0 或者负值，就无法计算几何均值。它适用于反映特定现象的平均水平，即现象的总值不是各单位取值的总和，而是各单位取值的连乘积的情形。对于这类社会经济现象，不能采用算术平均数反映其一般水平，而需采用几何平均数。

金融中现金流的现值和未来值的计算公式中都应用到几何均值。在分红再投资的情形下，计算投资组合的期末收益也应用到几何均值。例如，本金为 1 万元，年化收益率为 10%的投资，如果以复利方式计算其 25 年后的价值，其总价值应该为 108 347.06 元，而不是 35 000 元。

3.2.4 中位数

将观测值按照从小到大的顺序排列，位于中间位置的数值称为中位数。可以在中位数位置把数据分成两部分：一部分大于该数值，一部分小于该数值。这两部分各占观测值个数的 50%。在相对频率直方图中，一半的面积位于中位数位置的左边，一半的面积位于中位数位置的右边。

设我们考察的变量有 n 个测量值，它们分别记为 $x_1, x_2, \cdots, x_n$，把它们按照从小到大的顺序排列，排序后的数值记为 $x_{(1)} \leqslant x_{(2)} \leqslant \cdots \leqslant x_{(n)}$。

如果 n 为奇数，则中位数为 $M = \frac{x_{n+1}}{2}$。

如果 n 为偶数，则中位数为 $M = \frac{x_{n/2} + x_{n/2+1}}{2}$。

中位数受极端值的影响较小，在具有极大或极小值的数据中，中位数比均值往往更能代表数据的集中趋势。

中位数适合任意分布的数据。由于中位数只是考虑到居中位置，其他变量值相对于中位数的大小则无法反映，因而用中位数来描述连续变量时会损失很多信息。当样本比较小时，中位数不太稳定，并不是一个很好的选择。但对于对称分布的数据，统计上往往会选择用中位数来描述数据的集中趋势。

在 3.2.1 小节的例子中，虽然两组数据不同，并且第二组观测值有极端值，但是它们的中位数相同，都是 5。

3.2.5 众数

众数是观测值中出现次数最多的数值，其反映了这组观测值的集中趋势。例如，调查 10 个学生的统计学成绩，它们的成绩分别为：69，72，84，75，84，75，74，89，90，75。

这组数据中 75 分出现了 3 次，84 分出现了 2 次，其他成绩都只出现一次。因此，75 是众数。

又如，在某个交通路口观测来往车辆两小时，共通过 1 459 机动车，其分布情况如表 3-1 所示。

表 3-1　　机动车数据统计

小轿车	卡车	大客车	拖车
1 139	234	57	29

因此，通过车辆的众数为小轿车，即经常看到的是小轿车。

注意

（1）众数是定性数据仅能使用的中心趋势指标，但众数可以用于尺度数据。

（2）众数不一定唯一，甚至有时候众数不存在。

3.3 离散趋势的描述：极差、方差、标准差、均值的标准误、分位数和变异指标

仅仅根据数据的中心趋势指标进行决策是不够的。例如，如果一个国家的不同家庭收入差距很少；而另一个国家的家庭收入差距很大，既存在大量的贫困家庭，也存在许多十分富有的家庭，那么即使这两个国家的中等收入家庭的收入完全一样，它们的家庭收入情况也仍然不同。对于一种药而言，如果一些批次的活性成分浓度太高，而其他批次活性成分浓度太低，那么即使这种药的活性成分平均浓度是正确的，该药物仍然十分危险。

假设我们有以下的 3 组观测值。

观测 A：11，12，13，16，16，17，18，21

观测 B：14，15，15，15，16，16，16，17

观测 C：11，11，11，12，19，20，20，20

这 3 组观测值的均值都是 15.5，也即它们的中心趋势指标一样，那么这 3 组数据是否相似呢？从图 3-9 所示的中心趋势与离散趋势看出，它们偏离中心的情况是完全不一样的：观测 B 的观测值最集中，观测 A 的观测值相对较分散，而观测 C 的观测值则偏离中心最大。

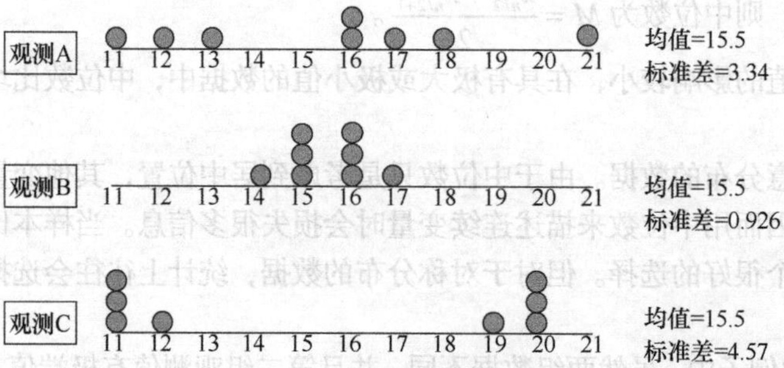

图 3-9　中心趋势与离散趋势

由此可见，仅仅了解数据的集中趋势是不够的，我们还需要了解数据波动范围的大小。描述数据波动大小的指标即为离散趋势指标。常用的离散趋势指标有：极差（又称全距）、方差、标准差、变异系数。

3.3.1 极差

数据的观测值中的最大值与最小值之差反映了数据的波动情况。该差值称为极差（Range）或者全距。极差反映了变量的变异范围或离散幅度，任何两个观测值的差距都不会超出极差。极差仅仅由观测值的两个极端值确定，没有充分利用全部观测数据，容易受极端值的影响。在 SPSS 中文版中，Range（极差）被译为“范围”。假设我们考察的变量有 n 个测量值，它们分别记为 $x_1, x_2, \cdots, x_n$，它们的最大值为 $x_{(n)}$，最小值为 $x_{(1)}$，则极差的计算公式如下。

$$R = x_{(n)} - x_{(1)}$$

3.3.2 方差和标准差

对观测值而言，其离散程度的大小就是每个观测值偏离均值的情况，即该观测值与均值的差值。这个差值可以用来描述个体的变异大小，但它不能表示整体的离散程度。所有数据与均值的差值之和正好是零，因此需要采用差值的绝对值之和来衡量整体偏离均值的大小。由于绝对值在数学上处理不是很方便，因而采用等价的差值平方和：计算每个观测值与均值的差值平方，然后把所有平方值相加，最后求平均。这就是方差。

假设我们考察的变量有 n 个测量值，它们分别记为 $x_1, x_2, \cdots, x_n$，其均值为 $\bar{x}$。如果这 n 个观测值代表总体，则总体方差的计算公式如下。

$$s^2 = \frac{1}{n}\sum_{i=1}^{n}(x_i - \bar{x})^2$$

如果这 n 个观测值是一个样本的观测值，则该样本数据的方差如下。

$$s^2 = \frac{1}{n-1}\sum_{i=1}^{n}(x_i - \bar{x})^2$$

方差在使用上有一点不方便，就是量纲不合常理。例如，身高变量的量纲为米，则其方差的量纲就是平方米了。这显然与其实际意义不符。因此将方差开平方，就得到了标准差（s.d）。样本标准差的计算公式如下。

$$s = \sqrt{\frac{1}{n-1}\sum_{i=1}^{n}(x_i - \bar{x})^2}$$

标准差用来度量观测值偏离平均数的大小，相当于平均偏差，可以直接描述数据偏离均值的程度。对于同质的数据，一个较大的标准差，代表大部分的数值和其平均值之间差异较大，观测值之间的差异也越大；一个较小的标准差，代表这些数值较接近平均值，观测值之间的差异不大。

3.3.3 均值的标准误

由于样本抽取的随机性，取自同一总体的不同样本的均值会有区别。均值的标准误（s.e）用来衡量不同样本的均值之间的差别。它可以用来粗略地将观察到的均值与假设值进行比较。例如，如果两个样本均值的差值与标准误的比值小于-2 或大于 2，则可以断定两个均值有显著的差别，进而断定这两个样本来自于两个不同的总体。设样本标准差为 s，样本的大小为 n，则样本均值的标准误的计算公式如下。

$$s.e(\bar{x}) = \frac{s}{\sqrt{n}}$$

3.3.4 变异系数

假设我们收集了 50 个职工的两个变量值，一个变量是平均收入（单位：美元），而另一个变量为员工身高（单位：米）。假设二者方差相同，都是 28。那么，我们是否可以说员工的高度变量和平均收入变量的波动程度相当呢？这要取决于比较的这两个变量的量纲。假设员工平均收入为 19 700 元，平均高度为 1.71 米，那么我们可以知道对于员工平均收入，相对于其接近 2 万的均值，方差 28 实在算不得太大，而对于身高则相反。

可见，在比较两组数据离散程度大小时，如果数据的测量尺度相差太大，或者是数据的量纲不一样，这时直接比较二者的标准差并不合适，需要首先消除测量尺度和量纲的影响。变异系数就可以剔除这些影响，设样本均值为 $\bar{x}$，样本标准差为 S，则变异系数的计算公式如下。

$$V_\sigma = \frac{S}{\bar{x}}$$

3.3.5 分位数

分位数又称为百分位数，是一种位置指标。p%分位数是指使得至少有 p%的数据小于或等于这个值，且使得至少有（100−p）%的数据大于或等于这个值。p%分位数位置的计算公式为 $i=(p/100)\times n$，即将数据按照从小到大进行排序，第 i 个位置的数即为 p%分位数。前面所讲到的中位数，就是第 50 百分位数。

除了百分位数外，还有四分位数和十分位数。四分位数就是将观测数值按从小到大进行排序，然后分成四等份，处于 3 个分割点位置的观测值就是四分位数。最小的四分位数称为下四分位数，记为 Q_1。所有观测值中，有四分之一的观测值小于下四分位数，四分之三的观测值大于下四分位数。中点位置的四分位数就是中位数。最大的四分位数称为上四分位数，记为 Q_3。所有观测值中，有 3/4 的观测值小于上四分位数，1/4 大于上四分位数。下四分位数有时也叫第 25 百分位数或第一个四分位数；而上四分位数也叫第 75 百分位数或第三个四分位数。

实际中，通常用 Q_3 和 Q_1 的差值来衡量观测值的离散程度，称为四分位距，其计算公式如下。

$$IQR = Q_3 - Q_1$$

注意

统计中常常把数据的最小值、下四分位数、中位数、上四分位数和最大值称为数据的总结五数（Five Number Summary）。从这 5 个值可以大致看出数据分布的中心和离散程度。而箱图（Box Plot）则是这五个数的图形表现，具体参见 3.6.2 节。

3.4 分布的形状——偏度和峰度

集中趋势和离散程度是数据分布的两个重要特征，但要全面了解数据分布的特点，还需要掌握数据分布的情况，如其分布图形是否对称、偏斜程度及扁平程度等。反映这些分布特征的统计指标是偏度和峰度。偏度（Skewness）用来描述变量取值分布的偏斜方向，用于衡量分布对称与否、分布不对称的方向和程度。样本的偏度系数计算公式如下。

$$\alpha = \frac{1}{ns^3}\sum_{i=1}^{n}(x_i - \bar{x})^3$$

α 的取值一般在−3 和 3 之间。当 α >0 时，分布为正偏或右偏，即分布图形在右边拖尾，如

图 3-10（a）所示，分布图有很长的右尾，尖峰偏左；$\alpha<0$，分布为负偏或左偏，即分布图形在左边拖尾，如图 3-10（b）所示，分布图有很长的左尾，峰尖偏右；$\alpha=0$，分布对称。不论正、负哪种偏态，偏度的绝对值越大表示偏斜的程度越大；反之偏斜程度越小，分布形状越接近对称。

如图 3-10（a）和图 3-10（b）所示的两幅直方图可以看出，图 3-10（a）是右偏，图 3-10（b）是左偏。它们的偏度分别为 2.125 和−0.83。

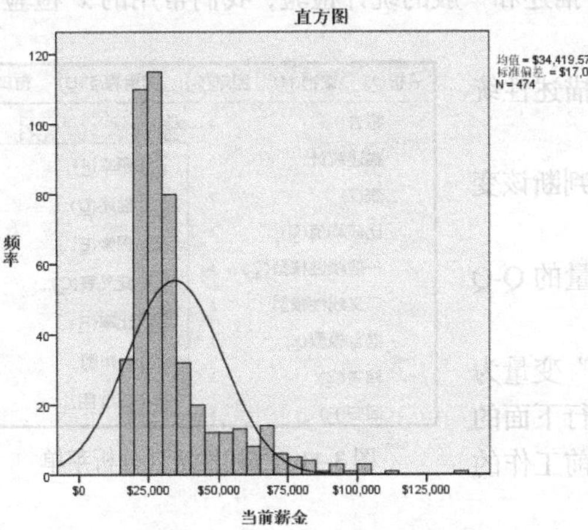

(a) 右偏

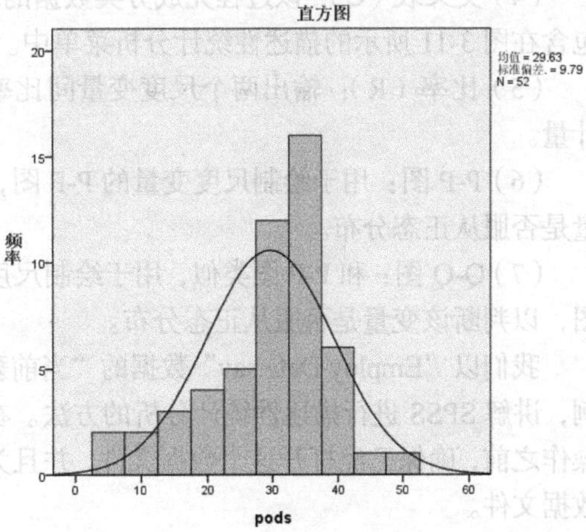

(b) 左偏

图 3-10 偏度

峰度是用来描述变量取值分布形态陡缓程度的统计量，是指分布图形的尖峭程度或峰凸程度。样本的峰度系数的计算公式如下。

$$\beta=\frac{1}{ns^4}\sum_{i=1}^{n}(x_i-\bar{x})^4$$

$\beta>3$，分布为高峰度，即比正态分布的峰要陡峭；$\beta<3$，分布为低峰度，即比正态分布的峰要平坦些；$\beta=0$，分布为正态峰。

在 SPSS 中，峰度计算公式对上述公式做了相应改变。如果 SPSS 给出的峰度值为 0，分布为正态峰；如果峰度值为负值，则为低峰度，观测值在分布中心附近没有正态分布那样集中，尾部更厚；如果峰度值为正值，则为尖峰，即和正态分布相比，有更多的观测值聚集在分布的中心位置，尾部更薄。

3.5 SPSS 描述性统计分析

SPSS 的许多菜单均可进行描述性统计分析，许多统计过程也都提供描述性统计指标的输出。例如，在独立样本 T 检验、方差分析、因子分析等许多分析过程中，都在结果中提供相应变量的均值、标准差等统计量。另外，SPSS 自定义表模块也可以产生大部分的描述性统计指标。

专门为描述性统计分析而设计的几个菜单集中在【分析】→【描述统计】菜单中，如图 3-11 所示，最常用的是列在最前面的 4 个过程，即频率、描述、探索和交叉表。下面介绍描述统计菜单中的过程。

（1）频率（F）：该过程将产生频数表，也可以输出频数分布的条形图、饼图或者直方图。

（2）描述（D）：该过程进行一般性的统计描述。它可以输出均值、均值的标准误、方差、标准差、范围（极差）、最大值、最小值、峰度和偏度。

（3）探索（E）：该过程用于对数据的探索性分析。它可以输出均值、均值的 95%的置信区间、5%截尾均值、方差、标准差、范围（极差）、最大值、最小值、四分位数、峰度和偏度。“探索（E）”过程的同时，也可以绘制数据的 Q-Q 图、直方图和茎叶图，还提供对尺度数据正态性检验的 Kolmogorov-Smirnov 检验和 Shapiro-Wilk 检验。

（4）交叉表（C）：该过程完成分类数据的统计描述和一般的统计检验，我们常用的 x^2 检验也包含在图 3-11 所示的描述性统计分析菜单中。

（5）比率（R）：输出两个尺度变量间比率的描述性统计量。

（6）P-P 图：用于绘制尺度变量的 P-P 图，以判断该变量是否服从正态分布。

（7）Q-Q 图：和 P-P 图类似，用于绘制尺度变量的 Q-Q 图，以判断该变量是否服从正态分布。

我们以“Employ Data.sav”数据的“当前薪金”变量为例，讲解 SPSS 进行描述性统计分析的方法。在进行下面的操作之前，确保已经打开这个数据文件，并且为当前工作的数据文件。

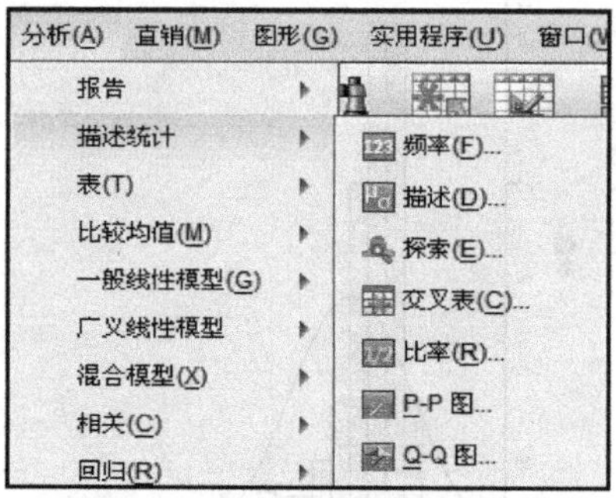

图 3-11 描述性统计分析菜单

3.5.1 频率入口

在 SPSS 中选择【分析】→【描述统计】→【频率】，出现图 3-12 所示的“频率（F）”对话框。前面 3.1 节已经介绍了频率表格，我们这里不再显示该表格。在图 3-12 中，不勾选“显示频率表格”。

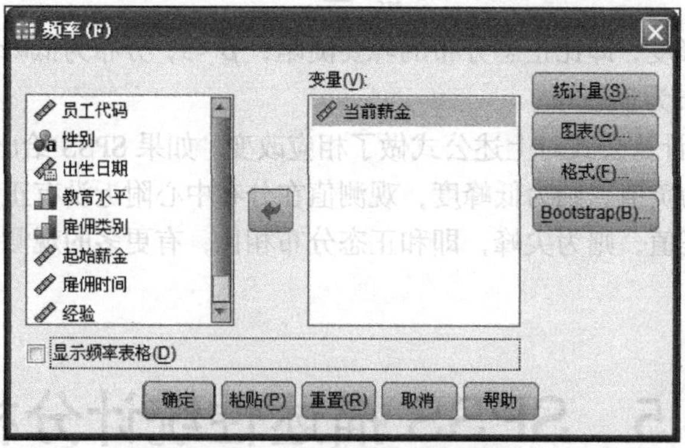

图 3-12 “频率（F）”对话框

然后，单击【统计量】按钮，得到图 3-13 所示的“频率：统计量”对话框。该对话框中的“百分位值”部分设置是否输出四分位数、是否输出十分位数和需要输出的百分位数，默认输出四分位数和十分位数。“集中趋势”部分设置需要输出的描述集中趋势的统计量。“离散”部分设置需要输出的离散趋势统计量。“分布”部分设置是否输出偏度或者峰度。

按照图 3-13 所示设置相应的选项，然后单击【继续】按钮，得到频率中的统计量输出结果（经过编辑处理），如图 3-14 所示。

从输出结果可知，当前薪金的有效记录数为 474 条，即数据集中无缺失值记录的个数，缺失值个数为 0，从而样本量为 474。样本均值为$34 419.57，中位数为$28 875.0，偏度为 2.125，峰度为 5.378。根据前面几节的内容，这里当前薪金呈现左偏分布。

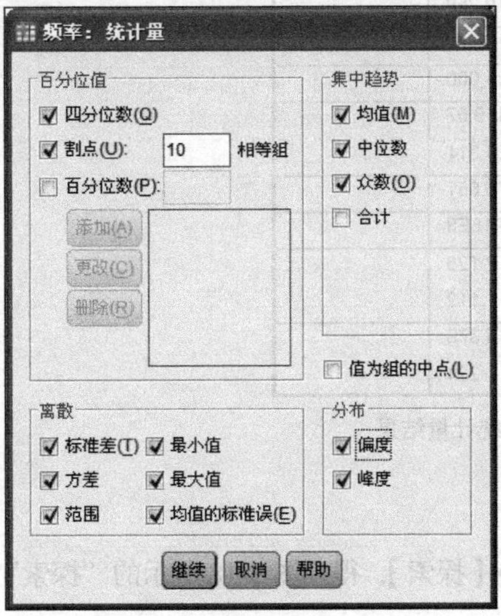

图 3-13 设置输出统计量

统计量

当前薪金

N	有效	474
	缺失	0
均值		$34,419.57
均值的标准误		$784.311
中值		$28,875.00
众数		$30,750
标准差		$17,075.661
方差		291578214.453
偏度		2.125
偏度的标准误		.112
峰度		5.378
峰度的标准误		.224
全距		$119,250
极小值		$15,750
极大值		$135,000
百分位数	10	$21,000.00
	20	$22,950.00
	25	$24,000.00
	30	$24,825.00
	40	$26,700.00
	50	$28,875.00
	60	$30,750.00
	70	$34,500.00
	75	$37,162.50
	80	$41,100.00
	90	$59,700.00

图 3-14 频率中的统计量输出

3.5.2 描述子菜单

在 SPSS 中选择【分析】→【描述统计】→【描述】，得到图 3-15 所示的“描述性”对话框，把“当前薪金”选入变量框中。

然后单击【选项】按钮，得到图 3-16 所示的“描述：选项”对话框，这里可以设置需要输出的描述性统计分析指标。

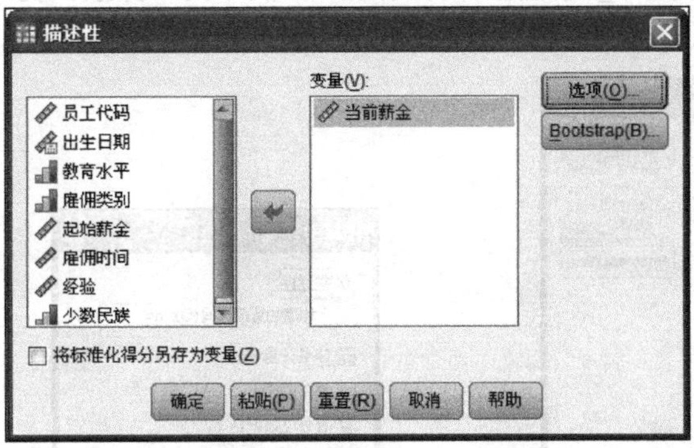

图 3-15 “描述性”对话框

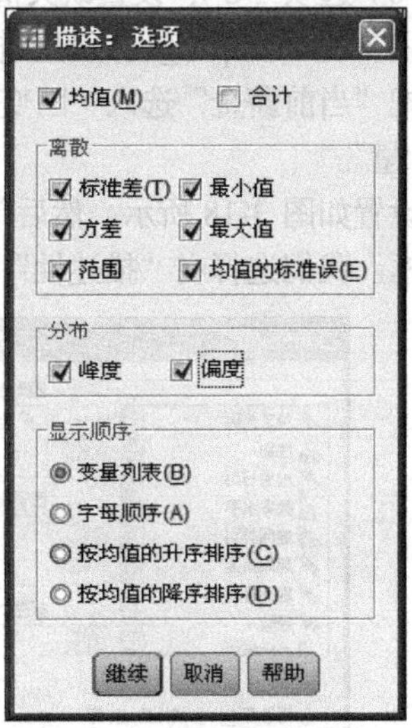

图 3-16 “描述：选项”对话框

按照图 3-16 设置相应的选项，然后单击【继续】按钮，得到图 3-17 所示的描述统计量结果。

描述子菜单给出的描述统计量结果和图 3-14 中输出的描述统计量结果是类似的。

描述统计量

		当前薪金	有效的 N（列表状态）
N	统计量	474	474
全距	统计量	$119,250	
极小值	统计量	$15,750	
极大值	统计量	$135,000	
均值	统计量	$34,419.57	
	标准误	$784.311	
标准差	统计量	$17,075.661	
方差	统计量	2.916E8	
偏度	统计量	2.125	
	标准误	.112	
峰度	统计量	5.378	
	标准误	.224	

图 3-17　描述统计量结果

3.5.3　探索子菜单

在 SPSS 中，选择【分析】→【描述统计】→【探索】，得到图 3-18 所示的“探索”对话框，其中，相关元素的含义如下。

（1）因变量列表（D）：把需要分析的变量选入该框中，如果需要对该变量的不同分类进行详细分析，则要在“因子列表（F）”中设置分类标准。

（2）因子列表（F）：设置对分析的变量进行分组设置的变量，这里选入的变量总是分类变量。

（3）标注个案（C）：如果需要在绘制的图形上标注观测值的信息，则需要把含有标注信息的变量选入该框中。

（4）统计量（S）：设置输出的描述性统计量。

（5）绘制（T）：该选项将选择输出的图形并进行相应的设置。

（6）选项（O）：设置缺失值的处理方式。

（7）Bootstrap（B）：设置进行自助法。

把“当前薪金”选入“因变量列表（D）”部分，然后在对话框下部的“输出”部分中，仅选“统计量”。

设置如图 3-18 所示，然后单击【统计量（S）】按钮，得到图 3-19 所示的“探索：统计量”对话框。我们选择在“描述性”“界外值（O）”和“百分位数（P）”这 3 个统计量前打钩。

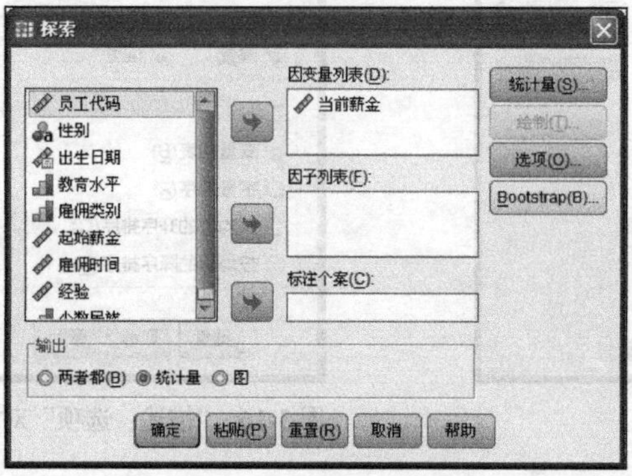

图 3-18　“探索”对话框

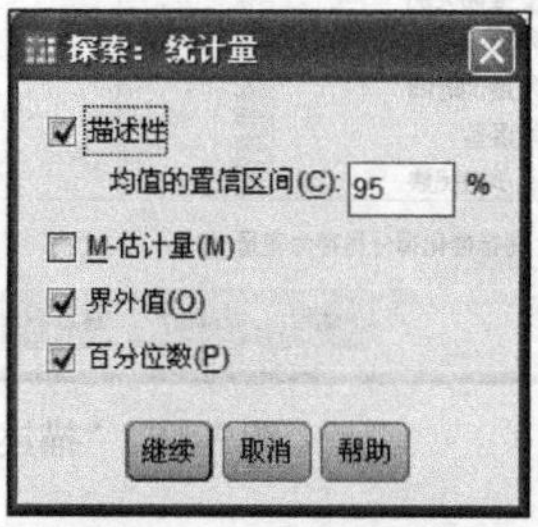

图 3-19　统计量设置

单击【继续】按钮，回到上级页面（"探索"对话框）后单击【确定】按钮，得到"当前薪金"变量的描述统计量、百分位数、最高和最低的 5 个极值等分析结果，分别如图 3-20～图 3-22 所示。

描述

			统计量	标准误
当前薪金	均值		$34,419.57	$784.311
	均值的 95% 置信区间	下限	$32,878.40	
		上限	$35,960.73	
	5% 修整均值		$32,455.19	
	中值		$28,875.00	
	方差		2.916E8	
	标准差		$17,075.661	
	极小值		$15,750	
	极大值		$135,000	
	范围		$119,250	
	四分位距		$13,163	
	偏度		2.125	.112
	峰度		5.378	.224

图 3-20 描述统计量结果

百分位数

百分位数	加权平均（定义 1）	Tukey 的枢纽
	当前薪金	当前薪金
5	$19,200.00	
10	$21,000.00	
25	$24,000.00	$24,000.00
50	$28,875.00	$28,875.00
75	$37,162.50	$37,050.00
90	$59,700.00	
95	$70,218.75	

图 3-21 百分位数

极值

			案例号	值
当前薪金	最高	1	29	$135,000
		2	32	$110,625
		3	18	$103,750
		4	343	$103,500
		5	446	$100,000
	最低	1	378	$15,750
		2	338	$15,900
		3	411	$16,200
		4	224	$16,200
		5	90	$16,200

图 3-22 极值

图 3-20 中输出的描述性统计量结果和前面频率菜单入口输出的描述统计量结果，以及描述子菜单输出的结果是类似的。和前面两种描述性统计量的入口相比，它有以下优点。

（1）它可以输出给定的百分位数，同时可以给出最高的 5 个值和最低的 5 个值。

（2）如果在图 3-18 的窗口中的"因子列表（F）"框中给出分类变量，它可以根据分类变量的不同组别分组进行描述性统计分析，给出每一个组的描述性统计量。

（3）可以给出数据分布的可视化图形：茎叶图和直方图。详细参见 3.6.2 小节中的介绍。

3.5.4 表格

在 SPSS【设定表】菜单中也可以输出大部分的描述性统计分析指标。选择【分析】→【表】→【设定表】，得到图 3-23 所示的"设定表格"对话框。用鼠标把需要分析的变量拖放到中间框中的行（W）框上。

然后单击左下角的【摘要统计量（S）】按钮，弹出图 3-24 所示的"摘要统计"对话框，供用户选择需要输出的统计指标，如均值、中位数、众数、方差和标准差等。

这里我们选择"均值""中位数""众数""范围""方差""标准差"和"百分位数"等，然后单击【应用选择】按钮，得到图 3-25 所示的"设定表格"对话框，以设置预览。

图 3-23 “设定表格”对话框

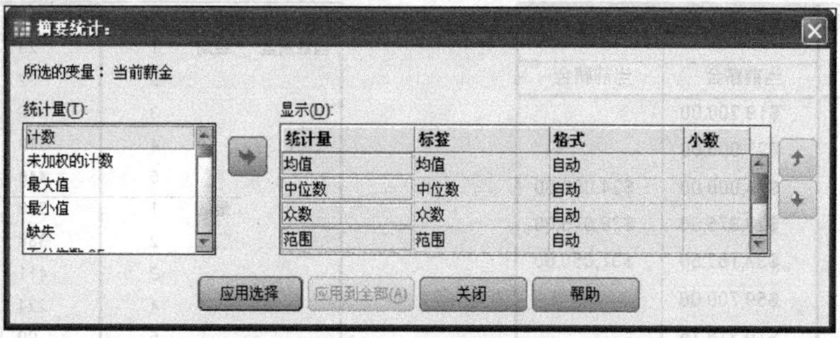

图 3-24 选择统计量

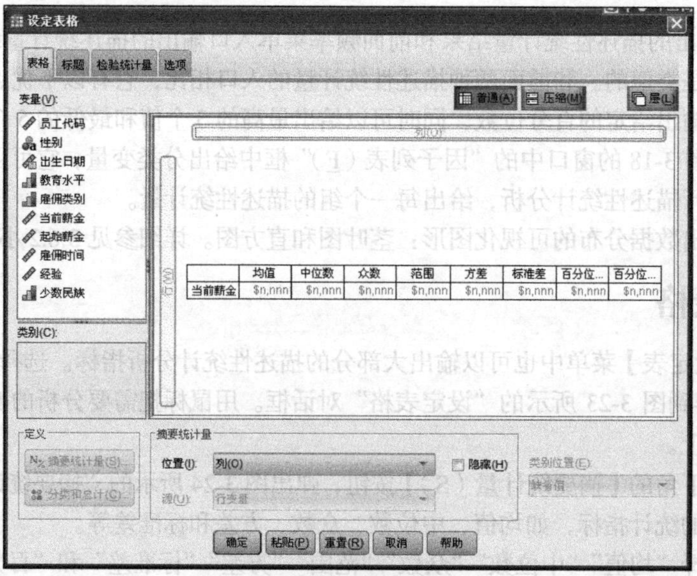

图 3-25 设置预览

单击【确定】按钮，得到客户表输出结果，如图 3-26 所示。

	均值	极大值	中值	极小值	众数	范围	均值的标准误	标准差
当前薪金	$34,420	$135,000	$28,875	$15,750	$30,750	$119,250	$784	$17,076

图 3-26　客户表输出结果

3.6　应用统计图进行描述性统计分析

描述性统计分析除了应用数量指标以外，还可以应用条形图、饼图、帕累托图、直方图、箱图、茎叶图等统计图形，相应的统计图选项分布在【图形】菜单或者某些分析过程的相应选项下。本节主要介绍在输出描述性统计量的同时，可以选择的统计图形。在【分析】→【描述统计】→【频率】子菜单下的“图表”选项，可以选择绘制条形图、饼图和直方图。

在【分析】→【描述统计】→【探索】子菜单下的“绘制”选项，可以绘制箱图、茎叶图、直方图和检验数据正态性的 Q-Q 图，并且可以选择是否按照分组来绘制箱图。

注意

除帕累托图位于【分析】菜单的【质量控制】子菜单以外，所有的统计图都可以在 SPSS 的【图形】菜单下得到。

一个好的习惯是，在进行统计分析前，总是把数据“画出来”，即做出数据的相关的统计图。数据的类型不同，适用的统计图形也不同。在绘制图形之前，一定要先清楚你要绘制的数据属于何种数据类型：是分类数据，还是尺度数据。

3.6.1　定性数据的图形描述——条形图、饼图、帕累托图

定性数据的图形描述常用条形图、帕累托图或饼图表示。

（1）条形图给出相应每一类的频率（或者相对频率），长方形的高度（注：水平方向条形图为长方形的长度）与类的频率或者相对频率成比例。

（2）帕累托图是按照从高到低顺序排列条形图的长方形条后形成的一种特殊条形图，最高的长方形在左边。它是质量控制中常用的一种图形工具，其中，长方形的高度通常表示生产过程中产生问题（如缺陷、事故、故障和失效）的频数，而最左边的长方形对应于最严重的问题区域。帕累托图形就是在【分析】菜单的【质量控制】子菜单下“排列图”。

（3）饼图把一个整圆（饼）分成几份，每一份代表一个类，每份中心角与类相对频率成比例。

表 3-2 汇总了自 1977 年以来全世界 45 起与能源有关导致多人死亡的事故的原因。该数据显然是定性数据，它保存在本章的数据文件“DisasterReason.sav”中。

表 3-2　　与能源有关的导致多人死亡的事故的原因的相对频率汇总表

类（原因）	频率（事故数）	相对频率（比例）
煤矿坍塌	7	0.156
溃坝	4	0.089
煤气爆炸	28	0.622
闪电	1	0.022

续表

类（原因）	频率（事故数）	相对频率（比例）
核反应堆	1	0.022
燃气火灾	4	0.089
总计	45	1.000

由于数据提供的是汇总后的频数数据，在应用 SPSS 绘制统计图之前，先要用频数来加权个案。选择【数据】→【加权个案】，得到图 3-27 所示的“加权个案”对话框。

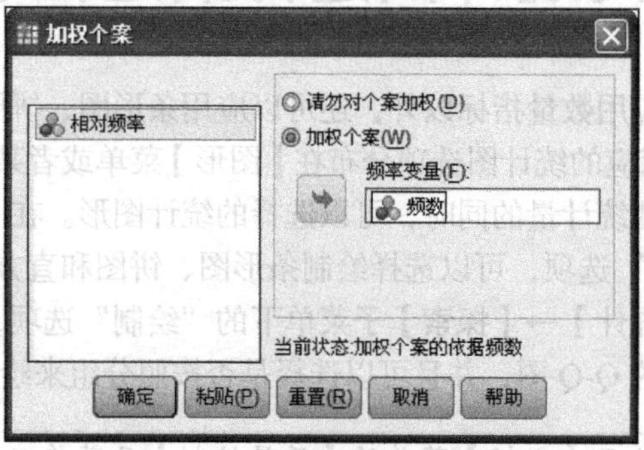

图 3-27 “加权个案”对话框

把“频数”作为频率变量，单击【确定】按钮，返回到“DisasterReason.sav”数据集，现在数据是已经加权后的数据。

单击【分析】→【描述统计】→【频率】得到图 3-28 所示的“频率（F）”对话框，去掉底部“显示频率表格”前的勾，然后单击【图表】按钮，得到图 3-29 所示的“频率：图表”对话框，以选择图表类型。

在图 3-29 中，我们在“图表类型”部分选择条形图，“图表值”是设置长方形高度所代表的指标。这里默认为频率，请读者自己练习选择饼图。

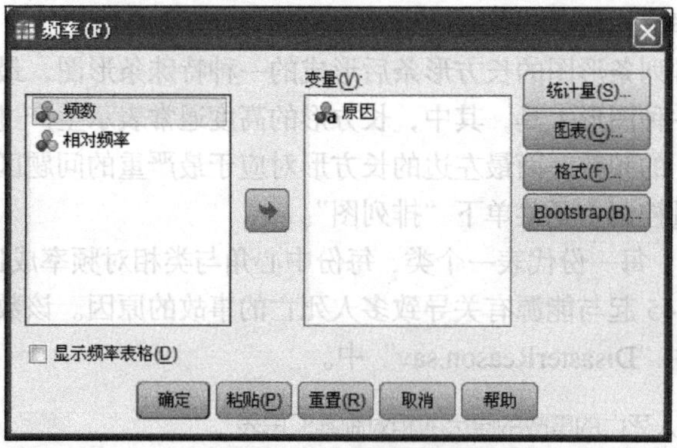

图 3-28 在“频率（F）”对话框中选择输出统计图

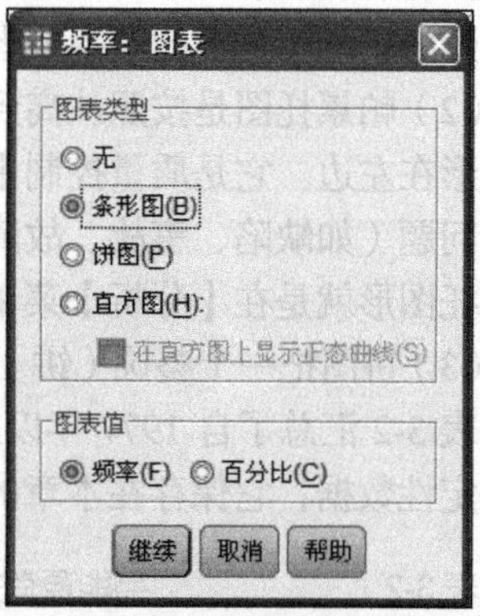

图 3-29 选择图表类型

单击【继续】按钮，返回到图 3-28 所示的“频率（F）”对话框，在其中选择输出统计图的页面，然后单击【确定】按钮。得到图 3-30 所示的事故原因条形图和图 3-31 所示的饼图。

帕累托图实质上是按照长方形条从高到低排序的条形图。通过该图，我们可以一眼看出煤气爆炸是最可能引起事故的原因，它对应排在最左边的最高的长方形条。下面示例做出表 3-2 的帕累托图，选用上面加权过的数据文件，选择【分析】→【质量控制】→【排列图】，得到图 3-32 所示的“帕累托图”数据选择对话框。

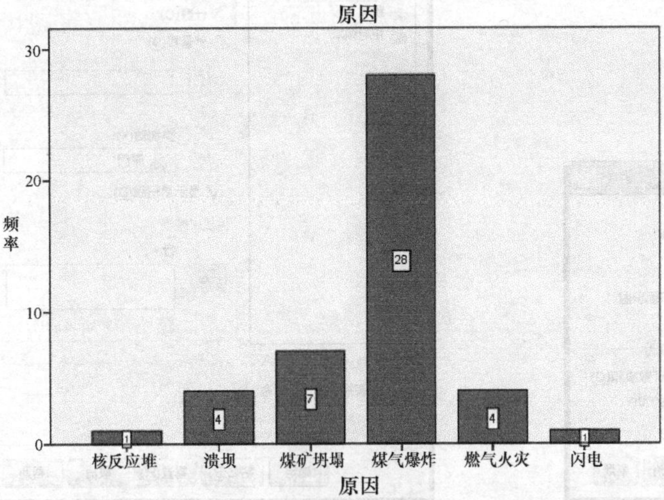

图 3-30　事故原因条形图

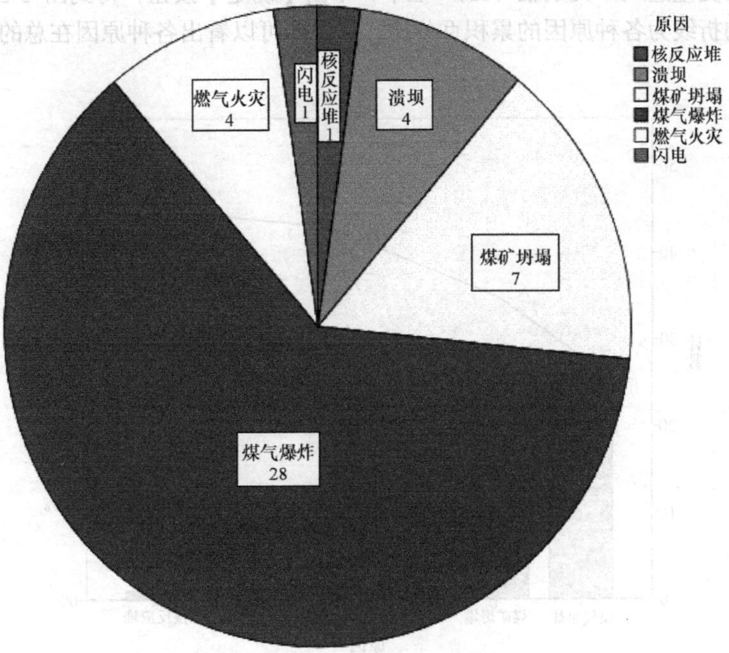

图 3-31　事故原因饼图

注意

如果直接应用未加权的数据文件“DisasterReason.sav”，图表中的数据部分可以选中“个案值”选项。

在图 3-32 中选择第一个图标——“简单”，图表中的数据部分选择“个案组的计数或和（G）”，单击【定义】按钮，得到图 3-33 所示的对话框。

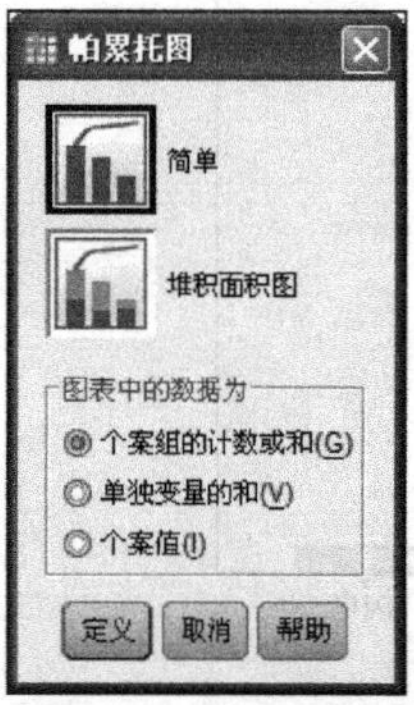

图 3-32 “帕累托图”数据选择对话框

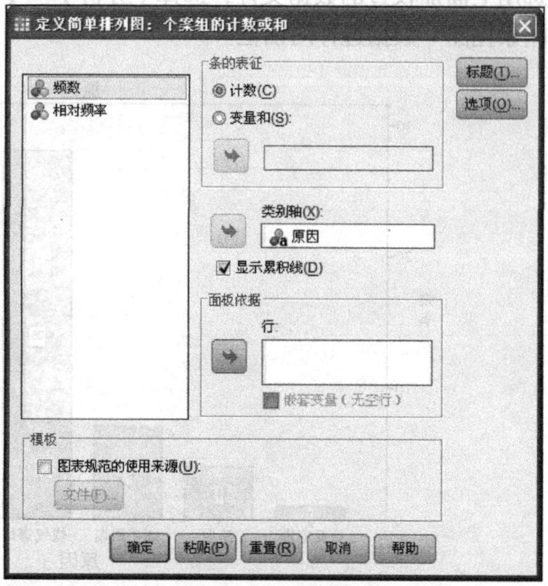

图 3-33 定义帕累托图

把“原因”变量选入“类别轴（X）”框中，单击【确定】按钮，得到图 3-34 所示的帕累托图。图形上面的折线为各种原因的累积百分比，从上面可以看出各种原因在总的事故中所占的百分比。

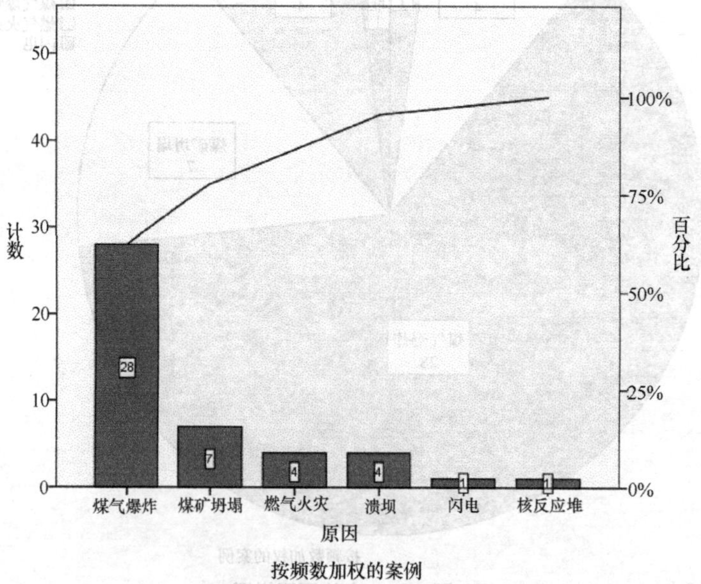

图 3-34 带累积线的帕累托图

3.6.2 定量数据的图形描述——直方图、茎叶图、箱图

定量数据可以采用 3 种统计图形来描述：直方图、茎叶图和箱图。

1. 直方图

直方图和条形图十分类似，应用于连续型数据，表现在图形上直方图的各个正方形条之间没有任何间隔。直方图先把连续型数据划分成若干个连续的区间，然后计算观测值落入各个区间的频率或者相对频率。和条形图类似，它是以区间类作为水平轴，以各个区间的频率或者相对频率作为相应长方形的高度绘制出的统计图。

从直方图可以直观地观测数据的分布情况，如分布是否对称、是左偏还是右偏、众数是什么。另外，还可以大致判断数据是否服从正态分布。

打开本章的示例文件“Employ Data.sav”，我们来绘制“起始薪金”变量的直方图。与 3.6.1 节绘制条形图的过程类似，在图 3-28 频率对话框中，变量部分选择“起始薪金”，单击【图表】按钮，得到图 3-29 所示的选择图表类型对话框。这里选择“直方图（H）”，得到的直方图如图 3-35 所示。

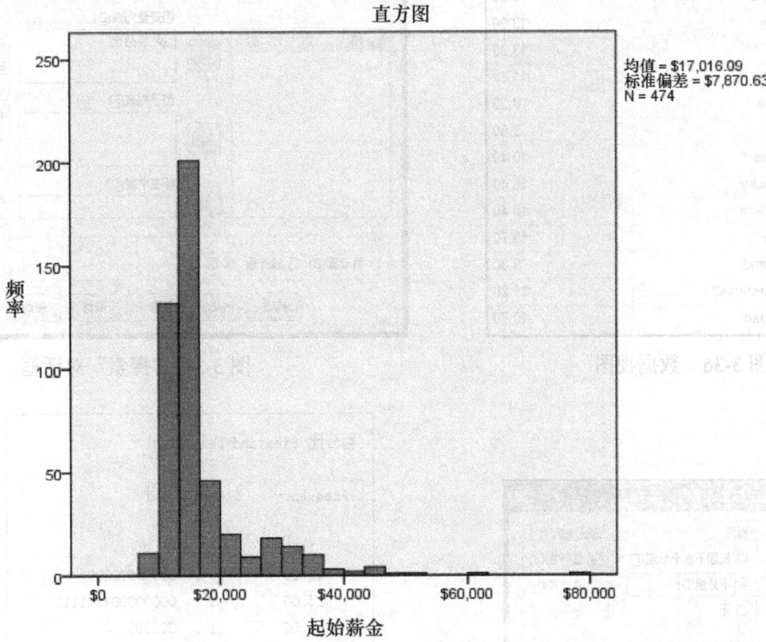

图 3-35 直方图

2. 茎叶图

茎叶图（Stem-and-Leaf Plot）是描述定量变量的一种图形方式，它除了能够给出直方图所给出的分布的信息以外，还能够还原大部分原始数据的信息。

打开本章的示例文件“PovertyByState.sav”。该文件记录了 1997 年统计的美国 51 个州处于贫困线以下的人口占各州人口的比例。在数据视图中的数据如图 3-36 所示。

我们用 SPSS 绘制变量“百分比”的茎叶图。选择【分析】→【描述统计】→【探索】，在图 3-37 所示的“探索”对话框下部的“输出”部分，选择“图”。

按照图 3-37 设置后，单击【绘制】按钮，得到图 3-38 所示的选择统计图形对话框，选择统计图形的类别。“箱图”部分可选择箱图的类型。“描述性”设定输出茎叶图或者直方图。如果勾选“带检验的正态图”，则可以输出选定变量的 Q-Q 图、变量正态性的 K-S 检验和 S-W 检验，据此来判断该变量是否服从正态分布。

单击【继续】按钮，返回上级对话框，然后单击【确定】按钮，得到茎叶图（见图 3-39）。

SPSS 输出的茎叶图由 3 部分构成：频率、茎和叶。茎对应观测值的最左边一位的取值，而叶对应最左边第二位的取值，在“Leaf”部分每一个数字代表一个个案。相应行左边的“Frequency”

是该行对应的个案个数，即该分支中的个案的个数。

	州	百分比
1	Alabama	14.80
2	Alaska	8.50
3	Arizona	18.80
4	Arkansas	18.40
5	California	16.80
6	Colorado	9.40
7	Connecticut	10.10
8	Delaware	9.10
9	D.C.	23.00
10	Florida	14.30
11	Georgia	14.70
12	Hawaii	13.00
13	Idaho	13.30
14	Illinois	11.60
15	Indiana	8.20
16	Iowa	9.60
17	Kansas	10.40
18	Kentucky	16.40
19	Louisiana	18.40
20	Maine	10.70
21	Maryland	9.30
22	Massachusetts	11.20
23	Michigan	10.70

图 3-36 数据视图

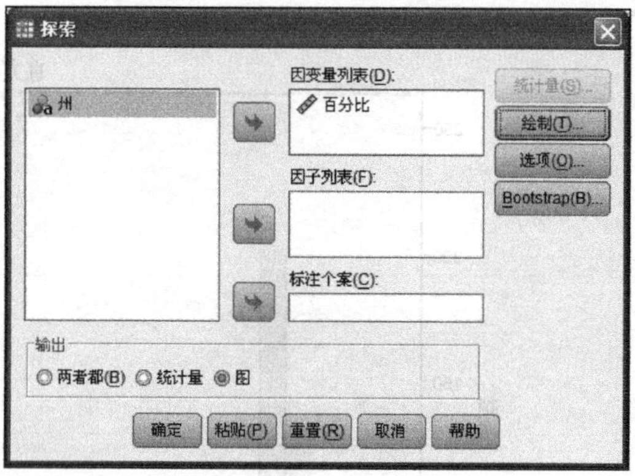

图 3-37 "探索"对话框

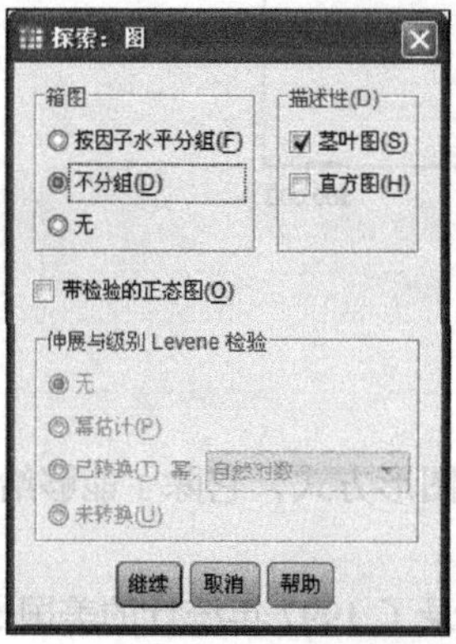

图 3-38 选择统计图形

```
百分比 Stem-and-Leaf Plot

 Frequency    Stem &  Leaf

     1.00        0 .  7
    11.00        0 .  88889999999
    15.00        1 .  000000001111111
     6.00        1 .  222333
     6.00        1 .  444455
     6.00        1 .  666667
     4.00        1 .  8888
     2.00 Extremes    (>=23)

 Stem width:      10.00
 Each leaf:       1 case(s)
```

图 3-39 茎叶图

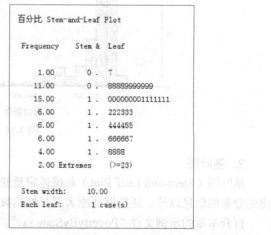

在图 3-39 中，最后一行的"Each Leaf: 1 case(s)"意味着每一个个案对应一个叶节点，"Stem Width:10"意味着茎是取观测值十位数上的值，如果观测值小于 10，则相应的茎为 0。第一行告诉我们有一个个案其百分比在 7%和 8%之间（这里对应 New hampshire 州）。第二行意味着有 11 个个案的百分比在 8%和 10%之间，其中有 4 个州的百分比在 8%和 9%之间，有 7 个州的百分比在 9%到 10%之间。

3. 箱图

箱图（Box Plot 或 Box-and-Whisker Plot）是总结五数（最小值、第一个四分位数、中位数、第三个四分位数、最大值）的图形表现。箱图在比较两组或者两组以上的观测值时尤其有用，另外它也可以用于判断离群值（或者极端值）。

在图 3-38 中的“探索：图”对话框中，在“箱图”部分，选择相应的箱图类型。当具有一个或多个因变量时，以下选项控制箱图的显示。

（1）按因子水平分组：如果在图 3-37 的“因子列表（F）”部分设定了因子变量，则为每个因变量生成单独的显示。在一个显示中，将为因子变量定义的每个组显示箱图。

（2）不分组：如果在图 3-37 的“因子列表（F）”部分设定了因子变量，将按照因子变量定义的每个组生成单独的显示。在一个显示中，为每个因变量并排显示箱图。当不同的变量代表在不同的时间度量的同一个特征时，此显示尤其有用。

（3）无：不输出箱图。

在图 3-38 选择统计图形中，我们设置输出箱图，结果浏览器中得到图 3-40 所示的箱图。

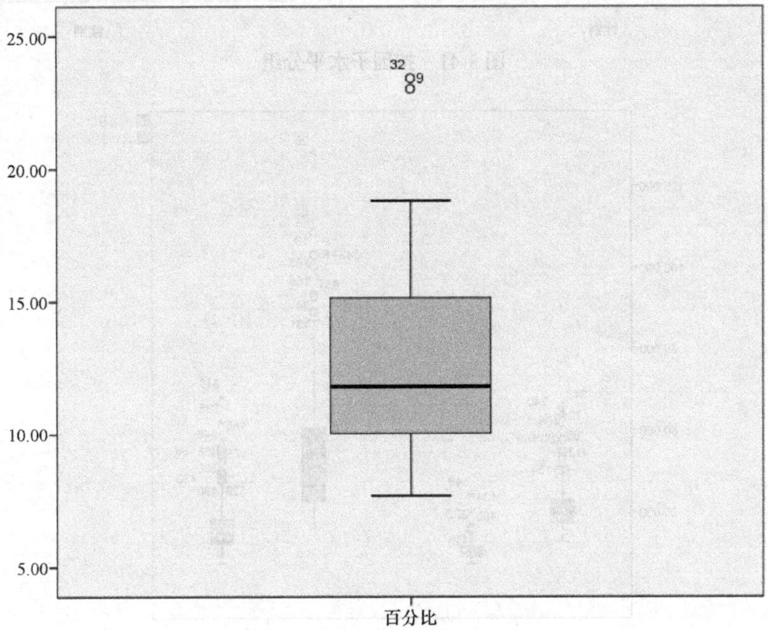

图 3-40　箱图

设四分位距为 $IQR = Q_3 - Q_1$。箱图的箱体部分的下边界代表第一个四分位数的位置，上边界代表第三个四分位数的位置，中间的粗体线段代表中位数的位置，箱体的高度即为四分位距 IQR。最下面的短线代表 $Q_1 - 1.5IQR$ 的位置，最上面的短线代表 $Q_3 + 1.5IQR$ 的位置。

如果观测值落入 $[Q_3 + 1.5IQR, Q_3 + 3IQR)$ 或者 $(Q_1 - 3IQR, Q_1 - 1.5IQR]$，则该观测值为离群值，在箱图上用小圆圈标识，并在它的旁边给出该个案的记录号。如果观测值大于等于 $Q_3 + 3IQR$ 或者小于等于 $Q_1 - 3IQR$，则该观测值被判为极端值，在箱图上用星号标识，并在它旁边给出该个案的记录号。

在贫困百分比变量的箱图中，有两个离群值，他们的记录号分别为 9 和 32，分别对应华盛顿州和新墨西哥州。

如果只有一个因变量，茎叶图或者箱图将按照因子的各个水平输出，选中“不分组”的输出结果和选中“按因子水平分组”的输出结果只是在标题的组织方式上略有不同。如果有两个因变量，则两种选项的结果差异较大。如果描述性分析同时有两个因变量，因子有两个水平，在箱图选项中选中“按因子水平分组”，则输出如图 3-41 所示。如果选中“不分组”，则结果如图 3-42 所示。

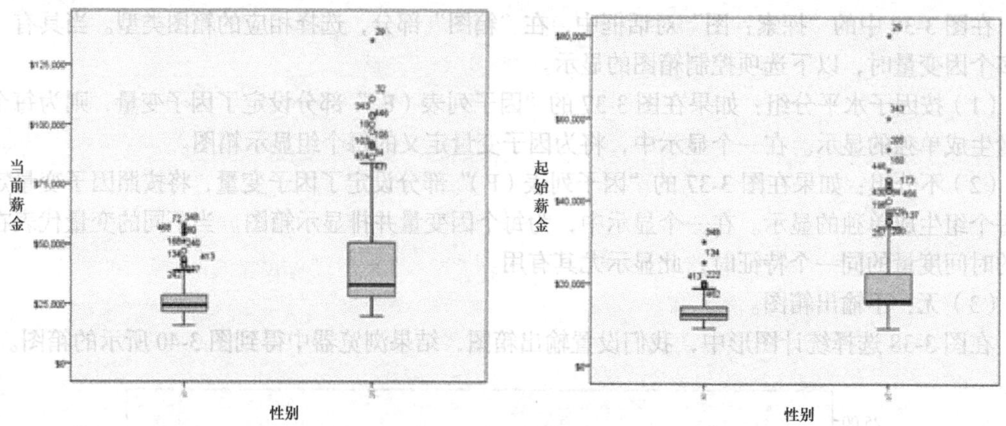

图 3-41　按因子水平分组

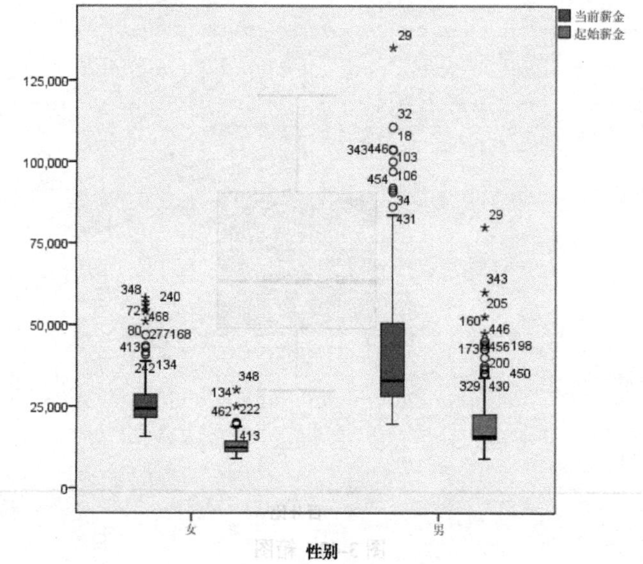

图 3-42　不分组

直观上，由图 3-41 和图 3-42 可知，不同性别的起始薪金和当前薪金看起来是有差异的。这种差异是由于样本的随机性造成的，还是真的不同性别的人的薪金有显著差异呢？从图形中很难做出判断，这需要后面章节的假设检验的知识来回答这个问题。

3.7　数据标准化

数据标准化处理主要包括数据同趋化处理和无量纲化处理两个方面。数据同趋化处理主要解决不同性质数据问题，对不同性质指标直接加总不能正确反映不同作用力的综合结果，必须先考虑改变指标数据性质，使所有指标对测评方案的作用力同趋化，再加总才能得出正确结果。数据的标准化处理有很多种方法，如 Z 标准化。标准化处理后，可以保证数据服从标准正态分布。设样本数据观测值为 $x_1, x_2, \cdots, x_n$，样本均值为 $\bar{x}$，样本标准差为 s，则数据的标准化过程计算公式如下。

$$Z_i = \frac{x_i - \bar{x}}{s}$$

另外，针对其他标准化方法，用户可以根据设定的公式，新建一个衍生变量。

在 SPSS 中，在【分析】→【描述统计】→【描述】中，可以选择进行数据标准化，结果会在原始的数据文件中，新生成一个变量。该标准化变量就是应用上面公式的算法。“描述性”对话框如图 3-43 所示，选择【分析】→【描述统计】→【描述】，然后勾选下方的“将标准化得分另存为变量（Z）”，数据标准化的结果如图 3-44 所示。

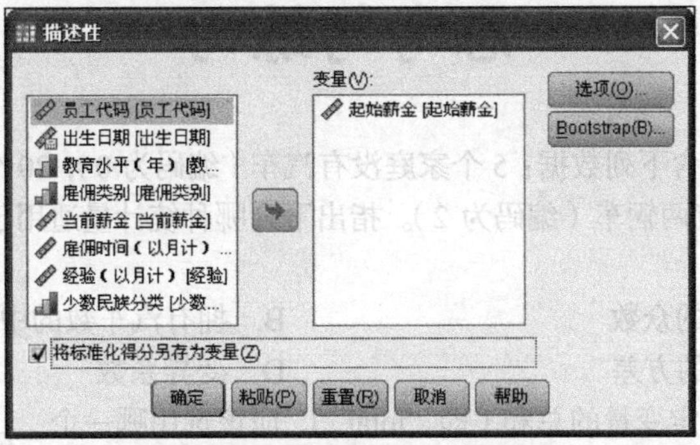

图 3-43　“描述性”对话框

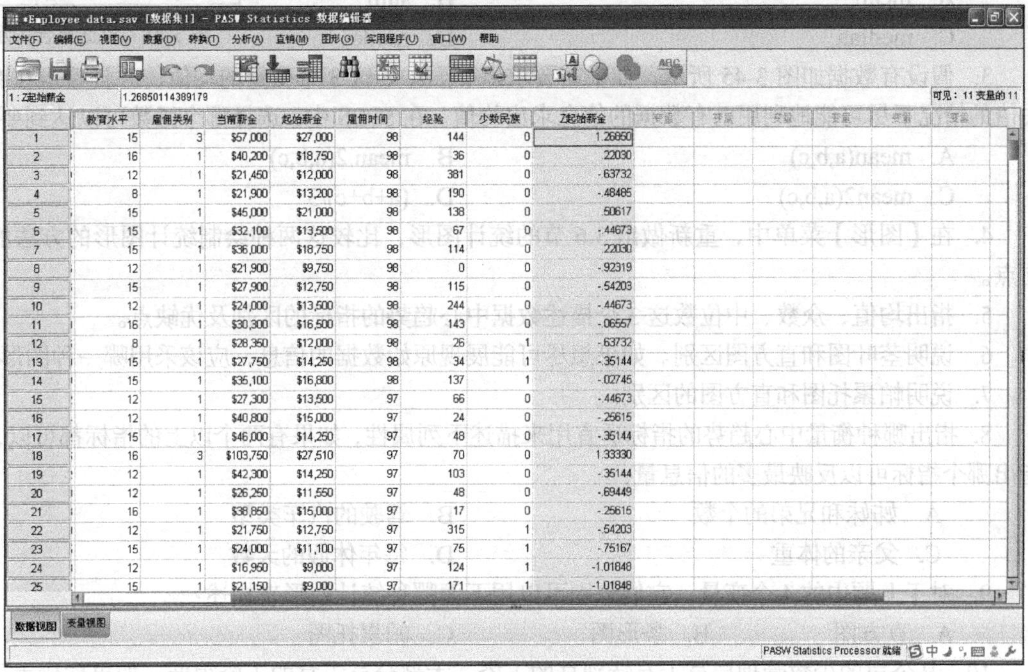

	教育水平	雇佣类别	当前薪金	起始薪金	雇佣时间	经验	少数民族	Z起始薪金
1	15	3	$57,000	$27,000	98	144	0	1.26850
2	16	1	$40,200	$18,750	98	36	0	.22030
3	12	1	$21,450	$12,000	98	381	0	-.63732
4	8	1	$21,900	$13,200	98	190	0	-.48485
5	15	1	$45,000	$21,000	98	138	0	.50617
6	15	1	$32,100	$13,500	98	67	0	-.44673
7	15	1	$36,000	$18,750	98	114	0	.22030
8	12	1	$21,900	$9,750	98	0	0	-.92319
9	15	1	$27,900	$12,750	98	115	0	-.54203
10	12	1	$24,000	$13,500	98	244	0	-.44673
11	16	1	$30,300	$16,500	98	143	0	-.06557
12	8	1	$28,350	$12,000	98	26	1	-.63732
13	15	1	$27,750	$14,250	98	34	1	-.35144
14	15	1	$35,100	$16,800	98	137	1	-.02745
15	12	1	$27,300	$13,500	97	66	0	-.44673
16	12	1	$40,800	$15,000	97	24	0	-.25615
17	15	1	$46,000	$14,250	97	48	0	-.35144
18	16	3	$103,750	$27,510	97	70	0	1.33330
19	12	1	$42,300	$14,250	97	103	0	-.35144
20	12	1	$26,250	$11,550	97	48	0	-.69449
21	16	1	$38,850	$15,000	97	17	0	-.25615
22	12	1	$21,750	$12,750	97	315	1	-.54203
23	15	1	$24,000	$11,100	97	75	1	-.75167
24	12	1	$16,950	$9,000	97	124	1	-1.01848
25	15	1	$21,150	$9,000	97	171	1	-1.01848

图 3-44　数据标准化结果

这时候得到的数据集中的最后一列“Z 起始薪金”即为标准化后的数据。

3.8　小结

本章主要介绍了描述性统计分析的方法和技巧。3.1 节介绍了分类变量的频率分析。3.2～3.4 节分别介绍了常见的描述性统计分析指标，其中，描述中心趋势的指标有均值、中位数、众数和

5%截尾均值；描述离散趋势的指标有极差、方差、标准差和变异系数；描述数据的分布形态的指标有分位数、偏度和峰度。3.5 节介绍了在 SPSS 中得到描述性统计分析指标的方法。3.6 节介绍了应用统计图对数据进行描述性统计分析的技巧。最后，介绍了在 SPSS 中对数据进行标准化的方法。

思考与练习

1. 一个数据文件包含下列数据：5 个家庭没有汽车（编码为 0）；20 个家庭拥有一辆汽车（编码为 1）；10 个家庭拥有两辆车（编码为 2）。指出下列哪种统计量适用于描述该数据并计算出该统计量的值：

A. 拥有汽车数的众数　　B. 拥有汽车数的中位数

C. 拥有汽车数的方差　　D. 变异系数

2. 为了生成某个给定变量的总和（即“total”），应该选用哪一个汇总统计量：

A. mean　　B. sum

C. median　　D. mode

编号	a	b	c
1	0.5	0.6	0.7
2	0.3	0.2	
3		0.6	

图 3-45　数据集合图示

3. 假设有数据如图 3-45 所示，如果需要求出 *a*、*b*、*c* 这 3 个变量的均值，并且希望在有缺失值的情况下尽可能地利用已有数据的信息求出均值。在 SPSS 中，选择哪个函数可以达到要求：

A. mean(a,b,c)　　B. mean.2(a,b,c)

C. mean2(a,b,c)　　D. (a+b+c)/3

4. 在【图形】菜单中，重新做出 3.6 节的统计图形，比较这两种绘制统计图形的方法的异同点。

5. 指出均值、众数、中位数这 3 个描述数据中心趋势的指标的区别及优缺点。

6. 说明茎叶图和直方图区别。如果想尽可能展现原始数据的信息，应该采用哪一种图形？

7. 说明帕累托图和直方图的区别。

8. 指出哪种衡量中心趋势的指标适宜用来描述下列属性，如果有两个以上的指标都可以，请指出哪个指标可以反映最多的信息量：

A. 姊妹和兄弟的个数　　B. 驾驶的汽车类型

C. 父亲的体重　　D. 每年休假的天数

9. 对于上题中的 4 个变量，它们分别可以用下面哪种统计图形来描述：

A. 直方图　　B. 条形图　　C. 帕累托图

10. 某公司的少数管理层员工有特别高的工资，大部分员工拿的工资很低。如果你代表员工去和公司老板谈判涨工资，那么你倾向于采用哪一个统计指标来说明员工的工资低；而如果你是老板，你倾向于采用哪一个统计指标来说明工人的工资已经很高了。

11. 箱图可以探测出数据中的异常值。对数据“DisasterReason.sav”进行描述性统计分析，通过箱图分析数据中是否存在异常值。

第 4 章 概率论初步

【本章学习目标】

- 用仿真方法从总体中抽取随机样本：生成服从某种分布的随机数。
- 得到观测值的理论分布、经验分布。
- 理解抽样分布的形状。
- 掌握如何求置信区间。
- 学习从数据集中选择符合条件的个案的技巧。

概率论是统计学的理论基础，是研究随机现象的统计规律的一门学科。本章将详细介绍离散型和连续型的随机数的生成，并将给出理论分布、经验分布、抽样分布和置信区间的概念与示例。这些概念是理解更复杂的统计模型的基础。

4.1　随机变量的仿真

4.1.1　“均匀分布”的随机数

假设我们有一个正方形，它被均匀地分为 4 个相同大小的小正方形，如图 4-1 所示。现在从正方形的中心上方随机地投掷一颗玉米粒 1 000 次，假设每次投掷的玉米粒都等可能地落在 4 个小正方形中的其中一个里。问题是：落在 1 号、2 号、3 号和 4 号正方形中的情况如何呢？

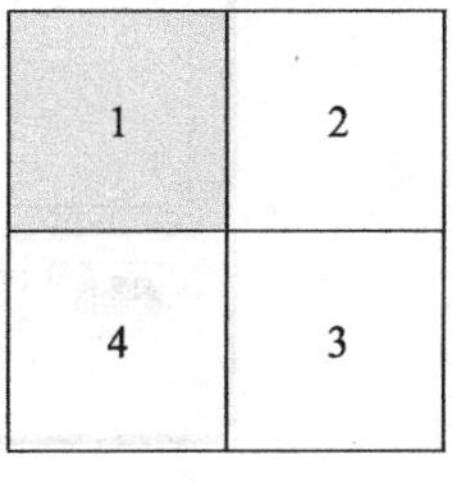

图 4-1　正方形和它的 4 个小正方形

我们可以通过 SPSS 来模拟这个投掷的过程。首先设置随机数种子，然后等可能地产生 1、2、3 和 4 这几个数共计 1 000 个。这之前，需要打开本章的数据文件“sim.sav.”。

1. 设置随机数种子

选择【转换】→【随机数字生成器】，勾选“设置起点（E）”，并在“固定值（F）”下的“值（V）”中输入一个用户给定的数值。该数值用于记录随机数生成的起点，下次如果需要重复生成同样的结果，只要重新进入该过程，把活动生成器初始化中的“固定值（F）”设置成同一个数，就可以生成同一组随机数。在统计模拟中，这个设定的数值被称为随机数种子。当然，如果以后不需要重复生成该组随机数，可以不用进行该步骤。这里我们设置活动生成器初始化部分的固定值为“123456”，如图 4-2 所示。

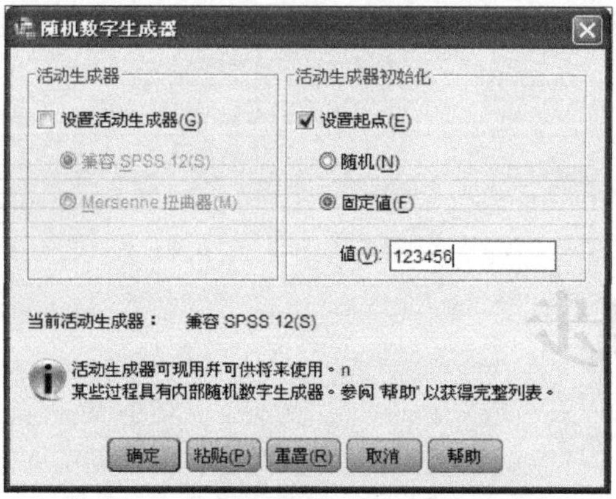

图 4-2　设置随机数生成器的随机数种子

2. 生成均匀分布的随机数

选择【转换】→【计算变量】，在目标变量框中输入变量名“Spinn”，在“数字表达式（E）”框中输入“TRUNC(RV.UNIFORM(1,5))”，然后单击【确定】按钮，如图 4-3 所示。这时，在 SPSS 数据编辑器中生成了 1 000 个随机数。它们是在 1 和 4 之间等可能的取值。

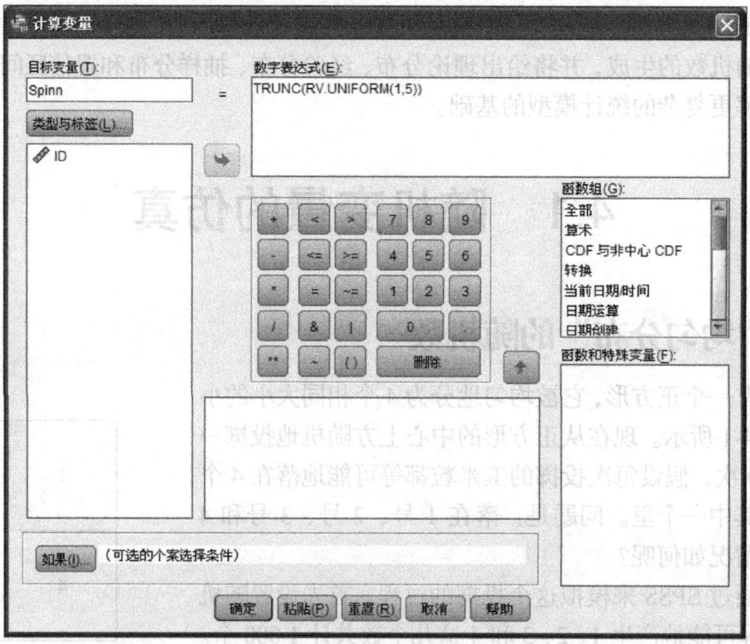

图 4-3　生成均匀分布的随机数

以上过程也可以通过下列程序代码实现。

```
SET SEED=123456.
COMPUTE Spinn=TRUNC(RV.UNIFORM(1,5)).
EXECUTE.
```

注意　这里我们在“数字表达式（E）”中输入函数“TRUNC(RV.UNIFORM(1,5))”。这其中用到 SPSS 内置的函数 TRUNC(x)和 RV.UNIFORM(*n*1,*n*2)(*n*1<*n*2)。TRUNC(x)返回浮点数 *x* 的整数部分，如 TRUNC(1.75)将返回 1。RV.UNIFORM(*n*1,*n*2)返回在 *n*1 和 *n*2 区间上均匀分布的随机变量的随机值，这里 RV.UNIFORM(1,5)用于生成 1 到 5 之间

的服从均匀分布的随机数。1 到 5 之间有无限多个实数（整数、浮点数），每一个实数被取到的可能性是相等的。而把 RV.UNIFORM(1,5)作为 TRUNC 函数的参数将返回 1 到 5 之间的服从均匀分布的随机数的整数部分，理论上 1 到 4 每个整数出现的概率是相等的。

下面我们分析生成的这些随机数的性质。

（1）选择【分析】→【描述统计】→【频率】，然后把变量“Spinn”选入“变量（V）”框中，如图 4-4 所示。

（2）在图 4-4 中单击【图表（C）】按钮，得到图 4-5 所示的“频率：图表”对话框，勾选“直方图（H）”选项。

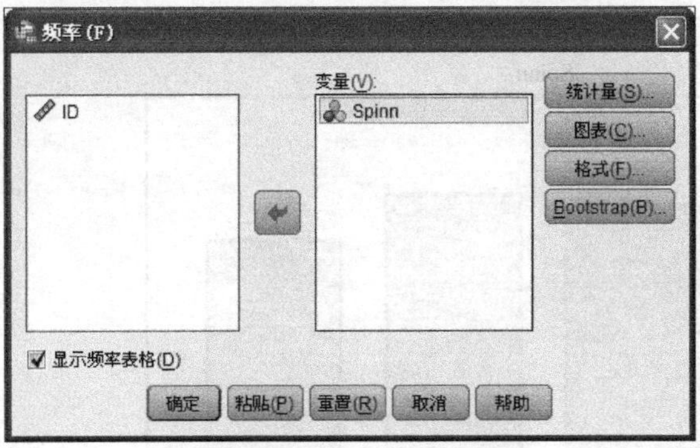

图 4-4 “频率（F）”对话框

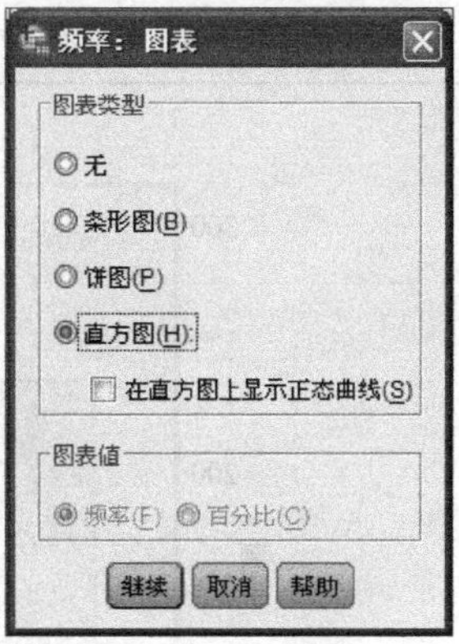

图 4-5 图表选项

（3）单击【继续】按钮，返回“频率（F）”对话框，然后单击【确定】按钮。

以上过程也可以通过在语法编辑器中运行如下的语法程序实现。

```
DATASET ACTIVATE 数据集 4.
FREQUENCIES VARIABLES=Spinn
  /HISTOGRAM
  /ORDER=ANALYSIS.
```

只要把上述代码键入到 SPSS 语法编辑器中，然后单击【运行】按钮，在结果浏览器中就可得到如表 4-1、表 4-2 和图 4-6 所示的结果。

表 4-1 数据缺失情况

统计量		
Spinn		
N	有效	1 000
	缺失	0

表 4-1 给出了分析的数据的总体情况。有效 1 000，表示一共有 1 000 个有效案例，即这 1 000 条案例没有缺失数据。缺失 0，表示没有案例，有缺失数据。

如表 4-2 所示，频率分布表给出了数值 1、2、3、4 出现的次数和相应的百分比、有效百分比和累计百分比，频率栏给出了各个取值出现的次数；百分比给出了该值出现次数占总的记录个数（包含有缺失的记录）的比例；有效百分比是该值出现次数占所有非缺失记录的百分比；累计百分比给出的是该记录出现的有效百分比及它所在的行以上的所有其他行记录的有效百分比的加总，即“累积”。

表 4-2　　　　频率分布表

Spinn					
		频率	百分比	有效百分比	累积百分比
有效	1.00	237	23.7	23.7	23.7
	2.00	259	25.9	25.9	49.6
	3.00	264	26.4	26.4	76.0
	4.00	240	24.0	24.0	100.0
	合计	1 000	100.0	100.0	

注意　字符串型数据也可以计算频率分布，但是缺失值是被作为一种取值情况的。因此，即使有缺失值，字符串型数据的"百分比"和"有效百分比"是相同的。

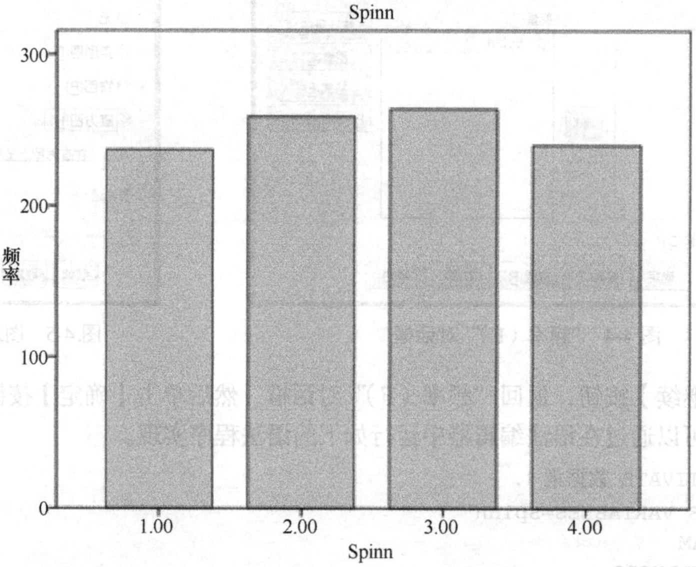

图 4-6　均匀分布的随机数的条形图

从图 4-6 中的条形图直观地给出了 1 到 4 各个取值出现的次数。横轴表示 1 到 4 等四个取值，而条形细柱的高度即纵轴给出了相应的值出现的次数。从条形图可知，四个值出现的次数大致相当，但是不完全相等。这和理论上是有一定差别的。由于每次生成的随机数的情况都是变化的，读者可以试着自己重复以上过程，比较你的结果和这里生成的结果，看有无区别。

另外，请试着生成服从不同分布的随机数。请生成服从泊松分布的随机数、生成服从二项分布的随机数，然后分析所生成的这些随机数的性质。参见思考题 1 和思考题 2。

4.1.2　正态分布的随机数

正态分布的随机变量是连续型随机变量，其可能取值是所有实数。数据分析的许多模型和理论都要求数据服从正态分布，因此正态分布的随机数在模拟中有广泛应用。正态分布的随机数的生成和 4.1.1 小节中的随机数的生成类似，不同的是在计算变量的数字表达式中采用不同的随机数函数。

这里仍然首先设置随机数种子为"123456"，并且要打开本章的数据文件"sim.sav"。详细介绍见 4.1.1 小节相关部分。

然后选择【转换】→【计算变量】，在图 4-7 所示的计算变量对话框中设置目标变量为“Rnorm01”，在“数字表达式（E）”部分输入“RV.Normal(0,1)”，单击【确定】按钮。

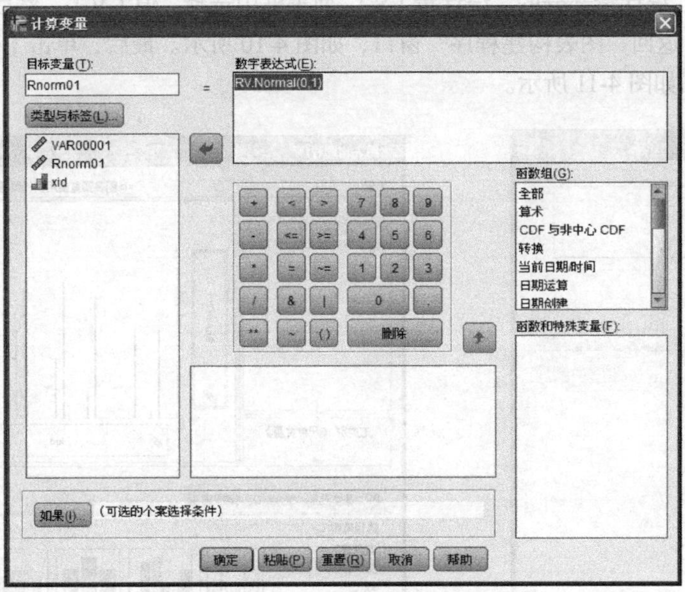

图 4-7　正态分布的随机变量

转到数据视图，新生成正态分布随机数的数据视图，如图 4-8 所示。

图 4-8　正态分布的随机数

以上过程也可以通过下列程序代码实现。

```
SET SEED=123456.
COMPUTE Rnorm01= RV.NORM(0,1).
SAVE OUTFILE='D:\SPSSIntro\data\Sim_norm.sav'
 /COMPRESSED.
EXECUTE.
```

保存该文件为“Sim_norm.sav”。下面我们观测生成的随机数的分布情况。首先，绘制生成的随机数的序列图，选择【图形（G）】→【图表构建程序（C）】，在“库”标签的“选择范围（C）”

下选择“条”，然后双击右侧的条形图模板（第一个图形模板），把“Rnorm01”变量拖放到画布的 y 轴上，“xid”变量拖放到 x 轴上。然后设置元素属性，如图 4-9 所示。“编辑属性（D）”框中选择“条（B）1”，统计量部分的“统计量（S）”列表框中选择“值（V）”，然后依次单击【应用】和【关闭】按钮。返回“图表构建程序”窗口，如图 4-10 所示。最后，单击【确定】按钮，得到随机变量的条形图如图 4-11 所示。

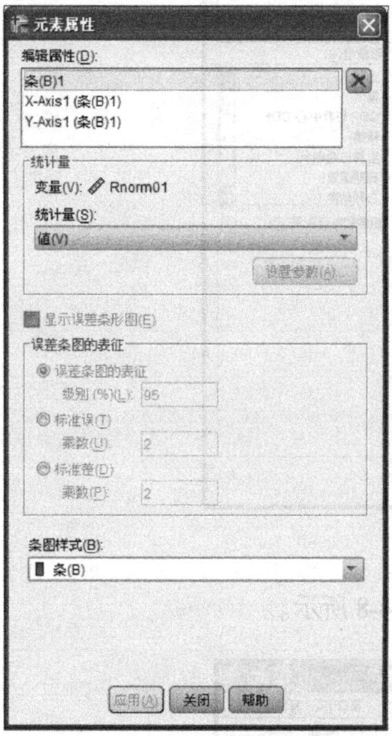

图 4-9 设置图形元素的属性

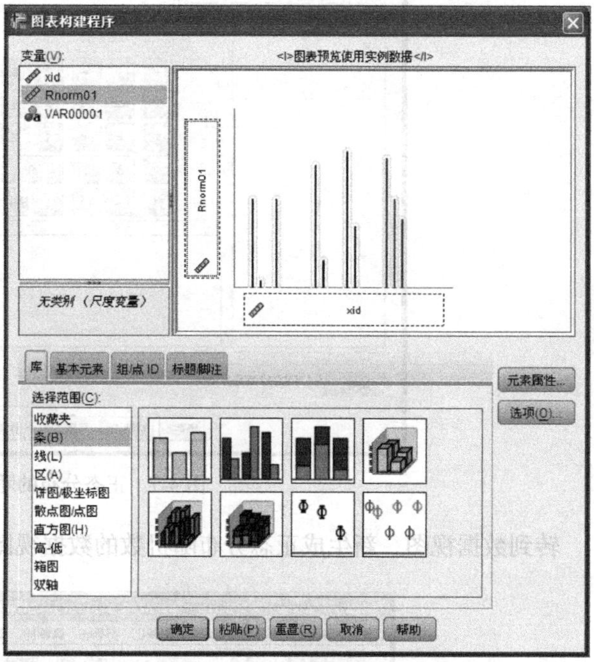

图 4-10 “图表构建程序”对话框

图 4-11 所示的条形图其实是随机数的序列图，横轴是序号，纵轴是随机变量的取值。这在时间序列中称为时序图。这里生成的随机数大部分在 0 的上下波动，波动的范围基本在-3～3 之间，即所谓“白噪声”序列。

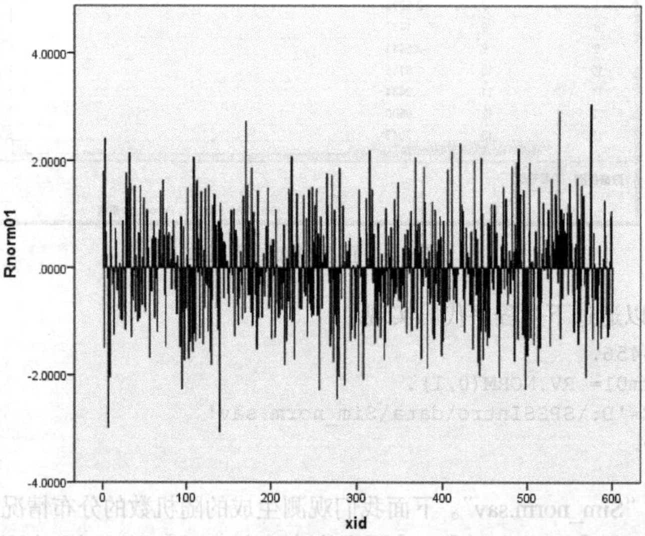

图 4-11 随机数的条形图

那么，从该组随机数的分布能否确定该样本数据的确是从正态分布的总体中随机抽取的呢？下面我们通过绘制随机数的带有正态曲线的直方图来回答以上问题。

（1）选择【图形（G）】→【图表构建程序（C）】，如图 4-12 所示，在“库”标签的“选择范围（C）”下选择“直方图（H）”，把“Rnorm01”拖放到横轴上。然后，单击右下角的“元素属性”按钮，得到“元素属性”对话框，在该对话框中勾选“显示正态曲线（N）”，如图 4-13 所示。

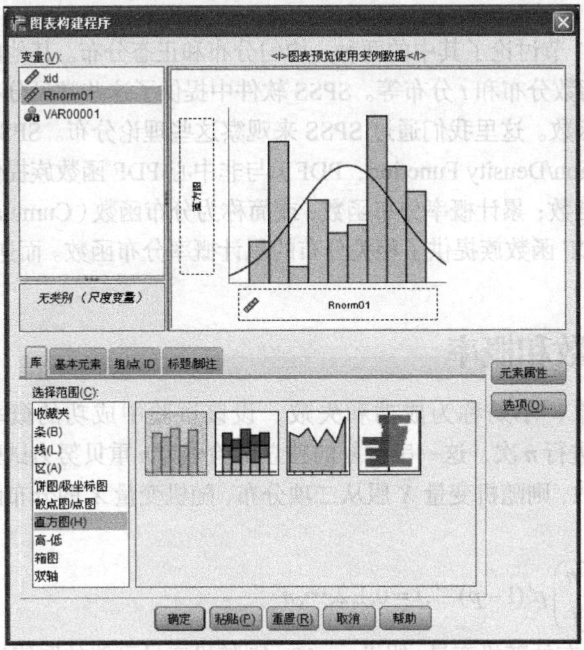

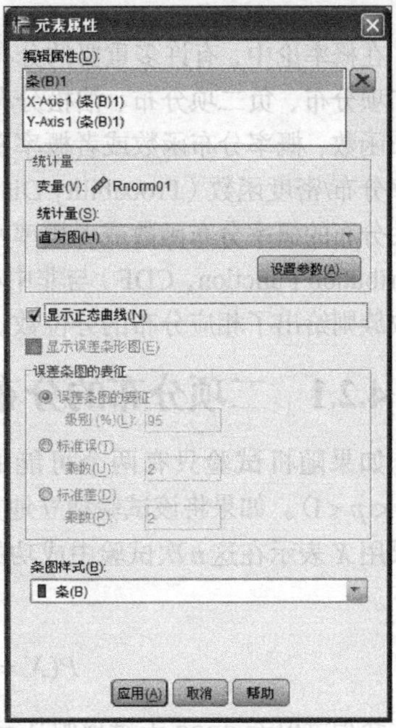

图 4-12　选择“直方图”　　　　图 4-13　显示正态曲线

（2）得到“Rnorm01”的直方图，如图 4-14 所示。从该直方图可见，生成的随机数的分布的确为正态分布，它们的均值为-0.016，标准差为 1，样本容量为 600。

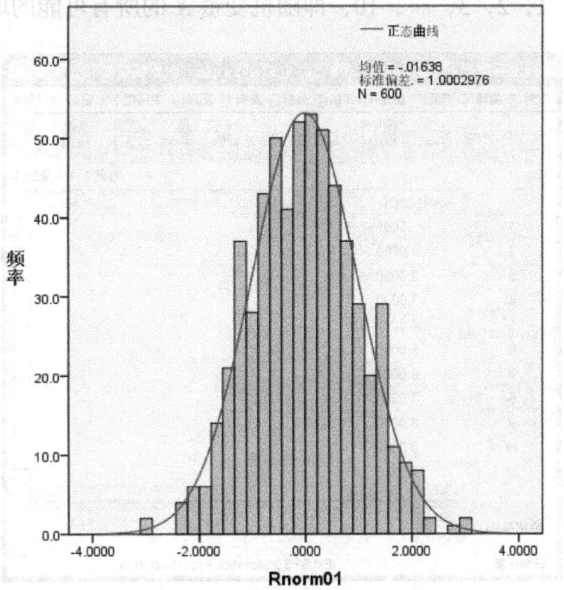

图 4-14　带正态曲线的直方图

读者试着自己生成正态分布的随机数，然后观察生成的随机数的分布。比较一下，自己生成的随机数分布与这里生成的结果有何不同之处。

4.2 理论分布

在概率论中，有许多重要的分布。4.1 节讨论了其中的两种：均匀分布和正态分布。其他的还有二项分布、负二项分布、泊松分布、指数分布和 t 分布等。SPSS 软件中提供了这些常见分布的分布函数、概率分布函数或者概率密度函数。这里我们通过 SPSS 来观察这些理论分布。SPSS 的概率分布/密度函数（Probability Distribution/Density Function，PDF）与非中心 PDF 函数族提供了相关分布的概率分布函数或者概率密度函数；累计概率分布函数，或简称为分布函数（Cumulative Distribution Function，CDF）与非中心 CDF 函数族提供了相关分布的累计概率分布函数。而逆 DF 函数族则给出了相应分布的分位数。

4.2.1 二项分布的分布函数和概率

如果随机试验只有两个可能的结果，不妨称为**成功**和**失败**，设该试验中成功的概率为 $p(0<p<1)$。如果将该试验独立地重复进行 n 次，这一串重复的独立试验称为 n 重贝努力试验。如果用 X 表示在这 n 次试验中成功的次数，则随机变量 X 服从二项分布，随机变量 X 的分布函数如下。

$$P(X=i)=\binom{n}{i}p^i(1-p)^{n-i}, i=0,1,2,\cdots,n$$

我们可以在 SPSS 中模拟服从二项分布的随机变量。假设 $n=10$，则随机变量可能的取值为 0，1，2，…，10，设 p 的取值分别为 0.25 和 0.4。

1. 分布函数

（1）选择【文件】→【新建】→【数据】，在数据编辑器中打开一个空的数据文件，在数据视图的第一列分别输入 0，1，2，3，…，10，即随机变量 X 的所有可能的取值，如图 4-15 所示。

图 4-15 随机变量 X 的可能取值

（2）单击【变量视图】，把变量名称“VAR00001”改为“x”，小数位数设为 0；建立另外两个新的变量，分别命名为“c25”和“c40”，小数位数都设为 4。得到变量视图和数据视图分别如图 4-16 和图 4-17 所示。

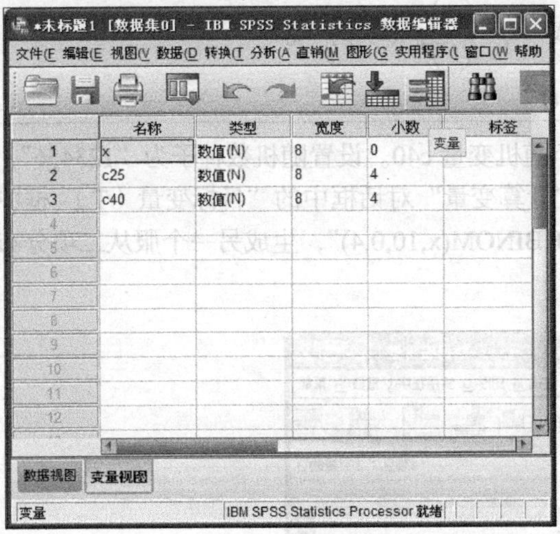

图 4-16　变量视图

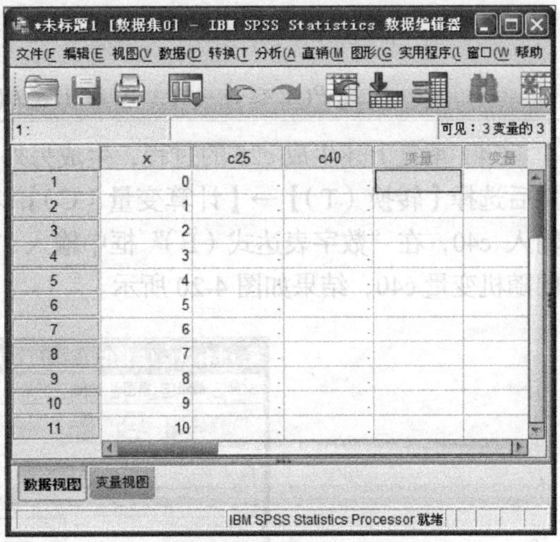

图 4-17　数据视图

（3）和 4.1.1 小节中一样，设置随机数种子为“123456”。然后选择【转换（T）】→【计算变量（C）】，在“计算变量”对话框中的“目标变量（T）”框中输入“c25”，在“数字表达式（E）”框中输入“CDF.BINOM(x,10,0.25)”，如图 4-18 所示。然后单击【确定】按钮，出现图 4-11 所示的对话框。因为计算变量对话框中的目标变量的名称 c25 和我们已经定义的变量 c25 重名，所以图 4-19 提示我们新定义的变量和已有的变量重名，已经在变量视图中定义的 c25 没有任何内容，因此这里我们单击【确定】按钮。在变量视图中就生成了服从二项分布的随机变量 c25。

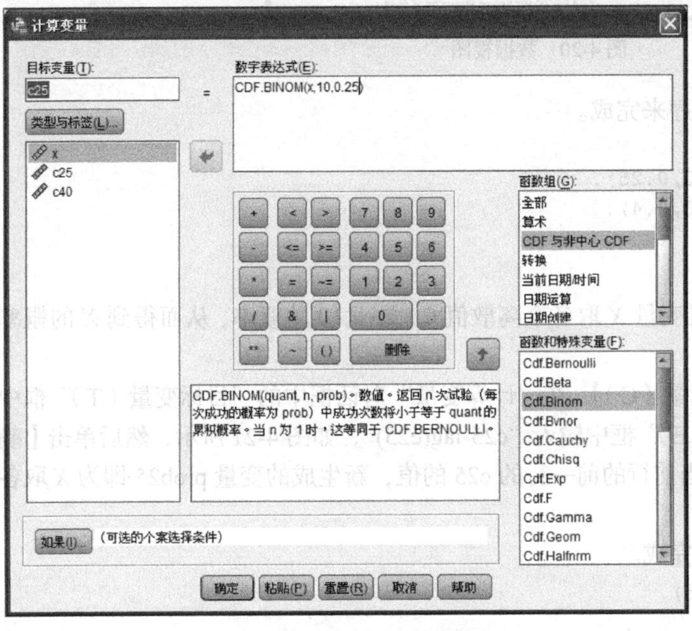

图 4-18　输入分布函数表达式

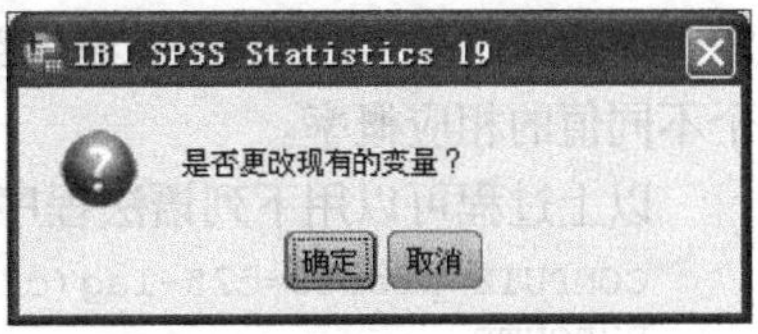

图 4-19　提示变量更改

注意

二项分布的分布函数为“CDF.BINOM(x,10,0.25)”，用于计算出 x 所对应的累计概率，即 $P(X \leqslant x)=\sum_{i=0}^{\lfloor x\rfloor}\binom{n}{i}p^i(1-p)^{n-i}$，这里 $\lfloor x\rfloor$ 表示不大于 x 的最大整数。

而 X 取某个特定值 i 的概率为：$P(X=i)=\binom{n}{i}p^i(1-p)^{n-i}$。

因此 $P(X\leqslant i)-P(X\leqslant i-1)=P(x=i)$。

（4）重复上述生成 c25 的过程，生成另外一个随机变量 c40。设置随机数种子为“123456”。然后选择【转换（T）】→【计算变量（C）】，在“计算变量”对话框中的“目标变量（T）”框中输入 c40，在“数字表达式（E）”框中输入“CDF.BINOM(x,10,0.4)”，生成另一个服从二项分布的随机变量 c40，结果如图 4-20 所示。

	x	c25	c40	变量
1	0	.0563	.0060	
2	1	.2440	.0464	
3	2	.5256	.1673	
4	3	.7759	.3823	
5	4	.9219	.6331	
6	5	.9803	.8338	
7	6	.9965	.9452	
8	7	.9996	.9877	
9	8	1.0000	.9983	
10	9	1.0000	.9999	
11	10	1.0000	1.0000	

图 4-20　数据视图

上述过程可以通过如下语法程序来完成。

```
SET SEED=123456.
COMPUTE c25=CDF.BINOM(x,10,0.25).
COMPUTE c40=CDF.BINOM(x,10,0.4).
EXECUTE.
```

2. 概率分布函数

我们可从累计概率计算出随机变量 X 取各个离散值 0,1,2,…,10 的概率，从而得到 X 的概率分布。

选择【转换（T）】→【计算变量（C）】，在“计算变量”对话框中的“目标变量（T）”框中输入“prob25”，在“数字表达式（E）”框中输入“c25-lag(c25)”，如图 4-21 所示，然后单击【确定】按钮。这里 lag(c25)函数返回当前行的前一行的 c25 的值，新生成的变量 prob25 即为 X 取各个不同值的相应概率。

以上过程可以用下列语法程序完成。

```
COMPUTE prob25=c25-lag(c25).
EXECUTE.
```

以上的计算可以通过直接计算概率分布完成，可采用以下语法程序。

```
COMPUTE prob25=PDF.BINOM(x,10,0.25).
```

```
EXECUTE.
```

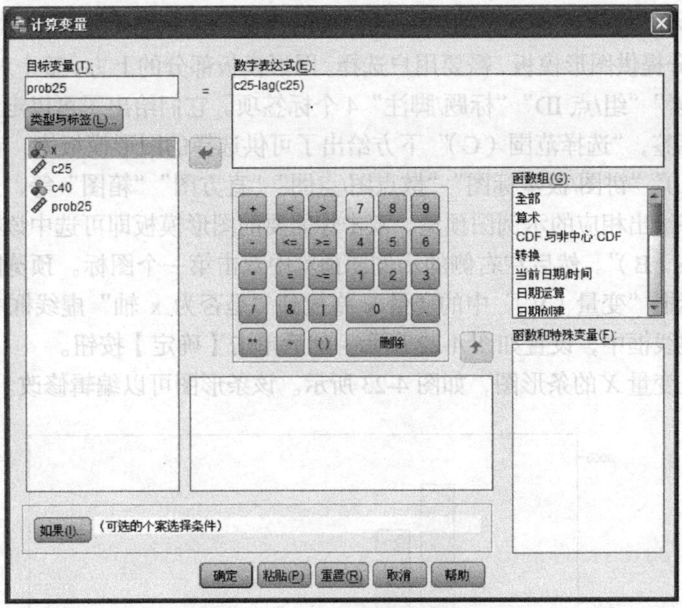

图 4-21 “计算变量”对话框

3. 概率函数条形图

下面我们观察在不同的概率参数下随机变量 x 的分布情况。首先绘制随机变量 x 的取值和相应概率 prob25 的条形图。

（1）选择【图形（G）】→【图表构建程序】，如图 4-22 所示。图 4-22 的“图表构建程序”对话框有 3 个部分。

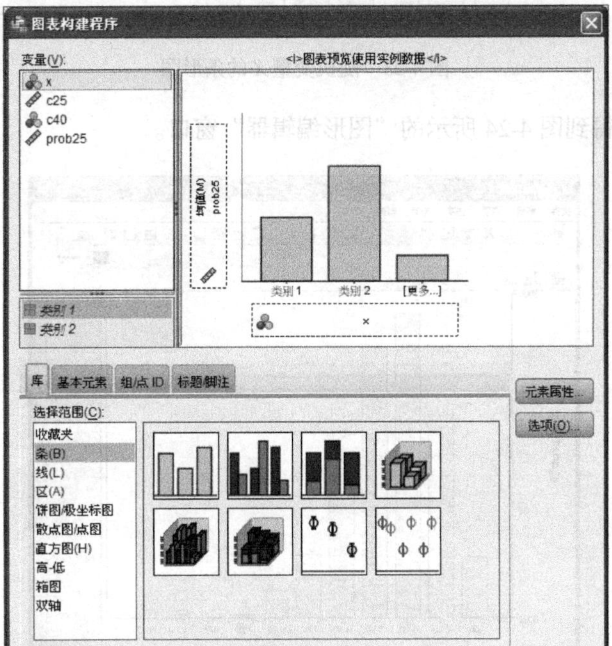

图 4-22 “图表构建程序”对话框

- 左上的“变量（V）”为需要构建图表的变量。
- 右上部分为“画布”，显示将要构建的图形的预览。
- 下方的部分提供图形模板，需要用户选择。图形模板部分的上方，整个对话框窗口的中间，有“库”“基本元素”“组/点 ID”“标题/脚注”4 个标签项。它们给出了可以定制的图形模板的元素。单击“库”标签，“选择范围（C）”下方给出了可供选择的图形模板库，它们有“条（B）”“线（L）”“区（A）”“饼图/极坐标图”“散点图/点图”“直方图”“箱图”等，选择其中任何一个图形模板，右侧将给出相应的示例图预览。双击你需要的图形模板即可选中该模板到画布中。

（2）选择“条（B）”。然后在右侧的示例图预览中双击第一个图标。预览图将出现在右上角的画布中。用鼠标把“变量（V）”中的变量 x 拖放到“是否为 x 轴”虚线框中，把变量 prob25 拖放到“计数”虚线框中，设置如图 4-22 所示。然后单击【确定】按钮。

（3）得到随机变量 X 的条形图，如图 4-23 所示。该条形图可以编辑修改。

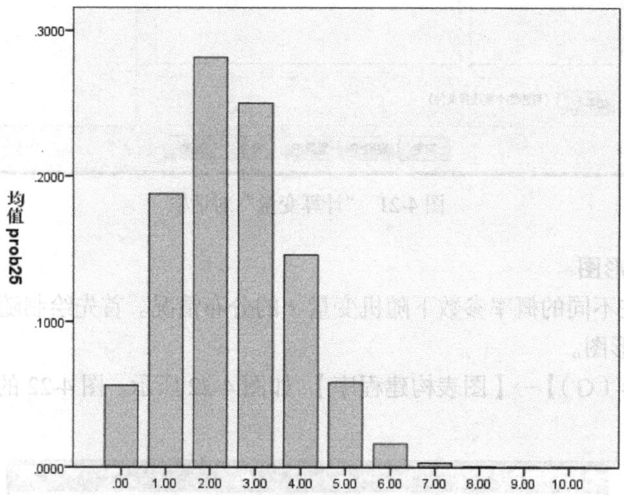

图 4-23　随机变量 X 的条形图

（4）双击该图，得到图 4-24 所示的“图形编辑器”窗口。

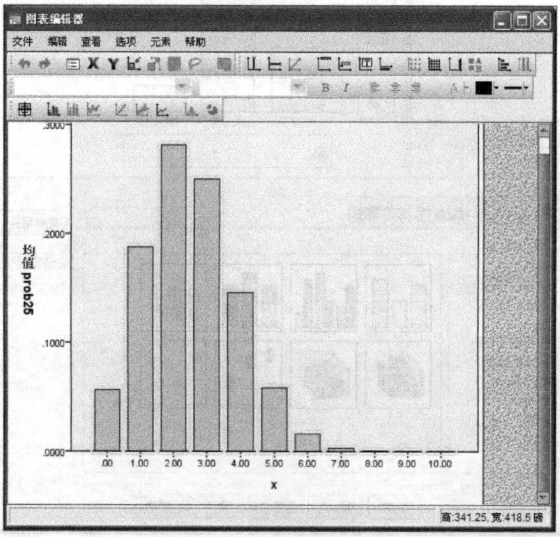

图 4-24 “图形编辑器”窗口

（5）双击图形编辑器窗口中的图形，即可出现属性窗口，如图 4-25 所示。在“属性”窗口中，可以设置条形图的各种属性，如宽度、填充颜色、边框、图形大小等。

（6）改变条形图的填充颜色和条子的宽度，修改后的条形图如图 4-26 所示。

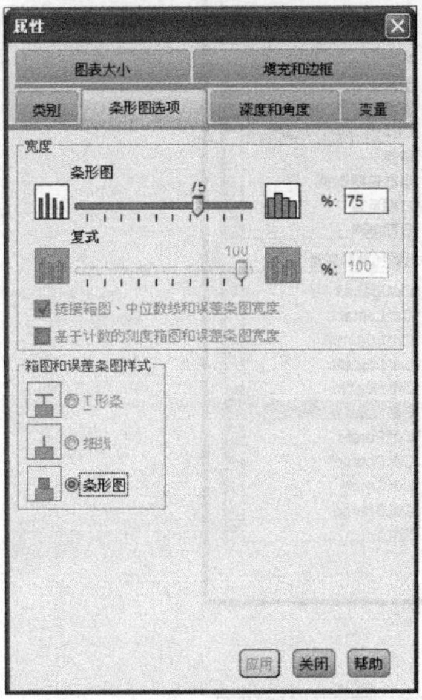

图 4-25 图形“属性”窗口

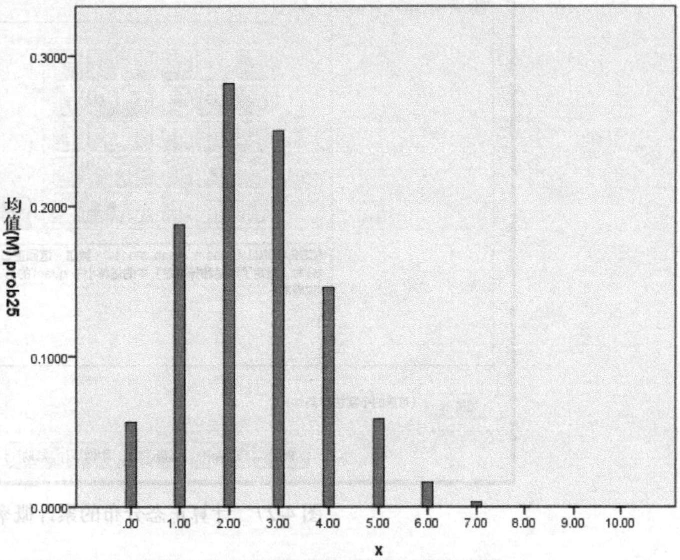

图 4-26 修改后的条形图

许多泊松分布的随机数也是随机模拟中经常应用的随机数。读者可参照上述过程设置泊松分布的随机变量，并计算他们相应的累计概率和概率，然后通过泊松分布的条形图，观察泊松分布的性质。

4.2.2 连续分布的随机变量——正态分布

对于离散型的随机变量，它们的所有可能的取值是可以一一列举的（如第一个值 0，第二个值 1，…，第 n 个值是 n-1 等）。而连续型随机变量的任何两个可能的取值之间都有无限多个可能的取值，因此所有可能取值是不能列举的，也不能给随机变量的某可能取值赋给一个唯一的概率值。

我们一般考虑连续型随机变量的分布函数，即累计概率函数（Cumulative Distribution Function，CDF）和密度函数（Probability Density Function，PDF）。

SPSS 的 CDF 函数族给出的就是分布函数 $P(X \leqslant x_1)$ 的值。考虑连续型随机变量在某个范围内的分布情况，$P(c_1 < X \leqslant c_2) = P(X \leqslant c_2) - P(X \leqslant c_1)$，当 c_1、c_2 很靠近时，我们用该值近似随机变量在该值附近的密度。

1. 计算密度函数值

我们将计算 3 个不同参数的正态分布的分布情况，并对这 3 种分布进行比较。

（1）打开本章数据文件“dist_norm.sav”。计算变量 $x1$ 的不同观测值所对应的分布函数值。

（2）选择【转换】→【计算变量】，得到图 4-27 所示的“计算变量”对话框。

（3）在数据视图中将生成一个新变量 dist01。通过图表构建程序绘制 dist01 的折线图，设置如图 4-28 所示，而得到的折线图如图 4-29 所示。

（4）选择【转换】→【计算变量】，创建新变量 density01，其近似的密度函数值的数字表达式为 dist01-lag(dist01)。相关“计算变量”对话框的设置如图 4-30 所示。

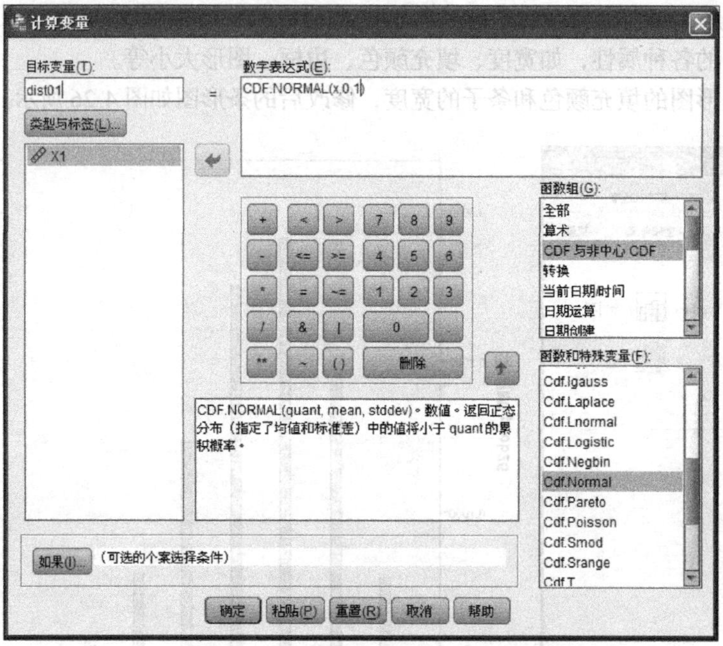

图 4-27　计算正态分布的累计概率

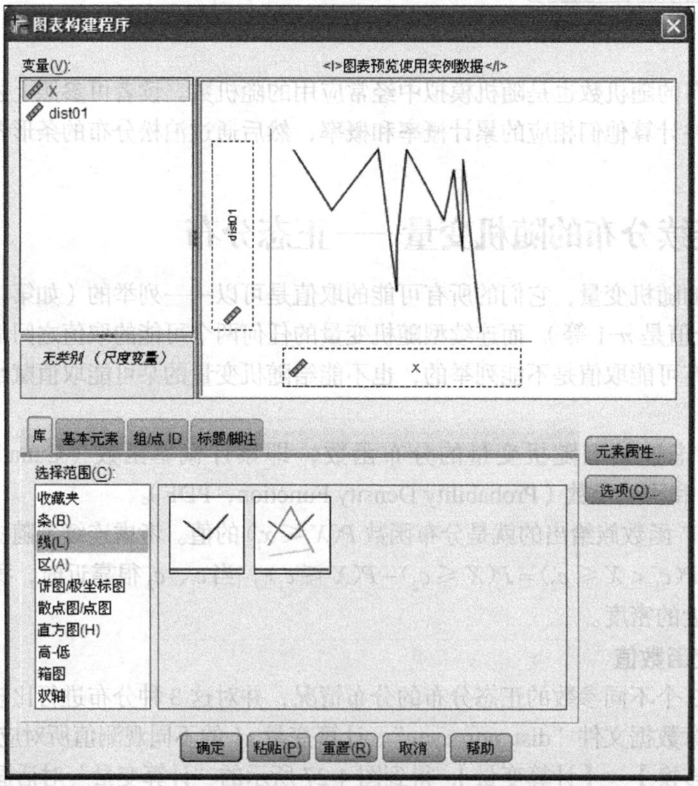

图 4-28　绘制折线图

（5）通过图表构建程序绘制变量 density01 的折线图。选择【图形】→【图表构建程序】，做图 4-31 所示的设置，得到的折线图如图 4-32 所示。

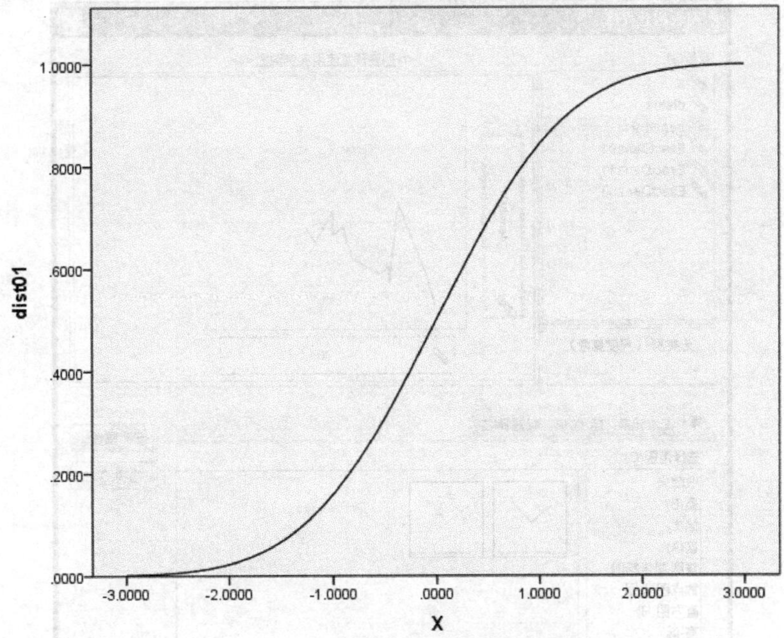

图 4-29 折线图 – 正态随机变量的概率分布函数

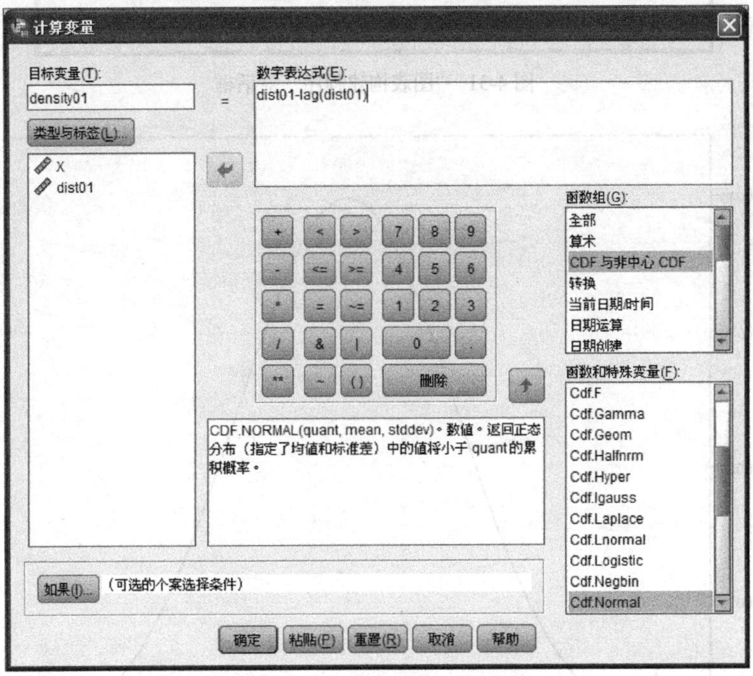

图 4-30 “计算变量”对话框

上述生成的密度函数值是近似值，很不精确。事实上，SPSS 提供了根据密度函数的表达式精确计算出的密度函数值，即 PDF 函数。

对于均值为 μ，标准差为 σ 的正态分布 $N(\mu,\sigma^2)$ 而言，密度函数的表达式如下。

$$f(x)=\frac{1}{\sqrt{2\pi\sigma^2}}\exp(-\frac{(x-\mu)^2}{2\sigma^2})$$

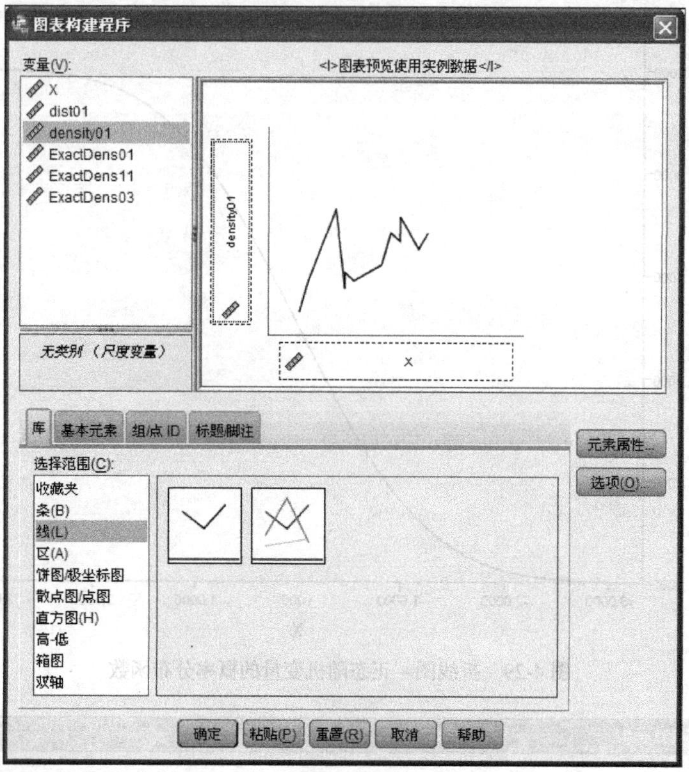

图 4-31 “图表构建程序”对话框

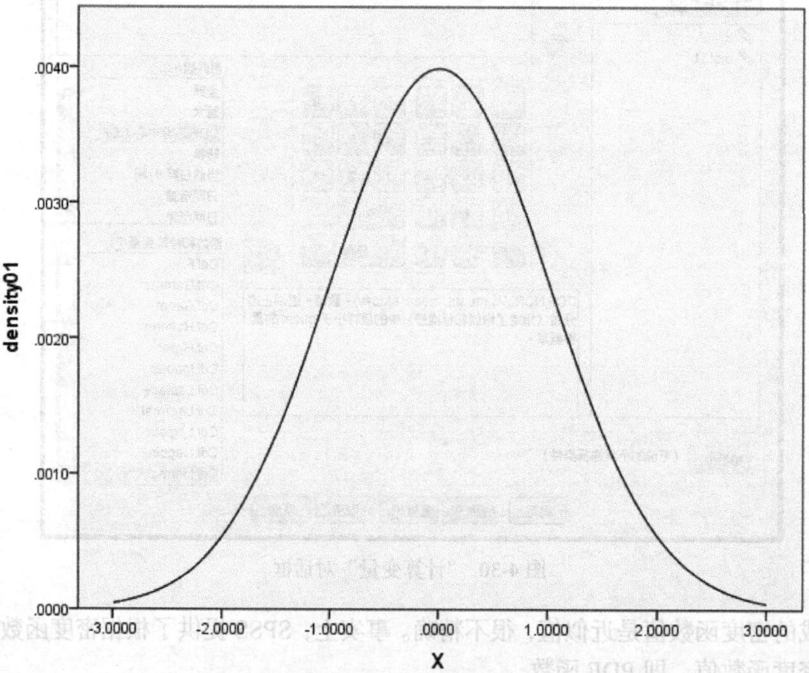

图 4-32 折线图－密度函数图

下面我们应用SPSS的PDF函数计算相应于x取值的精确密度函数值，记为变量ExactDens01。计算该变量的相关设置如图 4-33 所示。

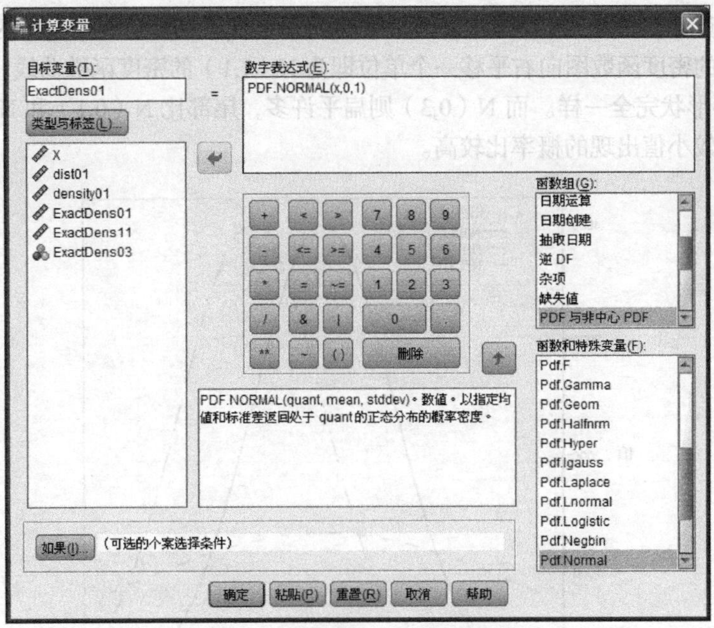

图 4-33　计算新变量 – 密度函数值

重复上述过程，生成另外不同分布下的密度函数值变量，N(1,1)的密度函数值为“ExactDens11”，N（0，3）的密度函数值“ExactDens03”。

2．比较不同密度函数的异同

下面我们比较上述 3 种参数不同的正态分布的密度函数的异同。我们在同一个坐标系中画出这 3 个密度函数变量的折线图。

（1）选择【图形（G）】→【旧对话框（L）】→【线图（L）】，得到图 4-34 所示的对话框。选择“多线线图”，在“图表中的数据为”框中勾选“个案值”选项。单击【定义】按钮，得到图 4-35 所示的定义多线线图对话框。对话框的设置如图 4-35 所示。

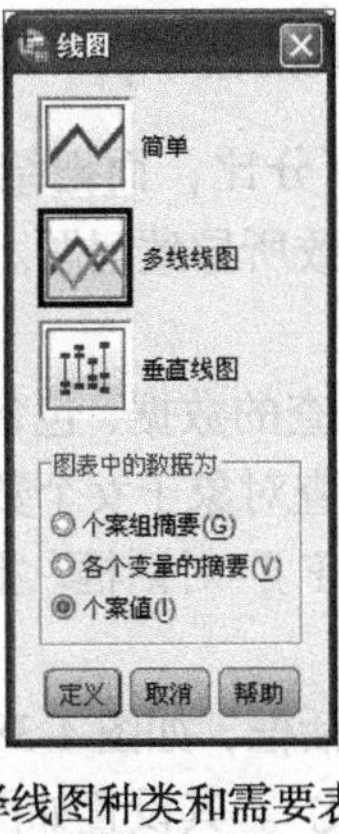

图 4-34　选择线图种类和需要表示的数据

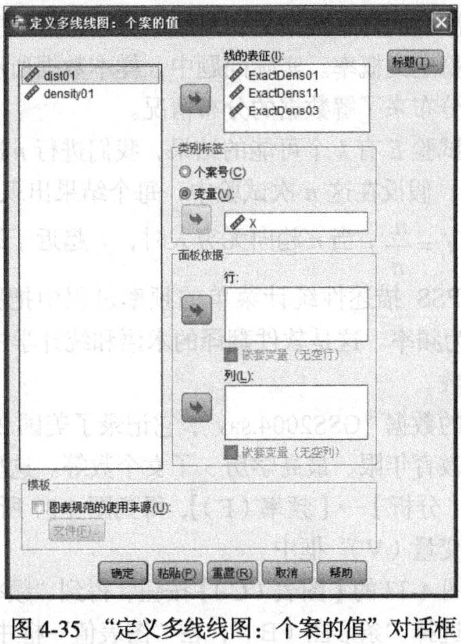

图 4-35　“定义多线线图：个案的值”对话框

（2）单击【确定】按钮，得到图 4-36 所示的密度函数曲线图。从 3 个分布的密度函数曲线图可知，N（0,1）的密度函数图向右平移一个单位即为 N（1,1）的密度函数曲线。因此，N（0,1）和 N（1,1）图形形状完全一样。而 N（0,3）则扁平许多，尾部比 N（0,1）和 N（1,1）大许多，这说明较大值和较小值出现的概率比较高。

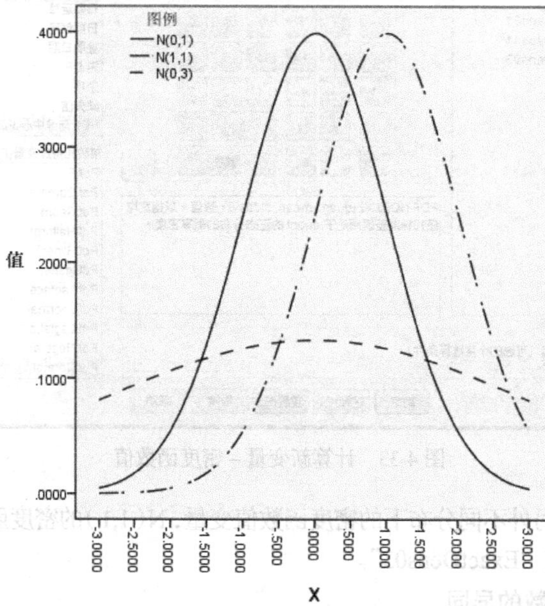

图 4-36　理论密度函数曲线图

4.3　经验分布

我们把观测到的样本数据的相对频率分布称为经验分布。根据概率的频率定义，当样本量足够大时，频率稳定到概率。实际问题中，样本数据所服从的分布常常是未知的，我们只能通过样本数据的经验分布来了解数据的分布情况。

假设随机试验 E 有 k 个可能的结果，我们进行 n 次试验，这 n 次试验的结果就构成了一个容量为 n 的样本。假设在这 n 次试验中，每个结果出现的次数分别记为 $n_1, n_2, \cdots, n_k$，则第 i 个结果出现的频率为 $f_i = \frac{n_i}{n}$，当 n 趋向无穷大时，f_i 趋近于第 i 个结果出现的概率 p_i，即当 $n \to \infty$ 时，有 $f_i \to p_i$。SPSS 描述性统计菜单的频率过程中把频率 f_i 称为百分比，而把结果出现的次数 $n_1, n_2, \cdots, n_k$ 称为频率。这是软件翻译的术语和统计学中的术语不一致所导致问题。累计百分比即为经验分布函数。

打开本章的数据“GSS2004.sav”，它记录了美国 2004 年社会调查的数据，包含调查对象的年龄、性别、受教育年限、最高学历、子女个数等。这里我们考察调查对象子女个数的分布情况。

（1）选择【分析】→【频率（F）】，得到图 4-37 所示的“频率（F）”对话框。把变量 CHILDS 选到右侧的“变量（V）”框中。

（2）单击图 4-37 的【图表（C）】按钮，得到“频率：图表”对话框，如图 4-38 所示。在“图表类型”框中选择“条形图（B）”，在“图表值”框中选择“百分比”。其设置如图 4-38 所示。

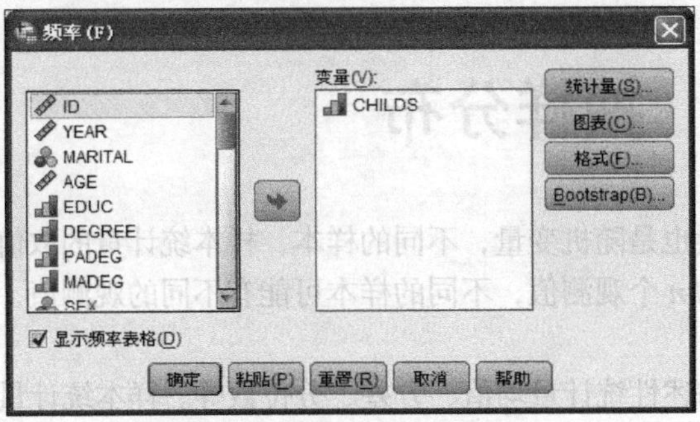

图 4-37 “频率（F）”对话框

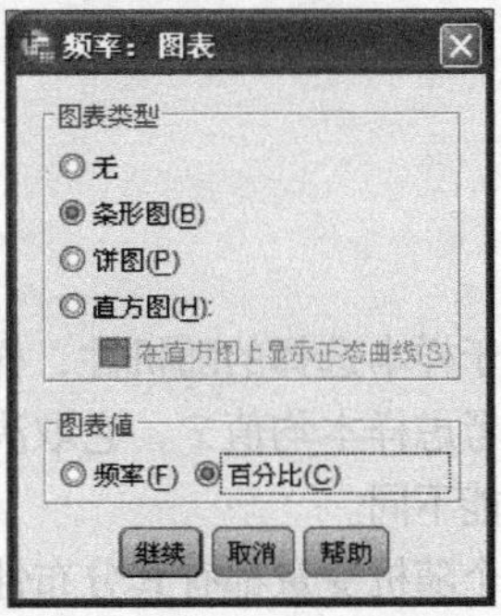

图 4-38 “频率：图表”对话框

（3）单击【继续】按钮，返回“频率（F）”对话框，单击【确定】按钮，得到的输出结果如表 4-3 和图 4-39 所示。

表 4-3 频率分布表

		频率	百分比	有效百分比	累积百分比
有效	0	767	27.3	27.3	27.3
	1	474	16.9	16.9	44.2
	2	730	26.0	26.0	70.2
	3	459	16.3	16.3	86.5
	4	221	7.9	7.9	94.4
	5	79	2.8	2.8	97.2
	6	39	1.4	1.4	98.6
	7	18	0.6	0.6	99.3
	EIGHT OR MORE	21	0.7	0.7	100.0
	合计	2 808	99.9	100.0	
缺失	DK NA	4	0.1		
合计		2 812	100.0		

表 4-3 给出了子女个数的频率分布、百分比（相对频率）和累计百分比。

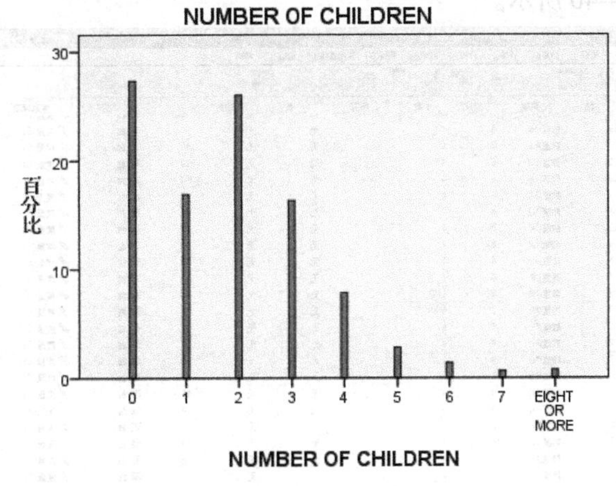

图 4-39 相对频数直方图——经验分布

如图 4-39 所示，受访者中没有子女的比例最大，为 27.3%；第二大类是有两个子女的，为 26%；而 5 个以上子女的受访者所占的比例很小。

4.4 抽样分布

由于样本选择的随机性，样本统计量也是随机变量，不同的样本，样本统计量的取值也可能不同。考虑样本均值 $\bar{x}$，它取决于样本的 n 个观测值，不同的样本可能有不同的观测值，样本均值也可能不同。

每个随机变量都有其分布性质，如描述性统计量均值、方差、分位数等。样本统计量的分布称为抽样分布。

我们模拟从同一个分布已知的总体中随机抽取若干不同的样本，然后观察样本统计量的分布情况。

从一个均值为 50、标准差为 10 的正态总体中随机抽取 80 个容量为 50 的样本。

我们可以应用 4.1.2 小节中的方法，通过“计算变量”对话框重复生成 80 个变量。但是，这样做的工作量可能太大。这里，就体现了语法程序的优越性。我们采用语法程序的方式，在语法编辑器中，运行下列程序来生成 80 个变量，它们分别是变量 X1～X80。

```
INPUT PROGRAM.
    VECTOR X(80).
        LOOP #I = 1 TO 50.
            LOOP #J=1 TO 80.
                COMPUTE X(#J)=RV.NORMAL(50, 10).
            END LOOP.
            END CASE.
        END LOOP.
        END FILE.
END INPUT PROGRAM.
EXECUTE.
```

下面我们来看样本统计量的分布情况。

（1）选择【文件】→【打开】→【语法】，在“打开语法”对话框中，选择“Sample80.sps”。然后选择【运行】→【全部】。在数据编辑器中，将生成 80 个新的变量，分别为 X1，X2，…，X80，其变量视图如图 4-40 所示。

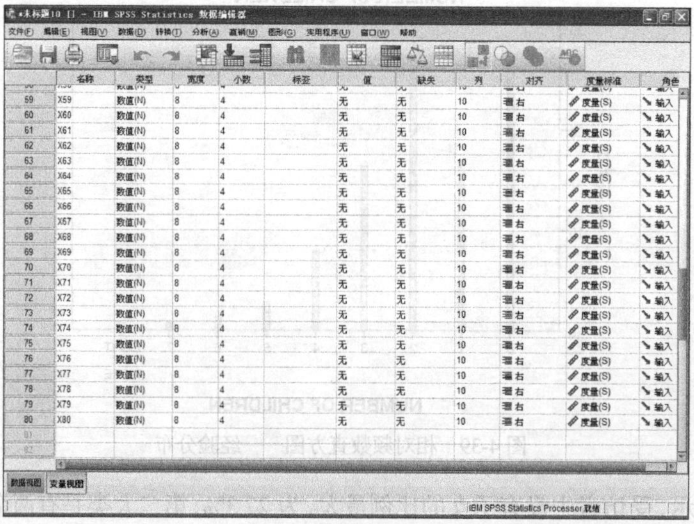

图 4-40 变量视图

（2）把新生成的数据文件保存为“Sample80.sav”。

（3）选择【分析（A）】→【描述统计】→【描述（D）】，如图 4-41 所示。

（4）单击【选项（O）】按钮，得到“描述：选项”对话框，设置如图 4-42 所示。

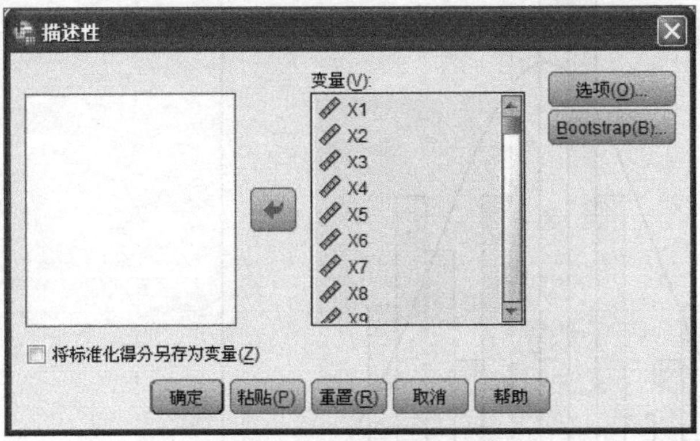

图 4-41　“描述性”对话框

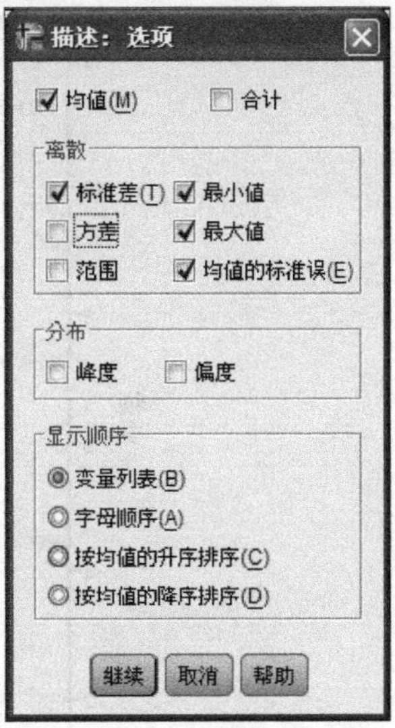

图 4-42　均值的描述性统计量设置

（5）在图 4-42 中，单击【继续】按钮，返回图 4-41 的“描述性”对话框，然后单击【确定】按钮。在结果查看器中输出结果如表 4-4 所示。

表 4-4　描述性统计量

	N	极小值	极大值	均值		标准差
	统计量	统计量	统计量	统计量	标准误	统计量
X1	50	31.500 7	68.05 14	49.695 953	1.358 602 6	9.606 770 9
X2	50	28.757 0	79.997 9	52.660 212	1.282 772 6	9.070 572 3
X3	50	29.741 4	80.889 4	50.626 222	1.524 567 2	10.780 317 8
X4	50	24.985 7	73.526 3	50.171 595	1.344 755 8	9.508 859 4
X5	50	26.974 0	77.293 7	49.490 008	1.404 531 6	9.931 538 5
X6	50	31.670 7	74.852 7	49.764 338	1.334 285 2	9.434 821 0
X7	50	25.107 7	73.871 1	49.427 721	1.480 546 5	10.469 044 8
X8	50	28.544 0	69.862 1	48.958 466	1.212 164 8	8.571 299 8
X9	50	31.229 8	72.453 6	50.539 519	1.148 092 3	8.118 238 5
X10	50	28.672 4	69.408 0	50.262 828	1.293 303 2	9.145 034 6
X11	50	28.694 3	85.246 9	52.056 615	1.924 820 0	13.610 532 8
X12	50	32.196 7	74.790 4	49.252 007	1.240 058 1	8.768 534 6
X13	50	34.086 8	82.252 1	53.502 433	1.573 419 0	11.125 752 8
X14	50	15.276 9	72.513 6	47.677 762	1.744 099 4	12.332 645 3
X15	50	25.550 6	76.119 5	47.331 268	1.538 205 1	10.876 752 3
X16	50	30.022 6	74.453 2	50.193 913	1.482 166 2	10.480 497 4
X17	50	28.130 5	71.173 2	51.163 330	1.479 081 1	10.458 683 0
X18	50	31.857 0	66.505 6	50.309 820	1.241 274 8	8.777 138 4
X19	50	29.001 3	75.667 2	47.678 630	1.429 685 2	10.109 400 7
X20	50	32.412 9	69.476 4	49.210 652	1.203 902 9	8.512 879 2
X21	50	33.571 5	78.083 4	52.835 213	1.330 030 5	9.404 735 9

（6）这里，我们考查上述 80 个变量的均值的情况。首先选中表 4-4 中均值统计量所在的列中的数据，然后把它们复制到一个新的 SPSS 数据文件中，变量命名为 means，该数据文件保存为“Sample_means.sav”。绘制变量 means 的带有正态曲线的直方图，如图 4-43 所示。

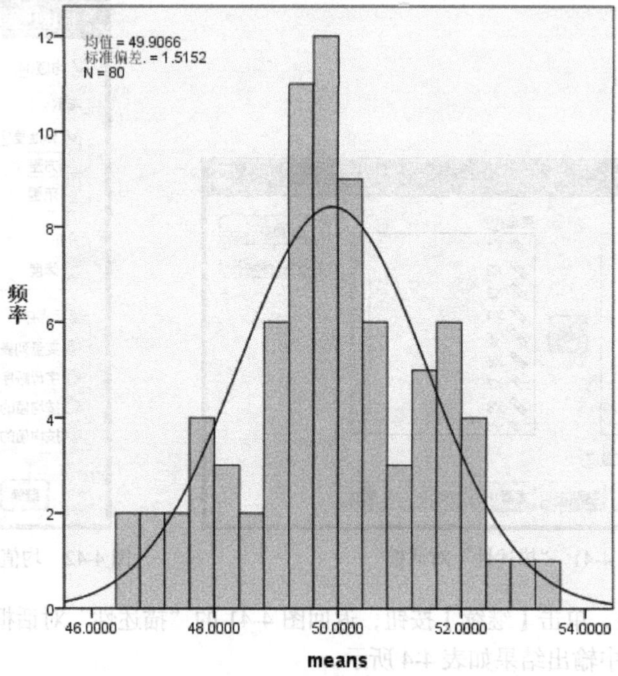

图 4-43　均值的直方图

从图 4-43 所示的 80 个均值的直方图可知，均值的均值为 49.9，标准差为 1.5。根据抽样理论，如果容量为 n 的样本取自 $N(\mu,\sigma^2)$ 的正态分布，则该样本的均值服从均值为 μ，标准差为 $\sigma/\sqrt{n}$ 的正态分布。这里 $n=50$，$\mu=50$，$\sigma=10$，而 $\sigma/\sqrt{n}=\frac{10}{\sqrt{50}}=1.41$。因此，这个例子验证了抽样分布的理论。

4.5　置信区间

SPSS 的许多过程都会给出相关统计量的置信区间。例如，在描述菜单中，它会给出均值的置信区间；在回归分析中，它会给出拟合值和预测值的置信区间，也可以给出所估计的回归系数的置信区间。

这里以本章数据文件“Employee Data.sav”为例，来展示“当前薪金”这一变量均值的 95% 置信区间。

（1）选择【分析】→【探索】，得到“探索”对话框，设置如图 4-44 所示。

（2）单击【统计量（S）】按钮，可以选择需要输出的统计量。勾选“描述性”选项，可以设置要输出的均值置信区间的置信度，默认置信度为 95%，用户可以根据需要更改，如图 4-45 所示。

（3）单击【继续】按钮，返回图 4-44 的“探索”对话框，然后单击【确定】按钮。从结果浏览器中可知，“探索”过程除了输出选定的描述性统计量外，默认还会输出茎叶图、箱图等。我们这里只给出描述统计量表格，如表 4-5 所示。均值的置信区间在该表格中，如表 4-5 所示的阴影部分。

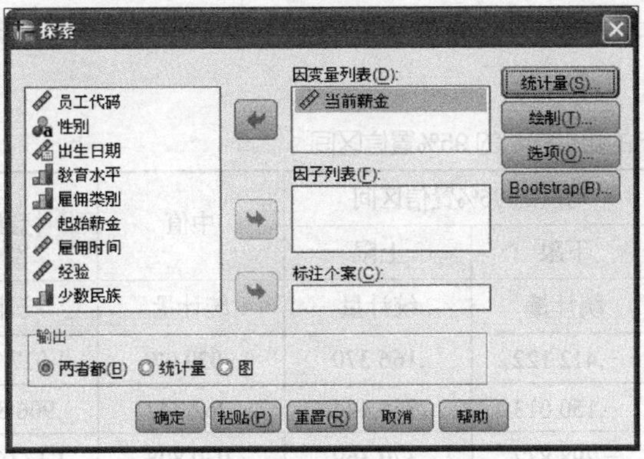

图 4-44　“探索”对话框

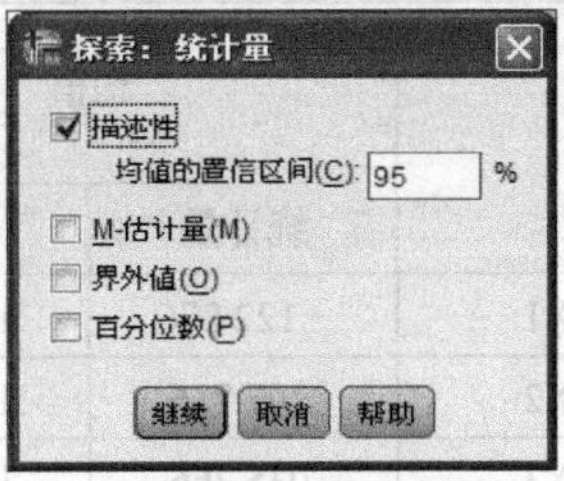

图 4-45　设置需要输出的统计量

表 4-5　“当前薪金”的描述性统计量与均值的置信区间

			统计量	标准误
当前薪金	均值		$34,419.57	$784.311
	均值 95% 置信区间	下限	$32,878.40	
		上限	$35,960.73	
	5% 修整均值		$32,455.19	
	中值		$28,875.00	
	方差		291 578 214.453	
	标准差		$17,075.661	
	极小值		$15,750	
	极大值		$135,000	
	范围		$119,250	
	四分位距		$13,163	
	偏度		2.125	.112
	峰度		5.378	.224

均值的 95%置信区间的意义是：如果我们从一个总体中重复抽取容量为 *n* 的样本 100 个，那么从这 100 个样本数据所构造的 100 个样本均值置信区间中，至少有 95 个会包含总体均值。和 4.4 中抽样分布中生成随机变量的程序类似，这里生成 100 个容量为 50 的随机样本，每个样本服从 N（0,1）的正态分布。这里只需将 4.4 小节中程序的变量的个数从 80 修改为 100，并把 RV.NORMAL（50,10）改为 RV.NORMAL（0,1）即可。修改后的语法程序如下所示。

```
INPUT PROGRAM.
    VECTOR X(100).
        LOOP #I = 1 TO 50.
            LOOP #J=1 TO 100.
                COMPUTE X(#J)=RV.NORMAL(0, 1).
            END LOOP.
            END CASE.
        END LOOP.
```

```
    END FILE.
END INPUT PROGRAM.
EXECUTE.
```

然后，用探索过程计算这 100 个正态分布的随机样本的均值的 95%置信区间，得到的结果如表 4-6 所示。

表 4-6　　100 个正态分布的随机样本的 95%置信区间

	均值		均值的 95%置信区间		中值	标准差
			下限	上限		
	统计量	标准误	统计量	统计量	统计量	统计量
X1	-.122 876	.143 934 0	-.412 122	.166 370	-.029 076	1.017 767 2
X2	.107 716	.128 250 1	-.150 013	.365 444	.262 742	.906 865 0
X3	.035 766	.166 504 3	-.298 837	.370 369	.030 808	1.177 363 5
X4	-.088 372	.153 696 7	-.397 237	.220 493	-.112 271	1.086 799 8
X5	.002 877	.133 415 0	-.265 231	.270 984	.197 619	.943 386 7
X6	.124 414	.150 724 4	-.178 478	.427 306	.128 887	1.065 782 7
X7	.100 882	.169 204 3	-.239 147	.440 911	.295 024	1.196 455 0
X8	-.205 086	.154 559 9	-.515 685	.105 514	-.260 861	1.092 903 4
X9	-.078 125	.141 131 5	-.361 739	.205 490	.095 906	.997 950 8
X10	-.072 168	.142 351 6	-.358 234	.213 899	-.043 534	1.006 577 7
⋮	⋮	⋮	⋮	⋮	⋮	⋮
X89	-.051 102	.126 782 9	-.305 882	.203 678	.098 982	.896 490 8
X90	-.078 715	.135 805 4	-.351 626	.194 196	-.081 401	.960 289 5
X91	.200 594	.162 622 0	-.126 207	.527 395	.273 374	1.149 910 9
X92	.041 774	.144 546 1	-.248 702	.332 251	.103 853	1.022 095 4
X93	.209 125	.154 217 8	-.100 787	.519 037	-.027 185	1.090 484 6
X94	-.024 855	.162 302 2	-.351 014	.301 303	-.106 466	1.147 650 1
X95	-.041 978	.106 827 4	-.256 655	.172 700	-.046 306	.755 384 0
X96	.110 694	.147 413 8	-.185 545	.406 933	.035 785	1.042 372 8
X97	.117 188	.131 669 3	-.147 411	.381 787	.169 644	.931 042 5
X98	.034 293	.108 192 2	-.183 127	.251 713	-.046 552	.765 034 4
X99	-.260 691	.138 878 0	-.539 777	.018 395	-.199 349	.982 015 9
X100	.006 732	.104 501 6	-.203 272	.216 736	.030 146	.738 937 8

读者可以认真观察表 4-6 中的 100 个均值的 95%置信区间，看看有多少个置信区间不包含总体均值 0。

4.6 小结

统计模拟在实践中有十分重要的应用。应用 SPSS 统计分析软件可以模拟各种常见的分布，可以生成服从给定分布的随机数。本章给出了生成随机数的方法，同时详细介绍生成给定变量的分布或者密度的过程。另外，本章通过仿真的方法，介绍了经验分布和抽样分布的概念。最后，讲解了在 SPSS 中求解置信区间的方法，并通过仿真的方法解释了置信区间的实际含义。

思考与练习

1. 生成 100 个服从参数为 7 的泊松分布的随机数。然后，给出这 100 个随机数的频率分布表，绘制直方图。

2. 生成 100 个服从均值为 0、方差为 1 的正态分布的随机数；生成 100 个服从均值为 0、方差为 2 的正态分布的随机数；生成 100 个服从均值为 0、方差为 5 的正态分布的随机数。在坐标系中绘制这三组随机数，比较它们分布的差异。

3. 生成 100 个服从正态分布 N（1,2）的样本，样本量都为 500。计算样本均值，描述样本均值的分布。

（1）计算样本均值的均值和样本均值的标准差。

（2）样本均值的均值和 1 相等吗？如果不等，差距大吗？

（3）计算这 100 个均值的理论分布的均值和标准差。

（4）画出这 100 个样本均值的带有正态曲线的直方图。

（5）计算这 100 个样本的样本均值的 95%置信区间。有多少个区间不包含总体均值 1？

（6）生成 100 个容量为 1 000 的服从 N（1,2）的样本。再次完成（1）～（5）中的问题。比较两次的结果有何不同。

4. 解释理论分布、抽样分布和经验分布的概念。抽样分布和经验分布有何不同？

第 5 章 均值的比较

【本章学习目标】

- 掌握假设检验的基本思想。
- 掌握均值过程及其应用并能正确解释输出结果。
- 掌握单样本 T 检验的方法和应用条件，正确解释输出结果。
- 掌握独立样本 T 检验的方法和应用条件，正确解释输出结果。
- 掌握配对样本 T 检验的方法和应用条件，正确解释输出结果。

假设检验是统计学中的重要内容之一，它在回归分析、方差分析、非参数检验、时间序列分析和多元统计等统计学分支中都有广泛的应用。本章及之后的所有章节中，都大量应用到假设检验的思想，并有各种相关的假设检验问题。

读者应该掌握假设检验的核心思想和基础理论，这是进入统计学和数据分析殿堂的必备知识。

5.1 假设检验的思想及原理

假如你是某外贸公司的验货员，公司派你去供应商的工厂验货。考虑下列情形。

（1）该工厂的质量管理员跟你说："根据我们的检验，我们的产品缺陷率只有 1‰，请检验吧！"你接下来着手验货，从 1 000 件产品中随机抽查了 5 件货品，发现其中 2 件货品都有质量缺陷。你的结论是什么呢？

如果工厂的质量管理员所说属实，则 1 000 件产品中应该只有 1 件有缺陷产品，这称为原假设。随机抽查中不可能出现抽查到两件或者两件以上有缺陷的产品这一事件，即这一事件出现的概率为 0。在统计学中，概率极小的事件称为小概率事件。而现实是，随机抽查了 5 件产品，其中 2 件是有缺陷的，即小概率事件发生了。那么，我们只能说质量管理员的论断是错误的，抽查的结果不支持他的论断。

（2）如果该工厂的质量管理员跟你说："根据我们的检验，我们的产品缺陷率只有 1%，请检验吧！"你接下来着手验货，从 1 000 件产品中随机抽查了 5 件货品，发现其中 2 件货品都有质量缺陷。这时你的想法可能会有两种。

① 该工厂的货品缺陷率肯定远远高于 1%，达不到质量要求。

② 该工厂的货品缺陷率确实只有 1%，只是恰巧抽到有缺陷的产品。

那么哪种想法正确呢？这要比情形（1）中难以判断，需要一些概率论的知识。

如果工厂的质量管理员所说属实，即该工厂产品缺陷率只有 1%，也就是说假定原假设属实，则 100 件产品中应该只有 1 件有缺陷产品，那么 1 000 件产品中有缺陷产品应该为 10 件。抽查 5

件产品，其中 2 件有缺陷这一事件的概率可以做如下计算。

$$\binom{10}{2}\binom{990}{3}/\binom{1000}{5}=0.088\%$$

上述计算表明该事件发生的概率小于万分之九。这可能性实在太小了，是小概率事件。

在原假设成立的条件下，如果计算出来样本所对应的事件发生概率比较大，那么没有理由拒绝原假设。反之，如果计算出来样本所对应的事件发生概率比较小，即小概率事件发生了，依据小概率事件在一次试验中是几乎不会发生的原理，它在一次实验中是不应该发生的。可事实是，本来不该发生的事件却在我们的试验中发生了。那么，我们只能说抽查结果不支持原假设中的论断，或者说质量管理员所声明的产品缺陷率只有 1%的论断是错误的。

以上过程即整个假设检验的思想：反证法及小概率原理。所谓反证法，这是首先假定原假设正确，然后据此得到一定的信息，如果据此得到的信息和已知的信息矛盾（一般根据小概率原理），则可以说明原假设成立的证据不足，或者说拒绝原假设（该说法在统计上不严格）。首先假定原假设正确，在原假设正确的条件下计算出现该样本或者样本统计量的概率，如果概率很小，譬如小于 5%，那么就拒绝原来的假设，而接受备择假设（即工厂产品的缺陷率大于 1%）；如果该概率较大，譬如大于 5%，则不推翻原假设。

尽管假设检验依据的是“小概率事件在一次试验中几乎不会发生”的原理，但是小概率事件并非是不可能发生，只是其发生的概率很小，我们并不能完全排除其发生的可能性。因而假设检验有可能犯两类错误。

第一类错误：原假设正确，而错误地拒绝了它，即“拒真”的错误，其发生的概率为第一类错误的概率。在上面情形②中，如果产品的真实合格率的确为 1%，而我们认为产品合格率大于 1%，则犯了该类错误，犯该类错误的概率为 0.088%。

第二类错误：原假设不正确，而错误地没有拒绝它，即“受伪”错误，其发生的概率为犯第二类错误的概率。

在假设检验中，不可能同时降低犯第一类错误和犯第二类错误的概率。如果降低犯第一类错误的概率，则发生第二类错误的概率将提高，反之亦然。在上例中，工厂希望不要把合格的产品误判为不合格，即降低生产者的风险。实际中，犯第一类错误受到更多的重视，希望把它控制在一定的水平。该水平称为显著性水平，用α表示。实际中经常取 0.05，或者 0.01、0.1 等。

假设检验一般先对总体的比例、均值或分布做出某种假设，称为原假设，然后，计算在该假设成立条件下出现该事件的概率（或可能性），称为 p 值。如果小概率事件发生了，即$p<\alpha$，则表明样本不支持原来的假设，应拒绝原假设而接受备择假设。如果该事件发生的概率（或可能性）较大，即$p>\alpha$，则不拒绝原假设。我们用α来控制犯第一类错误的概率，即犯该类错误的概率最大为α。

假设检验的步骤如下。

第一步：确定恰当的原假设和备择假设。

第二步：选择检验统计量，并用选定样本计算其取值，得到检验统计量的观测值。

第三步：计算检验统计量观测值发生的概率，即 p 值。

第四步：给定显著性水平α，并做出决策。如果$p<\alpha$，则拒绝原假设，反之，没有理由拒绝原假设。

实际中的许多假设检验问题都是比较两个总体的均值。均值的比较分析在实务中以实验研究最为常见，应用也最为广泛，如某些制药公司、食品公司及许多公司的研发部门。

SPSS 比较两总体均值的方法全部都在【分析（A）】菜单的【比较均值（M）】中，“比较均值”对话框如图 5-1 所示。

5.2 均值

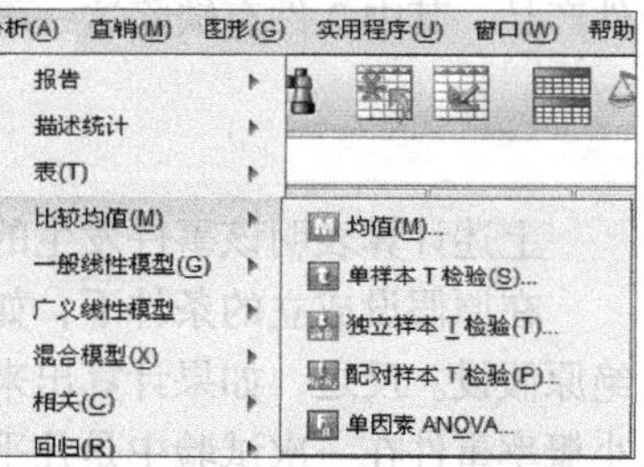

图 5-1 “比较均值”对话框

SPSS 的均值过程是描述和分析尺度变量（Scale）的一种有用的方法，可以获得需要分析的变量的许多中心趋势和离散趋势的统计指标，同时它可以对不同的组别或者交叉组别进行比较。该过程可以计算一个或多个自变量类别中因变量的子组均值和相关的单变量统计，也可以从该过程获得单因素方差分析和线性相关检验。例如，利用均值过程可以分析 3 类不同的烹调油所吸收的平均脂肪量，并执行单因素方差分析，查看均值是否相同。

从均值过程可以为每个分组变量的每个类别选择众多的子组统计量，它们包括合计、个案数、均值、中位数、组内中位数、均值的标准误、最小值、最大值、范围、分组变量的第一个类别的变量值、分组变量的最后一个类别的变量值、标准差、方差、峰度、峰度标准误、偏度、偏度标准误、总和的百分比、总数的百分比、和的百分比、数量的百分比、几何均值及调和均值。

本章的数据文件“HourlyWage.sav”是对护士工资的调查。它调查了不同位置的护士，记录了小时工资、工作经验、年龄等指标。下文将应用 SPSS 的均值过程分析护士的小时工资、工作经验和工作位置之间的关系。

5.2.1 均值过程分析

（1）打开数据文件“HourlyWage.sav”，单击【分析（A）】→【比较均值（M）】→【均值】，出现图 5-2 所示的“均值”对话框。把“hourwage”（小时工资）选入因变量列表中，把“yrsscale”（工作经验）选入自变量列表中。

（2）单击【选项（O）】按钮，选择统计量如图 5-3 所示。

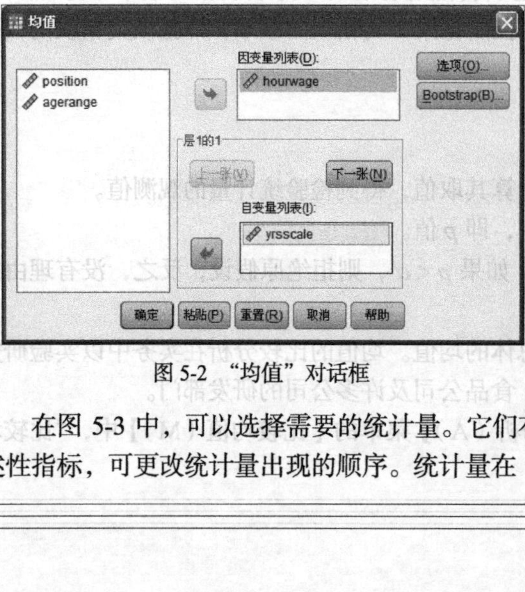

图 5-2 “均值”对话框

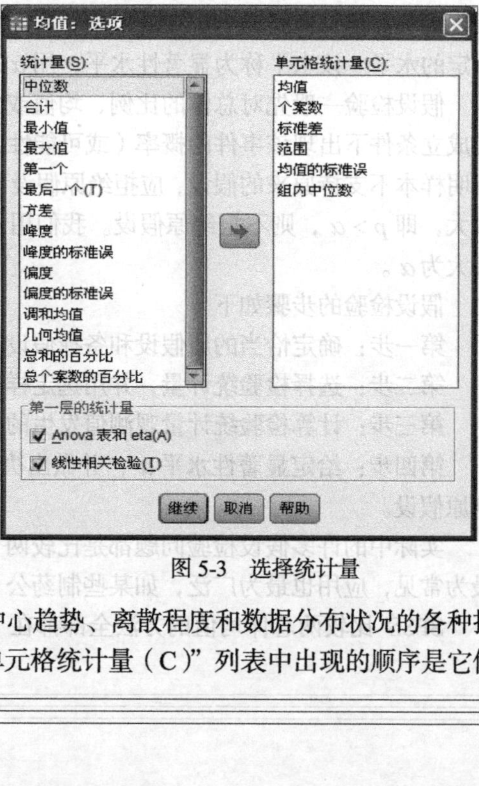

图 5-3 选择统计量

在图 5-3 中，可以选择需要的统计量。它们有中心趋势、离散程度和数据分布状况的各种描述性指标，可更改统计量出现的顺序。统计量在“单元格统计量（C）”列表中出现的顺序是它们在输出中显示的顺序。还将显示跨所有类别的每个变量的摘要统计。这里，除了默认的均值、个案数和标准差以外，我们选择范围、均值的标准误和组内中位数。另外，在该对话框下面的“第一层的统计量”中，勾选“Anova 表和 eta（A）”和“线性相关检验（T）”。单击【继续】按钮，返回图 5-2 所示的对话框，然后单击【确定】按钮。

以上过程也可以通过以下语法命令完成。

```
NEW FILE.
DATASET CLOSE ALL.
GET FILE = 'C:\SPSSIntro\Chapter 5\ HourlyWage.sav'
DATASET NAME myData WINDOW=FRONT.
MEANS TABLES=hourwage BY yrsscale
  /CELLS MEAN COUNT STDDEV RANGE SEMEAN GMEDIAN
  /STATISTICS ANOVA LINEARITY.
```

输出的内容中主要包括 4 个部分。

（1）表 5-1 给出分析中用到的有效个案数和排除的个案数（即含有缺失值的个案）。

（2）表 5-2 给出了因变量在各个子组的描述性统计量取值。表 5-3 给出了以工作经验为控制因素的方差分析表。

表 5-1　　　　案例处理摘要

	案例					
	已包含		已排除		总计	
	N	百分比	N	百分比	N	百分比
小时工资×工作经验	2 911	97.0%	89	3.0%	3 000	100.0%

从表 5-1 知数据集中共有 3 000 个案，其中 89 个案含有缺失值，均值过程是基于排除了含有缺失值个案后的 2 911 个案。

表 5-2　　　　均值报告表

小时工资						
工作经验	均值	N	标准差	全距	均值的标准误	分组中值
少于 5 年	18.041 6	221	3.866 67	23.30	.260 10	17.934 2
6～10 年	18.916 9	460	3.778 16	24.72	.176 16	19.061 6
11～15 年	19.661 6	752	3.905 28	23.34	.142 41	19.851 4
16～20 年	20.287 6	729	3.827 86	23.57	.141 77	20.616 5
21～35 年	21.259 4	539	4.086 69	24.02	.176 03	21.474 1
36 年以上	21.634 2	210	3.618 26	21.26	.249 68	21.535 7
总计	20.015 9	2 911	4.003 09	28.59	.074 19	20.180 0

表 5-2 列出了各种工作经验的护士组别的小时工资均值、标准差、全距、均值标准误，同时给出了不同工作经验的护士组别的个案数（N）和各组别小时工资的中位数（分组中值）。从均值列看出，随着工作年限的增加，小时工资也随之增加，但是增加的幅度不是均匀的。

“6～10 年”小时工资比“5 年以下”增加 0.88，随后，“11～15 年”和“16～20 年”比其前一级别增加的幅度变小，分别为 0.74 和 0.63；而“21～35 年”比“16～20 年”增加的幅度最大，为 0.97；之后“从 21～35 年”到“36 年以上”增加 0.37，其增加的幅度为最小。

表 5-3 方差分析表

			平方和	df	均方	F	显著性
小时工资×工作经验	组间	（组合）	2 948.660	5	589.732	39.218	.000
		线性	2 918.278	1	2 918.278	194.070	.000
		线性偏差	30.381	4	7.595	.505	.732
	组内		43 683.288	2 905	15.037		
	总计		46 631.948	2 910			

（3）在表 5-3 中，“线性”的显著性值为“.000”（即 p 值小于 0.000 5），小于显著性水平 0.05，可以判断小时工资和工作经验之间有线性关系；“线性偏差”的显著性值为 0.732，大于 0.05，因此小时工资和工作经验之间的非线性关系的成分不显著。

表 5-4 相关性度量表

	R	R 方	Eta	Eta 方
小时工资×工作经验	.250	.063	.251	.063

（4）在表 5-4 中，R 方为 0.063，该值不是太大。我们可以这样做出结论，工作经验可以解释不同护士小时工资之间的差异，但是工作经验和小时工资之间的线性关系不是十分强。

5.2.2 双因素的均值过程分析

在 5.2.1 中，仅仅分析了影响小时工资的一个因素。考虑到除了工作经验不同之外，护士的位置也可能会影响到小时工资。我们把护士的位置也作为均值过程的一个因素，重新分析小时工资和护士的位置、工作经验之间的关系。

如图 5-2 所示，在“层 1 的 1”框中，单击【下一张（N）】按钮，出现图 5-4 所示的双因素的均值分析对话框。把“position”变量选入“层 2 的 2”框中的“自变量列表（I）”中，其他保留默认值，如图 5-4 所示，单击【确定】按钮。

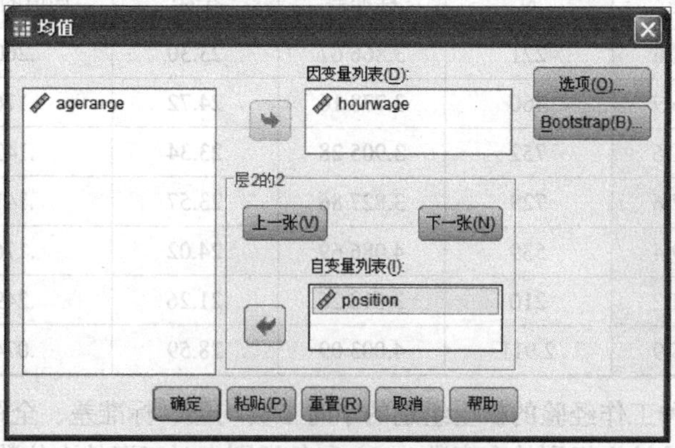

图 5-4　双因素的均值分析

以上操作过程可以用下列语法命令实现。

```
DATASET ACTIVATE myData.
MEANS TABLES=hourwage BY yrsscale
  /CELLS MEAN COUNT STDDEV RANGE SEMEAN GMEDIAN
  /STATISTICS ANOVA LINEARITY.
```

由于均值过程只对第一层的自变量进行方差分析和线性相关检验，因而，两个因素或者两个以上因素的均值分析过程的方差分析结果和单因素一样，不同的是描述性统计量。多因素的描述性统计量是对于各个交叉组别进行统计，如表 5-5 所示。

表 5-5　两因素的均值分析报告

小时工资

工作经验	护士类型	均值	N	标准差	全距	均值的标准误	分组中值
少于 5 年	病房	19.075 3	147	3.371 29	16.15	.278 06	19.184 7
	办公室	15.988 2	74	3.987 62	23.30	.463 55	16.035 6
	总计	18.041 6	221	3.866 67	23.30	.260 10	17.934 2
6-10 年	病房	19.484 6	313	3.352 18	22.06	.189 48	19.473 7
	办公室	17.708 2	147	4.324 47	23.01	.356 68	17.643 4
	总计	18.916 9	460	3.778 16	24.72	.176 16	19.061 6
11-15 年	病房	20.241 2	518	3.410 65	18.43	.149 86	20.525 9
	办公室	18.378 4	234	4.576 62	23.24	.299 18	18.390 0
	总计	19.661 6	752	3.905 28	23.34	.142 41	19.851 4
16-20 年	病房	21.136 9	471	3.294 87	18.85	.151 82	21.177 7
	办公室	18.737 3	258	4.232 93	23.54	.263 53	18.661 1
	总计	20.287 6	729	3.827 86	23.57	.141 77	20.616 5
21-35 年	病房	21.860 1	350	3.489 89	19.77	.186 54	21.936 3
	办公室	20.147 1	189	4.823 72	23.12	.350 87	20.261 9
	总计	21.259 4	539	4.086 69	24.02	.176 03	21.474 1
36 年以上	病房	22.064 1	146	3.144 66	16.39	.260 25	21.699 5
	办公室	20.653 4	64	4.389 31	19.75	.548 66	20.736 1
	总计	21.634 2	210	3.618 26	21.26	.249 68	21.535 7
总计	病房	20.676 4	1 945	3.495 82	24.16	.079 27	20.746 8
	办公室	18.685 9	966	4.588 52	27.69	.147 63	18.602 0
	总计	20.015 9	2 911	4.003 09	28.59	.074 19	20.180 0

报告表的第 2 行是组别为“工作五年或者以下的病房护士”的描述性统计指标。第 3 行是组别为“工作五年或者以下的办公室护士”的描述性统计指标。第 4 行是合并以上两个组别，即组别为“工作五年或者以下护士”的描述性统计指标，它和表 5-2 的第 2 行一致。“均值”列显示各个交叉组别的小时工资的均值。从表 5-5 可看出，同等工作经验下，病房护士的小时工资比办公室护士工资高，但随着工作经验的增加，二者之间的差距变小。“标准差”列给出了各个组别小时工资的标准差，办公室护士的方差都要大于同等经验的医院护士，即同等经验的办公室护士，他们的小时工资差距要大于同等经验的医院护士。

5.3　单样本 T 检验

统计学的大部分理论是基于大样本的，抽样的个体数比较大，个案数较多。但是，样本量多大可以称为大样本？统计学上没有统一的规定，一些教材认为样本量 25 或者以上即为大样本，有些教材则认为样本量 30 或者以上为大样本。在实际应用中，取决于分析数据的具体分布状况和模型的要求。

单样本 T 检验即检验某个变量的总体均值和某指定值之间是否存在着显著性差异。如果是大样本的单样本检验，统计教科书上称为 U 检验，采用服从正态分布的 U 统计量作为检验统计量。如果是小样本并且样本服从正态分布，则采用服从 *t* 分布的 *t* 统计量进行单样本 T 检验；否则，采取非参数检验。T 检验稳健性（Robust）较好，如果样本分布偏离正态分布不太严重，也可采用 T 检验。

根据概率论中的中心极限定理，在大样本情况下，*t* 分布和正态分布密度函数十分接近，如图 5-5 所示。实际应用中，不论是大样本还是小样本，都可以用 T 检验来进行单样本均值检验。在大样本情况下，即使样本分布偏离正态的情况下，仍然可以应用 T 检验。这称为 T 检验的稳健性。因此，在大样本情况下，T 检验和 U 检验是等价的。

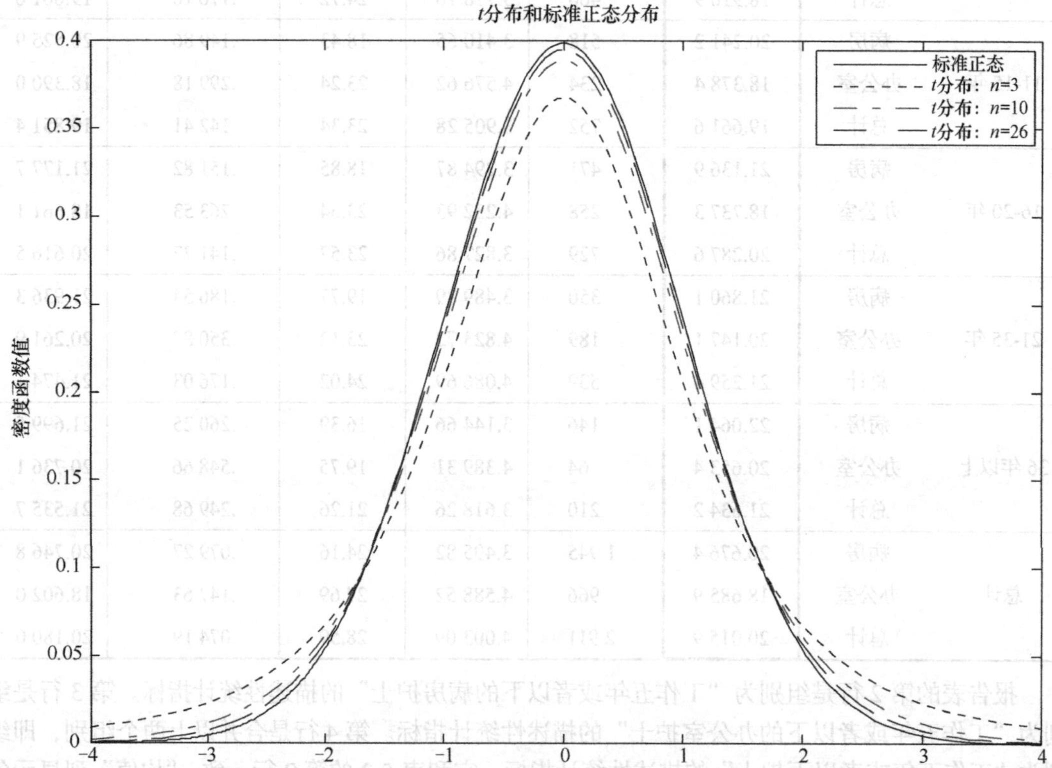

图 5-5　*t* 分布和正态分布的密度函数比较

打开本章数据文件“brakes.sav”，该数据为某工厂不同机器生产的刹车片直径，已知符合质量标准的刹车片直径应为 322mm，现在需要知道哪些机器生产的刹车片直径不符合质量标准（即需要对各个机器生产的刹车片直径进行总体均值为 322 的单样本 T 检验）。

5.3.1　数据准备

我们需要对各个机器分别进行检验，因此需要根据机器拆分该数据文件。

（1）打开数据文件“brakes.sav”，如图 5-6 所示，选择【数据】→【拆分文件】。

（2）在图 5-7 所示的“分割文件”方式对话框的下面“当前状态：按组合分析关闭”意味着当前的数据文件没有按组分割。选择“比较组”，把变量“机器”选入“分组方式（G）”框中，单击【确定】按钮。这时，再重新打开“分割文件”方式对话框，下面将显示“当前状态：比较：机器”，表示当前数据文件已经按照“机器”进行组织，基于该文件的分析将基于各个分组，直到关闭分割文件开关。

以上分割文件过程可以通过下列语法命令实现。

```
NEW FILE.
DATASET CLOSE ALL.
GET FILE = 'C:\SPSSIntro\Chapter 5\brakes.sav' .
DATASET NAME myData WINDOW=FRONT.
SORT CASES  BY 机器.
SPLIT FILE LAYERED BY 机器.
EXECUTE.
```

图 5-6　拆分文件

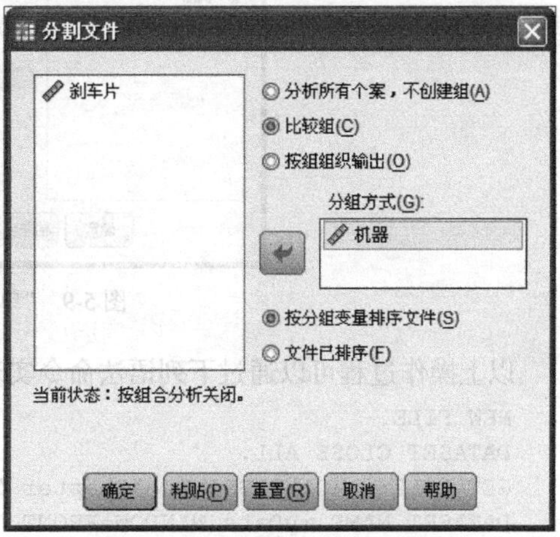

图 5-7　“分割文件”方式对话框

完成分析之后，可以运行下列语法命令关闭文件分割。

```
DATASET ACTIVATE myData.
SPLIT FILE OFF.
```

读者也可以通过图 5-7 所示的对话框，选择第一个选项“分析所有个案，不创建组（A）”来关闭文件分割状态。

> **注意**　当对文件进行分割，完成需要的分析之后，养成立即关闭文件分割的习惯。否则，下次打开文件会忘记当前文件的状态，后续的分析仍然基于分割后的数据。

5.3.2　单样本 T 检验

基于 5.3.1 小节分割后的数据文件，我们选择【分析】→【比较均值】→【单样本 T 检验】，如图 5-8 所示，进入“单样本 T 检验”对话框，如图 5-9 所示。

图 5-8　比较均值

如图 5-9 所示，把“刹车片”选入“检验变量（T）”对话框中，并在“检验值（V）”框中输入待检验的总体均值“322”，其他保持不变，单击【确定】按钮。

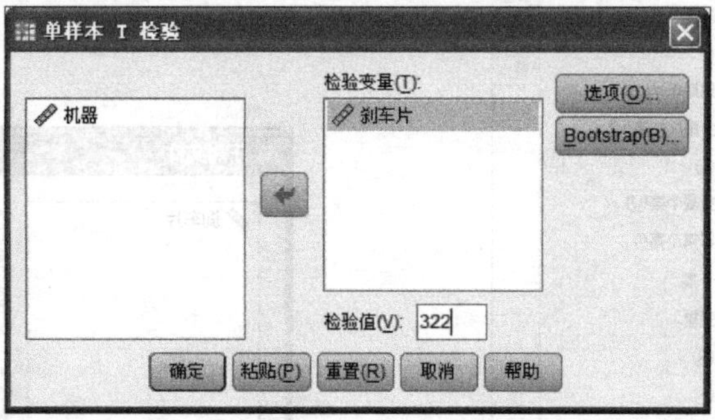

图 5-9　“单样本 T 检验”对话框

以上操作过程可以通过下列语法命令实现。

```
NEW FILE.
DATASET CLOSE ALL.
GET FILE = 'C:\SPSSIntro\Chapter 5\brakes.sav' .
DATASET NAME myData WINDOW=FRONT.
DATASET ACTIVATE myData.
T-TEST
  /TESTVAL=322
  /MISSING=ANALYSIS
  /VARIABLES=刹车片
  /CRITERIA=CI(.95).
```

在输出窗口中得到分析结果如表 5-6 和表 5-7 所示。

表 5-6　单样本 T 检验描述性统计量

机器号	N	均值	标准差	均值的标准误
1　刹车片直径（mm）	16	321.998 514	.011 156 8	.002 789 2
2　刹车片直径（mm）	16	322.014 263	.010 691 3	.002 672 8
3　刹车片直径（mm）	16	321.998 283	.010 481 2	.002 620 3
4　刹车片直径（mm）	16	321.995 435	.006 988 3	.001 747 1

续表

机器号	N	均值	标准差	均值的标准误
5 刹车片直径（mm）	16	322.004 249	.009 202 2	.002 300 5
6 刹车片直径（mm）	16	322.002 452	.008 644 0	.002 161 0
7 刹车片直径（mm）	16	322.006 181	.009 330 3	.002 332 6
8 刹车片直径（mm）	16	321.996 699	.007 708 5	.001 927 1

表 5-6 列出了各个机器号刹车片直径的均值、标准差及均值的标准误统计量。第 3 列给出了各个机器刹车片的均值。从该列的数值可知，各个机器刹车片的直径的均值都或多或少偏离了直径 322 毫米的质量标准。没有统计检验，很难判断哪个机器生产的刹车片直径不合格。

表 5-7 为单样本 T 检验的检验结果，“t” 列为 *T* 统计量的值，“df” 列为自由度，“Sig（双侧）” 列为 *p* 值，“均值差值” 列为各个机器号的均值减去 322 的差，“下限” 和 “上限” 列分别为第 5 列给出的均值差值的 95%的置信区间的下限和上限。如果取 0.05 为显著性水平，如果 *p* 值小于 0.05 则通过显著性统计检验。从表 5-7 可得到如下结论。

（1）机器 2、7 的 *p* 值（或称显著性值）都小于 0.05，且 *T* 值为正，因此它们的刹车片直径显著高于 322mm。

（2）机器 4 的刹车片直径显著低于 322mm。

（3）机器 1、3、5、6、8 的 *p* 值都大于 0.05，因此没有证据表明它们的刹车片直径不等于 322mm，也就是说这些机器号生产的刹车片直径满足生产质量要求。

因此，机器 2 和 7 生产的刹车片直径偏大，机器 4 生产的刹车片直径偏小。而其他机器生产的刹车片符合质量要求。

表 5-7 单样本 T 检验结果

机器号	t	df	Sig（双侧）	均值差值	差分的 95%置信区间	
					下限	上限
1 刹车片直径(mm)	-.533	15	.602	-.001 485 8	-.007 413	.004 459
2 刹车片直径(mm)	5.336	15	.000	.014 262 9	.008 566	.019 960
3 刹车片直径(mm)	-.655	15	.522	-.001 717 4	-.007 302	.003 868
4 刹车片直径(mm)	-2.613	15	.020	-.004 564 9	-.008 289	-.000 841
5 刹车片直径(mm)	1.847	15	.085	.004 248 6	-.000 655	.009 152
6 刹车片直径(mm)	1.134	15	.274	.002 451 6	-.002 154	.007 058
7 刹车片直径(mm)	2.650	15	.018	.006 181 3	.001 210	.011 153
8 刹车片直径(mm)	-1.713	15	.107	-.003 301 4	-.007 409	.000 806

5.3.3 置信区间和自抽样选项

在图 5-10 所示的“单样本 T 检验”对话框中，可以通过单击“选项”按钮来定义均值的置信区间或通过单击“Bootstrap”按钮来设置自助法。

单击【选项】按钮，可以更改置信区间的百分比，如图 5-11 所示。默认置信区间百分比为 95%，可以更改为其他需要的值，如定义 90%的置信区间。

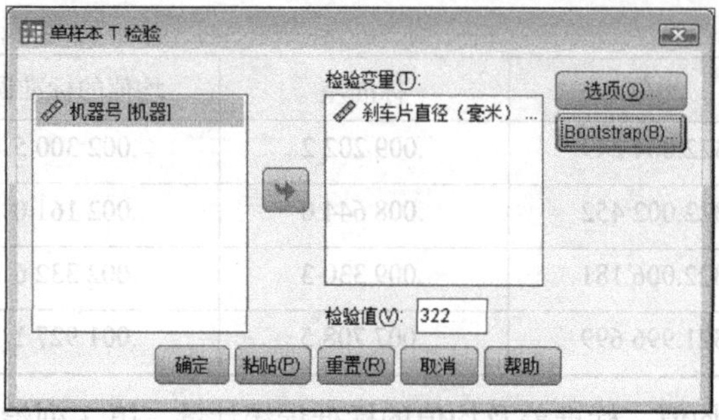

图 5-10　选项设置

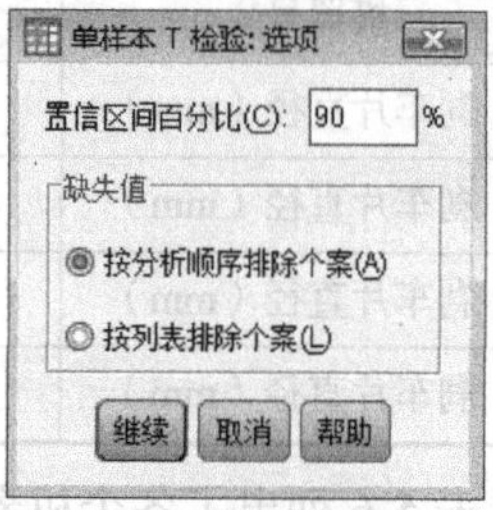

图 5-11　设置置信区间百分比

单击【Bootstrap】按钮可进行 Bootstrap 自抽样计算，用自助法进行置信区间的估计，设置自助法的方法如图 5-12 所示，使统计量及假设检验更具稳健性和概化推论能力。

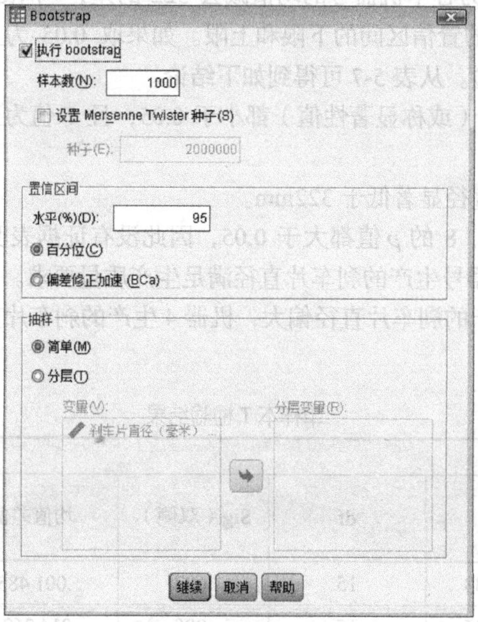

图 5-12　设置自助法

5.4　独立样本 T 检验

如果想要考察两个或者以上的总体在统计学上是否有显著的区别，需进行两样本的检验。如果考察 3 个或者 3 个以上总体均值之间的区别，则需要应用第 9 章中方差分析的技巧。从某种意义而言，方差分析是 T 检验的一种推广。

和 5.3 节中一样，不论是大样本还是小样本，只要满足相应的 T 检验的条件，都可以应用 T 检验来检验两个总体之间的区别。根据待检验的两个样本之间的关系，两样本的 T 检验分为独立样本的 T 检验和配对样本的 T 检验两种。

所谓两独立样本是指两个样本所来自的总体相互独立，两个独立样本各自接受相同的测量，研究者或分析者的主要目的是分析两个独立样本的均值是否有显著的统计差异。例如，女性和男性的身高，教育从业者和金融从业者的起始工资等，都是两独立样本的例子。配对的 T 检验则应用于比较同一个总体的两次不同的测量，例如，医学研究中，比较药物的疗效；市场调查中，比较受调查者的父亲和母亲的教育程度等。

应用两独立样本 T 检验的前提条件如下。

（1）独立性：两样本所来自的总体互相独立。

（2）正态性：样本来自的两个总体应服从正态分布。大样本情况下，T 检验对正态性具有稳健性。也就是说，在样本所来自的总体不满足正态性条件时，如果两个样本的分布形状相似，它们的样本量相差不是太大并且样本量较大，仍然可以应用 T 检验。

（3）方差齐性：方差齐性是指待比较的两个样本的方差相同。许多学者的仿真结果表明，如果两个组的样本量大致相等，略微偏离了方差齐性对检验结果的精度影响不大。在 T 检验中，SPSS 提供了方差齐性的 Levene 检验，当方差齐性不满足时，会提供方差齐性校正后的 T 检验结果。

本章数据文件 creditpromo.sav 记录了接受不同促销方案的用户信用卡消费数据，现在需要检验新的促销方法是否能促进信用卡的消费，以此决定是否继续推进这种新促销方式。用统计的语言讲，就是比较采用新促销方法的信用卡消费金额均值和标准促销方法的信用卡消费金额均值，看二者是否在统计上有显著的差异。

打开数据文件“creditpromo.sav”，数据如图 5-13 所示。该数据文件有 3 个变量，“id”是客户的 ID，“insert”记录了客户接受的促销邮件类型。“dollars”记录了促销期间客户的消费金额。下面，5.4.1 小节对数据进行初步的描述性统计分析，检查是否满足 T 检验的条件，5.4.2 小节将介绍如何应用独立样本的 T 检验来分析新促销方案是否能促进用户的消费。

	id	insert	dollars	变量
1	148	标准	2232.77	
2	572	新促销	1403.81	
3	973	标准	2327.09	
4	1096	标准	1280.03	
5	1541	新促销	1513.56	
6	1947	新促销	1729.63	
7	2001	新促销	1609.71	
8	2130	标准	1476.62	
9	2616	标准	1460.77	
10	2886	新促销	1854.49	
11	3340	标准	1495.29	
12	3400	新促销	1107.21	
13	3539	标准	1949.59	

图 5-13　数据视图

5.4.1　数据初探

本节先对两种促销方式的客户消费数据进行描述性统计分析，初步探索两种不同的促销邮件下的客户花费情况。相关操作如下。

（1）选择【分析（A）】→【描述统计（E）】→【探索（E）】，出现“探索性分析”对话框，如图 5-14 所示。

（2）把“dollars”选入“因变量列表（D）”中，把“insert”选入“因子列表（F）”中。

（3）单击【绘制（T）】按钮，在“探索：图”对话框中的“描述性（D）”框中选择“直方图”，并且勾选“带检验的正态图（O）”，如图 5-15 所示。

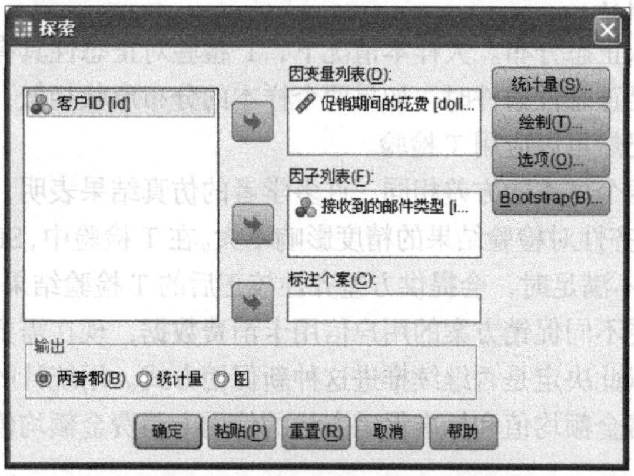

图 5-14 “探索性分析”对话框

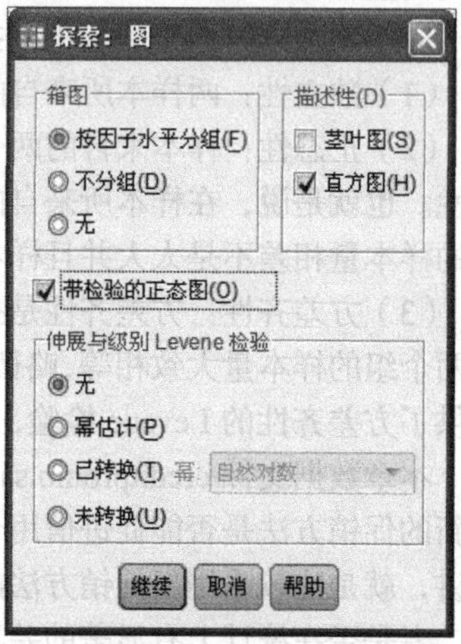

图 5-15 选择直方图和带检验的正态图

（4）单击【继续】按钮，返回上级对话框，如图 5-14 所示。然后，单击【确定】按钮。

以上操作过程可以通过以下的语法命令实现。

```
NEW FILE.
DATASET CLOSE ALL.
GET FILE = 'C:\SPSSIntro\Chapter 5\creditpromo.sav' .
DATASET NAME myData WINDOW=FRONT.
EXAMINE VARIABLES=dollars BY insert
  /PLOT BOXPLOT HISTOGRAM NPPLOT
  /COMPARE GROUPS
  /STATISTICS DESCRIPTIVES
  /CINTERVAL 95
  /MISSING LISTWISE
  /NOTOTAL.
```

只要把上述代码输入 SPSS 语法编辑器，并单击【运行】按钮，用户就可以得到和上述窗口操作完全相同的结果。

在结果输出窗口中，得到表 5-8、表 5-9 和图 5-16 等所示的输出。下面分别解释这些输出结果。

（1）从表 5-8 的描述性统计分析表可知，采用新促销方案的消费金额均值为 1 637.5，大于标准促销方案的消费金额均值 1 566.39。二者的标准差相差不大，二者标准差的比为 346.67 305/356.70 317≈0.972，接近于 1。可以初步认为，二者的方差可能齐性，但是，两种促销方案对应的消费金额均值的差异是由于抽样的随机性造成的吗？如果不是，二者的确存在差别吗？要回答这些问题，必须借助统计检验。

表 5-8　　　　描述性统计分析报告（经过编辑）

接收到的邮件类型				统计量	标准误
促销期间的花费	标准	均值		1 566.389 0	21.925 53
		均值的 95%置信区间	下限	1 523.205 9	
			上限	1 609.572 2	
		5%修整均值		1 565.570 3	

续表

接收到的邮件类型				统计量	标准误
促销期间的花费	标准	中值		1 547.361 0	
		标准差		346.673 05	
		范围		2 168.43	
		四分位距		435.66	
		偏度		.156	.154
		峰度		.566	.307
	新促销	均值		1 637.500 0	22.559 89
		均值的 95%置信区间	下限	1 593.067 4	
			上限	1 681.932 5	
		5%修整均值		1 643.065 1	
		中值		1 661.078 2	
		标准差		356.703 17	
		范围		1 892.23	
		四分位距		482.07	
		偏度		−.187	.154
		峰度		−.278	.307

（2）图 5-16（A）、图 5-16（B）分别是两种促销方案下花费金额的直方图。从图 5-16（A）可以判断，标准促销方案的分布是对称的，应该为正态。图 5-16（B）则略微偏离了对称性，但是很难从直方图判断它是否服从正态性。而表 5-9 就是对两种邮件促销方式的正态性进行统计检验的结果。

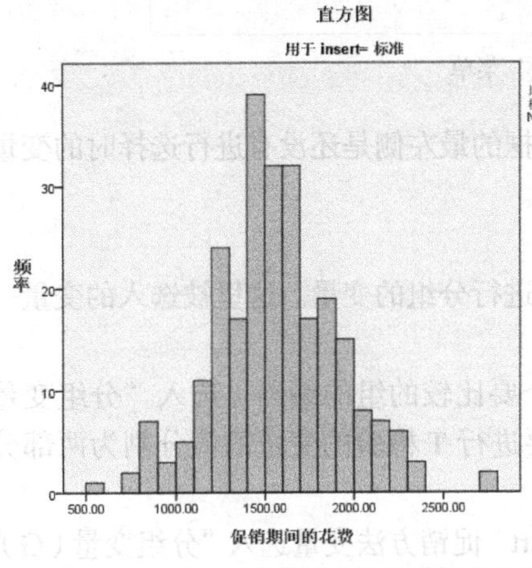

图 5-16（A） 标准促销方案的花费直方图

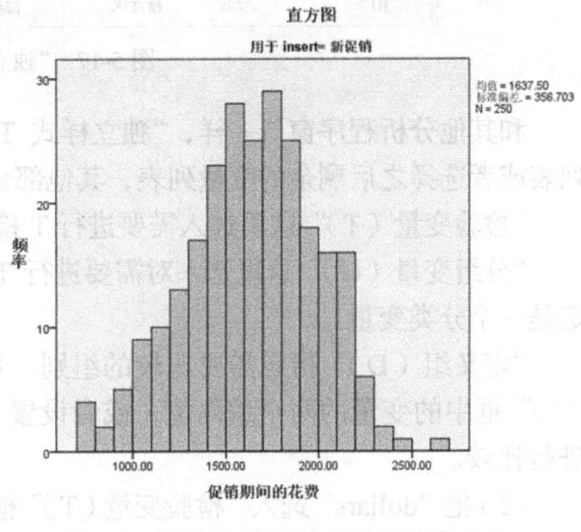

图 5-16（B） 新促销方案的花费直方图

表 5-9　　正态性检验表

接收到的邮件类型		Kolmogorov-Smirnov[a]			Shapiro-Wilk		
		统计量	df	Sig.	统计量	df	Sig.
促销期间的花费	标准	.054	250	.076	.992	250	.192
	新促销	.032	250	.200*	.992	250	.225

a. Lilliefors 显著水平修正。

*. 这是真实显著水平的下限。

（3）表 5-9 给出了两种正态性检验的结果。它们分别是带 Lilliefors 校正的 Kolmogorov-Smirnov 检验（简称 K-S 检验）和 Shapiro-Wilk 检验。对于这两个检验，标准促销方案和新促销方案的 p 值都大于 0.05，因此不能拒绝这两组样本分布的正态性假设。

（4）基于描述性统计分析的结果，标准促销方案和新促销方案都服从正态分布，样本量都是 250，二者的方差差别不大，并且新促销和标准促销的样本是随机独立抽取的，满足应用 T 检验的条件。因此，我们可以应用独立样本的 T 检验来比较这两种促销方案是否有显著的区别。

5.4.2 T 检验

T 检验的相关操作如下。

（1）如图 5-17 所示，选择【分析（A）】→【比较均值（M）】→【独立样本 T 检验（T）】，打开“独立样本 T 检验”的对话框，如图 5-18 所示。

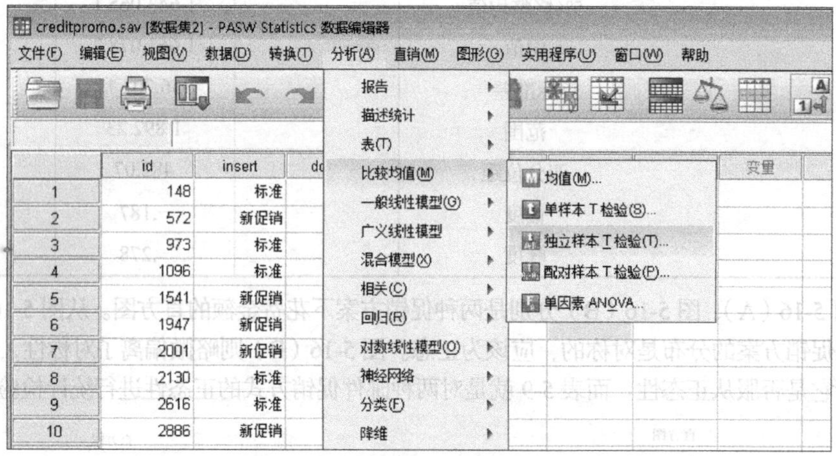

图 5-17 “独立样本的 T 检验”菜单

和其他分析程序窗口一样，“独立样式 T 检验”对话框的最左侧是还没有进行选择时的变量列表或者选择之后剩余的变量列表，其他部分的含义如下。

“检验变量（T）”这里选入需要进行 T 检验的变量。

“分组变量（G）”这里选入对需要进行 T 检验的变量进行分组的变量。这里被选入的变量一定是一个分类变量。

“定义组（D）”指定需要比较的组别。可以指定两个要比较的组的编码（选入“分组变量（G）”框中的变量的两个编码值；或者设置分割点，把要进行 T 检验的变量的值分割为两部分进行比较。

（2）把“dollars”选入“检验变量（T）”框中，把“insert”促销方法变量选入“分组变量（G）”框。在“分组变量（G）”中的“Insert(??)”表示需要比较 insert 变量所定义的分组，但是需要定义要比较哪两个组别。单击【定义组（D）】按钮，出现图 5-19 所示的“定义组”对话框，在“使用指定值（U）”部分输入两种促销活动对应的编码，这里在“组 1（1）”部分输入“0”，在“组 2（2）”部分输入“1”，如图 5-19 所示。

（3）在“定义组”对话框中，也可以选择“割点（C）”，输入割点值，如以 40 岁为割点，比较 40 岁以下和 40 岁以上两组人群信用卡消费金额是否有显著不同。

（4）单击【继续】按钮，回到上级对话框，即图 5-18 所示的窗口。然后单击图 5-18 中的【确定】按钮，得到输出结果，如表 5-10 所示。

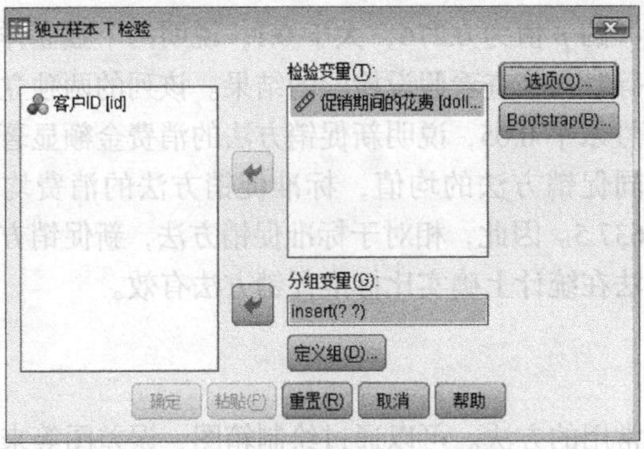

图 5-18 “独立样本 T 检验”对话框

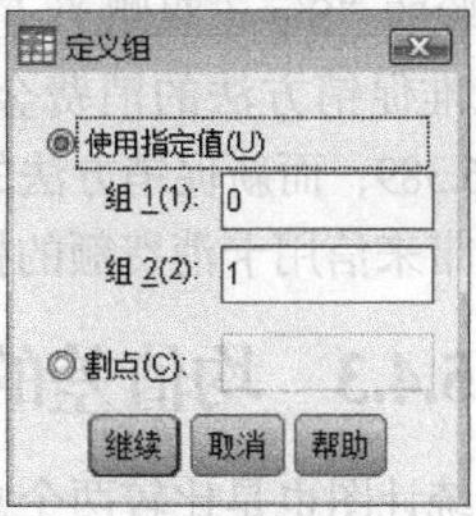

图 5-19 “定义组”对话框

表 5-10 独立样本 T 检验的输出结果

组统计量

	接收到的邮件类型	N	均值	标准差	均值的标准误
促销期间的花费	标准	250	1 566.389 0	346.673 05	21.925 53
	新促销	250	1 637.500 0	356.703 17	22.559 89

独立样本检验

			促销期间的花费	
			假设方差相等	假设方差不相等
方差方程的 Levene 检验	F		1.190	
	Sig.		.276	
均值方程的 t 检验	t		-2.260	-2.260
	df		498	497.595
	Sig.（双侧）		.024	.024
	均值差值		-71.110 95	-71.110 95
	标准误差值		31.459 14	31.459 14
	差分的 95%置信区间	下限	-132.919 95	-132.920 07
		上限	-9.301 96	-9.301 83

以上的操作过程也可以通过下列语法命令来实现。

```
NEW FILE.
DATASET CLOSE ALL.
GET FILE = 'C:\SPSSIntro\Chapter 5\creditpromo.sav' .
DATASET NAME myData WINDOW=FRONT.
T-TEST GROUPS=insert(0 1)
  /MISSING=ANALYSIS
  /VARIABLES=dollars
  /CRITERIA=CI(.95).
EXECUTE.
```

在表 5-10 中的“组统计量”部分，显示两种促销方法信用卡花费的均值、标准差及均值的标准误。均值的标准误即为标准差除以样本量 N 的平方根。这里，标准促销方法的信用卡消费的标准差为 346.673 05，而 N=250，所以均值的标准误为 $346.673\,05/\sqrt{250}=21.925\,53$ 。

在表 5-10 中的“独立样本检验”部分，显示方差齐性检验的结果和在方差齐性检验的不同结果下的 T 检验结果。“方差方程的 Levene 检验”的 p 值为 0.276，大于 0.1，说明两个独立样本的方差是齐性的。因此，我们选择“假设方差相等”列来查看假设检验的结果。该列的两独立样本 T 检验的“Sig.（双侧）”值为 0.024，小于显著性水平 0.05，说明新促销方法的消费金额显著不同于标准促销方法的消费金额。再结合两种不同促销方法的均值，标准促销方法的消费均值为 1 566.389，而新促销方法的消费金额均值为 1 637.5。因此，相对于标准促销方法，新促销方法确实能带来信用卡消费额的提高，说明新促销方法在统计上确实比标准促销方法有效。

5.4.3 均值差的绘图

统计图也是比较两个总体均值差异的一种常用的方法。可以通过绘制箱图、误差图等来显示进行 T 检验的两个总体的均值之间的差异。首先，绘制两个样本的箱图。对于信用卡消费数据，两种不同的促销方式的箱图如图 5-20 所示。从该箱图看出，标准促销方式的箱图有 3 个离群值，分别为记录 217、478 和 280，它的箱体较新促销方式较短，即后者的波动程度较大。新促销方式的箱体下边界较标准促销方式的箱图的下边界要高。两个箱体的中间线分别代表两种促销方式在促销期间的花费的中位数。新促销方式在促销期间的花费所对应的箱体的中间线，显著高于标准促销方式促销期间花费的箱体的中间线。

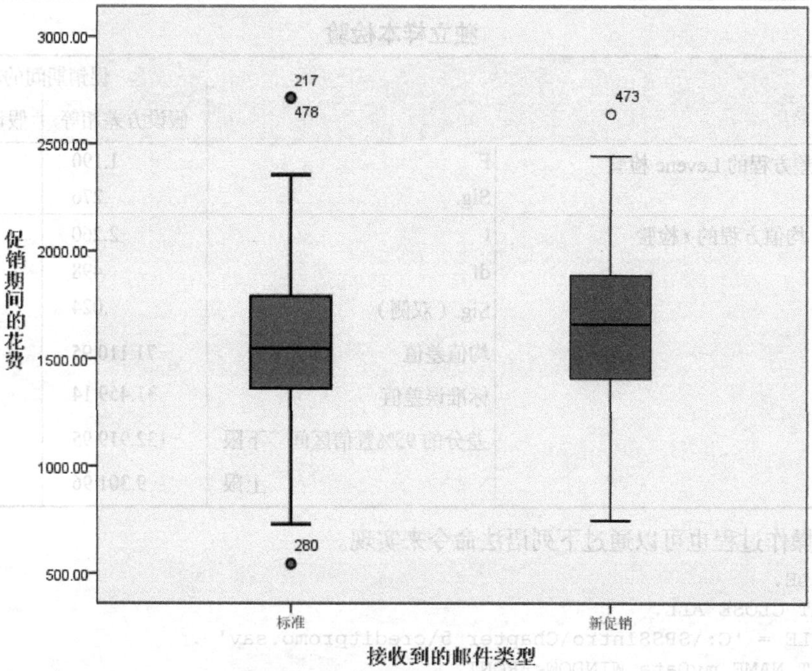

图 5-20 两个样本的箱图

用户可以通过下列代码来绘制以上图形。

```
NEW FILE.
DATASET CLOSE ALL.
GET FILE = 'C:\SPSSIntro\Chapter 5\creditpromo.sav' .
DATASET NAME myData WINDOW=FRONT.
EXAMINE VARIABLES=dollars BY insert
  /PLOT=BOXPLOT
  /STATISTICS=NONE
  /NOTOTAL.
```

误差图绘制两种促销方式的均值及均值的95%置信区间（默认为均值的95%置信区间，用户可以通过选项来改变区间的置信水平）。从图 5-21 所示的两个样本的误差图看出，新促销的误差图也较标准促销高，即新促销方式的总体均值要比标准促销方式要高。

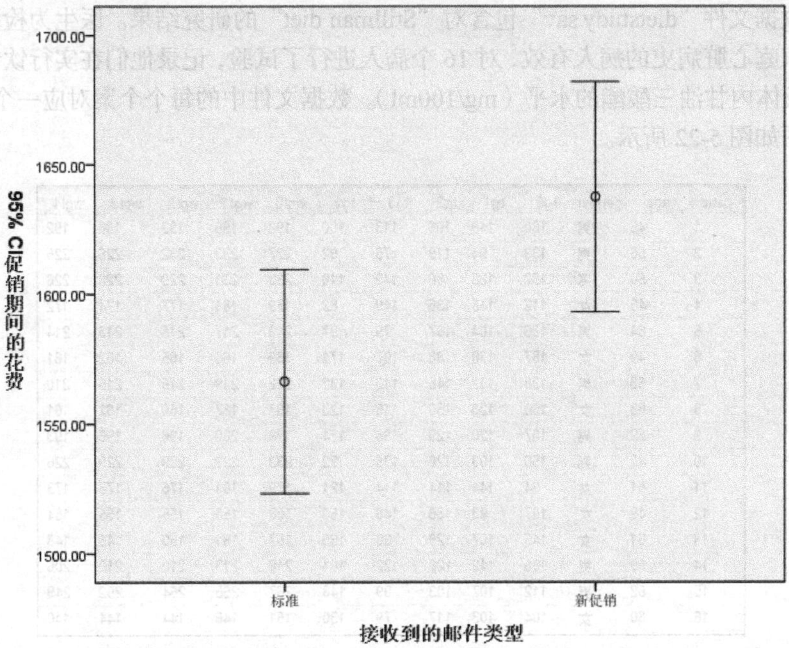

图 5-21　两个样本的误差图

用户可以通过下列代码来绘制以上误差图。

```
NEW FILE.
DATASET CLOSE ALL.
GET FILE = 'C:\SPSSIntro\Chapter 5\creditpromo.sav'.
DATASET NAME myData WINDOW=FRONT.
GRAPH
  /ERRORBAR(CI 95)=dollars BY insert.
```

注意　许多情况下，用统计图来进行数据描述，可以增加对数据的理解。许多实际工作者建议，总是先把你的数据绘制成图表。

5.5　配对样本 T 检验

两配对样本 T 检验用来检验来自两配对总体的均值是否在统计上有显著性差异。在很多实验研究中，经常采用配对样本检验来检验某种配方或者试验手段的效果。常见的配对设计方法有以下几种。

（1）同一受试对象处理前后的数据，例如，服用某种药物前和服用之后的血压变化。

（2）同一受试对象两个部位的数据，例如，某种化妆品在一个人脸部不同位置的作用。

（3）同一样本用两种方法测量的数据。

（4）配对的两个受试对象分别接受两种处理后的数据。

应用两配对样本 T 检验的前提条件如下。

（1）两样本应是配对的，即受试对象的年龄、性别、体重、病况等非处理因素都相同或相似。

（2）两个样本所来自的总体应服从正态分布（大样本情况下，T 检验对正态分布较为稳健）。

本章的数据文件“dietstudy.sav”包含对“Stillman diet”的研究结果。医生为检验某种饮食方案是否对有家庭心脏病史的病人有效，对 16 个病人进行了试验，记录他们在实行饮食方案前后的体重（磅）及体内甘油三酸酯的水平（mg/100ml）。数据文件中的每个个案对应一个单独的病人，相关数据视图如图 5-22 所示。

patid	age	gender	tg0	tg1	tg2	tg3	tg4	wgt0	wgt1	wgt2	wgt3	wgt4
1	45	男	180	148	106	113	100	198	196	193	188	192
2	56	男	139	94	119	75	92	237	233	232	228	225
3	50	男	152	185	86	149	118	233	231	229	228	226
4	46	女	112	145	136	149	82	179	181	177	174	172
5	64	男	156	104	157	79	97	219	217	215	213	214
6	49	女	167	138	88	107	171	169	166	165	162	161
7	63	男	138	132	146	143	132	222	219	215	215	210
8	63	女	160	128	150	118	123	167	167	166	162	161
9	52	男	107	120	129	195	174	199	200	196	196	193
10	45	男	156	103	126	135	92	233	229	229	229	226
11	61	女	94	144	114	114	121	179	181	176	173	173
12	49	女	107	93	156	148	150	158	153	155	155	154
13	61	女	145	107	129	86	159	157	151	150	145	143
14	59	男	186	142	128	122	101	216	213	210	210	206
15	52	男	112	107	103	89	148	257	255	254	252	249
16	60	女	104	103	117	79	130	151	146	144	144	140

图 5-22　数据文件“dietstudy.sav”的数据视图

其中，第 4 列的变量“tg0”是在进行饮食方案之前的甘油三酸酯水平。而第 5 列～第 8 列的变量“tg1”～“tg4”分别表示第一阶段甘油三酸酯、第二阶段甘油三酸酯、第三阶段甘油三酸酯和最后的甘油三酸酯。第 9 列～13 列的变量“wgt0”～“wgt4”分别表示进行饮食方案之前的体重、第一阶段的体重、第二阶段的体重、第三阶段的体重和最后的体重。

现采用配对样本 T 检验对该饮食方案的效果进行分析。

（1）打开数据文件“dietstudy.sav”，数据视图如图 5-22 所示。在菜单中选择【分析（A）】→【比较均值（M）】→【配对样本 T 检验（P）】，得到“配对样本 T 检验”对话框，如图 5-23 和图 5-24 所示。

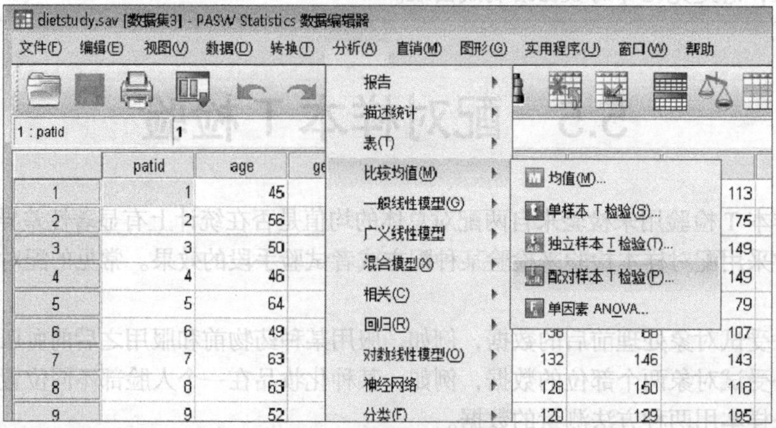

图 5-23　选择配对 T 检验

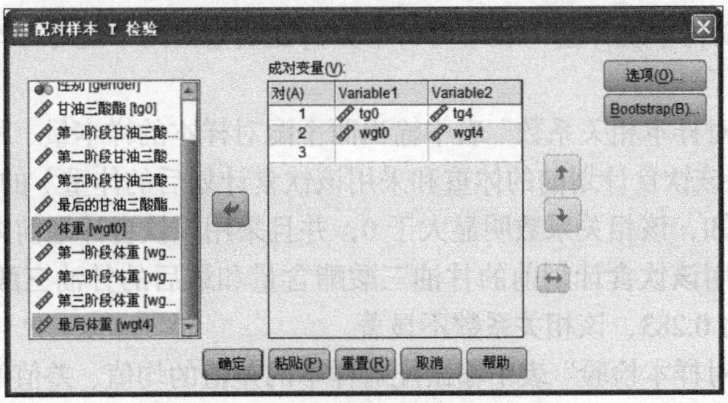

图 5-24　“配对样本 T 检验”对话框

（2）在图 5-24 所示的“配对样本 T 检验”对话框中，左边框中显示数据文件中的变量，右边框中显示配对的变量。在左边框中，同时选中“tg0”和“tg4”，然后单击指向右边的箭头，则在右边的“成对变量（V）”框中将显示该对变量。同样，把“wgt0”和“wgt4”作为另一对变量进行配对 T 检验。单击【确定】按钮，在输出窗口中查看分析结果，如表 5-11 所示。

表 5-11　　　　　　　　　　配对 T 检验输出结果

成对样本统计量

		均值	N	标准差	均值的标准误
对 1	甘油三酸酯	138.44	16	29.040	7.260
	最后的甘油三酸酯	124.38	16	29.412	7.353
对 2	体重	198.38	16	33.472	8.368
	最后体重	190.31	16	33.508	8.377

成对样本相关系数

		N	相关系数	Sig.
对 1	甘油三酸酯&最后的甘油三酸酯	16	-.286	.283
对 2	体重&最后体重	16	.996	.000

成对样本检验

		成对差分					t	df	Sig.（双侧）
		均值	标准差	均值的标准误	差分的 95%置信区间				
					下限	上限			
对 1	甘油三酸酯-最后的甘油三酸酯	14.063	46.875	11.719	-10.915	39.040	1.200	15	.249
对 2	体重-最后体重	8.063	2.886	.722	6.525	9.600	11.175	15	.000

以上的操作也可以通过下列语法命令完成。

```
NEW FILE.
DATASET CLOSE ALL.
GET FILE = 'C:\SPSSIntro\Chapter 5\dietstudy.sav'
DATASET NAME myData WINDOW=FRONT.
T-TEST PAIRS=tg0 wgt0 WITH tg4 wgt4 (PAIRED)
  /CRITERIA=CI(.9500)
/MISSING=ANALYSIS.
EXECUTE.
```

表 5-11 中，“成对样本统计量”表中对每个分析变量输出两个配对样本的均值、样本量、标准差及均值的标准误。

表 5-11 中的“成对样本相关系数”表中输出两个配对样本的样本量、相关系数和相关系数的 p 值。“对 2”（即采用该饮食计划前的体重和采用该饮食计划后的体重）的相关系数为 0.996，从显著性值小于 0.05 可知，该相关系数明显大于 0，并且采用该饮食计划前体重和最后体重之间具有强线性相关，而采用该饮食计划前的甘油三酸酯含量和最后的甘油三酸酯含量的相关系数为 −0.286，其显著性值为 0.283，该相关系数不显著。

表 5-11 中的“成对样本检验”表中输出配对样本的差值的均值、差值的标准差、差值均值的标准误、差分的 95%置信区间、t 统计量和相应的 Sig.（双侧）值（即显著性值，或 p 值）。这里，t 统计量的值为差值的均值除以均值的标准误。“对 1”的均值 14.063，即采用饮食计划前体重减去采用该饮食计划之后的体重的差值的均值，表明采用该计划后的个体的甘油三酸酯含量减轻了 14.063。而体重减轻了 8.063，但由于甘油三酸酯的差值的标准差及差值均值的标准误远远高于体重的标准差和标准误，因而“对 2”的 t 值远远大于“对 1”的 t 值。从最后的显著性值来看，体重的减轻在统计学上是显著的，即采用该饮食计划的受试者的体重确实减轻了，而受试者的甘油三酸酯在统计学上并没有显著变化。因此，对该饮食计划最终的评估结果为该减肥药可以减轻体重，但尚不能确定可以减轻甘油三酸酯（脂肪）。

注意

应用配对 T 检验前，需要先检查两个样本是否服从正态分布。等价地，可以检验两个配对样本的差值变量是否服从正态分布。可以应用直方图、Q-Q 图或者 K-S 检验等方法来检验差值变量的正态性。

要特别注意所分析变量中是否含有离群值，用户可以用箱图来检查离群值的情况。

有时候，可以先计算配对样本的差值变量，然后进行单样本的 T 检验。

5.6 小结

本章首先解释了假设检验的思想与原理（这是理解建设检验问题的核心），然后，主要介绍了均值过程，给出了变量的描述性统计量，同时可以给出相应总体的均值是否相等的判断。本章的重点内容为比较各组总体之间是否有统计上的差异，包含单样本的 T 检验、独立样本的 T 检验和配对样本的 T 检验等相关知识。在应用 T 检验进行均值比较之前，需要进行数据的初步分析，判断应用 T 检验的前提条件是否满足。另外，需要对 T 检验的结果进行详细的分析，得出合理的结论。

思考与练习

1. 配对两小样本做均值检验，应该使用 SPSS 哪种功能（假设两小样本都为正态分布）：

   A. Means　　B. One-Sample T Test

   C. Independent-Samples T Test　　D. Paired-Samples T Test

2. 对某一来自正态总体的样本与已知的总体均值比较，应该采取以下哪种 SPSS 分析方法：

   A. Means　　B. One-Sample T Test

   C. Independent-Samples T Test　　D. Paired-Samples T Test

3. 有关独立的 T 检验的论断，正确的是：

A. 在应用 Independent-Samples T Test 前，首先应该进行方差的齐性检验。如果方差齐性不满足，则无法应用该检验

B. 在应用 Independent-Samples T Test 前，首先应该进行方差的齐性检验。如果方差齐性不满足，则应该选用非参数检验

C. 在应用 Independent-Samples T Test 前，首先应该进行方差的齐性检验。根据方差齐性检验的结果，对分析结果进行相应的解读

D. 以上都正确

4. 数据文件“GSS2004_Mod.sav”中记录了男性或者女性每周上网浏览网页的时间（变量 WWWHR，单位小时）和每天观看电视的时间（变量 TVHOURS，单位小时）。用本章学习的技巧，分析男性和女性在观看电视的时间和上网的时间上分别有什么区别。

5. 数据文件“GSS2004_Mod.sav”中记录了受访者的父亲和母亲的受教育的情况。试比较父亲的受教育情况（变量 PAEDUC）和母亲的受教育情况（变量 MAEDUC）是否不同，并给出父亲和母亲受教育年限的误差图。

6. 数据文件“GSS2004_Mod.sav”中记录了受访者的子女数（变量 CHILDS）、每周用于收发电子邮件的时间（变量 EMAILHR）和年龄（变量 AGE）。试对男性和女性的 CHILDS、EMAILHR 和 AGE 进行探索性分析：

（1）找出呈正态分布的变量；

（2）画出 3 个变量在不同性别的箱图，然后指出男性和女性的箱图的异同。

第6章 非参数检验

【本章学习目标】

- 掌握各种非参数检验的应用条件。
- 掌握单样本非参数检验的各种方法及其区别。
- 掌握独立样本非参数检验的方法，能正确解释结果。
- 掌握相关样本非参数检验的方法，能正确解释结果。

6.1 非参数检验简介

参数检验方法检验的内容是总体分布的某些参数，如均值、方差、比率等。当总体的分布已知时，统计上用参数检验的方法来检验两个总体的均值是否相等。从第5章可知，总体为正态分布时，可以应用T检验来检验均值之间的差异。T检验本身是一种参数检验的方法。实际应用中，许多总体的分布不服从正态分布，亦不能通过变量转换而转化为正态分布，因此，不能够应用T检验来比较总体的均值。更进一步，在很多情况下，由于缺乏足够信息，总体的分布未知或难以确定，也就不能使用参数检验的方法来进行分析。此时，应转而寻求更多的纯粹来自样本数据的信息，使用非参数检验方法。

非参数检验主要用于不考虑被研究对象的总体分布，或对总体的分布不做任何事先的假定，非参数检验的内容不是总体分布的某些参数，而是检验总体某些有关的性质，如总体的分布位置、分布形状之间的比较，或者各样本所在总体是否独立等，因此该类统计方法被称为非参数检验。以均值比较为例，参数检验比较的是各样本的均值是否相等，而非参数检验比较的是各样本的中位数（中位数是分布位置的一种衡量）是否相等。

和参数检验方法相比，非参数检验方法具有以下优点。

（1）稳健性：因对总体分布的约束条件放宽，从而对一些离群值或极端值不至于太敏感。

（2）使用范围广：对数据的度量标准（或测量测度）无约束，定序数据、定量数据都可；部分数据缺失也可；小样本、分布未知样本、数据污染样本、混杂样本等都可以应用非参数方法。

需要注意的是，非参数检验有一个较大的缺点即检验效能较差，在参数检验中有显著性统计差异而在非参数检验中有可能并无显著性统计差异。因此，在做分析时，应首先考虑参数检验方法，在无法满足参数检验方法的前提下，再考虑使用非参数检验方法。一般而言，非参数方法应用于以下场合。

（1）参数检验方法的条件不满足。例如，样本来自的总体不服从正态分布，T检验不适用，必须应用非参数方法来比较两个总体的中心趋势。

（2）研究分类变量和定序变量之间的关系。由于分类变量或者定序变量都不具有完备的运算性能，因而无法对总体分布做出假定或者检验总体的某种参数。

从版本 18 开始，SPSS 的非参数检验方法的用户界面发生了很大的变化。以前版本的非参数检验有 8 个子菜单，而新的图形用户界面只有 4 个子菜单，同时保留了以前版本的菜单以供老用户使用。更重要的是，非参数检验的输出结果界面采用了 SPSS 数据挖掘产品 Modeler 的输出风格，输出结果在模型浏览器中呈现，界面美观简洁，易于理解。SPSS 的非参数检验的用户界面如图 6-1 所示。

图 6-1　非参数检验用户界面

SPSS 版本 18 中非参数检验的用户界面和版本 17 及以前版本不同，它把以前的卡方、二项式、游程、1-样本、2 个独立样本、2 个相关样本、*K* 个独立样本、*K* 个相关样本这 8 个子菜单总括为单样本、独立样本、相关样本 3 个子菜单。这 3 个子菜单实现所有非参数检验的功能。在新的用户界面下，即使用户对非参数方法不甚了解，SPSS 也能够智能地选择适用于所分析的数据的非参数方法。

注意

（1）新的用户界面统一了方法的选择，根据样本的个数来组织方法，简洁明了，输出结果用模型浏览器来展现，直观明了。它不能够选择输出描述性统计量和四分位数。

（2）非参数统计过程仍然保留了 SPSS18 以前的非参数检验的界面，称为“旧对话框”，相关输出结果仍然采用传统的表格展现方式。同时，这里可以选择输出描述性统计量和四分位数。

（3）在非参数检验过程的对话框和帮助文档中，把我们以前熟悉的变量（Variable）称为字段（Field）。

6.2　单样本非参数检验

得到一批数据之后，往往希望了解样本来自的总体的分布是否与某个已知的理论分布相吻合。

这可以通过绘制样本数据的直方图、P-P 图、Q-Q 图等方法做粗略判断，还可以应用非参数检验的方法来实现。单样本非参数检验使用一个或多个非参数检验方法来识别单个总体的分布情况。非参数检验不需要待检验的数据呈正态分布。SPSS 的单样本非参数检验方法包括二项（分布）检验、卡方检验、Kolmogorov-Smirnov 检验（以下简称 K-S 检验）、Wilcoxon 符号检验和游程检验 5 种非参数检验方法。选择【分析（A）】→【非参数检验（N）】→【单样本（O）】，得到图 6-2 所示的“单样本非参数检验”对话框。该对话框有 3 个选项卡，分别为“目标”“字段”和“设置”，相应的功能如下。

（1）“目标”选项卡用于指定不同的检验目标设置。

（2）“字段”选项卡上指定字段分配。

（3）“设置”选项卡上指定专家设置。

1. “目标”选项卡

在图 6-2 的“目标”选项卡中，它询问“您的目标是什么”，可设置非参数检验的目标。相关选项的含义如下。

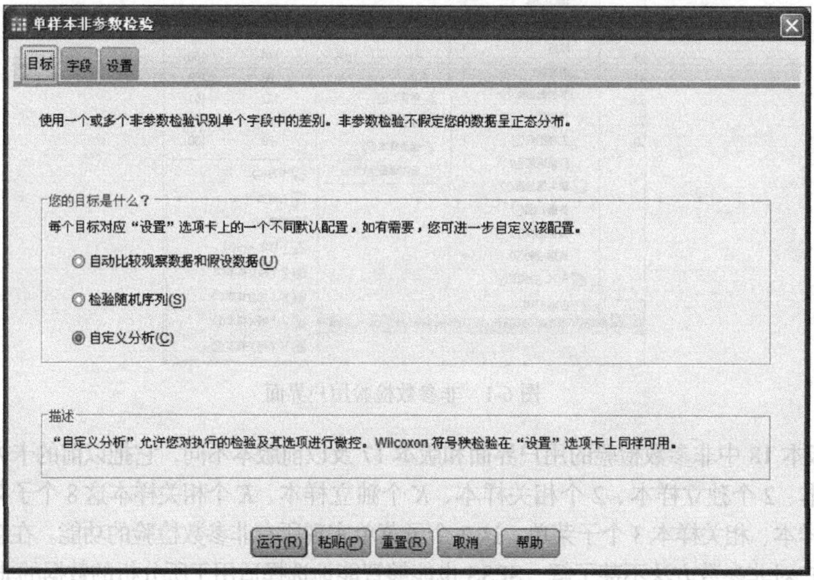

图 6-2　单样本非参数检验

（1）自动比较观察数据和假设数据（U）：SPSS 会根据“字段”选项卡中相应字段，选择与其相适应的所有非参数检验方法。而在“设置”选项卡中也会自动选择“根据数据自动选择检验”。一般而言，如果待检验的变量是具有两个类别的分类变量，它将应用二项式检验比较观察数据和假设数据（原假设成立时应该出现的数据），对所有其他分类字段应用卡方检验，对连续字段应用 K-S 检验。该项为默认设置。

（2）检验随机序列（S）：该目标使用游程检验来检验观察到的随机数据值序列，用于判断观察到的数据值的随机性（或者判断观测值是否为白噪声）。选中该项后，在“设置”选项卡中相应的“游程检验”将被选择（被勾选）。

（3）自定义分析（C）：选中此项时，可以手动修改“设置”选项卡上的检验选项。注意，如果您随后在“设置”选项卡上更改为与当前选定目标不一致的选项，则“目标”选项卡中将会自动选择该设置。

另外，图 6-2 下方的“描述”部分是对选择的“目标”的简单介绍。

> **注意** 根据设定的目标，SPSS将自动选择相应的非参数分析方法。这样，分析者无须选择特定的非参数检验方法，可大大节省时间。

2. “字段”选项卡

“字段”选项卡用于设置待检验的字段。

（1）选中“使用预定义角色（U）”时，则在SPSS数据文件的变量视图窗口中定义为“输入”“目标”或者“两者都”角色的变量将自动进入“检验字段（T）”框中。定义为其他角色的变量将不会自动进入“检验字段”，如角色为“无”“分区”或者“拆分”的变量将不会自动进入“检验字段（T）”框中。变量角色定义如图6-3所示，“insert”变量的角色为“输入”，那么，在“单样本非参数检验”对话框的“字段（H）”选项卡中，“insert”将自动进入“检验字段（T）”框中，如图6-4所示。

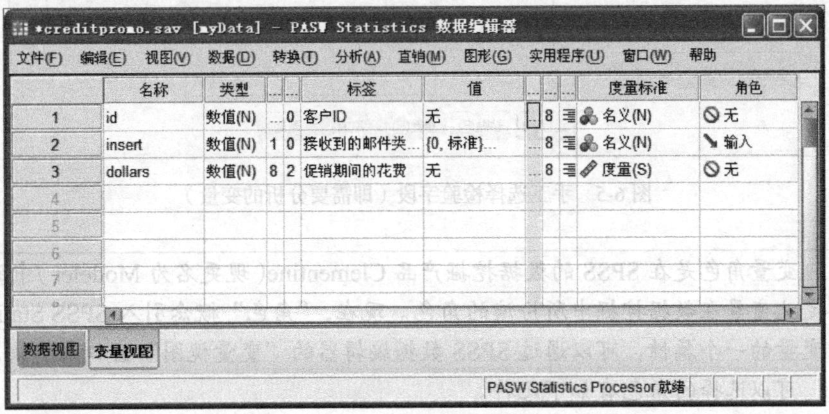

图6-3　变量角色

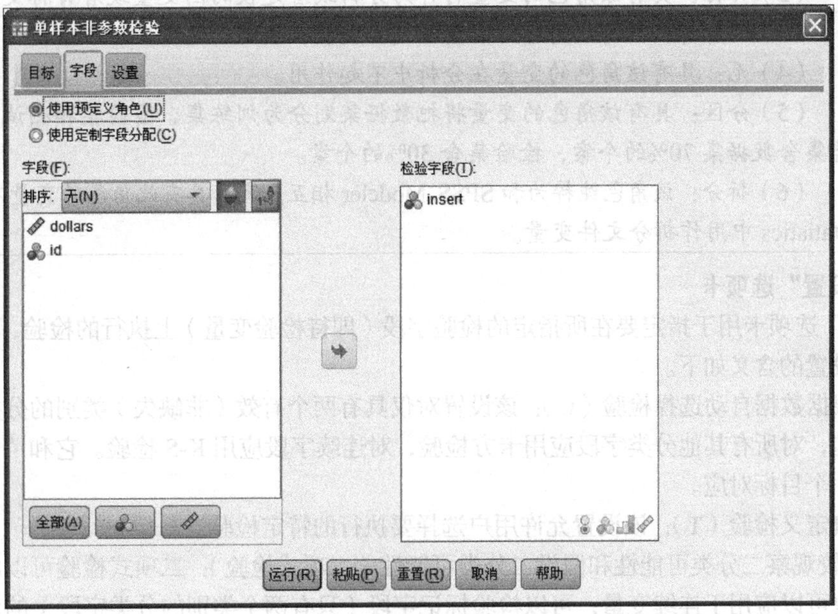

图6-4　字段选项卡-使用预定义角色

（2）选中“使用定制字段分配（C）”时，则可以手工选择进入“检验字段（T）”框中的变量，如图6-5所示。

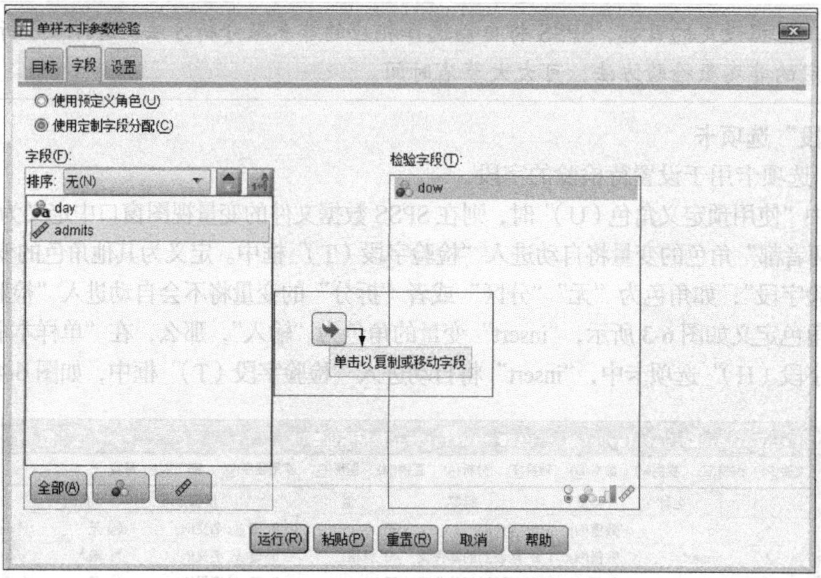

图 6-5　手工选择检验字段（即需要分析的变量）

注意

变量角色是在 SPSS 的数据挖掘产品 Clementine（现更名为 Modeler）中的一个概念，其定义变量在数据挖掘中所扮演的角色。现在，“角色”概念引入 SPSS Statistics 中，作为变量的一个属性，可以通过 SPSS 数据编辑器的“变量视图”窗口来更改。

可以选择的角色有如下几种。

（1）输入：具有该角色的变量将作为分析或者建模的自变量。

（2）目标：具有该角色的变量将作为分析或者建模的因变量或者目标变量。

（3）两者都：具有该角色的变量既是自变量，也是因变量。

（4）无：具有该角色的变量在分析中不起作用。

（5）分区：具有该角色的变量将把数据集划分为训练集、检验集和测试集，默认训练集含数据集 70%的个案，检验集含 30%的个案。

（6）拆分：该角色纯粹为和 SPSS Modeler 相互兼容。具有此角色的变量不会在 SPSS Statistics 中用作拆分文件变量。

3. “设置”选项卡

“设置”选项卡用于指定要在所指定的检验字段（即待检验变量）上执行的检验，如图 6-6 所示，相关设置的含义如下。

（1）根据数据自动选择检验（U）：该设置对仅具有两个有效（非缺失）类别的分类字段应用二项式检验，对所有其他分类字段应用卡方检验，对连续字段应用 K-S 检验。它和“目标”选项卡中的第一个目标对应。

（2）自定义检验（T）：该设置允许用户选择要执行的特定检验。

① 比较观察二分类可能性和假设二分类可能性（二项式检验）：二项式检验可以应用在分类变量上，也可以应用于连续变量；可以检验标记字段（只有两个类别的分类字段）的观察分布是否与指定的二项式分布期望相同；也可以提供分类规则，把连续变量变为二分类变量，从而进行二项式检验；还可以输出置信区间。

② 比较观察可能性和假设可能性（卡方检验）（C）：卡方检验可以应用到名义变量和有序变量。它可以根据变量类别的观察频率和期望频率间的差异来计算卡方统计量。

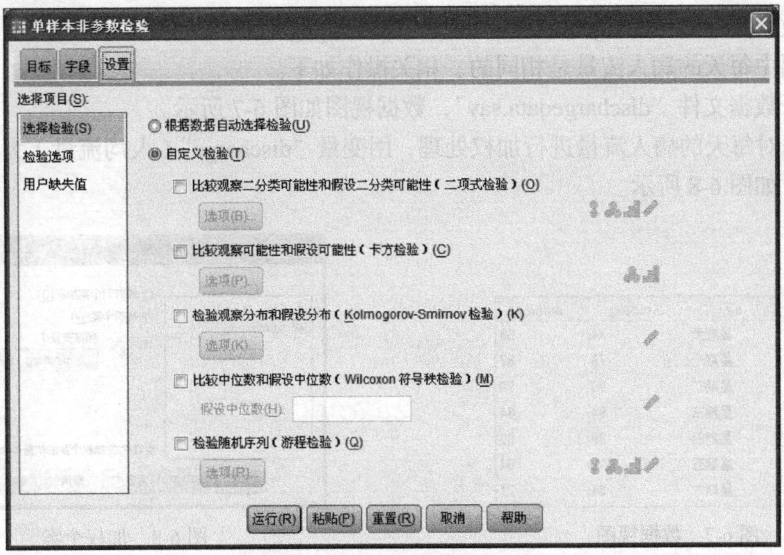

图 6-6　“设置”选项卡

③ 检验观察分布和假设分布（Kolmogorov-Smirnov 检验，K-S 检验），K-S 检验应用到连续变量（即尺度变量），用于检验变量的样本累积分布函数是否为均匀分布、正态分布、泊松分布或指数分布。

④ 比较观察中位数和假设中位数（Wilcoxon 符号秩检验），Wilcoxon 符号秩检验可以应用到连续字段（即尺度变量），这将生成一个变量中位数值的单样本检验。

⑤ 检验随机序列（游程检验）：游程检验可以应用到所有测量类型的变量（这里称为字段），用于检验变量的值序列是否为随机序列。

6.2.1　卡方检验

卡方检验是一种常用的对总体分布进行检验的非参数检验方法。医生研究心脏病人猝死人数与日期的关系，检验现在的人口结构和 10 年前是否一样，血型是否和人的性格有关系，现代社会中受过高等教育、高中毕业、初中毕业、小学毕业和文盲的比例是否为 3：6：10：2：1 等问题都可以通过卡方检验来实现。

卡方检验的原假设如下。

H_0：样本来自的总体的分布与假设的分布（又称为期望分布或者理论分布）无显著差异。

卡方检验基本思想的理论依据是：如果从一个随机变量 X 所在的总体中随机抽取若干个观察样本，这些观察样本落在 X 的 k 个互不相交的子集中的观测频数服从一个多项分布，而这个多项分布当 k 趋于无穷时近似服从卡方分布。

基于这一思想，对变量 X 的总体分布的检验可以从对各个观察频数的分析入手。

如果变量 X 有 k 个互不相交的子集，在 H_0 成立的条件下，变量值落在第 i 个子集的频数设为 E_i；设实际观测到的第 i 个子集的频数为 O_i，则有以下 Pearson 卡方统计量。

$$\chi^2 = \sum_{i=1}^{k} \frac{(O_i - E_i)^2}{E_i}$$

上式中的卡方统计量服从自由度为 k-1 的卡方分布。如果卡方值较大，则说明期望频数与观测频数分布差距较大，没有证据支持原假设；若卡方值较小，则说明期望频数与观测频数比较接近，不能拒绝原假设的论断。

本章的数据文件“dischargedata.sav”记录了 Winnipeg 医院每天的病人流量。医院管理者需要了解是否一周中每天的病人流量是相同的。相关操作如下。

（1）打开数据文件“dischargedata.sav”，数据视图如图 6-7 所示。

（2）首先对每天的病人流量进行加权处理，用变量“discharge”（人均流量）为权重变量对数据进行加权，如图 6-8 所示。

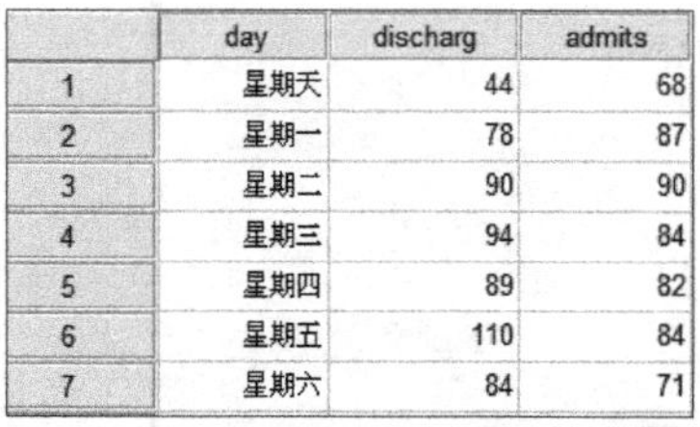

	day	discharg	admits
1	星期天	44	68
2	星期一	78	87
3	星期二	90	90
4	星期三	94	84
5	星期四	89	82
6	星期五	110	84
7	星期六	84	71

图 6-7 数据视图

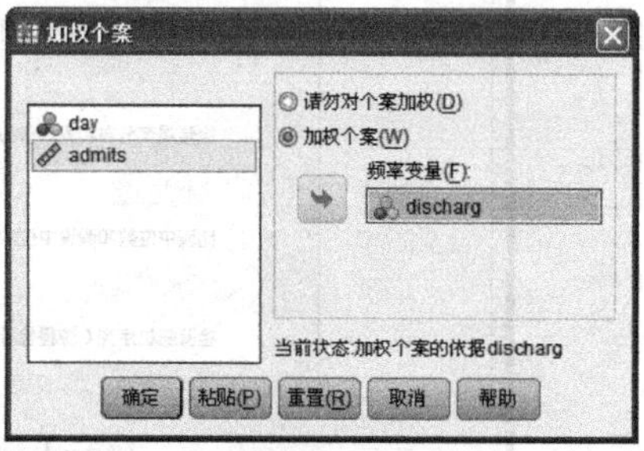

图 6-8 加权个案

（3）把“discharge”（日均病人流量）作为频率变量，以日均病人流量作为权重对一周的各天进行加权，即该周每天都带有日均流量的权重系数，单击【确定】按钮。

（1）～（3）的相关操作也可以通过下列语法命令实现。

```
NEW FILE.
DATASET CLOSE ALL.
GET FILE = 'C:\SPSSIntro\Chapter 6\dischargedata.sav' .
DATASET NAME myData WINDOW=FRONT.
WEIGHT BY discharg.
```

（4）如图 6-9 所示，选择【分析】→【非参数检验（N）】→【单样本（O）】，进入单样本非参数检验对话框，如图 6-10 所示。

图 6-9 单样本非参数检验

（5）“目标”选项卡保留默认设置，即“自动比较观察数据和假设数据（U）”为选中状态，如图 6-10 所示。

（6）“字段”选项卡中选择“使用定制字段分配（C）”，并把“day”（星期几）选入“检验字段（T）”框，如图 6-11 所示。

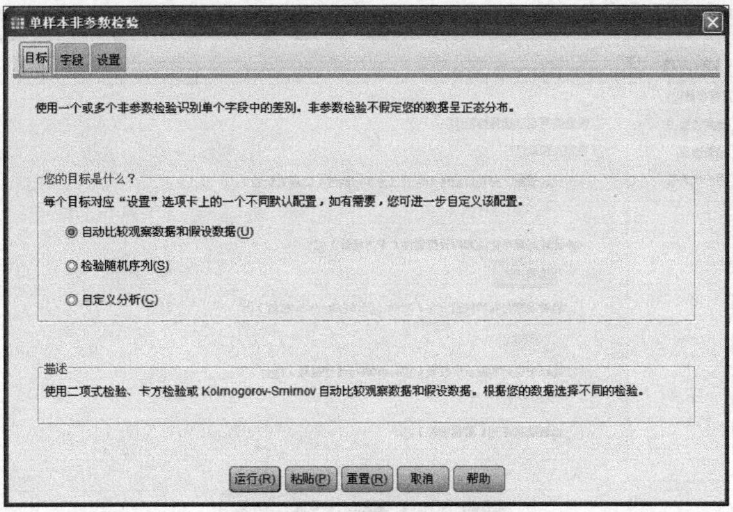

图 6-10　“目标”选项卡

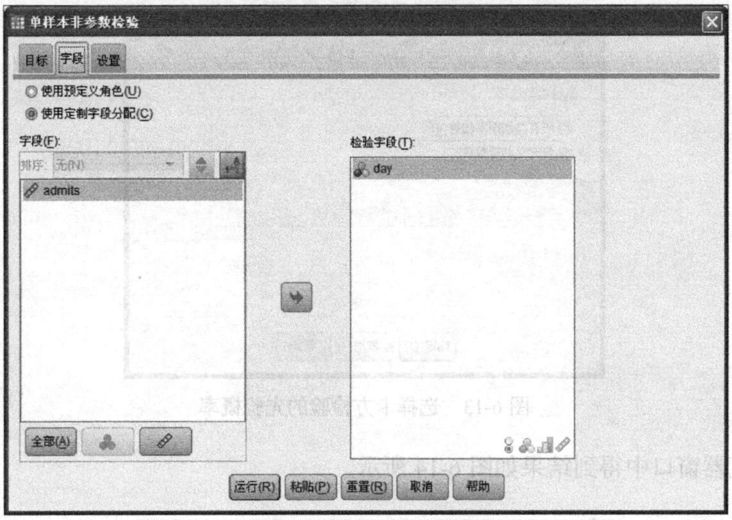

图 6-11　“字段”选项卡

（7）在“设置”选项卡中选择“自定义检验”，并选择“比较观察可能性和假设可能性（卡方检验）”，如图 6-12 所示。单击该项下的【选项】按钮，如图 6-13 所示，可以设置卡方检验的假设可能性，即所检验类别的先验概率，或者理论概率。这里，保留默认值“所有类别的概率相等”。

（8）在图 6-13 中，单击【确定】按钮，返回上级对话框，如图 6-12 所示，然后单击【运行】按钮。

以上（4）～（8）中的操作也可以通过下列语法命令来完成。

```
DATASET ACTIVATE myData.
*Nonparametric Tests: One Sample.
NPTESTS
  /ONESAMPLE TEST (day) CHISQUARE(EXPECTED=EQUAL)
  /MISSING SCOPE=ANALYSIS USERMISSING=EXCLUDE
/CRITERIA ALPHA=0.05 CILEVEL=95.
EXECUTE.
```

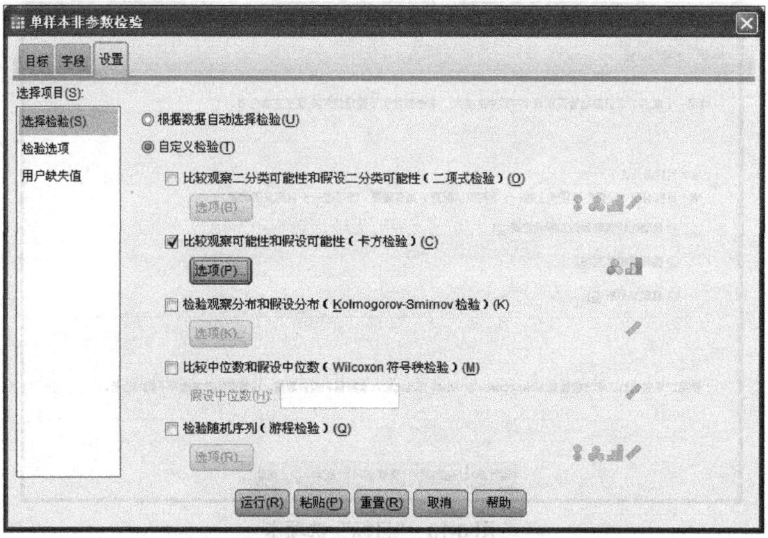

图 6-12 “设置”选项卡

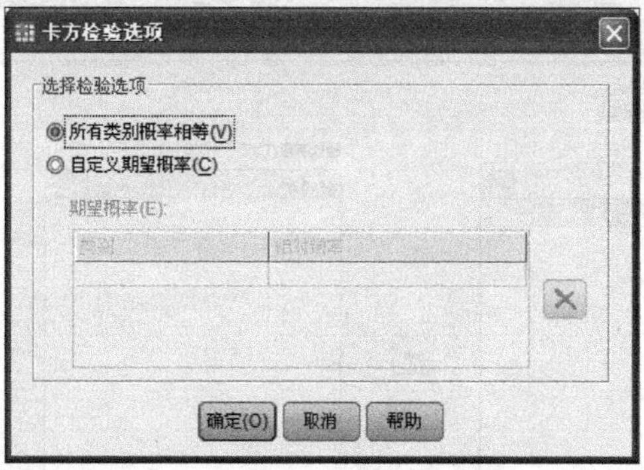

图 6-13 选择卡方检验的先验概率

在输出浏览器窗口中得到结果如图 6-14 所示。

	原假设	检验	显著性水平	决策
1	星期几的类别发生概率相等。	单样本卡方检验	.000	拒绝原假设。

显示渐近显著性。显著性水平为0.05

图 6-14 卡方检验结果－假设检验摘要

由图 6-14 可知，假设检验摘要列出了检验的原假设、检验方法、显著性水平（即 P 值）和决策。该检验的 P 值为 0.000，小于 0.05，决策为“拒绝原假设”，说明该周各天的日均病人流量有显著差异，每天病人的流量是不等的。双击结果浏览器中的图 6-14 所示的部分，可以进入模型浏览器来观察更详细的分析结果，如图 6-15 所示。

如图 6-15 所示的模型浏览器为互动图。读者可以在模型浏览器下面的选项框中选择输出的内容。从图 6-15 所示的右侧下方的表格可直观地看到，检验的卡方统计量为 29.389，P 值为 0.000，通过了显著性统计检验，即每天的人流量有显著区别，其中，星期五的人流量最多，星期天的人流量最少（一般医院星期天没有普通门诊，而大部分的人星期天也会待在家里休息），其他几天日均流量差别不是特别大。

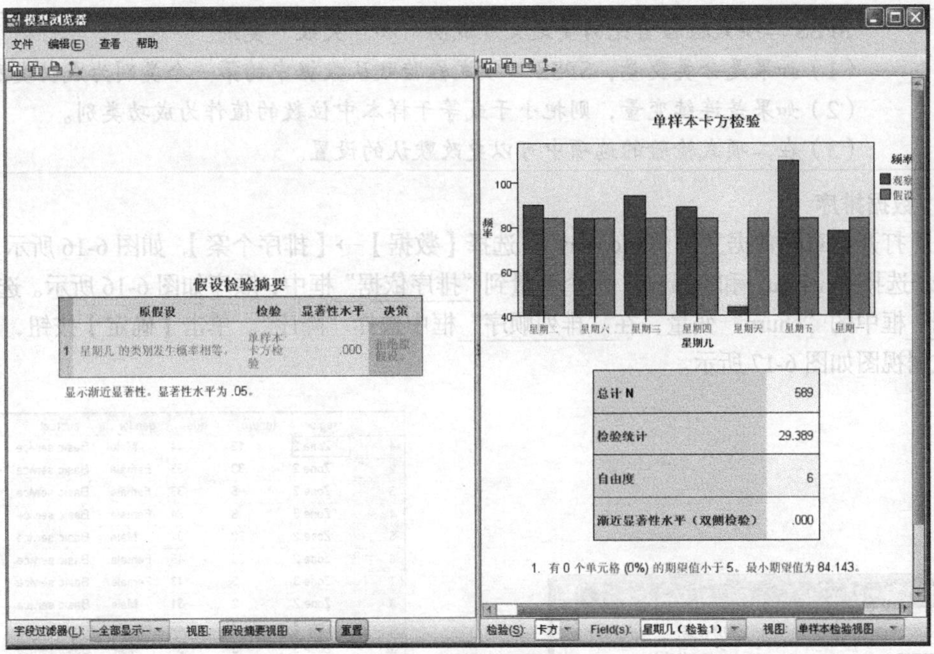

图6-15 模型浏览器

注意

卡方检验的模型浏览器视图显示聚类条形图和检验表。聚类条形图显示检验字段每个类别的观察频率和假设频率。悬停在条形上将在工具提示中显示观察频率和假设频率及其差别（残差）。观察和假设条形中的可见区别表明检验字段可能没有假设的分布。

6.2.2 二项式检验

现实生活中很多数据的取值是二值的，例如，性别变量有男性和女性两个取值；产品有合格和不合格两个取值；骰子可以有偶数面和奇数面两个取值。通常将二值分别用0和1表示。如果一个试验只有两个结果（分别称它们为失败和成功，并分别用0和1来表示），并且每次试验中每个结果出现的概率是固定的，则该试验为0-1试验（或称为贝努力试验）。如果将0-1试验独立地重复进行 n 次，则得到 n 重贝努力试验。在一个 n 重贝努力试验中，结果1出现的次数 X 是一个随机变量，其所服从的概率分布称为二项分布。

二项分布记为 $B(n,p)$，其中 n 为重复试验的次数，p 为一次试验中出现结果1的概率（或者成功的概率），其概率密度函数如下。

$$P(X=k)=\binom{n}{k}p^k(1-p)^{n-k}, k=0,1,2,\cdots,n \qquad \text{（二项分布公式）}$$

SPSS的二项式检验通过样本数据检验样本来自的总体是否服从指定的二项分布。例如，现代社会男、女的比例是否为1.01：1；工厂的次品率是否为1%等都可以通过二项式检验完成。

一家电信公司每个月大约有27%的用户会离开，为减少客户流失，公司经理想了解不同的客户群的流失比例是否有差异。客户流失数据在本章的数据文件“telco.sav”中。我们所关心的是流失客户，即“Churn”值为1的客户。首先把个案按照客户类型和是否流失排序，这样每一类客户中的第一条个案即为为流失客户，然后按照客户类型来分隔文件，最后用二项式检验各个客户群的流失比例是否有差异。

注意

SPSS 二项式检验首先需要定义“成功”和“失败”类别。

（1）如果是分类变量，SPSS 二项式检验默认数据中的第一个类别为成功类别。

（2）如果是连续变量，则把小于或等于样本中位数的值作为成功类别。

（3）在二项式检验的选项中可以更改默认的设置。

1. **数据排序**

（1）打开本章的数据文件“telco.sav”，选择【数据】→【排序个案】，如图 6-16 所示。

（2）选择“custcat”和“churn”两个变量到“排序依据”框中，顺序如图 6-16 所示。选中“排序依据”框中的“churn”变量，在“排列顺序”框中选择“降序”。单击【确定】按钮，则排序后的数据视图如图 6-17 所示。

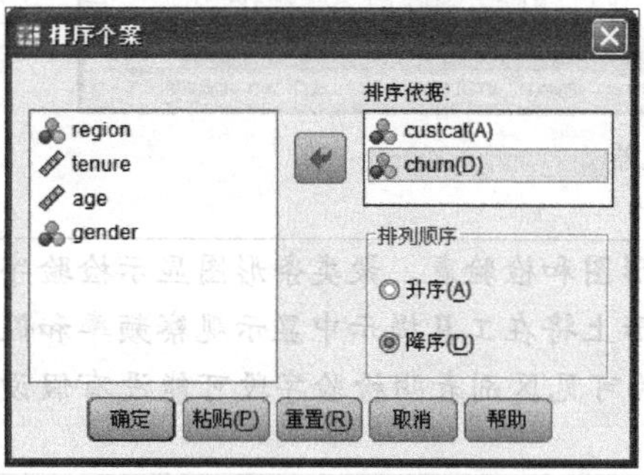

图 6-16 “排序个案”对话框

	region	tenure	age	gender	custcat	churn
1	Zone 2	13	44	Male	Basic service	Yes
2	Zone 2	33	33	Female	Basic service	Yes
3	Zone 2	5	33	Female	Basic service	Yes
4	Zone 3	9	34	Female	Basic service	Yes
5	Zone 2	30	34	Male	Basic service	Yes
6	Zone 2	36	45	Female	Basic service	Yes
7	Zone 3	3	43	Female	Basic service	Yes
8	Zone 2	2	31	Male	Basic service	Yes
9	Zone 3	3	20	Female	Basic service	Yes
10	Zone 3	3	31	Male	Basic service	Yes
11	Zone 3	19	29	Male	Basic service	Yes
12	Zone 2	7	35	Male	Basic service	Yes
13	Zone 2	7	33	Female	Basic service	Yes
14	Zone 3	7	24	Male	Basic service	Yes
15	Zone 1	3	33	Female	Basic service	Yes
16	Zone 1	17	51	Female	Basic service	Yes
17	Zone 1	3	33	Male	Basic service	Yes
18	Zone 3	39	24	Male	Basic service	Yes
19	Zone 2	6	30	Female	Basic service	Yes
20	Zone 2	1	21	Female	Basic service	Yes

图 6-17 排序后数据

2. **分隔文件**

我们按照客户类型来分隔数据文件。选择【数据】→【拆分文件】，如图 6-18 所示，选择“比较组（C）”，把“custcat”变量选入“分组方式”框中。由于在上文中已经对文件排序，因此我们选择“文件已排序”。设置完成后，单击【确定】按钮。

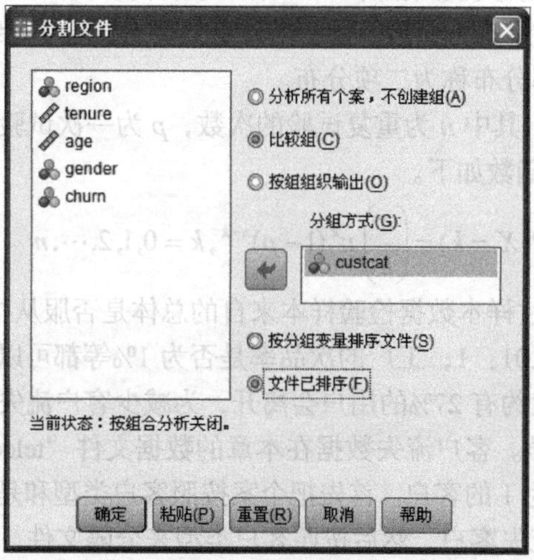

图 6-18 拆分文件

以上操作也可以通过下列语法命令完成。

```
DATASET ACTIVATE myData.
SPLIT FILE LAYERED BY custcat.
EXECUTE.
```

3. 二分类变量二项式检验

（1）选择【分析】→【非参数检验】→【单样本】，在“单样本非参数检验”对话框的“字段（F）”选项卡中，选择“churn”为检验字段，如图 6-19 所示。在“设置”选项卡中，勾选“自定义检验（T）”，选中“比较观察二分类可能性和假设二分类可能性（二项式检验）（O）”，如图 6-20 所示。

（2）如图 6-20 所示，单击“比较观察二分类可能性和假设二分类可能性（二项式检验）（O）”下面的【选项（B）】按钮，设置二项式检验的假设比例（或者概率），即二项分布公式中的概率 p，如图 6-21 所示。在“假设比例”部分，输入待检验的比例 0.27，其他设置保留默认值。

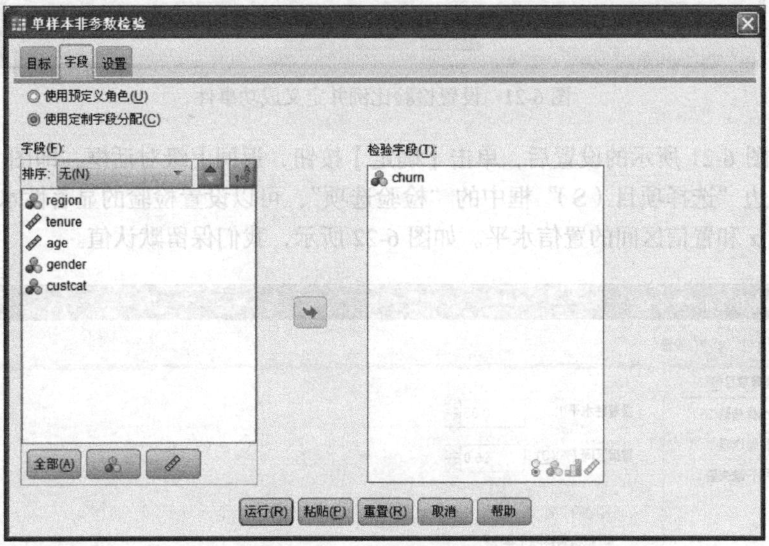

图 6-19　设置检验字段

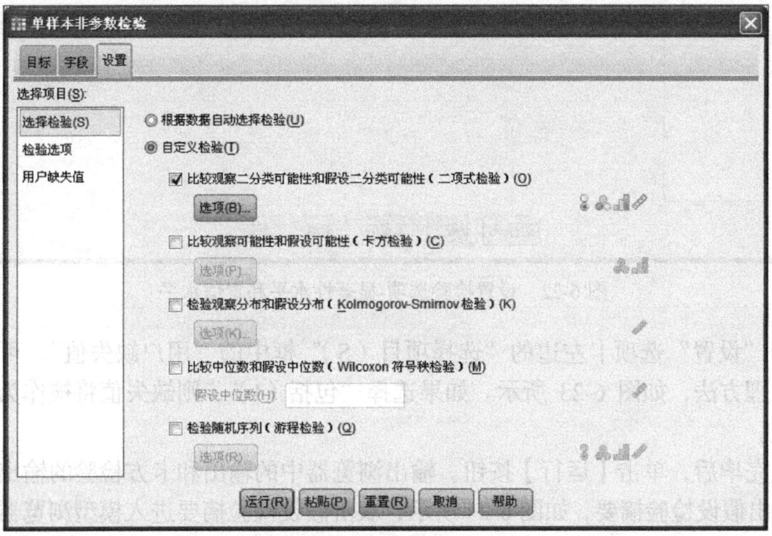

图 6-20　设置检验方法

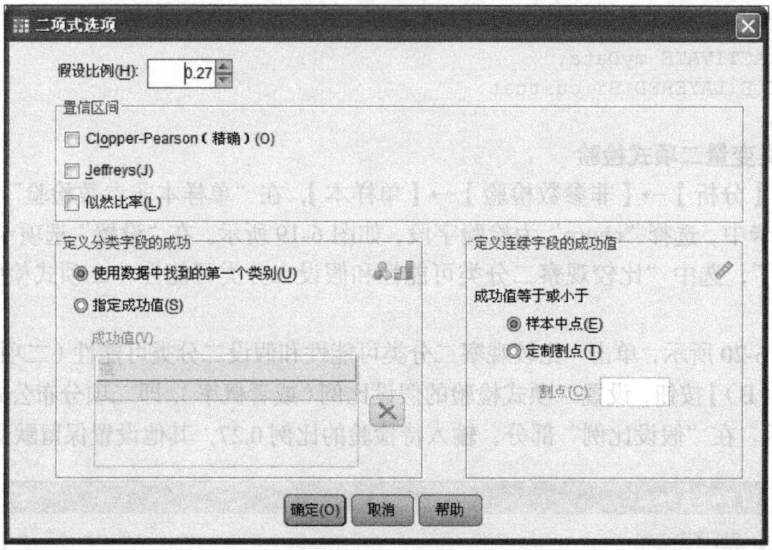

图 6-21　设置检验比例并定义成功事件

（3）进行图 6-21 所示的设置后，单击【确定】按钮，返回上级对话框，即图 6-20 所示的对话框。单击左边“选择项目（S）”框中的“检验选项”，可以设置检验的显著性水平，即犯第一类错误的概率 α 和置信区间的置信水平。如图 6-22 所示，我们保留默认值。

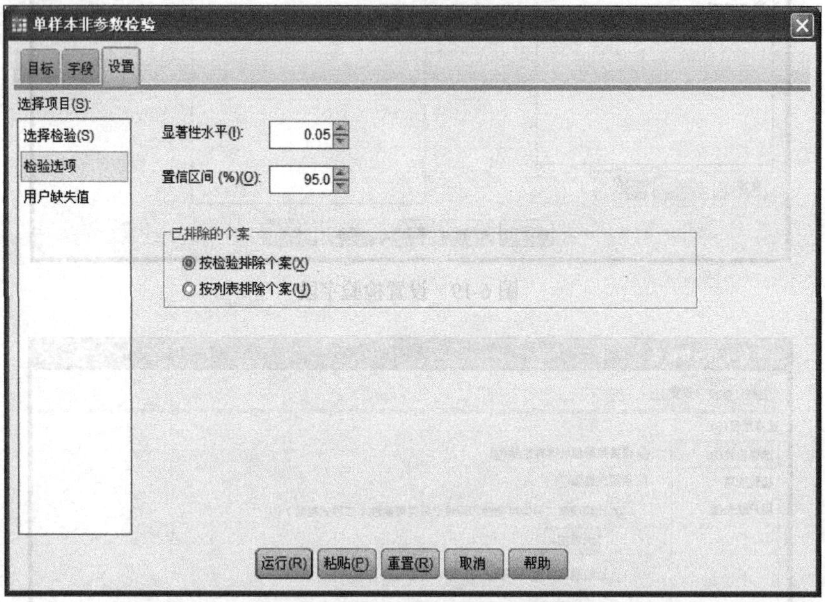

图 6-22　设置检验选项-显著性水平和置信水平

（4）单击“设置”选项卡左边的“选择项目（S）”框中的“用户缺失值”，可以设置分类变量缺失值的处理方法，如图 6-23 所示。如果选择“包括（I）”，则缺失值将被作为一个类别，我们保留默认值。

（5）设置完毕后，单击【运行】按钮。输出浏览器中的输出和卡方检验的输出类似。

（6）先给出假设检验摘要，如图 6-24 所示，双击假设检验摘要进入模型浏览器中，如图 6-25 和图 6-26 所示。

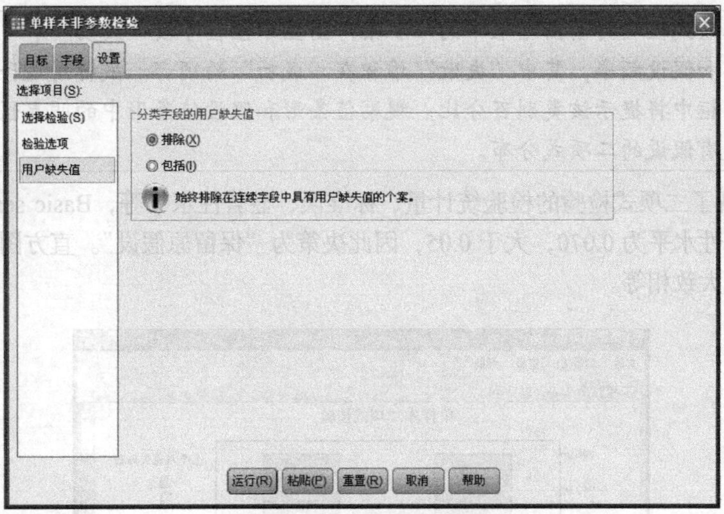

图 6-23　缺失值处理方法

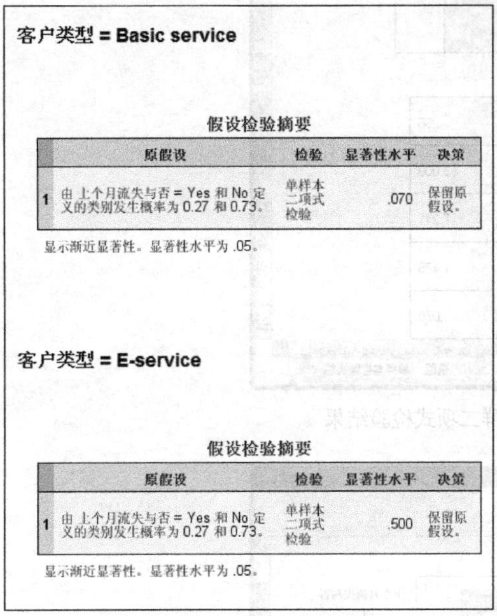

客户类型 = Basic service

假设检验摘要

	原假设	检验	显著性水平	决策
1	由 上个月流失与否 = Yes 和 No 定义的类别发生概率为 0.27 和 0.73。	单样本二项式检验	.070	保留原假设。

显示渐近显著性。显著性水平为 .05。

客户类型 = E-service

假设检验摘要

	原假设	检验	显著性水平	决策
1	由 上个月流失与否 = Yes 和 No 定义的类别发生概率为 0.27 和 0.73。	单样本二项式检验	.500	保留原假设。

显示渐近显著性。显著性水平为 .05。

图 6-24（A）　二项式检验摘要

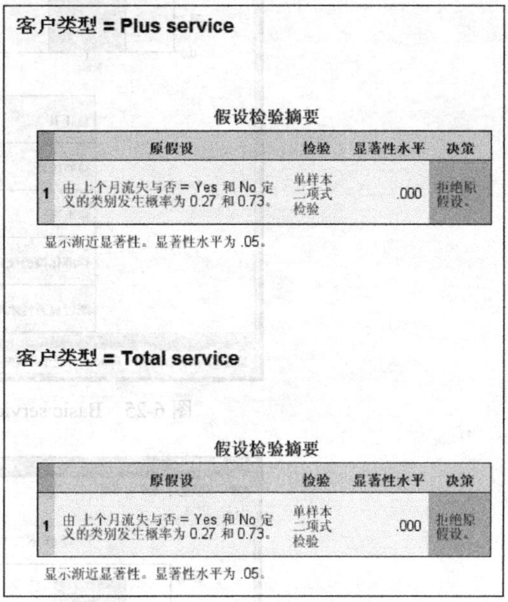

客户类型 = Plus service

假设检验摘要

	原假设	检验	显著性水平	决策
1	由 上个月流失与否 = Yes 和 No 定义的类别发生概率为 0.27 和 0.73。	单样本二项式检验	.000	拒绝原假设。

显示渐近显著性。显著性水平为 .05。

客户类型 = Total service

假设检验摘要

	原假设	检验	显著性水平	决策
1	由 上个月流失与否 = Yes 和 No 定义的类别发生概率为 0.27 和 0.73。	单样本二项式检验	.000	拒绝原假设。

显示渐近显著性。显著性水平为 .05。

图 6-24（B）　二项式检验摘要

以上操作也可以通过下列语法命令来完成。

```
DATASET ACTIVATE myData.
*Nonparametric Tests: One Sample.
NPTESTS
  /ONESAMPLE TEST (churn) BINOMIAL(TESTVALUE=0.27 SUCCESSCATEGORICAL=FIRST
    SUCCESSCONTINUOUS=CUTPOINT(MIDPOINT))
  /MISSING SCOPE=ANALYSIS USERMISSING=EXCLUDE
  /CRITERIA ALPHA=0.05 CILEVEL=95.
```

从假设检验摘要可知，客户类型 Plus service 和 Total service 的显著性水平值小于 0.05，二项式检验显著，决策为“拒绝原假设”，即他们的客户流失比例显著不等于 27%。

分别双击客户类型 Basic service 和 Plus service 的假设检验摘要图，得到图 6-25 和图 6-26。图 6-25 和图 6-26 的模型浏览器中的“二项式检验”显示堆积条形图和检验表。

注意

二项式检验的输出结果中的堆积条形图显示检验字段“成功”和“失败”类别的观察频率和假设频率，其中“失败”堆积在“成功”的顶部。鼠标滑过条形时，悬停在条形旁的框中将提示该类别百分比。观察值条形和假设值条形中的明显区别表明检验字段可能没有假设的二项式分布。

图 6-25 展现了二项式检验的检验统计量、标准误、显著性水平等，Basic service 客户群的二项式检验的显著性水平为 0.070，大于 0.05，因此决策为“保留原假设”。直方图显示观察值和假设值的流失比例大致相等。

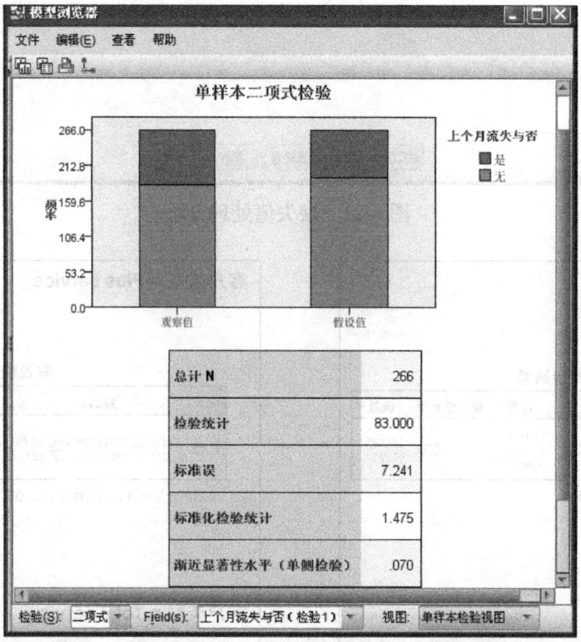

图 6-25 Basic service 客户群二项式检验结果

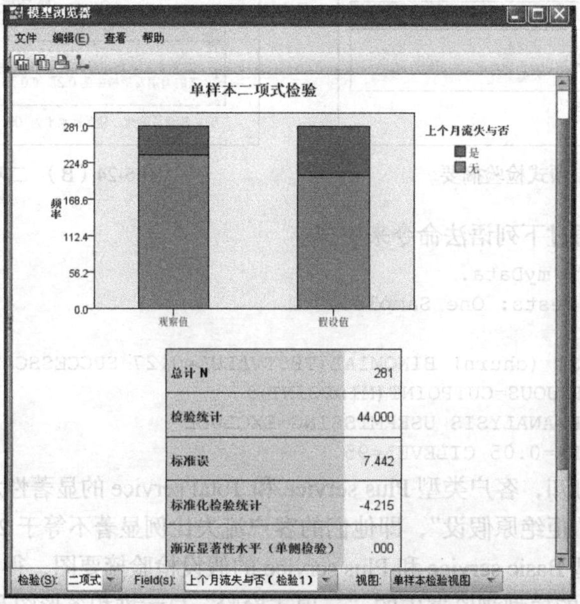

图 6-26 Plus service 客户群二项式检验结果

图 6-26 展示了客户群 Plus service 的二项式检验结果，单侧显著性水平为 0.000（SPSS 中小于 0.000 5 的值显示为 0.000），因此拒绝原假设，即该客户群中流失的比例小于 27%。

从图 6-26 上方的堆积条形图可见，观察流失比例和假设流失比例相差很大。

注意

应用新的非参数检验的界面模型，在模型浏览器中通过图形来展示结果，形象直观，一目了然。如果需要了解更多的信息，比如知道 Total service 和 Plus service 两个客户群的流失比例不同于 27%，需要更进一步知道这两个组哪个流失严重，则需要用其他方法继续进行分析。

实际上，Plus service 的流失比例（为 16%）显著小于 27%。而 Total service 的流失比例（为 37%）显著大于 27%，该客户群是流失风险最大的，需要重点关注该组客户，找出它们不满意的原因，进而降低该组客户的流失。

---

4. “旧对话框”实现连续变量的二项式检验

在 SPSS 版本 18 以前的非参数检验，都可以在“旧对话框”菜单中找到，如图 6-27 所示。

前文内容已经证实各个客户群流失的比例不同，其中 Total service 组的流失比例显著大于 27%。我们想知道，收入的高低和流失是否有关系。在流失的客户和没有流失的客户中，收入在中位数$47 000 以上的家庭和在$47 000 以下的家庭所占的比例是否有显著差异呢？相关操作如下。

（1）我们先按照流失与否对数据进行分隔，如图 6-28 所示，“分组方式（G）”中选择“churn”，同时选中“按分组变量排序文件”，单击【确定】按钮。

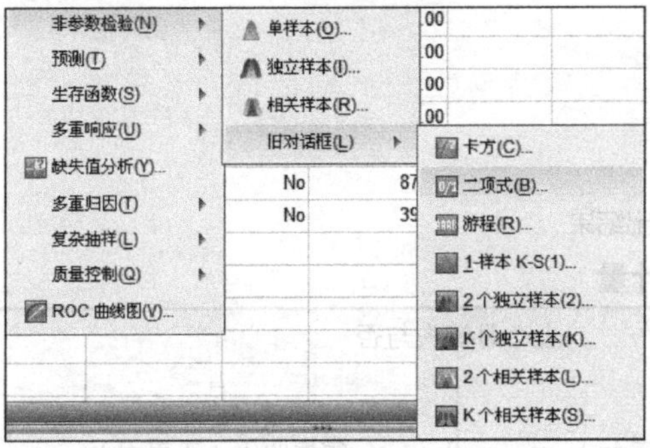

图 6-27　非参数检验旧对话框

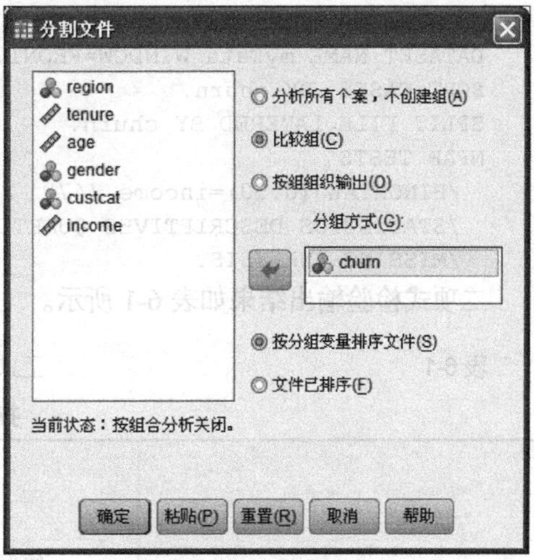

图 6-28　分割文件

（2）选择【非参数检验】→【旧对话框】→【二项式】，进入“二项式检验”对话框，如图 6-29 所示。把“income”变量选入“检验变量列表（T）”框中，在左下部分的“定义二分法”框中，选择“割点”，输入 47，即取“income”的中位数 47（代表$47 000）作为分割点。检验比例取默认值 0.5，意即比较收入小于或等于$47 000 的家庭和大于$47 000 的家庭的比例是否显著区别于 0.5，也就是说，检验在流失客户群中家庭收入是否和流失有关系。

（3）在图 6-29 中，单击【选项】按钮，设置二项式检验输出的统计量和对缺失值处理方式。如图 6-30 所示，这里选择“描述性”和“四分位数”。

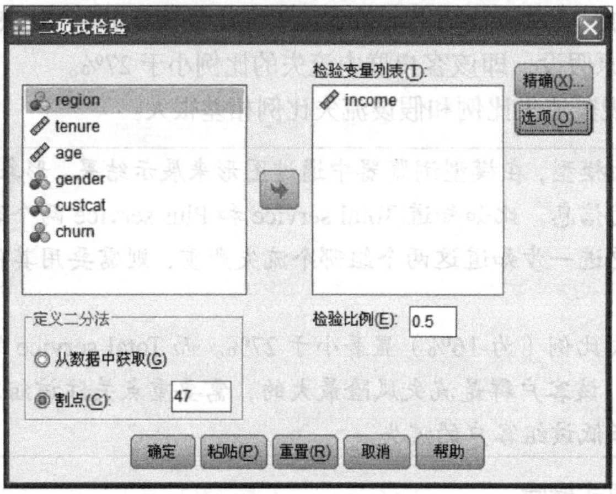

图 6-29　定义成功和失败事件-割点

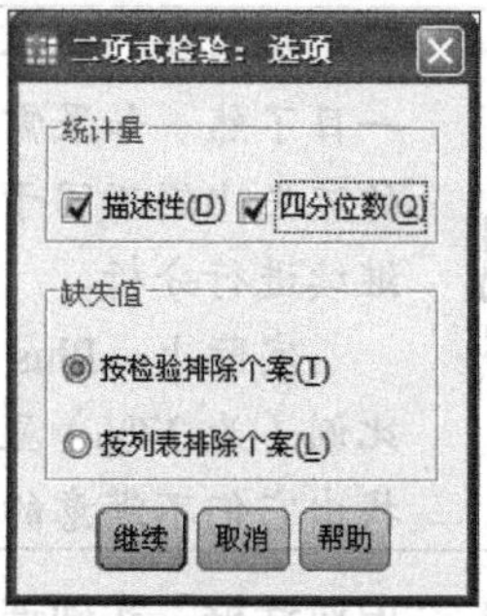

图 6-30　“二项式检验：选项”对话框

注意　新的用户界面没有该选项，因此不能输出描述性统计量和四分位数。

（4）图 6-30 设置完毕后，单击【继续】按钮，返回上级对话框，单击【确定】按钮。以上操作可以通过以下语法命令完成。

```
NEW FILE.
DATASET CLOSE ALL.
GET FILE = 'C:\SPSSIntro\Chapter 6\telco.sav' .
DATASET NAME myData WINDOW=FRONT.
SORT CASES  BY churn.
SPLIT FILE LAYERED BY churn.
NPAR TESTS
  /BINOMIAL (0.50)=income (47)
  /STATISTICS DESCRIPTIVES QUARTILES
  /MISSING ANALYSIS.
```

二项式检验输出结果如表 6-1 所示。

表 6-1　　　　二项式检验输出结果

描述性统计量

		上个月流失与否	
		无	是
		家庭收入（千美元）	家庭收入（千美元）
N		726	274
均值		83.538 6	61.627 7
标准差		119.404 47	60.970 78
极小值		9.00	9.00
极大值		1 668.00	429.00
百分位	第 25 个	30.000 0	26.750 0
	第 50 个（中值）	49.000 0	41.000 0
	第 75 个	89.250 0	70.000 0

续表

二项式检验

上个月流失与否			类别	N	观察比例	检验比例	渐近显著性（双侧）
无	家庭收入（千美元）	组 1	<=47	345	.48	.50	.194[a]
		组 2	>47	381	.52		
		总数		726	1.00		
是	家庭收入（千美元）	组 1	<=47	160	.58	.50	.006[a]
		组 2	>47	114	.42		
		总数		274	1.00		

a. 基于 Z 近似值

从表 6-1 中的“二项式检验”部分可知，没有客户流失的组中家庭收入高于中位数 47 和小于等于 47 的比例与 50%无显著区别；而有客户流失的组中，小于等于 47 的客户显然超过大于 47 的客户，即收入偏低的客户居多。从“描述性统计量”部分知，在流失组中其家庭收入均值为 61.63，没有流失的组均值为 83.54。流失组的 3 个四分位数都小于没有流失组的相应的四分位数。

6.2.3　K–S 检验

K-S 检验是一种利用样本数据推断样本来自的总体是否与某一理论分布有显著差异的非参数统计方法，是拟合优度检验的方法之一。它适用于探索连续型随机变量的分布。

K-S 检验在实际中有广泛的应用，如可以检验某个班级某科的成绩是否与正态分布有显著差异，某地区新生婴儿的体重是否与正态分布有显著差异，某商店顾客的到来是否与泊松分布有显著差异等都可以用 K-S 检验来实现。SPSS 的 K-S 检验可以检验 4 种理论分布：正态分布、均匀分布、泊松分布和指数分布。

单样本 K-S 检验的原假设为样本来自的总体与指定的理论分布无显著差异，记作 H_0。

精算师需要分析某个地区驾驶员的交通事故数量，她在该地区随机抽取了 500 名驾驶员的数据。她想验证驾驶员的交通事故数量是否服从泊松分布，就可以采用单样本的 K-S 检验。具体操作如下。

（1）打开本章的数据文件“autoaccidents.sav”，选择【分析】→【非参数检验】→【单样本非参数检验】，弹出“单样本非参数检验”对话框，如图 6-31 所示，在“字段”选项卡中设置检验字段为“事故数”。

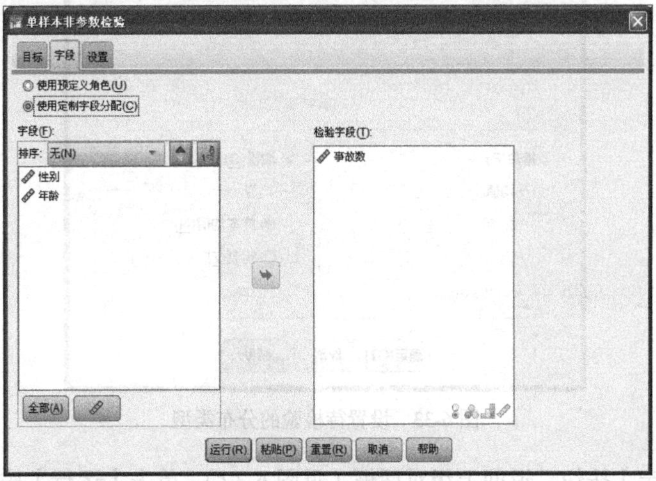

图 6-31　设置检验字段

（2）在“设置”选项卡中设置检验方法为 K-S 检验，如图 6-32 所示。

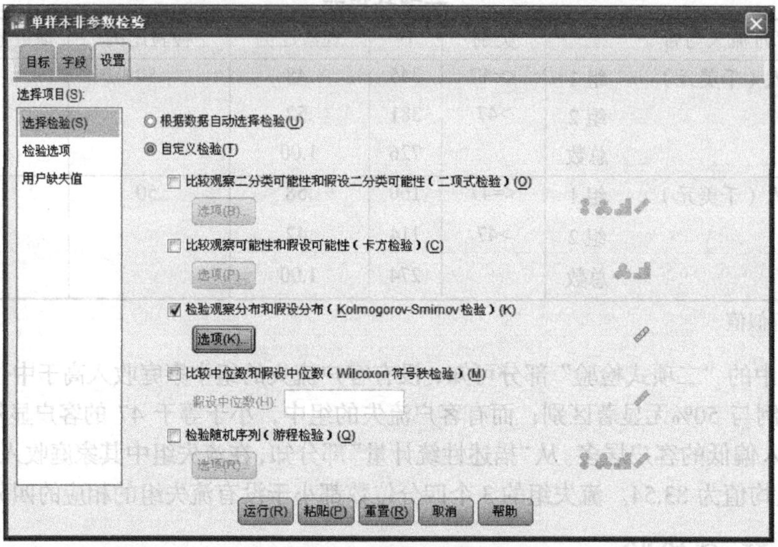

图 6-32　设置检验方法

（3）在图 6-32 中，单击“检验观察分布和假设分布（Kolmogorov-Smirnon 检验）（K）”下的【选项（K）】按钮，设置检验的分布类型，我们选择“泊松”，SPSS 默认分布的参数是从样本数据中计算而来，也可以手工输入该分布的参数，这里我们保留默认值，如图 6-33 所示。

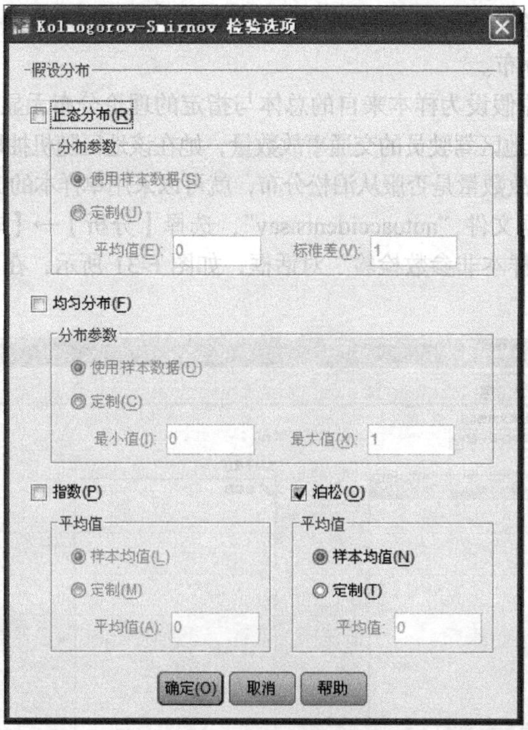

图 6-33　设置待检验的分布类型

（4）单击【确定】按钮，返回上级对话框（见图 6-32），单击【运行】按钮。

以上操作也可以通过下列语法命令来实现。

```
NEW FILE.
DATASET CLOSE ALL.
GET FILE = 'C:\SPSSIntro\Chapter 6\autoaccidents.sav' .
DATASET NAME myData WINDOW=FRONT.
NPTESTS
  /ONESAMPLE TEST (事故数) KOLMOGOROV_SMIRNOV(POISSON=SAMPLE )
  /MISSING SCOPE=ANALYSIS USERMISSING=EXCLUDE
  /CRITERIA ALPHA=0.05 CILEVEL=95.
```

在结果浏览器中，K-S 检验的结果如图 6-34 和图 6-35 所示。

假设检验摘要

	原假设	检验	显著性水平	决策
1	过去5年的事故数 的分布为具有均值 1.722 的泊松分布。	单样本 Kolmogorov-Smirnov 检验	.028	拒绝原假设。

显示渐近显著性。显著性水平为 .05。

图 6-34　K-S 检验摘要

显著性水平为 0.028，小于 0.05，因此决策为拒绝“过去 5 年的事故数的分布为具有均值 1.722 的泊松分布”的原假设。

双击图 6-34 所示的 K-S 检验摘要，进入模型浏览器，如图 6-35 所示。

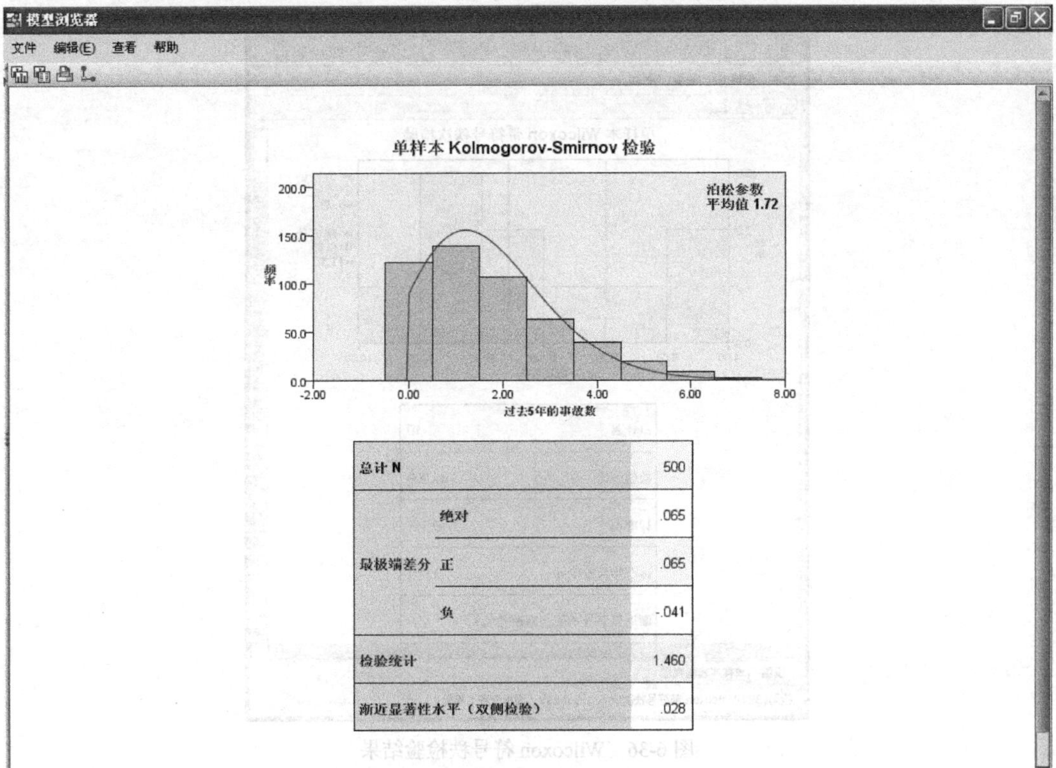

图 6-35　检验统计量

图 6-35 给出了 K-S 检验的检验统计量和检验变量事故数的直方图。

注意

K-S 检验模型浏览器视图显示直方图和检验表。直方图包括假设均匀、正态、泊松或指数分布概率密度函数的重叠。注意，该检验基于累积分布，同时表格中报告的“最极端差分”应相对于累积分布进行解释。

6.2.4 Wilcoxon 符号秩检验

Wilcoxon 符号秩检验用于检验样本所来自的总体的中位数和所给的值是否有显著区别。该检验适用于连续型数据（或者尺度数据）。它把观测值和原假设的中心位置之差的绝对值的秩分别按照不同的符号相加作为其检验统计量。注意，该检验需要假定样本数据来自分布连续对称的总体，此时总体中位数等于均值。

Wilcoxon 符号秩检验的原假设为：

H_0：样本所来自的总体的中位数等于给定的数值。

本章的数据文件“alcohol.sav”是欧洲城镇每人每年平均消费的酒类相当于纯酒精数。我们用 Wilcoxon 符号秩检验来考察人均年消费酒精量的中位数等于纯酒精 8 升。Wilcoxon 符号秩检验的操作方式和以上介绍的单样本的非参数检验十分类似，留给读者自己完成。我们对解读模型浏览器中的结果做简单介绍。

“Wilcoxon 符号秩次检验”模型浏览器视图显示直方图和检验表。直方图包括显示观察和假设中位数的垂直线。如果两条垂直线的距离过远，有理由怀疑观测中位数和假设中位数无显著差别这一原假设。Wilcoxon 符号秩次检验结果如图 6-36 所示。

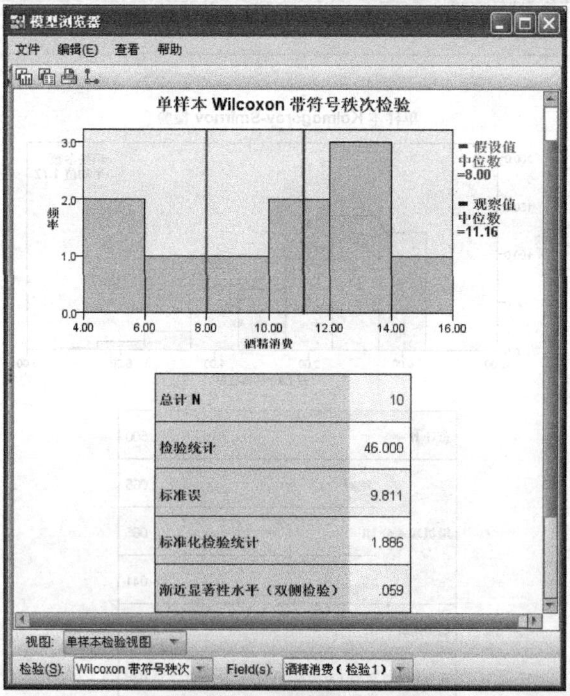

图 6-36　Wilcoxon 符号秩检验结果

6.2.5 游程检验

游程检验用于检验某一变量的两个值的出现顺序是否随机。对于连续型变量的随机性检验也可以转化为只有两个取值的分类变量的随机性的检验。游程检验通过对样本观测值的分析，用来检验该样本所来自的总体序列是否为随机序列（又称为白噪声序列）。它也可以用来检验一个样本的观测值之间是否相互独立。

游程检验的原假设为：

H_0：总体中变量值的出现是随机的。

假定我们投掷一枚硬币，以概率 p 得到正面，记为 1，以概率 1-p 得到反面，记为 0。

例如，下面为投掷该枚硬币 23 次得到的结果。

00000000111111000001111100

连在一起的 0 或者 1 称为一个游程。以上序列有 3 个“0”游程，两个“1”游程，共有 5 个游程。如果该试验是随机的，则不太可能出现许多 1 或许多 0 连在一起，也不可能 0 和 1 交替出现得太频繁。游程数太大或者太小都将表明变量取值存在不随机现象。

SPSS 单样本非参数检验中的游程检验利用游程数构造检验统计量。一般假设 n_1 为出现 0 的个数，n_2 为出现 1 的个数，r 表示总的游程数。当 n_1 和 n_2 较大时，总的游程数的抽样分布的均值和方差分别为

$$\mu_r = \frac{2n_1n_2}{n_1+n_2} \text{ 和 } \sigma_r^2 = \frac{2n_1n_2(2n_1n_2-n_1-n_2)}{(n_1+n_2)^2(n_1+n_2-1)}$$

于是，检验统计量为

$$Z = \frac{r-\mu_r}{\sigma_r^2}$$

检验数据文件“runs.sav”中的 runs 变量的取值是否为随机的。游程检验的操作方式和以上介绍的单样本的非参数检验十分类似，读者可以自己完成。我们给出游程检验的结果，如图 6-37 和图 6-38 所示。

假设检验摘要

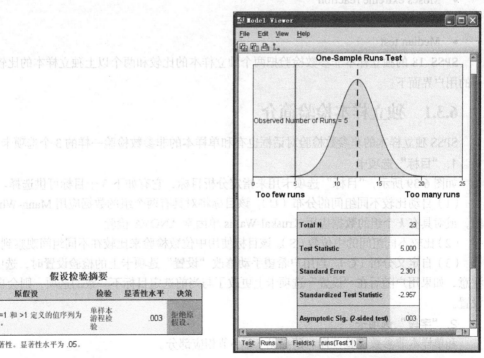

	原假设	检验	显著性水平	决策
1	由 runs<=1 和 >1 定义的值序列为随机序列。	单样本游程检验	.003	拒绝原假设。

显示渐近显著性。显著性水平为 .05。

图 6-37　假设检验摘要

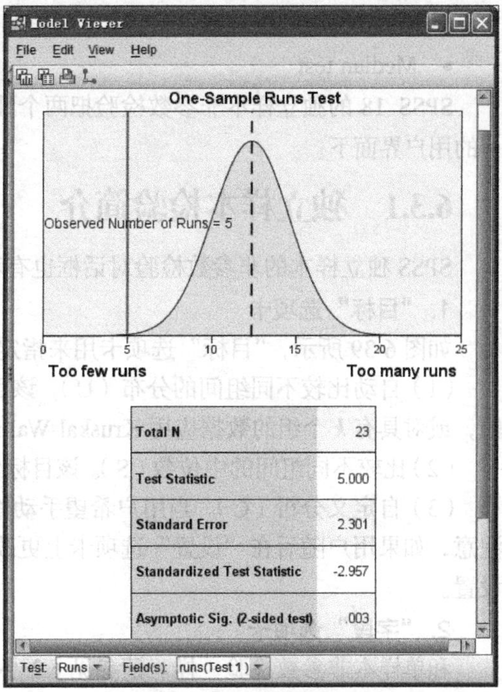

图 6-38　游程检验结果

注意 游程检验视图显示图表和检验表，显示以垂直线标记的观察到的游程数的正态分布。当执行精确检验时，该检验不基于正态分布。

6.3 独立样本非参数检验

独立样本非参数检验使用一个或多个非参数检验方法来识别两个或更多个组间的差别。对于两个分布未知的总体，或者两个总体的分布不服从正态时，我们无法应用 T 检验来比较两个总体。这时可以转而应用非参数的方法来比较两个总体的中心位置的差异。独立样本是指样本来自的总体相互独立。

独立样本包括两个独立样本或者两个以上的独立样本。SPSS 提供的独立样本非参数检验的方法如下。

（1）两个独立样本分布的比较：

- Mann-Whitney U
- Kolmogorov-Smimov
- Wald-Wolfowitz

（2）K 个独立样本分布的比较：

- Kruskal-Wallis
- Jonckheere-Terpstra

（3）比较全矩：

- Moses extreme reaction

（4）比较各组的中位数：

- Median test

SPSS 18 的独立样本非参数检验把两个独立样本的比较和两个以上独立样本的比较放到了统一的用户界面下。

6.3.1 独立样本检验简介

SPSS 独立样本的非参数检验对话框也有和单样本的非参数检验一样的 3 个选项卡。

1. “目标”选项卡

如图 6-39 所示，“目标”选项卡用来指定分析目标，它有如下 3 个目标可供选择。

（1）自动比较不同组间的分布（U）。该目标将对具有两个组的数据应用 Mann-Whitney U 检验，或对具有 k 个组的数据应用 Kruskal-Wallis 单因素 ANOVA 检验。

（2）比较不同组间的中位数（S）。该目标使用中位数检验来比较在不同组间观察到的中位数。

（3）自定义分析（C）。当用户希望手动修改“设置”选项卡上的检验设置时，选中此选项。注意，如果用户随后在“设置”选项卡上更改了与当前选定目标不一致的选项，则会自动选择该设置。

2. “字段”选项卡

和单样本非参数检验一样。请参见 6.2 小节相应部分。

3. “设置”选项卡

如图 6-40 所示，“设置”选项卡按照要进行的分析任务来组织非参数分析的方法。

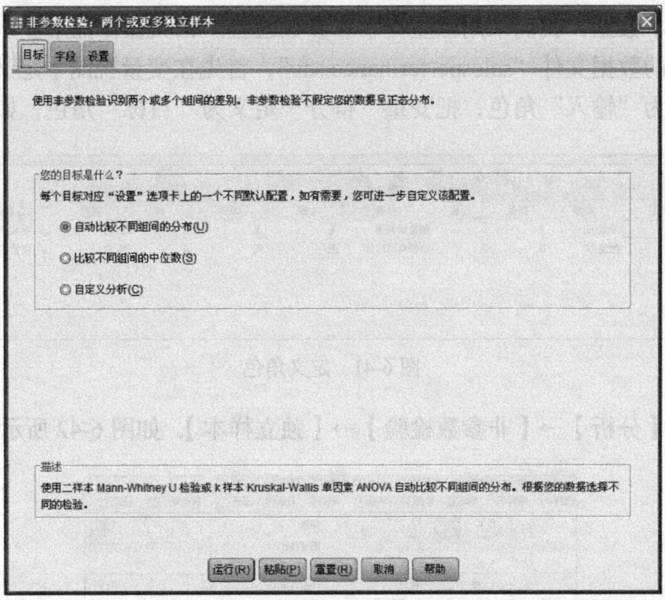

图 6-39 “目标”选项卡

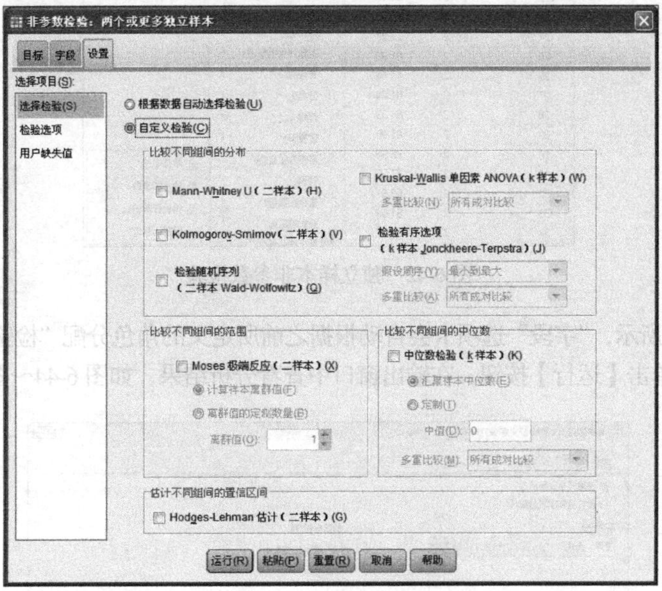

图 6-40 “设置”选项卡

注意

用户可根据分析目的在“自定义检验”中选择合适的非参数检验方法，当然也可选中“根据数据自动选择检验”，让 SPSS 自动选择所有适用的检验方法。

6.3.2 独立样本检验举例

一个公司把他们的销售代表随机分到 3 个不同的组中，进行不同的培训。两个月后对销售进行考察。本章的数据文件“salesperformance.sav”记录了他们的考试得分。我们想通过非参数检验比较不同组别的销售代表考试得分是否有显著性差异。这里，不同组别的考试得分是相互独立的，因此为独立样本数据，我们采用独立样本非参数检验。相关操作如下。

（1）打开本章的数据文件“salesperformance.sav”，首先在变量视图中定义相应变量的角色。把变量“组”定义为“输入”角色，把变量“得分”定义为“目标”角色，如图 6-41 所示。

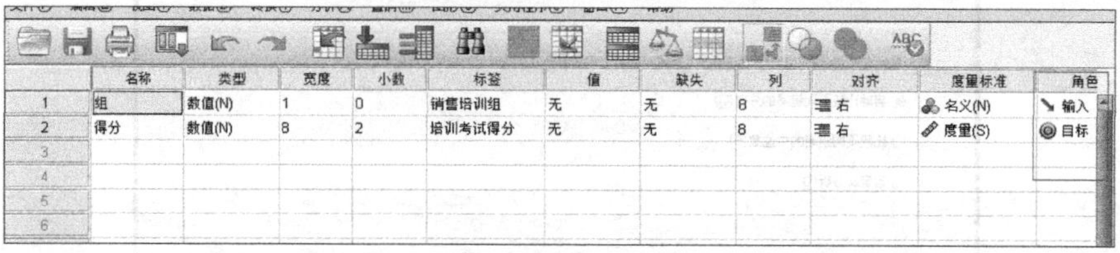

图 6-41　定义角色

（2）然后选择【分析】→【非参数检验】→【独立样本】，如图 6-42 所示。

图 6-42　独立样本非参数检验

（3）如图 6-43 所示，“字段”选项卡会自动根据之前所定义的角色分配“检验字段”和“组”。这里保持默认设置，单击【运行】按钮，在输出窗口中查看分析结果，如图 6-44～图 6-46 所示。

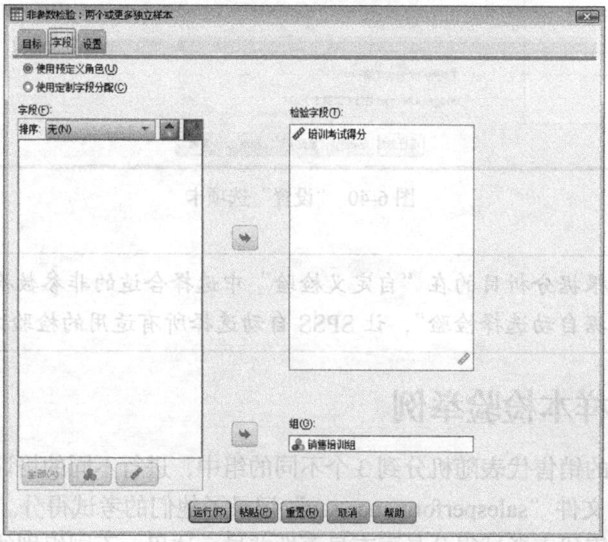

图 6-43　“字段”选项卡

假设检验摘要

	原假设	检验	显著性水平	决策
1	培训考试得分 的分布在 销售培训组 的类别间相同。	独立样本 Kruskal-Wallis 检验	.000	拒绝原假设。

显示渐近显著性。显著性水平为 .05。

图 6-44 3 个独立样本非参数假设检验摘要

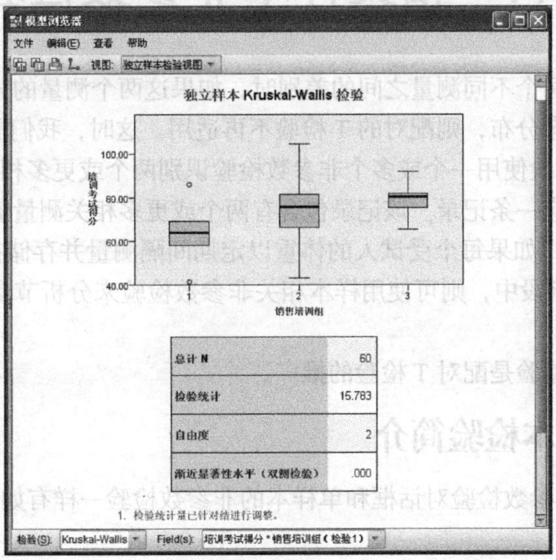

图 6-45 模型浏览器

由图 6-44 可知，不同组别的销售代表考试得分具有显著差异，双击该图激活模型浏览器，查看更多的信息，如图 6-45 所示。

图 6-45 上方为不同组别的箱图，从该图可知第 3 组得分最高，第 1 组得分最低。图 6-45 下方表中给出了检验统计量及其 P 值。

从视图下拉框中选择“成对比较”进一步进行两组之间的“成对比较”，如图 6-46 所示。

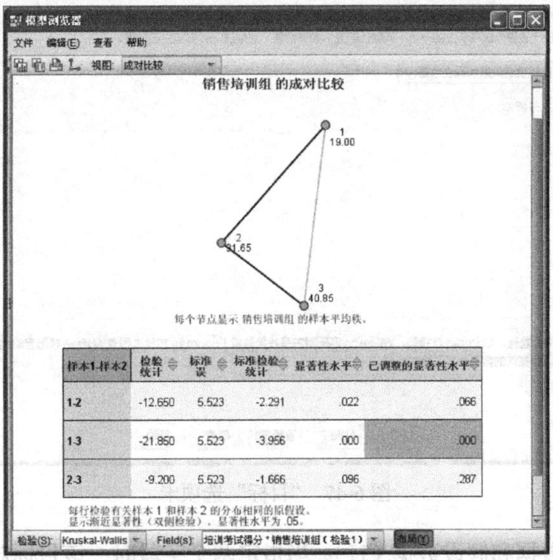

图 6-46 成对比较

从图 6-46 可直观看出：组 1 和组 3 具有显著性统计差异，而组 2 和组 3、组 1 和组 2 并无显著性统计差异。在图 6-46 上方的图中，有显著性差异的组之间连线为黄线，无显著性差异的组之间的连线为黑线。图 6-46 下方的表为检验统计量和 *P* 值。

6.4 相关样本非参数检验

当比较一个总体的两个不同测量之间的差别时，如果这两个测量的分布未知，或者它们所来自的总体明显不服从正态分布，则配对的 T 检验不再适用。这时，我们需要应用非参数的方法。SPSS 相关样本非参数检验使用一个或多个非参数检验识别两个或更多相关字段间的差别。

每个给定受试人对应一条记录。该记录包含有两个或更多相关测量值，他们分别存储在数据集的单独字段中。例如，如果每个受试人的体重以定期间隔测量并存储在如节食前体重、中间体重和节食后体重这样的字段中，则可使用样本相关非参数检验来分析节食计划的有效性研究。这些字段为“相关”。

相关样本的非参数检验是配对 T 检验的推广。

6.4.1 相关样本检验简介

SPSS 相关样本的非参数检验对话框和单样本的非参数检验一样有如下 3 个选项卡。

1．“目标”选项卡

如图 6-47 所示，用户可以在“目标”选项卡上指定分析目标，它有两个目标可供选择。目标允许用户快速指定常用的不同检验设置。

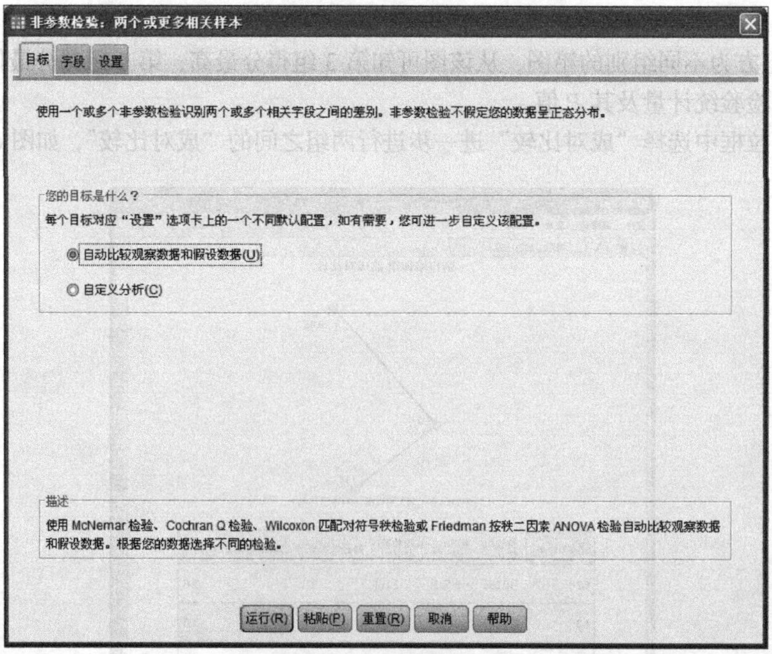

图 6-47 “目标”选项卡

（1）自动比较观察数据和假设数据（U）：当指定两个字段时，该目标对分类数据应用 McNemar 检验；当指定超过两个字段时，则对分类数据应用 Cochran 的 Q 检验；当指定两个字段时，对连续数据应用 Wilcoxon 匹配对符号秩检验；当指定超过两个字段时，对连续数据应用 Friedman 的按秩二因素 ANOVA 检验。

（2）自定义分析（C）：当用户希望手动修改“设置”选项卡上的检验设置时，选中此选项。注意，如果用户随后在“设置”选项卡上更改了与当前选定目标不一致的选项，则会自动选择该设置。

当指定了不同测量级别的字段时，它们首先由测量级别隔开，然后将相应检验应用到每个组。例如，如果您选择“自动比较观测数据和假设数据（U）”作为您的目标，并指定 3 个连续字段和两个名义字段，则会将 Friedman 检验应用到连续字段并将 McNemar 检验应用到名义字段。

2. “字段”选项卡

用户在“字段”选项卡上指定字段分配和单样本非参数检验一样，“字段”选项卡的相关内容请参见 6.2 节相应部分。

3. “设置”选项卡

用户在“设置”选项卡上指定专家设置。如图 6-48 所示，“设置”选项卡按照要进行的分析任务来组织非参数分析的方法。

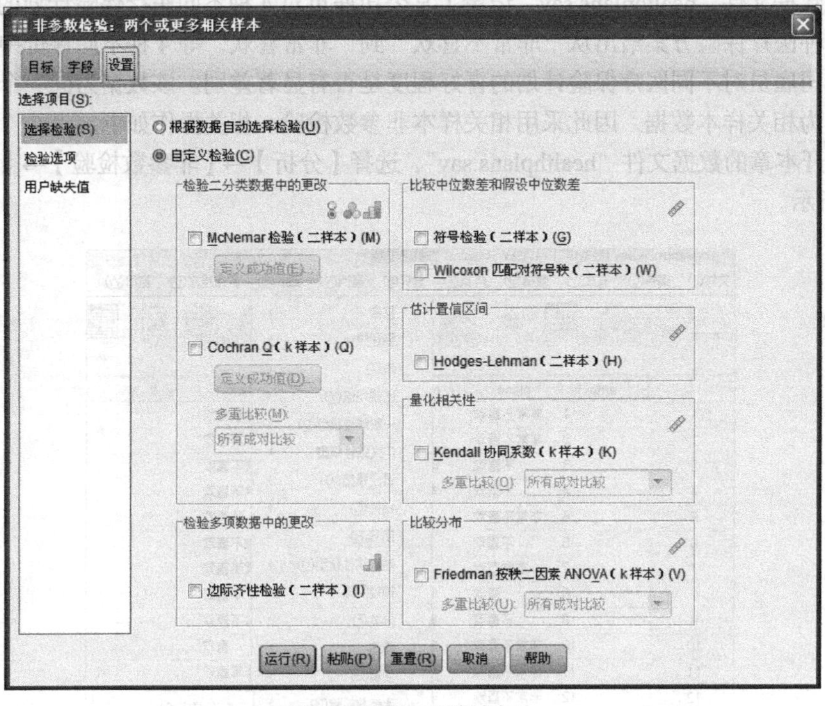

图 6-48　自定义检验方法

“自定义检验（C）”中的设置允许用户选择要执行的特定检验。

（1）检验二分类数据中的更改：McNemar 检验（二样本）可以应用到分类字段。这将生成一个相关样本检验，即两个标记字段（只有两个值的分类字段）间的值组合可能性是否相同。如果在“字段”选项卡上指定两个以上的字段，将不执行此检验。Cochran 的 Q（k 样本）可以应用到分类字段。这将生成一个相关样本检验，即 k 个标记字段（只有两个值的分类字段）间的值组合可能性是否相同。用户可以根据需要请求对 k 样本的多重比较，即所有成对多重比较或逐步降低比较。

（2）检验多项数据中的更改：边际齐性检验（二样本）生成一个相关样本检验，即两个配对有序字段间的值组合可能性是否相同。边际齐性检验通常在重复度量情况下使用。此检验是

McNemar 检验从二值响应到多项式响应的扩展。如果在“字段”选项卡上指定两个以上的字段，将不执行此检验。

（3）比较中位数差和假设中位数差：这些检验分别生成一个相关样本检验，即两个连续字段间的中位数差是否等于 0。如果在“字段”选项卡上指定两个以上的字段，将不执行这些检验。

（4）估计置信区间：这将为两个配对连续字段间中位数差生成一个相关样本估计和置信区间。如果在“字段”选项卡上指定两个以上的字段，将不执行此检验。

（5）量化相关性：Kendall 协同系数（k 样本）将生成对裁判员或评分员间一致性的测量，每条记录为单个裁判员对多个项目（字段）的评价。用户可以根据需要请求对 k 样本的多重比较，即所有成对多重比较或逐步降低比较。

（6）比较分布：Friedman 按秩二因素 ANOVA（k 样本）将生成一个相关样本检验，即 k 相关样本是否从同一总体中抽取。您可以根据需要请求对 k 样本的多重比较，即所有成对多重比较或逐步降低比较。

6.4.2 相关样本检验举例

本章的数据文件“healthplans.sav”记录了某公司雇员对 4 种不同医疗保险计划的评价，每个雇员对每一种医疗保险方案给出从“非常不喜欢”到“非常喜欢”等 4 种不同评价中的一种。我们想检验公司雇员对不同医疗保险计划的喜好程度是否有显著差别。该数据为同一个雇员的 4 种不同评价，为相关样本数据，因此采用相关样本非参数检验。相关操作如下。

（1）打开本章的数据文件“healthplans.sav”，选择【分析】→【非参数检验】→【相关样本】，如图 6-49 所示。

图 6-49 相关样本非参数检验

（2）在图 6-50 所示的“选择检验字段”对话框的“字段”选项卡中，把 4 种医疗保险计划所对应的 4 个字段选入“检验字段”，如图 6-50 所示。

（3）在图 6-51 所示的“设置”选项卡中选择“Friedman 按秩二因素 ANOVA（k 样本）”，并且在多重比较中的下拉框中选择“逐步降低”，如图 6-51 所示。

（4）设置完毕后，单击【运行（R）】按钮。

图 6-50 选择检验字段

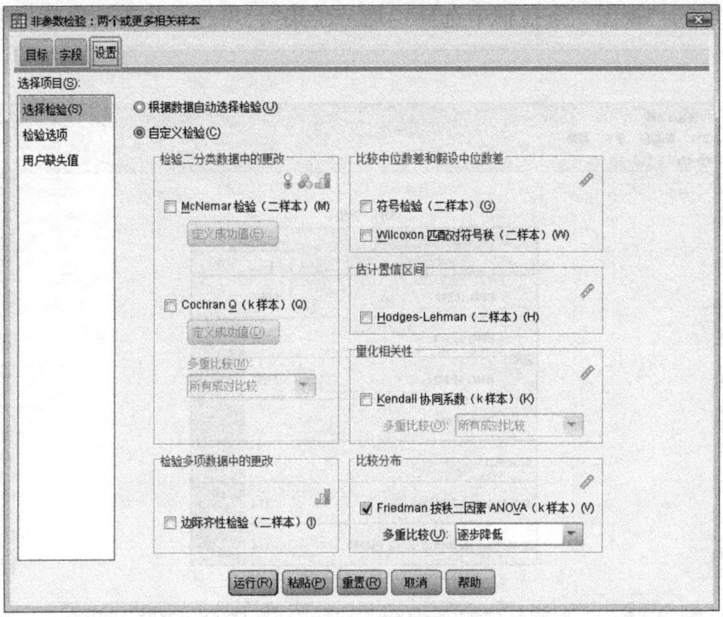

图 6-51 检验设置

（5）输出的分析结果如图 6-52～图 6-54 所示。

假设检验摘要

	原假设	检验	显著性水平	决策
1	PPO 计划1, PPO 计划2, HMO 计划 1 and HMO 计划2 的分布相同。	相关样本 Friedman 的双向按秩次方差分析	.016	拒绝原假设。

显示渐近显著性。显著性水平为 .05。

图 6-52 假设检验摘要

从图 6-52 可知，不同医疗保险计划的喜好程度具有显著性差异，双击该图激活模型浏览器以查看更详细的信息，如图 6-53 所示。

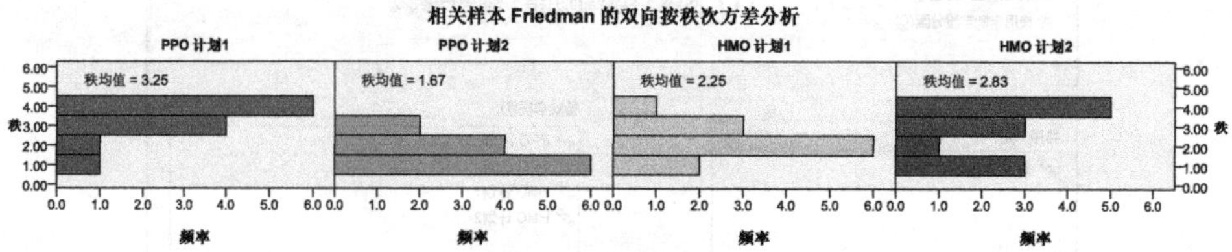

总计 N	12
检验统计	10.300
自由度	3
渐近显著性水平（双侧检验）	.016

图 6-53　模型浏览器

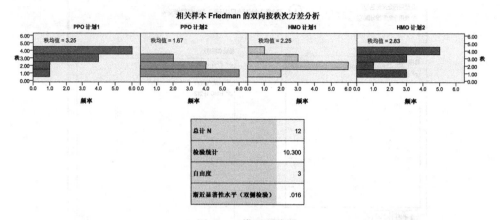

从图 6-53 可知，“PPO 计划 1”的秩均值 3.25 最高，“PPO 计划 2”的秩均值 1.87 最低，图下侧为检验统计量及其相应的 *P* 值。

在模型浏览器的“视图”下拉框中选择“均一子集”，可进一步查看医疗保险所划分的子集，如图 6-54 所示。

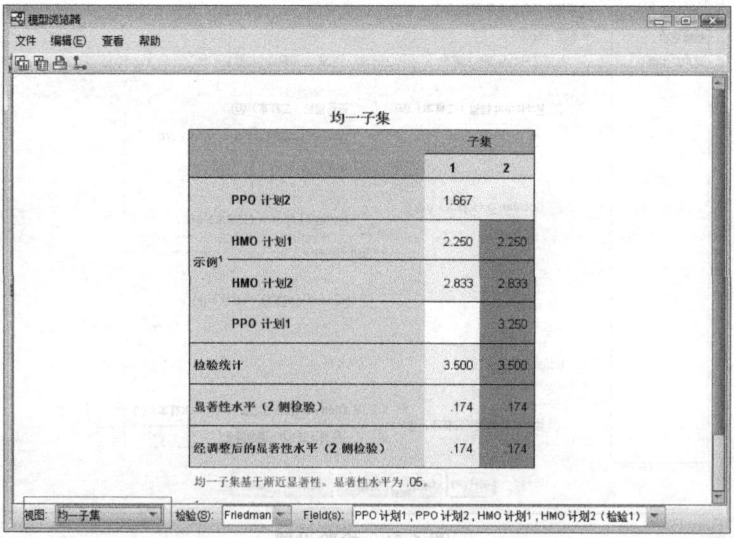

图 6-54　均一子集

从图 6-54 可直观地看出：“PPO 计划 2”“HMO 计划 1”“HMO 计划 2”可划分在同一子集中，“HMO 计划 1”“HMO 计划 2”“PPO 计划 1”也可划分在同一子集中，同一颜色用来表示同一子集。

6.5 小结

本章主要介绍了非参数检验的方法及在 SPSS 中实现这些方法的相关操作技巧。当参数检验的条件不能满足时，需要采用相应的非参数的方法。非参数方法比参数方法有更广泛的应用范围，但是它的效能没有参数检验高。6.2 节为单样本的非参数检验方法，包括卡方检验、二项式检验、游程检验、K-S 检验和 Wilcoxon 检验。6.3 节介绍了独立样本的非参数检验，它可以同时检验两个或者两个以上的独立样本。6.4 节介绍了相关样本的非参数检验：可以同时检验两个或者两个以上的相关样本。

思考与练习

1. SPSS 中进行数据的正态性检验的程序有：

A. Q-Q 图

B. P-P 图

C. K-S 检验

D. S-W 检验

2. 有关非参数检验的论断，正确的是：

A. 非参数方法和参数方法是等价的，用户根据自己的喜好进行选择

B. 在可以应用参数检验的条件下，应该首先选择参数检验的方法

C. T 检验也可以作为非参数检验的一种方法

D. 以上论断都不正确

3. K-S 检验可以用于检验数据是否为正态，但是在非参数检验部分的 K-S 检验和 SPSS 提供的检验数据正态性的 K-S 检验不同，请指出二者的不同之处，并比较二者的优缺点。

4. 如果读者有应用 SPSS 版本 17 或者以前版本的经验，请比较它们和 SPSS 版本 18 的非参数检验过程的异同点。你更喜欢哪一个？请说明你的理由。

5. 研究 PM2.5 检测器的精度问题。为了研究一种 PM2.5 检测器的精度，研究者的实验环境中的 PM2.5 的浓度为 105 毫克/立方米。他们在实验环境中放置了 12 个这种检测器，这 12 个检测器的读数如下表所示。

91.9	97.8	111.4	122.3	105.4	95.0
103.8	99.6	96.6	119.3	104.8	101

我们想知道这些检测器的读数的中位数是否显著地不同于 105 毫克/立方米。

问题：（1）绘制数据并分析数据的偏度和离群值；

（2）检验检测器的读数的中位数是否显著地不同于 105 毫克/立方米。

6. 细菌是污水处理厂的微生物生态系统中最重要的组成部分。水资源管理工程师认为在某个指定工厂收集的污水样本中活性细菌的百分数的中位数为 40。如果活性细菌的百分数的中位数大于 40，则应该调整污水处理过程。数据文件“Water.sav”记录了含有 10 个污水样品的随机样本中活性细菌的百分数。在显著性水平为 5%的条件下，该样本提供了充分证据表明污水样本中活性细菌的百分数的中位数大于 40 吗？

第 7 章 相关分析

【本章学习目标】

- 掌握相关分析的基本概念。
- 掌握绘制各种散点图的方法。
- 理解散点图的意义。
- 掌握 3 种相关系数的概念和解释。
- 掌握偏相关分析的概念、方法和结果解释。

7.1 相关分析的基本概念

相关分析是分析客观事物之间关系的定量分析方法。许多事物或现象之间总是相互联系的，并且可以通过一定的数量关系反映出来。例如，教育需求量与居民收入水平之间、科研投入与科研产出之间、投资额和国民收入等，都有着一定的依存关系。而这种依存关系一般可分为两种类型：一种是函数关系，另一种是相关关系。

函数关系是指事物或现象之间存在着严格的依存关系，其主要特征是确定性，即对一个变量的每一个值，另一个变量都可以根据确定的函数关系取唯一确定的值与之相对应。变量之间的函数关系通常可以用函数式 $Y=f(X)$确切地表示出来。例如，圆的周长 C 对于半径 r 的依存关系就是函数关系：$C=2\pi r$。

如果我们所研究的事物或现象之间，存在着一定的数量关系，即当一个或几个相互联系的变量取一定数值时，与之相对应的另一变量的值虽然不确定，但按某种规律在一定的范围内变化，那么变量之间的这种不稳定、不精确的变化关系就可称为相关关系。相关关系反映出变量之间虽然相互影响，具有依存关系，但彼此之间却没有一一对应关系。例如，学生成绩与其智力因素、人的身高和体重等。

在复杂的社会系统中，各种事物或现象之间的联系大多体现为相关关系，而不是函数关系。这主要是由于影响一个变量的因素很多，而其中一些因素还没有被人们所完全认识和掌握，或是处于已经认识但对其产生的影响还不能完全控制和测量。另外，有些因素尽管可以控制和测量，但在操作过程中或多或少都会有误差，所有这些偶然因素的综合作用导致了变量之间关系的不确定性。例如，考虑身高和体重之间的关系。一般而言，随着身高的增加，体重会相应增加，但是二者之间的关系是相关关系而不是函数关系。因为体重除了和身高有关之外，还有许多不可测量的因素，如遗传因素、营养状况、生活习惯等。

7.1.1 相关关系的种类

相关关系可分为线性相关和非线性相关。两个变量中的一个变量增加，另一个变量随之发生大致均等的增加或减少，它们的散点图近似地在一条直线附近，这种相关关系就称为线性相关。当两个变量中的一个变量变动时，另一个变量也相应地发生变动，但这种变动不是均等的，它们的散点图近似地表现在一条曲线附近，这种相关关系被称为曲线相关。

线性相关可分为正相关和负相关。正相关是指一个变量数值增加或减少时，另一个变量的数值也随之增加或减少，两个变量变化方向相同。负相关是指两个变量变化方向相反，即随着一个变量数值的增加，另一个变量的数值反而减少；或随着一个变量数值的减少，另一个变量数值反而增加。

根据变量的度量类型，变量相关性的研究可以分为大致 3 种，分别为：定类变量和定类变量之间的相关、定序变量和定序变量之间的相关、尺度变量和尺度变量之间的相关。

7.1.2 相关分析的作用

在统计学中，一般将描述和分析两个或两个以上变量之间相关性质及其相关程度的过程，称为相关分析。相关分析的目的主要是通过具体的数量描述，呈现变量之间的相互关系的密切程度及其变化规律，找到它们相互关联的模式，从而根据此模式做出决策或者为进一步采取其他统计分析手段提供参考依据。

相关分析在统计分析中的作用是多方面的，具体概括如下。

1. 判断变量之间有无联系

确定研究现象之间是否具有依存关系，是相关分析的起点，也是我们研究各种现象之间相互关系的前提条件。因为只有确定了依存关系的存在，才有继续研究和探索各种现象之间相互作用、相互制约以及变化规律的必要性。

2. 确定相关关系的表现形式及相关分析方法

在确定了变量之间存在依存关系之后，就需要明确找出变量相互关系的具体表现形式。在此基础上，选择恰当的相关分析方法，只有这样才能确保研究目的的实现，收到预期的效果。否则，如果把非线性相关错判为线性相关，按照线性相关的性质选择相关分析的方法，就会导致错误的结论。

3. 把握相关关系的方向与密切程度

变量之间的相关关系是一种不精确的数量关系，相关分析就是要从这种不确定的数量关系中，判断相关关系的方向和密切程度。

4. 为进一步采取其他统计方法进行分析提供依据

本质上，相关分析是一种探索性的统计分析方法，根据其结果和分析的目的，可以为下一步的分析提供指导。如果相关分析的结果是两个尺度变量间有较强的线性关系，那么线性回归可能是下一步的分析方法；如果是非线性关系，那么下一步可以考虑非线性回归、曲线拟合等方法。

5. 相关分析不但可以描述变量之间的关系状况，而且可以用来进行预测

另外，相关分析还可以用来评价测量量具的信度、效度及项目的区分度等。

7.2 散点图

进行相关分析的主要方法有图示法和计算相关系数法。图示法是指通过绘制相关散点图，找出变量之间相关关系的模式的方法。它是一种探索性分析的方法，需要和相应的相关系数结合来进行分析和判断。计算相关系数法则是根据不同类型的数据，选择不同的计算方法求出相关系数，据此来分析相关性的方法，我们将在第 7.3 节和 7.4 节详细介绍。

7.2.1 散点图简介

散点图是观察两个变量之间关系的一种非常直观的方法。散点图以横轴表示两个变量中的一个变量，以纵轴表示另一个变量，将两个变量之间相对应的变量值以坐标点的形式逐一标在直角坐标系中，通过点的分布形状、分布模式和疏密程度来形象描述两个变量之间的相关关系。SPSS 的图表构建程序和旧对话框的“散点/点状（S）”菜单都可以完成散点图的绘制。

本章的数据文件“car_sales.sav”记录了对市面上常见汽车的调查结果，包括车的长、宽、净重等物理指标，同时还有车的厂家、型号、新车售价、发动机、马力、耗油量等。如果我们想考察车的耗油量是否和售价有关系，是否车越省油价格越高，就需要先画出新车售价和耗油量的散点图。

首先画出新车售价和耗油量的散点图。

7.2.2 使用旧对话框绘制散点图

使用“旧对话框”菜单绘制散点图的相关操作如下。

（1）打开数据文件“car_sales.sav”，选择【图形】→【旧对话框】→【散点/点状（S）】，如图 7-1 所示，出现散点图选择对话框，如图 7-2 所示。

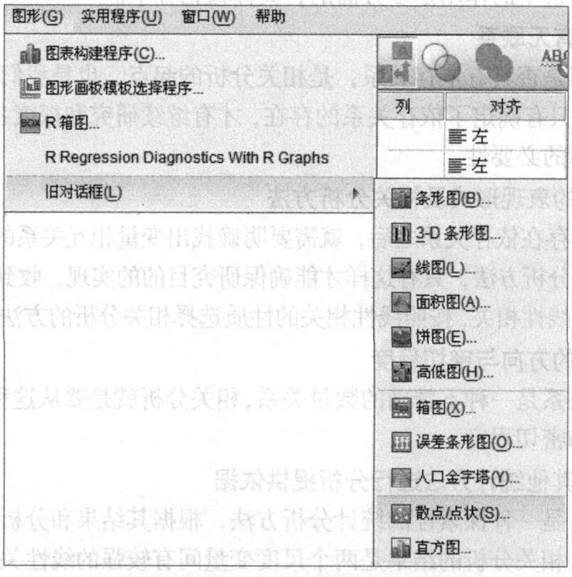

图 7-1 菜单操作

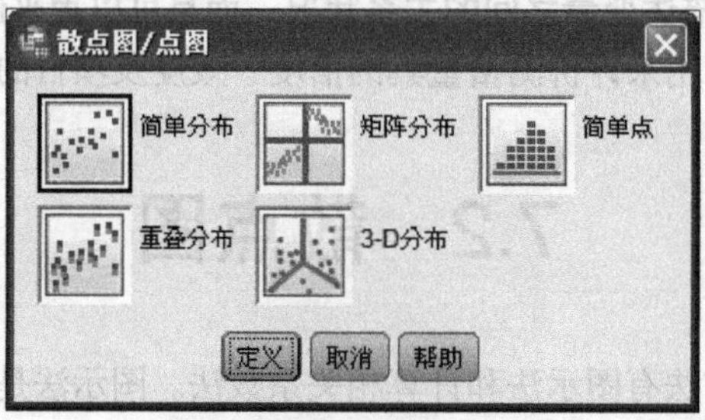

图 7-2 选择散点图类型

（2）这里选择第一个“简单分布”图，得到“简单散点图”对话框，如图 7-3 所示。该对话框定制散点图的两个轴和点标识方式等，相关含义如下。

①“y 轴（Y）”和“x 轴（X）”分别设置散点图的纵轴和横轴所代表的变量，原则上哪个变量作散点图的 x 轴或者 y 轴没有硬性规定，两个变量都既可以作 x 轴，也可以作 y 轴。这里，要考察的两个变量分别为耗油量和新车售价，我们把“mpg”选入“X 轴”框中，把“sales”选入“Y 轴”框中。

②“设置标记”将在散点图中通过图例的方式来标识散点图中的点。我们这里保留默认值。

③“标注个案”将给散点图上的点添加文字标识。我们将代表汽车型号的变量 model 选入该框中。

④“面板依据”用于设置多组散点图。这里我们保留默认值。

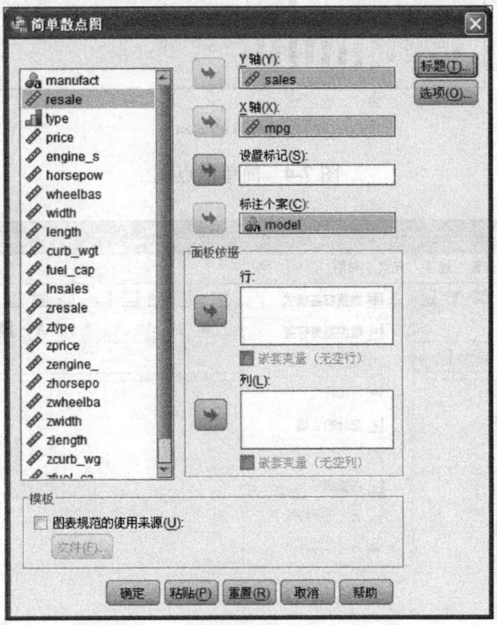

图 7-3 “简单散点图”对话框

（3）单击【确定】按钮可完成散点图的相关设置。结果浏览器中得到的散点图如图 7-4 所示。

以上操作可以通过以下语法程序来完成。

```
NEW FILE.
DATASET CLOSE ALL.
GET FILE = 'C:\SPSSIntro\Chapter 7\car_sales.sav'.
DATASET NAME myData WINDOW=FRONT.
GRAPH
  /SCATTERPLOT(BIVAR)=mpg WITH sales BY model (IDENTIFY)
/MISSING=LISTWISE.
EXCECUTE
```

如图 7-4 所示的简单散点图可知，新车售价和耗油量之间的关系不明显，事实是这样吗？我们在后面的几节中将进一步分析这两个变量之间的关系。如图 7-4 所示的散点图中的左上和右下的两个点偏离了大部分的点，我们称它们为离群值（Outliers）。那么，这两个点对应哪种型号的车呢？在分析中是否应该把它们去掉呢？

用户可以通过显示散点图中点的标签来找出它们对应的汽车型号。在结果查看器中双击图 7-4 所示的散点图，就可以进入图表编辑器。然后选择【元素】→【显示数据标签】，散点图中的点将被附以它们对应的车型号，如图 7-5 所示。

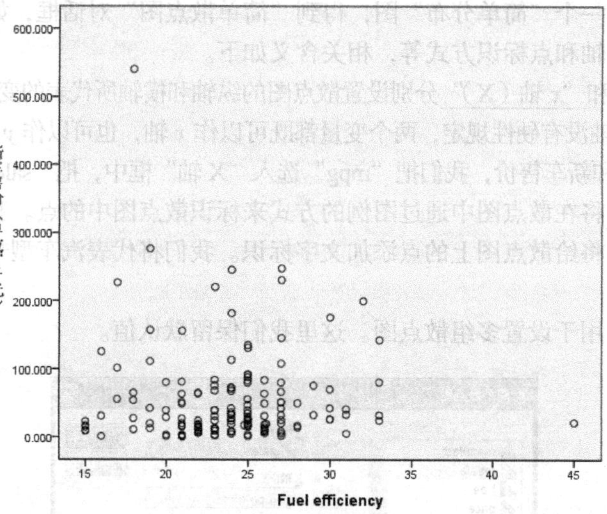

图 7-4　简单散点图

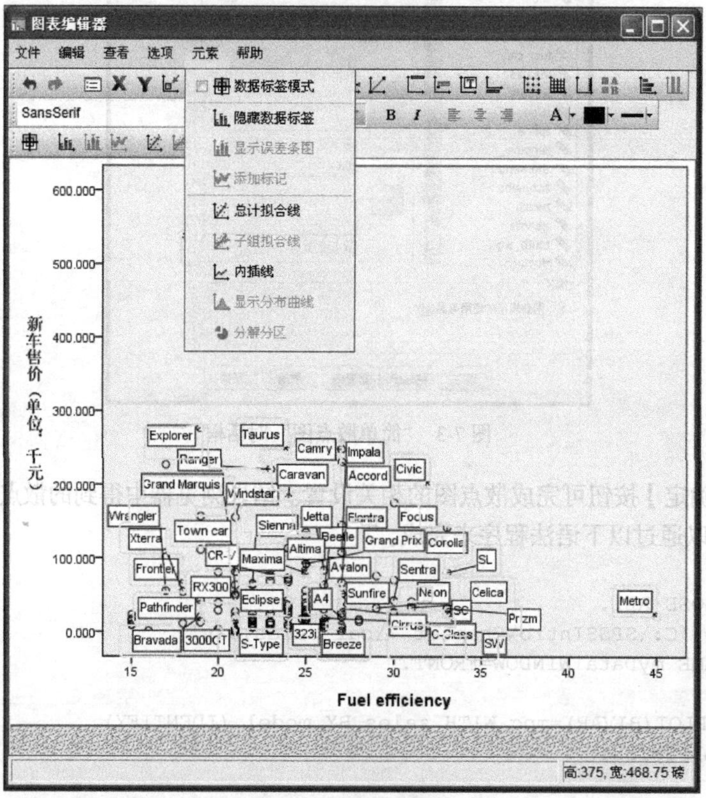

图 7-5　图表编辑器

关闭图 7-5 所示的图表编辑器后，结果查看器中的散点图将有点的标签显示，如图 7-6 所示。

如图 7-6 所示，左上角的车型为 F-Series，右下角的车型为 Metro。如果 F-Series 是某公司正在开发的主力车型，而 Metro 是比较老的一款车型，目前不是销售主流，那么在后续的分析中可以保留 F-Series 相对应的个案而去掉 Metro 所对应的个案。保留了左上的 F-Series 点，新车售价的分布将呈偏态分布。我们对新车售价取自然对数后来代替原来的新车售价变量进行后续分析。

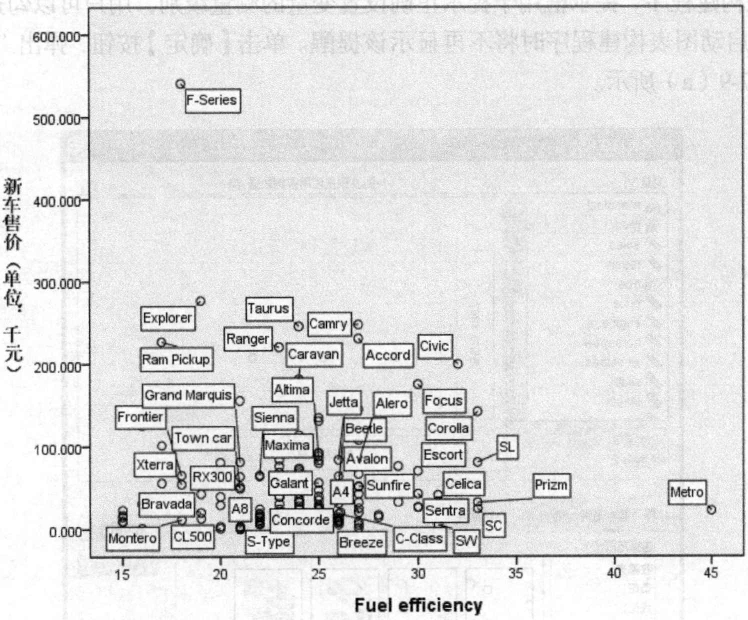

图 7-6 附加标签的散点图

7.2.3 用图表构建程序绘制散点图

SPSS 集成所有的图形程序于图表构建程序中，所有的统计图形的绘制有统一的用户界面。尽管 SPSS18 仍然保留了旧对话框以和以前的版本兼容，图表构建程序将是 SPSS 统计图重点发展的部分。相关操作如下。

（1）如图 7-7 所示，选择【图形】→【图表构建程序（C）】，弹出“图表构建程序”提示框，如图 7-8 所示。

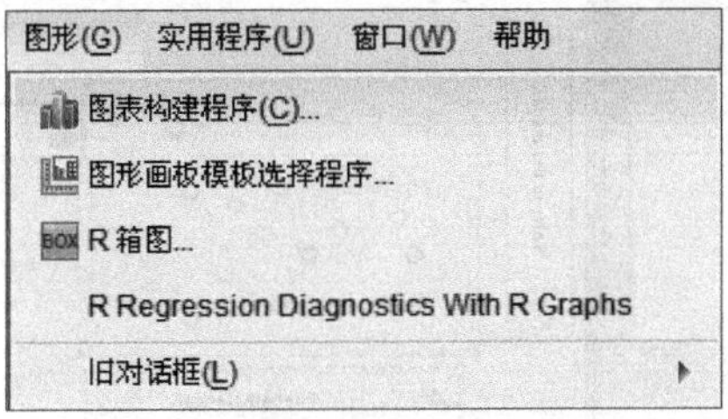

图 7-7 “图表构建程序”菜单

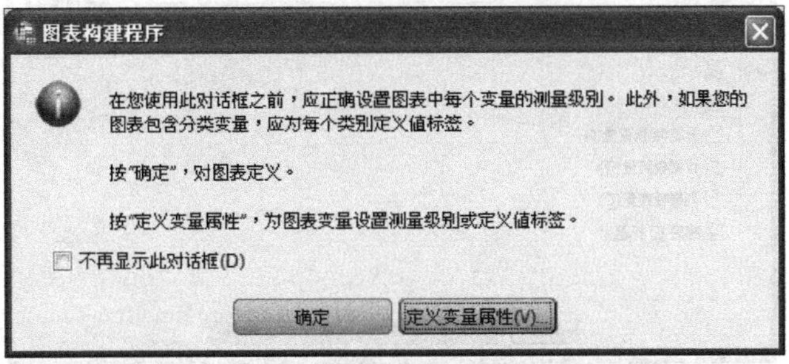

图 7-8 “图表构建程序”提示框

（2）“图表构建程序”提示框用于提示正确设置变量的测量级别，用户可以勾选“不再显示此对话框”，以后启动图表构建程序时将不再显示该提醒。单击【确定】按钮，弹出“图表构建程序”对话框，如图 7-9（a）所示。

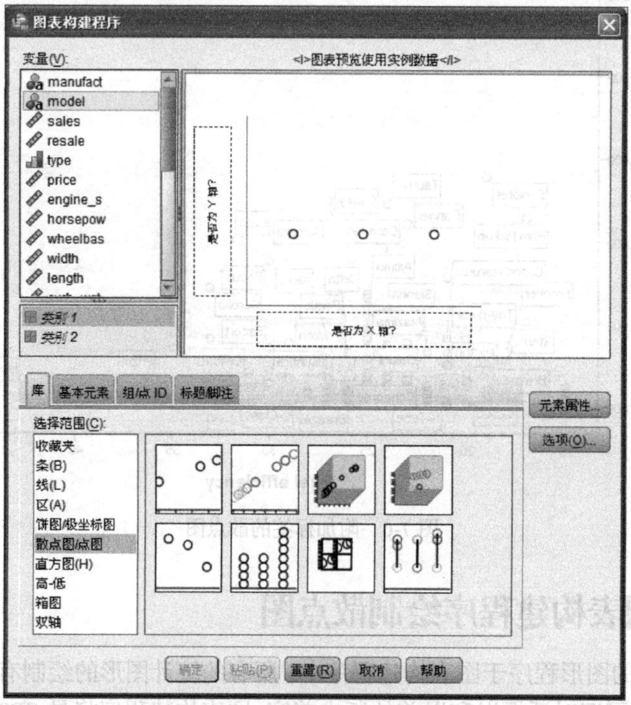

图 7-9（a） 图表构建程序设置

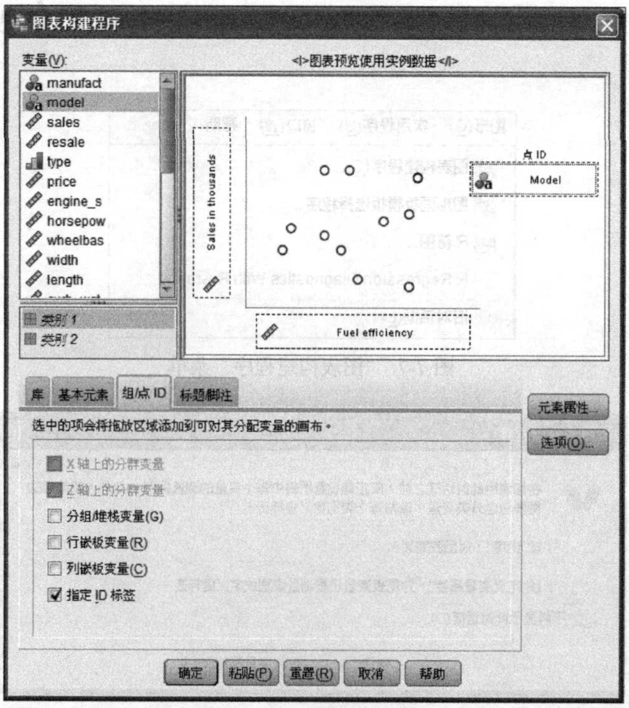

图 7-9（b） “图表构建程序”的相关设置

（3）需对“图表构建程序”进行相关的设置。首先在“库”标签部分，选择“散点图/点图”，然后用鼠标把图库中左上的第一个图标拖放到对话框右上的空白中，如图 7-9（a）所示。然后选择“组/点 ID”标签（第 3 个标签项），勾选“指定 ID 标签”，如图 7-9（b）所示。最后把相应的变量按照图 7-9（b）所示选入相应的位置，然后单击【确定】按钮。

（4）结果查看器中得到和图 7-6 完全类似的带标签的散点图，如图 7-10 所示。

以上操作过程可以通过以下语法命令完成。

```
DATASET ACTIVATE myData.
GGRAPH
  /GRAPHDATASET NAME="graphdataset" VARIABLES=mpg sales model MISSING=LISTWISE
REPORTMISSING=NO
  /GRAPHSPEC SOURCE=INLINE.
BEGIN GPL
  SOURCE: s=userSource(id("graphdataset"))
  DATA: mpg=col(source(s), name("mpg"))
  DATA: sales=col(source(s), name("sales"))
  DATA: model=col(source(s), name("model"), unit.category())
  GUIDE: axis(dim(1), label("耗油量:迈/升"))
  GUIDE: axis(dim(2), label("新车售价（单位：千元）"))
  ELEMENT: point(position(mpg*sales), label(model))
END GPL.
```

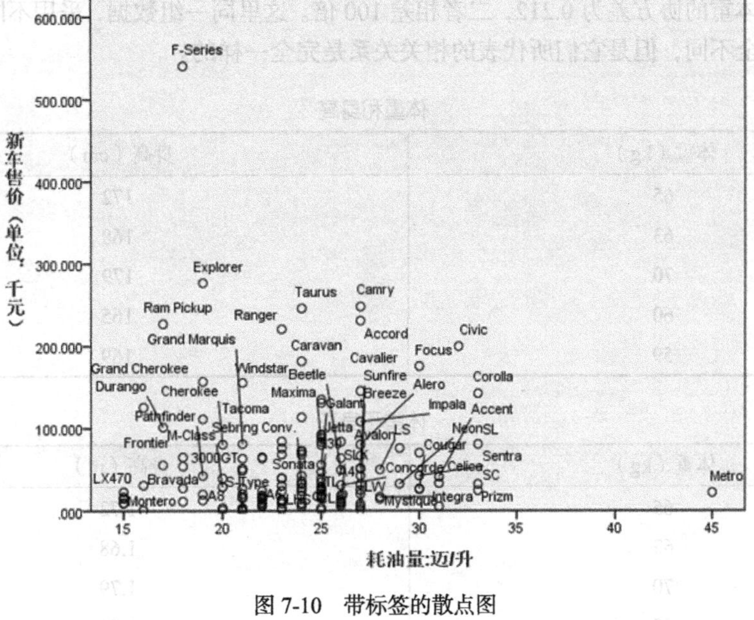

图 7-10　带标签的散点图

7.3　相关系数

除散点图法以外，用户还可以通过计算相关系数来分析变量之间的相互关系。计算相关系数的方法很多，由于我们所面对的各种变量都具有不同的性质和类型，因而应当根据变量的特点选择相应的分析相关系数的方法。对于不同类型的数据，计算相关系数的方法也不相同。

下面介绍几种适用于不同类型变量的相关系数计算方法。

7.3.1 线性相关的度量——尺度数据间的相关性的度量

假设我们有两个变量 X 和 Y，我们用协方差和线性相关系数来衡量这两个变量线性相关的程度。

1. 协方差

假设我们有两个连续变量 X 和 Y，相应的观测值分别为 x_i，y_i，i=1，…，n，它们相应的样本均值分别为 $\overline{x}=\sum_{i=1}^{n} y_i/n$ 和 $\overline{y}=\sum_{i=1}^{n} y_i/n$ ，样本标准差分别为

$$s_x=\sqrt{\sum_{i=1}^{n}(x_i-\overline{x})^2/(n-1)} \text{ 和 } s_y=\sqrt{\sum_{i=1}^{n}(y_i-\overline{y})^2/(n-1)}$$

于是，协方差为

$$\text{Cov}(X,Y)=\sum_{i=1}^{n}(x_i-\overline{x})(y_i-\overline{y})/(n-1) \text{。}$$

协方差为 0 表明两个变量之间没有线性关系。协方差为正说明两个变量之间有正线性相关关系，为负值说明两个变量之间有负线性相关关系。协方差和变量的量纲有关，其符号表明线性关系的方向，但是协方差的大小不能表明两个变量之间关系的强弱。例如，表 7-1（a）和表 7-1（b）记录了同一组人的身高和体重的信息，两张表是完全一样的信息，唯一不同的是身高采用的量纲不同。从表 7-1（a）的数据计算出来的身高和体重的协方差为 21.2，而从表 7-1（b）的数据计算出来的身高和体重的协方差为 0.212，二者相差 100 倍。这里同一组数据，采用不同的量纲，计算出来协方差完全不同，但是它们所代表的相关关系是完全一样的。

表 7-1（a） 体重和身高

体重（kg）	身高（cm）
65	172
63	168
70	179
60	165
59	169

表 7-1（b） 体重和身高

体重（kg）	身高（m）
65	1.72
63	1.68
70	1.79
60	1.65
59	1.69

2. Pearson 相关系数

相关系数克服了协方差和量纲有关的缺点，既可以衡量两个变量是否有线性相关关系，也可在有线性相关的条件下，描述两个变量之间线性相关的方向和相关的程度。相关系数由 Pearson（Karl Pearson，卡尔·皮尔逊）最早提出，又称为 Pearson 相关系数，其定义如下。

$$\rho=\frac{1}{n-1}\sum_{i=1}^{n}(\frac{y_i-\overline{y}}{s_y})(\frac{x_i-\overline{x}}{s_x})=\frac{\text{Cov}(X,Y)}{s_y s_x}$$

相关系数的数值范围介于-1 与+1 之间。

（1）如果$|\rho| \approx 0$，表明两个变量没有线性相关关系。

（2）如果$|\rho| \approx 1$，则表示两个变量完全直线相关。线性相关的方向通过相关系数的符号来表示，“+”号表示正相关，“-”表示负相关。

注意

（1）相关系数为 0 或接近于 0 不能说明两个变量之间没有相关性，只说明没有线性相关性。不能排除具有其他非线性关系。

（2）Pearson 相关系数是一种线性关联度量。如果两个变量关系密切，但其关系不是线性的，则 Pearson 相关系数就不是适合度量其相关性的统计量。

（3）Pearson 相关系数适用于两变量的度量水平都是尺度数据，样本量大于 30，并且两个变量的总体是正态分布或近似正态分布的情况，否则其反映的线性关系有失真的可能。

3. 计算 Pearson 相关系数

SPSS 的双变量相关可以计算两个或者两个以上变量间的协方差和 Pearson 相关系数，同时，还可以检验该相关系数是否显著区别于 0。设相关系数为ρ，则 SPSS 相关系数检验的原假设如下。

$$H_0:\ \rho=0$$

如果计算得到的相关系数显著，即H_0不成立，SPSS 将在该相关系数的右上角标注“**”。

本章的数据文件“car_sales.sav”记录了对市面上常见汽车的调查结果。它包括车的长、宽、净重等物理指标，同时还有车的厂家、型号、新车售价、发动机、马力、耗油量等。我们想考察车的耗油量是否和新车售价有关系，是否车越省油价格越高呢？

在 7.2 中，我们绘制了车的耗油量和新车售价的散点图（参见图 7-4），下面我们计算二者之间的相关系数。

（1）选择【分析】→【相关】→【双变量】，得到“双变量相关”对话框，把“sales”和“mpg”选入“变量（V）”框中，如图 7-11 所示。

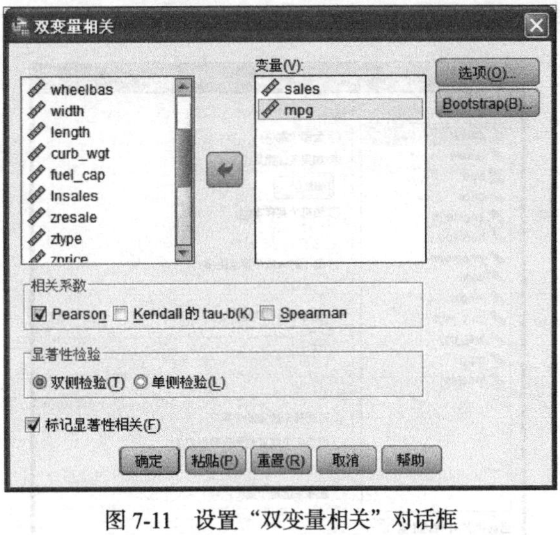

图 7-11　设置“双变量相关”对话框

图 7-11 中的选项简介如下。

- “相关系数”：指定相关系数的类型。

- “显著性检验”：指定对相关系数检验的类型，可以选择双尾概率或单尾概率。如果预先已知关联的方向，选择单侧检验。否则，选择双侧检验。
- “标记显著性相关（F）”：用“*”来标识在显著性水平 0.05 下显著的相关系数；用“**”来标识在显著性水平 0.01 下显著的相关系数。

（2）如图 7-11 设置完毕后，单击【确定】按钮。

以上操作可以通过下列的语法命令来完成。

```
CORRELATIONS
  /VARIABLES=sales mpg
  /PRINT=TWOTAIL NOSIG
  /MISSING=PAIRWISE .
```

在结果查看器中得到表 7-2 所示的结果，从中可以看出新车售价和耗油量的相关系数为 – 0.017，该相关系数的显著性值为 0.837，大于 0.10，即新车售价和耗油量之间的线性相关不显著。这说明汽车的耗油量不是影响汽车销售的一个重要因素，汽车的设计者不必在使汽车更加省油上花费更大的精力。Pearson 相关系数在变量分布呈正态或者近似正态并在没有离群值的情况下能较好地揭示变量之间的线性关系。从 7.2.2 节的图 7-6 可知，我们分析的样本数据有离群值。那么，是否对不同类型的车——轿车和卡车，售价和耗油量之间的线性相关关系都不显著呢？

表 7-2　　　　相关性

		新车售价（单价：千元）	耗油量：迈/升
新车售价（单位：千元）	Pearson 相关性	1	-.017
	显著性（双侧）		.837
	N	157	154
耗油量：迈/升	Pearson 相关性	-.017	1
	显著性（双侧）	.837	
	N	154	154

我们先从数据集中剔除离群值“Metro”所对应的记录，然后分析售价和耗油量在不同类型的车中的线性相关系数。相关操作如下。

（1）选择【数据】→【选择个案】，弹出“选择个案”对话框，如图 7-12 所示。

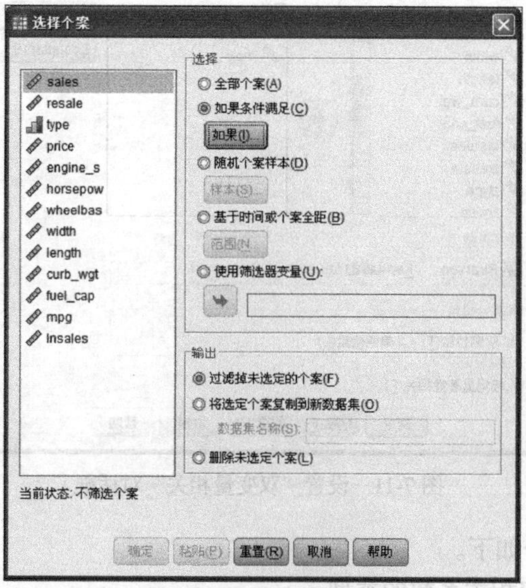

图 7-12　剔除离群值

（2）在图 7-12 给出的“选择个案”对话框中，单击【如果（I）】按钮，得到图 7-13 所示的对话框，在右上的文本框中，我们输入“model～='Metro'”。

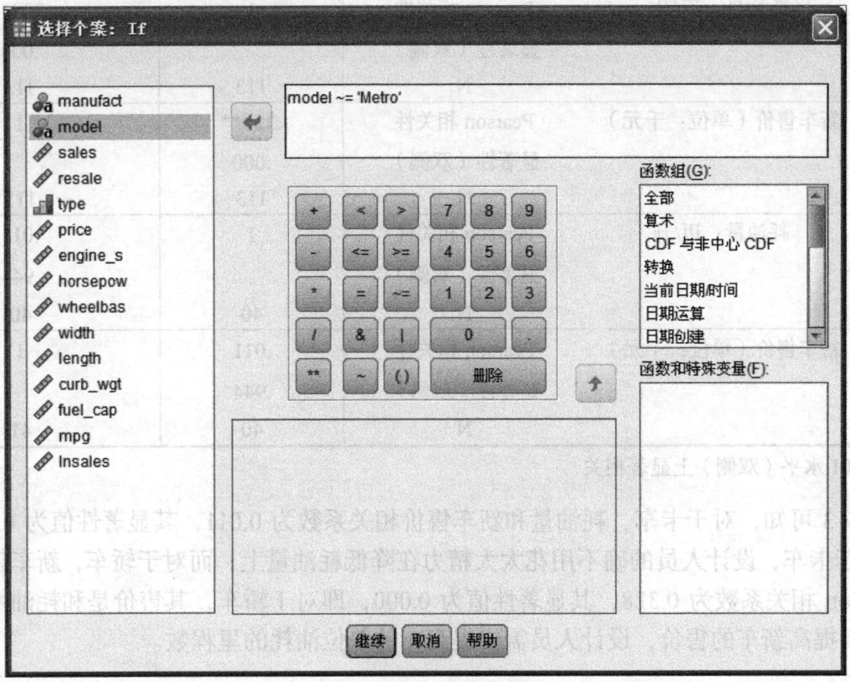

图 7-13　输入选择条件

（3）单击【继续】按钮，返回上级对话框，然后单击【确定】按钮。以后的分析中，“Metro”所在的个案将不在被分析的数据中。

（4）我们按照车的类型“type”进行文件分割。选择【数据】—【拆分文件】，得到图 7-14 所示的“分割文件”对话框。

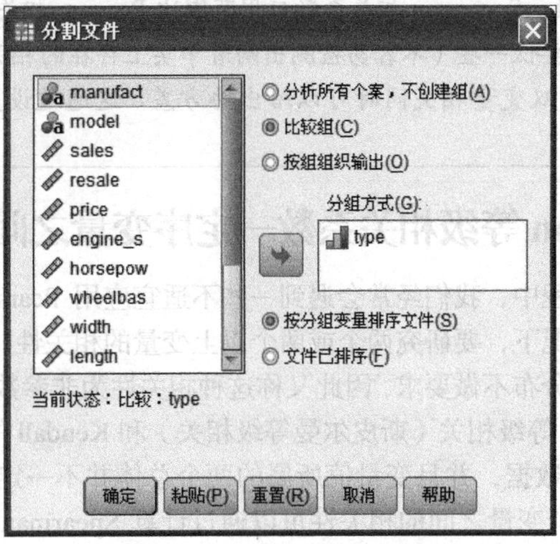

图 7-14　“分割文件”对话框

（5）我们重新计算新车售价和耗油量两个变量的 Pearson 线性相关系数，得到结果如表 7-3 所示。

表 7-3　　　　按照车类型的相关系数

Vehicle type			耗油量：迈/升	新车售价（单位：千元）
轿车	耗油量：迈/升	Pearson 相关性	1	.328**
		显著性（双侧）		.000
		N	113	113
	新车售价（单位：千元）	Pearson 相关性	.328**	1
		显著性（双侧）	.000	
		N	113	115
卡车	耗油量：迈/升	Pearson 相关性	1	.011
		显著性（双侧）		.944
		N	40	40
	新车售价（单位：千元）	Pearson 相关性	.011	1
		显著性（双侧）	.944	
		N	40	41

**：在.01 水平（双侧）上显著相关

从表 7-3 可知，对于卡车，耗油量和新车售价相关系数为 0.011，其显著性值为 0.944，大于 0.1，即对于卡车，设计人员的确不用花太大精力在降低耗油量上；而对于轿车，新车售价和耗油量的 Pearson 相关系数为 0.328，其显著性值为 0.000，即对于轿车，其售价是和耗油量是正线性相关的，要提高新车的售价，设计人员需要提高车的单位油耗的里程数。

注意

（1）由于离群值的存在，新车售价的分布是偏态的，可以通过取自然对数，使得变量的分布更接近于正态。这时取过对数的售价和耗油量两个变量间的线性相关系数更好地揭示二者之间的线性关系。统计上有较多的方法来分析线性模型，并且这些模型相对易于实现和理解。读者可以自己分析取过自然对数的售价（lnsale）和耗油量间的关系。

（2）Spearman 相关系数和 Kendall 的 tau-b 相关系数和数据的分布无关。它们只考察两个变量的秩次相关性，对离群值不敏感。对于偏态较大的尺度型数据，可以考虑应用这两个系数来考察相关性。Spearman 相关系数应用范围比 Pearson 相关系数广，但是其统计效能比 Pearson 相关系数要低一些（不容易检测出两者事实上存在的相关关系）。读者请自己试验。

（3）SPSS 的双变量相关同时可以给出协方差。这通过设置“双变量相关”对话框的选项即可。

7.3.2　Spearman 等级相关系数—定序变量之间的相关性的度量

在进行相关分析的过程中，我们经常会遇到一些不适宜应用 Pearson 相关系数的具有等级顺序的测量数据。在这些情况下，要研究两个或两个以上变量的相关性，就需要采用等级相关。这种相关方法对变量的总体分布不做要求，因此又称这种相关性为非参数相关。SPSS 提供的计算等级相关的方法有 Spearman 等级相关（斯皮尔曼等级相关）和 Kendall 的 tab-b 相关。

当两列变量值为定序数据，并且变量值所属的两个总体并不一定呈正态分布，样本容量也不一定大于 30 时，这两个变量之间的相关性可以通过计算 Spearman 等级相关系数进行分析。这种相关是英国统计学家 Spearman（Charles Edward Spearman，查尔斯·爱德华·斯皮尔曼）根据 Pearson 相关系数公式推导得到的，某种意义上也可以认为 Spearman 等级相关是 Pearson 相关的一种特殊形式。它不是对变量 X 和 Y 的值应用 Pearson 相关系数公式，而是对变量 X 和 Y 的秩应用 Pearson 相关系数公式。

斯皮尔曼等级相关的适用条件如下。

（1）两个变量为定序变量。

（2）一个变量为定序变量，另一个变量为尺度变量，且两变量所来自的总体不是正态分布，样本容量 n 不一定大于 30。

从 Spearman 等级相关适用条件中可以看出，等级相关的应用范围要比 Pearson 相关广泛。它的突出优点是对数据的总体分布、样本大小都不做要求，对离群值不敏感，但其缺点是效能不高。另外，如果一个变量的某个值对应另一个变量的若干不同的取值的个案较多时，Spearman 相关系数则不宜使用。Spearman 等级相关系数常用符号 ρ 来表示，其计算公式如下。

$$\rho = 1 - \frac{6\sum_{i=1}^{n} D_i^2}{n(n^2-1)} \quad \text{（Spearman 相关系数公式）}$$

其中，D 是两个变量每对数据的等级差，n 是样本量。例如，表 7-4 记录了受访者的智商、智商等级和他们每周看电视的时间。是否智商等级越高，看电视时间也越多呢？我们用 Spearman 等级相关分析智商与看电视时间之间的相关性。

表 7-4　　Spearman 相关

智商	每周看电视时间	智商等级	每周看电视时间等级	等级差 d_i	等级差平方 d_i^2
86	0	1	1	0	0
97	20	2	6	−4	16
99	28	3	8	−5	25
100	27	4	7	−3	9
101	50	5	10	−5	25
103	29	6	9	−3	9
106	7	7	3	4	16
110	17	8	5	3	9
112	6	9	2	7	49
113	12	10	4	6	36

根据 Spearman 相关系数公式，可得到如下结果。

$$\sum_{i=1}^{10} d_i^2 = 0+16+25+9+25+9+16+9+49+36 = 194$$

$$\rho = 1 - \frac{6 \cdot 194}{10(10^2-1)} = -0.176$$

在 SPSS 中，我们可以通过选择【分析】→【双变量相关】，进入图 7-11 所示的“双变量相关”对话框，在“相关系数”部分去掉 Pearson 前面的勾，同时勾选“Spearman”。我们得到 Spearman 相关系数的结果如表 7-5 所示。

表 7-5　　Spearman 相关系数

			智商	看电视时间
Spearman 的 rho	智商	相关系数	1.000	-.176
		Sig.（双侧）		.627
		N	10	10
	看电视时间	相关系数	-.176	1.000
		Sig.（双侧）	.627	
		N	10	10

从表 7-5 知，二者的 Spearman 相关系数为-0.176，其显著性值为 0.627>0.05，因此智商等级和看电视的时间没有线性相关关系。

> **注意** 基于秩的相关系数对极端值不敏感。如果 Pearson 相关系数和 Spearman 相关系数相差很大，那么可能是离群值影响了 Pearson 相关系数。分析者需要小心处理这种情况。

7.3.3 Kendall 的 tau 系数

Kendall 的 tau 系数也可用于计算定序变量之间或者定序变量和尺度变量之间相关系数。Spearman 等级相关系数可以方便检验两个定序变量是否相关，但是很难具体解释两个变量如何相关及相关程度。Kendall 的等级相关系数可以同时反映两个变量的相关程度。

设样本量为 n，考察两个变量 X 和 Y 之间的相关关系，X 和 Y 的取值分别记为 $x_i, y_i, i=1,\cdots,n$，所有像 $(x_i, y_i), i, j=1,\cdots,n$ 对的个数为 $n(n-1)/2$。$s_i, i=1,\cdots,n$ 和 $t_i, i=1,\cdots,n$ 分别表示 $x_i, i=1,\cdots,n$ 和 $y_i, i=1,\cdots,n$ 的秩次。如果对于任意 $k, k=1,\cdots,n$，有 $s_k \geqslant t_k$ 我们称 (x_k, y_k) 为同序对；否则，称为逆序对。总的同序对的个数记为 n_c，逆序对的个数记为 n_d，则 Kendall 的 Tau 系数的定义如下。

$$\tau=\frac{n_c-n_d}{n(n-1)/2}$$

如果数据中的某个变量有太多的相同值，则采用修正的 tau 系数，称为 tau-b，其公式如下。

$$\tau=\frac{n_c-n_d}{\sqrt{0.5n(n-1)-T_x}\sqrt{0.5n(n-1)-T_y}}$$

SPSS 中计算 Kendall 的操作和 Pearson 或 Spearman 类似，请参照 7.3.1 节和 7.3.2 节。

7.4 偏相关分析

当研究两个变量之间的关系时，可能其他的变量会间接地影响到这种关系。例如，某研究者发现冰淇淋的销量和谋杀案发生的频数呈正相关。那么这两种看似风马牛不相及的现象真的有关系吗？经过多方分析，事实是冰淇淋的销量、谋杀案频数都和另外一个因素——温度相关，如果剔除温度因素，二者之间是没有关系的。这时，我们称冰淇淋销量和谋杀案频数之间的相关为伪相关。这时，先需要剔除温度因素的影响（即把温度保持在同一个水平），然后再研究冰淇淋销量和谋杀案频数之间的相关性。换言之，控制住温度因素的影响来研究冰淇淋销量和谋杀案频数之间的相关性，称为冰淇淋销量和谋杀案频数之间的偏相关。

偏相关系数是在调整了一个或者多个第三方变量的线性影响之后的两个变量之间的线性相关系数。如果控制一个第三方变量的影响，得到的线性相关系数称为 1 阶相关系数；如果控制了两个第三方变量的影响，得到的线性相关系数称为 2 阶相关系数。7.3 节中不考虑第三方变量影响的相关系数称为 0 阶相关系数。

政府医疗基金的投入和发病率之间存在关系吗？尽管您可能希望存在一个负相关的关系，但是它们之间的相关系数表明二者存在显著的正相关关系，即随着医疗基金的增长，发病率也表现为增长。不过，对保健提供商的拜访率的控制，实际上消除了所观察到的正相关。保健基金和发病率显示为正相关的原因仅仅是：当基金增长时，更多的人可以获得保健服务，从而导致医生和医院所报告的病例更多。

SPSS 的偏相关过程计算偏相关系数。该系数在控制一个或多个附加变量效应的同时描述两个变量之间的线性关系。相关操作如下。

（1）打开本章的数据文件“health_funding.sav”，选择【分析】→【相关】→【偏相关】，得到图 7-15 所示的“偏相关”对话框。

（2）把变量“funding”和“disease”选入“变量（V）”框中，然后把“visits”选入“控制（C）”框中。“显著性检验”框中可以选择“双侧检验（T）”和“单侧检验（N）”。如果预先已知关联的方向，选择“单侧检验（N）”；否则，选择“双侧检验（T）”。

（3）保持“显示实际显著性水平（D）”的默认选中状态，它将显示每个相关系数的概率和自由度。如果取消选择此项，则使用“*”标识显著性水平为 0.05 的系数，并使用“**”标识显著性水平为 0.01 的系数，而不显示自由度。该设置同时影响偏相关矩阵和零阶相关矩阵。

（4）“选项”按钮用于选择需要显示的统计量和缺失值的处理方式。零阶相关系数为所有变量（包括控制变量）之间的简单相关矩阵。这里保留默认值，如图 7-16 所示。

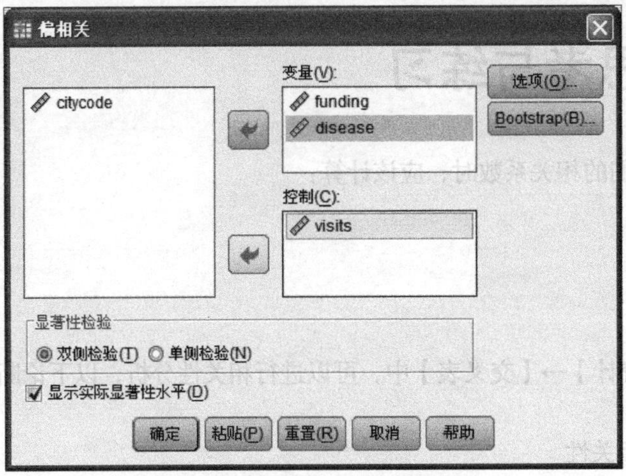

图 7-15 “偏相关”对话框

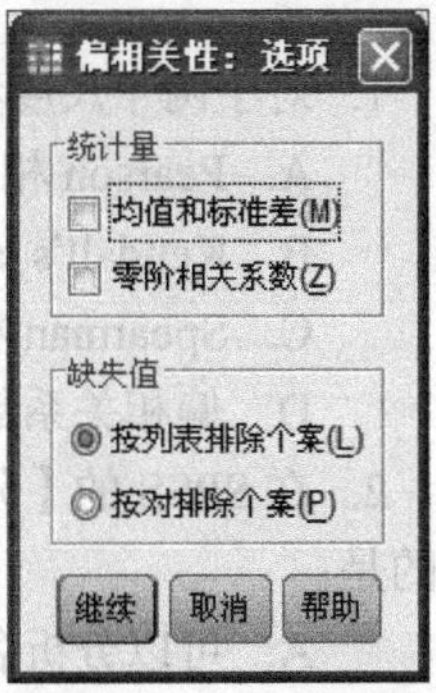

图 7-16 偏相关选项

（5）单击【继续】按钮，返回上级菜单，单击【确定】按钮，可获得表 7-6 所示的偏相关系数。

以上操作可以通过下列语法命令完成。

```
PARTIAL CORR
  /VARIABLES=funding disease BY visits
  /SIGNIFICANCE=TWOTAIL
  /MISSING=LISTWISE.
```

表 7-6 偏相关系数

控制变量			医疗基金	每万人报告病例
每万人访问医院人数	医疗基金	相关性	1.000	.013
		显著性（双侧）		.928
		df	0	47
	每万人报告病例	相关性	.013	1.000
		显著性（双侧）	.928	
		df	47	0

从表 7-6 可知，实际上医疗基金和报告的病例人数之间的关系不显著。

注意 偏相关可以诊断两个变量之间的关系是否为伪相关，也可以发现变量之间隐藏的其他关系。

7.5 小结

本章学习相关性的概念及其在数据分析中的应用。7.1 节介绍了相关分析的种类和作用；7.2 节和 7.3 节介绍相关分析的方法，即散点图法和相关系数法；7.3 节介绍了 3 种常见的描述变量间相关性强弱的指标，分别为 Pearson 线性相关系数、Spearman 相关系数和 Kendall 相关系数；最后，介绍了偏相关分析的方法，它是一种分析剔除其他变量影响后的两个变量之间关系的一种方法。

思考与练习

1. 对于两个尺度型变量，考察他们的相关系数时，应该计算：
   A. Pearson 相关系数
   B. Kendall's tau-b 系数
   C. Spearman 相关系数
   D. 偏相关系数
2. 在 SPSS 的【分析】→【描述统计】→【交叉表】中，可以进行相关性分析，以下论断错误的是：
   A. 可以分析名义变量之间的相关性
   B. 可以分析定序变量之间的相关性
   C. 可以提供卡方值
   D. 以上论断都不正确
3. 哪些功能是 SPSS 的相关分析过程所不能提供的：
   A. 计算定量变量间的 Pearson 相关系数
   B. 判断定量变量相关系数是否显著区别于 0
   C. 判断相关性的强弱
   D. 提供变量是否有非线性的相关关系
4. 数据文件“tourist.sav”记录了 2000 年至 2008 年入境游旅客的人数和相应年份的收入，二者之间有关系吗？画出散点图，并求出相关系数，然后给出合理的解释。
5. 分析数据“car_sales.sav”中变量汽车销量和汽车耗油量之间的关系。它们是否有线性相关性？如果没有线性相关性，二者之间有其他关系吗？
6. 糖尿病病人需要靠胰岛素来治疗。数据文件“Parcorr.sav”记录了 20 名糖尿病病人血液中的血糖值、胰岛素值和生长激素值的结果，三者之间是否有相关性？用适当的相关分析程序来找出三者之间的关系。

第 8 章 回归分析

【本章学习目标】

- 理解线性回归模型能解决的问题。
- 掌握简单线性回归分析的基本概念。
- 掌握线性回归的前提条件并能进行验证和诊断。
- 掌握线性回归分析结果的解释。
- 能够用线性回归模型进行预测。
- 了解非线性回归的应用。
- 了解曲线估计方法。

8.1 线性回归分析的基本概念

回归分析是研究变量之间相关关系的一种统计方法。在上一章相关分析中，如果两个变量之间的 Pearson 相关系数绝对值较大，且变量间线性关系显著，那么下一步就是应用回归分析的方法来找出变量之间的线性关系。

例如，房屋的价格和房屋的面积、地理位置、房龄及房间的个数都有关系。又如，香烟的销量与许多地理及社会经济因素有关，像消费者的年龄、教育、收入、香烟的价格等。一般上述关系是以下列方程来表示。

$$Y = f(X_1, X_2, \cdots, X_p) + \varepsilon \tag{8-1}$$

式（8-1）中，Y 被称作因变量，或者响应变量；而 X_1，X_2，…，X_p 称作自变量、控制变量、解释变量或者预测变量；而 f 则称为回归函数，它反映因变量 Y 与自变量间的“平均”关系；ε 为随机误差或随机干扰，是一个分布与自变量无关的随机变量，常被假定为均值为 0、方差为 σ^2 的正态随机变量。

根据回归函数 f 的形式，回归分析可以分为线性回归和非线性回归。

8.1.1 线性回归

线性回归的表达形式如下。

$$Y = \beta_0 + \beta_1 X_1 + \beta_2 X_2 + \cdots + \beta_p X_p + \varepsilon \tag{8-2}$$

这里，β_0，β_1，…，β_p 被称作回归系数，它们为待定常数，与随机误差 ε 的方差 σ^2 一起又被称为回归参数，即模型的回归参数共有 $p+2$ 个。β_0 为常数项，有时候称为截矩。

对于有一个响应变量的线性回归，当 $p=1$ 时，我们称为简单线性回归（Simple Linear Regression 或称为一元线性回归）；当 $p\geqslant 2$ 时，我们称为多元（指多自变量）线性回归（Multiple Linear Regression），此时，回归系数也称偏回归系数。

假设对于一定范围内的任何 X_1，X_2，…，X_p 的取值，多元线性回归方程提供了 X 和 Y 的线性关系的近似描述。例如，我们要研究某市居民消费习惯，Y 表示年消费额，X_1，X_2，…，X_p 分别表示年收入、年龄、性别等，假定该市居民的这些指标间的关系基本满足式（8-2），从该市随机抽取 n 个个体（个案），组成容量（大小）为 n 的样本。

设第 i 个个案的观测值分别用 x_{i1}，x_{i2}，…，x_{ij}，…，x_{ip} 和 y_i 表示，其中，x_{ij} 是该个案的第 j 个自变量 X_j 的观测值，代入式（8-2）中得到 p 元线性回归模型的数据结构形式如下。

$$\begin{cases} y_1=\beta_0+\beta_1 x_{11}+\beta_2 x_{12}+\cdots+\beta_p x_{1p}+\varepsilon_1 \\ y_2=\beta_0+\beta_1 x_{21}+\beta_2 x_{22}+\cdots+\beta_p x_{2p}+\varepsilon_2 \\ \cdots \quad \cdots \quad \cdots \quad \cdots \\ y_n=\beta_0+\beta_1 x_{n1}+\beta_2 x_{n2}+\cdots+\beta_p x_{np}+\varepsilon_n \\ \varepsilon_1,\ \varepsilon_2,\ \cdots,\ \varepsilon_n \sim N(0,\sigma^2),\text{且各个}\varepsilon_i\text{相互独立} \end{cases} \tag{8-3}$$

若用矩阵表示式（8-2），就有如下方程。

$$\boldsymbol{Y}=\boldsymbol{XB}+\boldsymbol{\varepsilon} \tag{8-4}$$

其中

$$\boldsymbol{Y}=\begin{pmatrix} y_1 \\ y_2 \\ \vdots \\ y_n \end{pmatrix},\ \boldsymbol{X}=\begin{pmatrix} 1 & x_{11} & x_{12} & \cdots & x_{1p} \\ 1 & x_{21} & x_{22} & \cdots & x_{2p} \\ \vdots & & & & \vdots \\ 1 & x_{n1} & x_{n2} & \cdots & x_{np} \end{pmatrix},\ \boldsymbol{B}=\begin{pmatrix} \beta_0 \\ \beta_1 \\ \vdots \\ \beta_p \end{pmatrix},\ \boldsymbol{\varepsilon}=\begin{pmatrix} \varepsilon_1 \\ \varepsilon_2 \\ \vdots \\ \varepsilon_n \end{pmatrix}。$$

上述居民消费的数据，通常是通过抽样调查得到的，抽样得到的个体可以是张三、李四等，我们可以将张三的数据排在前，也可将李四的数据排在前，这类数据一般称为截面数据。假如我们研究的问题是 GDP 与财政支出、货币投放、居民消费总额等指标的关系，且假设在一段时间内，如 1980 年初到 2009 年末经济结构没有发生剧烈变化，即 20 年内 4 个指标间的关系满足式（8-2）。这时数据只能按时间的先后排列。这类数据一般称为时间序列数据。还有一类情况较特殊，即自变量的数据是事先可以设计的，如在农业试验中，土壤的酸碱度、肥料的种类、播种日期等都是预先设定好作为试验条件，然后观察所关心的指标（即因变量）的取值，此时 X 也称为设计矩阵。这类数据有时被称为实验设计数据。

对多元线性回归模型，需讨论的问题与简单线性回归相同，但模型需要满足的条件不同，回归系数的解释也有差异，当然简单回归可以看作多元回归的特例。

SPSS 的“回归”菜单的“线性”子菜单可以进行简单线性回归和多元线性回归。

线性回归一般放到一般线性模型的框架下来讨论。这里的线性指的是 Y 和回归系数的关系为线性，而不是指响应变量和预测变量的关系为线性。例如，如下方程响应变量 Y 和回归系数 β_0，β_1 的关系是线性的，因此该方程仍然认为是线性回归方程。

$$\boldsymbol{Y}=\beta_0+\beta_1\log\boldsymbol{X}+\boldsymbol{\varepsilon}$$

类似的，考虑经济学中的生产函数式（8-5a），它可以通过取对数转换成线性回归形式，如式（8-5b）。

$$Y=AL^{\alpha}K^{\beta}e^{\varepsilon} \tag{8-5a}$$

$$\ln Y=\ln A+\alpha\ln L+\beta\ln K+\varepsilon \tag{8-5b}$$

8.1.2 非线性回归

如果预测变量和响应变量之间有式（8-1）所示的关系，但是不能表示为式（8-2）所示的线性方程的形式，我们称该回归关系为非线性回归。SPSS 的回归菜单下有【非线性】【二元 Logistic】【多元 Logistic】【有序回归】【Probit 回归】和【部分最小平方】等非线性回归程序。另外，如果安装了 SPSS 的 R 插件，SPSS 回归菜单中将可以实现“Tobit 回归”“稳健回归”“分位数回归”等，如图 8-1 所示。

图 8-1　SPSS【回归分析】菜单

回归分析是在相关分析的基础上，确定了变量之间的相互影响关系之后，准确地确定出这种关系的数量方法。因此，一般情况下，相关分析要先于回归分析进行，确定出变量间的关系是线性还是非线性，然后应用相关的回归分析方法。在应用回归分析之前，散点图分析是常用的探索变量之间相关性的方法。

> **注意**　如第 7 章所述，用户可以采用散点图和相关系数进行相关分析，一般二者结合进行。由于 Pearson 相关系数受数据分布和离群值的影响，仅仅采用 Pearson 相关系数可能会有误导。

应用回归分析一般遵循下列步骤。

步骤 1：写出研究的问题和分析目标。

步骤 2：选择潜在相关的变量。

步骤 3：收集数据。

步骤 4：选择合适的拟合模型。

步骤 5：模型求解。

步骤 6：模型验证和评价。

步骤 7：应用模型解决研究问题。

以上有些步骤可以跳过，有些需要重复进行。例如，如果数据已经有了，那么前 3 个步骤可以省略；而如果步骤 6 中的模型验证的结果不满意，则需要重新进行步骤 4～步骤 6 的过程。

8.2 简单线性回归

在简单线性回归中，只有两个变量，其回归方程如下。

$$Y = \beta_0 + \beta_1 X + \varepsilon \tag{8-6}$$

式（8-6）中，预测变量 X 为预测变量，是可以观测和控制的；Y 为因变量或响应变量，为随机变量；ε 为随机误差。通常假设 $\varepsilon \sim N(0,\sigma^2)$，且假设 σ^2 与 X 无关。

进行一元线性回归主要讨论如下问题。

（1）利用样本数据对参数 β_0、β_1 和 σ^2 进行点估计，得到经验回归方程。

（2）检验模型的拟合程度，验证 Y 与 X 之间的线性相关的确存在，而不是由于抽样的随机性导致的。

（3）利用求得的经验回归方程，通过 X 对 Y 进行预测或控制，或者分析 Y 与 X 的内在联系。

8.2.1 简单回归方程的求解

我们希望根据观测值 $(x_i, y_i)(i=1,2,\cdots,n)$ 估计出简单回归方程中的待定系数 β_0 和 β_1，使得回归方程的拟合值与其对应的响应变量的误差平方和达到最小。该方法即为最小二乘法。

也就是求解 β_0 和 β_1，使得 $S(\beta_0,\beta_1)$ 最小，具体公式如式（8-7）所示。

$$S(\beta_0,\beta_1) = \sum_{i=1}^{n}(y_i - \beta_0 - \beta_1 x_i)^2 \tag{8-7}$$

设 $\overline{x}$ 和 $\overline{y}$ 分别为预测变量和响应变量的样本均值；s_x 和 s_y 分别为预测变量和响应变量的样本标准差；$r = \mathrm{Cov}(Y,X)$ 为样本相关系数，则最小二乘法给出的回归系数的估计值如下。

$$\hat{\beta}_1 = \frac{\sum_{i=1}^{n}(y_i - \overline{y})(x_i - \overline{x})}{\sum_{i=1}^{n}(x_i - \overline{x})^2} = r\frac{s_y}{s_x} \tag{8-8}$$

$$\hat{\beta}_0 = \overline{y} - \hat{\beta}_1 \overline{x} \tag{8-9}$$

于是，把估计值代入式（8-3），得到拟合回归方程如下。

$$\hat{Y} = \hat{\beta}_0 + \hat{\beta}_1 X$$

对于每个样本观测值，我们可以计算 $\hat{y}_i = \hat{\beta}_0 + \hat{\beta}_1 x_i$，其中 $\hat{y}_i$ 称为相应于 x_i 的拟合值。相应于第 i 个观测值，它的拟合误差（也称残差）及平方和分别记为如下形式。

$$e_i = y_i - \hat{y}_i$$

$$SSE = \sum e_i^2 \tag{8-10}$$

实用上也把拟合误差作为随机误差 ε_i 的估计，即 $e_i = \hat{\varepsilon}_i$。

SPSS 在输出回归系数的估计值的同时还会给出回归系数估计的方差的估计，它们的公式如下。

$$\mathrm{Var}(\hat{\beta}_1) = \frac{\hat{\sigma}^2}{\sum(x_i - \overline{x})^2} \tag{8-11}$$

$$\mathrm{Var}(\hat{\beta}_0) = \hat{\sigma}^2[\frac{1}{n} + \frac{\overline{x}^2}{\sum(x_i - \overline{x})^2}] = \mathrm{Var}(\hat{\beta}_1) \times \sum x_i^2 \tag{8-12}$$

这里，$\hat{\sigma}^2$ 为回归方程的误差项 ε 的方差 σ^2 的无偏估计，计算公式如下。

$$\hat{\sigma}^2 = \frac{\sum e_i^2}{n-p-1} = \frac{SSE}{n-p-1} \tag{8-13}$$

注意 式（8-7）中的预测误差 $e_i \sim N(0,(1-p_i)\sigma^2)(i=1,2,\cdots,n)$，$p_i$ 的定义及进一步讨论见下文。

8.2.2 回归方程拟合程度检验

1. 决定系数 R^2

前文把拟合值和真实值的差值的平方和称为残差平方和，记为 SSE。这里把由于采用拟合回归直线后预测值较采用响应变量均值提高的部分的平方和称为回归平方和，记为 SSR，并将真实值和响应变量均值的平方和称为总平方和，记为 SST。

$$SST = \sum (y_i - \bar{y})^2 \quad \text{（总平方和）}$$

$$SSR = \sum (\hat{y}_i - \bar{y})^2 \quad \text{（回归平方和）}$$

$$SSE = \sum (y_i - \hat{y}_i)^2 \quad \text{（残差平方和）}$$

三者之间的关系又称为“平方和分解”，相关表达式如下。

$$SST = SSR + SSE$$

定义统计量 R^2 如下。

$$R^2 = SSR / SST = 1 - \frac{SSE}{SST} \tag{8-14}$$

R^2 称为回归方程的决定系数。由于 $SSR \leqslant SST$，因而 $0 \leqslant R^2 \leqslant 1$。决定系数的大小反映了回归方程能够解释的响应变量总的变差的比例，其值越大，回归方程的拟合程度越高。

一般情况下，随着预测变量个数的增多，决定系数的值也变大，因此，在多重回归分析中，需要反映回归方程中预测变量的个数，即引入了调整的决定系数。请参见 8.3 节。

R^2 到底多大拟合直线才算满意呢？一般而言，如果 Y 和 X 都是时间序列中的绝对数数据，如 GDP、财政支出等，R^2 一般要在 0.6 以上才可以接受回归结果；如果是增量数据，如 GDP、财政支出的增长率等或截面数据如居民家计调查数据，有时 R^2 在 0.2 以上也可以接受回归模型。

平方和分解式（8-14）的 R^2 的计算公式并不总成立，仅当模型含常数项时成立，Eviews 软件在模型不含常数项（即接受 $\beta_0 = 0$ 的原假设）时，几乎所有的模型检验都是失效的，有时还会出现 $R^2 < 0$ 的情况。SPSS 软件却充分关注到这点，模型不含常数项时用另外的量定义 R^2，并且其他检验也是正确的，读者可以放心使用。

2. 回归模型的显著性的 F 检验

总平方和 SST 反映因变量 Y 的波动程度或者不确定性，在建立了 Y 对 X 的回归方程后，总平方和 SST 分解成回归平方和 SSR 与残差平方和 SSE 两部分。其中 SSR 是由回归方程确定的，SSE 是不能由自变量 X 解释的波动，是由 X 之外的未加控制的因素引起的。这样，SST 中能够由自变量解释的部分为 SSR，不能由自变量解释的部分为 SSE。这样，回归平方和越大，回归的效果越好，据此构造 F 检验统计量（下式对多元回归也成立）如下。

$$F = \frac{SSR / p}{SST / (n-p-1)} = \frac{MSR}{MSE} = \frac{\text{回归均方}}{\text{残差均方}} \tag{8-15}$$

其中，平方和除以自己的自由度称为均方。SPSS 在回归输出结果的 ANOVA 表中给出 SSR、

SSE、SST 和 F 统计量的取值，同时给出 F 值的显著性值（即 p 值）。

3. 假设检验

回归方程的检验也就是验证两个变量之间的线性关系的确在统计上显著。一般进行如下的假设检验。

（1）常数项的 T 检验

$$H_0:\ \beta_0 = 0$$

检验统计量为 t 统计量，其定义如下。

$$t = \frac{\hat{\beta}_0}{s.e.(\hat{\beta}_0)} \qquad (8\text{-}16)$$

其中，$s.e.(\hat{\beta}_0)$ 为 $\hat{\beta}_0$（常数项的估计值）的标准误差。即 t 统计量为常数项的估计值和其标准误差的比值。SPSS 回归分析的系数表中会给出回归方程常数项的估计值、标准误差、t 统计量及相应的显著性值。

（2）回归系数显著性的 T 检验

$$H_0:\ \beta_1 = 0$$

检验统计量为 t 统计量，其定义如下。

$$t = \frac{\hat{\beta}_1}{s.e.(\hat{\beta}_1)}$$

当 H_0 成立时，我们有

$$t = \frac{\hat{\beta}_1}{s.e.(\hat{\beta}_1)} \sim t(n-p-1)$$

其中，$s.e.(\hat{\beta}_1) = \sqrt{\mathrm{Var}(\hat{\beta}_1)}$ 为 $\hat{\beta}_1$（预测变量 X 的回归系数的估计值）的标准误差，即 t 统计量为参数的估计值和其标准误差的比值。SPSS 回归分析的系数表中会给出回归参数的估计值、标准误差、t 统计量以及相应的显著性值。

（3）相关系数显著性的 T 检验

$$H_0:\ \rho = 0$$

该假设检验用于检验变量 X 和变量 Y 的相关系数是否等于 0。SPSS 在给出两变量 Pearson 相关系数时，可以进行此项检验。

检验统计量为

$$t_1 = \frac{r\sqrt{n-2}}{\sqrt{1-r^2}} \qquad (8\text{-}17)$$

注意

对于一元线性回归，回归系数显著性的 T 检验，回归模型的显著性的 F 检验，相关系数显著性的 T 检验的检验结果是完全等价的。其实，可以证明，回归系数显著性的 T 检验与相关系数显著性的 T 检验是完全相等的，而 F 统计量则为这两个 t 统计量的平方。因此，一元线性回归实际上只需要做其中的一种检验即可。然而对于多元线性回归，这 3 种检验所考虑的问题有所不同，因而并不等价。

8.2.3 用回归方程预测

在一定范围内，对任意给定的预测变量取值 x_0，可以利用求得的拟合回归方程进行预测，其预测值如下。

$$\hat{\mu}_0 = \hat{\beta}_0 + \hat{\beta}_1 x_0$$

该预测值的 $(1-\alpha)100\%$ 置信区间如下。

$$(\hat{\mu}_0 - t_{n-2,\alpha/2} \times s.e.(\hat{\mu}_0), \hat{\mu}_0 + t_{n-2,\alpha/2} \times s.e.(\hat{\mu}_0)) \tag{8-18}$$

其中，$s.e.(\hat{\mu}_0)$ 为预测值 μ_0 的标准误差，其估计值如下。

$$s.e.(\hat{\mu}_0) = \hat{\sigma}\sqrt{\frac{1}{n} + \frac{(x_0 - \bar{x})^2}{\sum(x_i - \bar{x})^2}} \tag{8-19}$$

在 SPSS 回归分析的“保存”选项中，可以选择保存预测值和其相应的 $(1-\alpha)100\%$ 置信区间。同时，SPSS 可以提供标准化的预测值和调整的预测值，其计算公式分别如下。

$$\text{ZPred}_i = \frac{\hat{y}_i - \bar{y}}{s.d.(\hat{y})} \tag{8-20}$$

$$\text{AdjPred}_i = y_i - \frac{e_i}{1 - p_{ii}} \tag{8-21}$$

8.2.4 简单线性回归举例

一家计算机服务公司需要了解其用电话进行客户服务所修复的计算机零部件的个数和其电话所占用的时间的关系。经过相关分析，认为二者之间有显著的线性关系。下面我们用线性回归找到这两个变量之间的数量关系。

（1）在 SPSS 中打开数据文件“ComputerRepair.sav”，变量“Units”记录了修复的零部件的个数；变量“Minuts”记录了服务所占用的电话时间。

（2）选择【分析】→【回归】→【线性】，如图 8-2 所示。把“Units”选入“自变量（I）”框中；把“Minuts”选入“因变量（D）”框中。其他选项保留默认值。

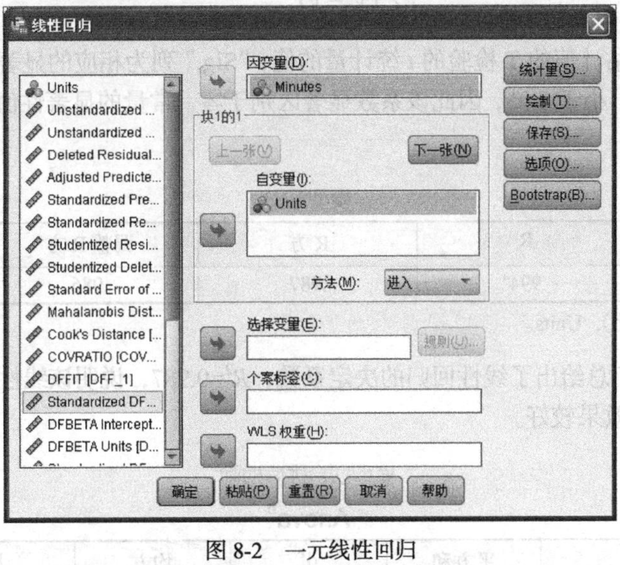

图 8-2 一元线性回归

以上操作可以通过下列语法命令来完成。

```
NEW FILE.
DATASET CLOSE ALL.
GET FILE = 'C:\SPSSIntro\Chapter 8\ComputerRepair.sav' .
DATASET NAME myData WINDOW=FRONT.
REGRESSION
  /MISSING LISTWISE
```

```
/STATISTICS COEFF OUTS R ANOVA
/CRITERIA=PIN(.05) POUT(.10)
/NOORIGIN
/DEPENDENT Minutes
/METHOD=ENTER Units.
```

结果浏览其中的结果如表 8-1～表 8-3 所示。

表 8-1 回归系数及其检验

系数[a]

模型		非标准化系数		标准系数	t	Sig.
		B	标准误差	试用版		
1	（常量）	4.162	3.355		1.240	.239
	Units	15.509	.505	.994	30.712	.000

a. 因变量：Minutes。

表 8-1 给出了线性回归模型的参数估计。SPSS 除了给出非标准化系数，即式（8-5）和式（8-6）中的常规最小二乘估计值以外，还给出标准化预测变量和标准化响应变量后的回归系数。这里标准化的预测变量和响应变量分别如下。

$$x_i^*=\frac{x_i-\overline{x}}{\sqrt{\sum_{i=1}^{n}(x_i-\overline{x})^2}}(i=1,2,\cdots,n)$$

$$y_i^*=\frac{y_i-\overline{y}}{\sqrt{\sum_{i=1}^{n}(y_i-\overline{y})^2}}(i=1,2,\cdots,n)$$

“t” 列为相应的估计值的 T 检验的 t 统计量的值，“Sig.” 列为相应的显著性值（p 值），“Units” 的显著性值为 0.000，小于 0.05，因此该系数显著区别于零。常量的显著性值大于 0.05，即该项不显著。

表 8-2 模型汇总

模型	R	R 方	调整 R 方	标准估计的误差
1	.994[a]	.987	.986	5.392

a. 预测变量：（常量），Units。

表 8-2 的模型汇总给出了线性回归的决定系数，R^2=0.987，说明该线性模型可以解释自变量 98.7%的变差，拟合效果较好。

表 8-3 模型拟合优度检验

Anova[b]

模型		平方和	df	均方	F	Sig.
1	回归	27 419.509	1	27 419.509	943.201	.000[a]
	残差	348.848	12	29.071		
	总计	27 768.357	13			

a. 预测变量：（常量），Units。

b. 因变量：Minutes。

表 8-3 中的 F 检验的显著性值小于 0.05，表明一元线性回归模型显著。

8.3 多元线性回归

实际应用中，很多情况要用到多个预测变量才能更好地描述变量间的关系。如果这些预测变量在预测方程中的系数与响应变量之间的关系为线性，那么回归方程称为多元线性回归方程。就方法的实质来说，处理多个预测变量的方法与处理一个预测变量的方法基本相同，只是多元线性回归的方法复杂些，计算量也大得多，回归系数的解释也与简单回归有本质的差异，一般都用计算机进行处理。

8.3.1 多元线性回归方程简介

关于线性回归模型的基本假定，多元回归要附加 p+1 个自变量（包括常数项）之间线性无关的假定，否则会导致$\left|X^T X\right| \approx 0$，使参数估计量的方差变大。这可以从 $\hat{B}$ 的表达式及其分布看出，因为回归模型矩阵形式的最小二乘估计如下。

$$\hat{B} = (X^T X)^{-1} X^T Y\text{，且有}$$

$$\hat{B} \sim N(B, \sigma^2 (X^T X)^{-1})$$

对于简单回归模型的拟合回归方程 $\hat{Y} = \hat{\beta}_0 + \hat{\beta}_1 X$ 的回归系数可以解释为自变量 X 增加 1 个单位，因变量 Y 平均增加 $\hat{\beta}_1$ 个单位。而对于 p 元回归模型，$\hat{\beta}_j$ 的解释是固定其余 p−1 个自变量不变，X_j 每增加 1 个单位，因变量 Y 平均增加 $\hat{\beta}_j$ 个单位。换言之，仅当 X_j 变动其余 p−1 个自变量能保持不变时以上解释才成立。

8.3.2 多元线性回归方程的显著性检验

与一元的情形一样，上面的讨论是在响应变量 Y 与预测变量 X_1，X_2,⋯，X_p 之间呈现线性相关的前提下进行的。所求的经验方程是否有显著意义，还需对 Y 与 $X_i(i=1,2,\cdots,p)$ 间是否存在线性相关关系做显著性假设检验。与一元的情况类似，回归方程是否有显著意义，需要对回归参数 β_0，β_1，⋯，β_p 进行检验。

1. 检验所有回归系数都不显著

检验的原假设如下。

$$H_0 : \beta_1 = \beta_2 = \cdots = \beta_p = 0$$

这里的检验统计量为

$$F = \frac{SSR / p}{SSE / (n-p-1)} = \frac{MSR}{MSE} \tag{8-22}$$

SPSS 输出结果的 ANOVA 表将进行该项检验。

如果接受原假设 H_0，表明因变量 Y 与 p 个自变量间没有线性关系，对于预测问题要重新选择潜在自变量，或重新考虑其他的模型来描述因变量与自变量之间的关系。如果拒绝 H_0，表明因变量 Y 与 p 个自变量整体间有线性关系，多元回归模型是可以考虑用来描述因变量和自变量之间关系的的。这里需要注意的是，拒绝原假设并不表明每个自变量都有显著解释因变量 Y 的能力，需要进行进一步的检验。

2. 检验每个回归系数是否显著

检验假设如下。

$$H_0 : \beta_j = 0 \quad (j=1,2,\cdots,p)$$

这里和一元线性回归的检验一样，检验统计量为 t 统计量。

拒绝 H_0 表明自变量 X_j 与因变量 Y 有显著线性关系；接受 H_0 表明自变量 X_j 和因变量的线性关系不显著，需要从模型中删除 X_j。若有多个自变量不显著，一般并不同时删除这些自变量，而是先剔除 $|t|$ 值最小者所对应的自变量，直到剩下的自变量都显著为止。

但在实用中，多元回归中剔除变量的问题比上例我们做的讨论要复杂得多，因为有些变量单个讨论时，对因变量的作用很小，但它与某些自变量联合起来，共同对因变量的作用却很大。因此，在剔除变量时，还应考虑变量交互作用对因变量 Y 的影响。此外，关于多元性回归的预测和控制问题，和一元的情况类似，这里不再赘述。

注意

（1）F 检验的 H_0 被拒绝，并不能说明所有的自变量都对因变量 Y 有显著影响。我们希望从回归方程中剔除那些统计上不显著的自变量，重新建立更为简单的线性回归方程，就需要对每个回归系数做显著性检验。

（2）即使检验 1 中所有的回归系数单独检验统计上都不显著，而 F 检验有可能显著。这时我们不能够说模型不显著。这时候，尤其需要仔细对数据进行分析，可能分析的数据有问题，如共线性等。

8.3.3 应用举例

数据文件“performance.sav”记录了一项企业心理学研究的数据。它调查了一个大型金融机构的 30 名雇员，记录了他们和主管的交互情况的评价和对主管的总的满意情况。我们希望通过该调查来了解主管的某些特征和对他们的总的满意情况的相互关系。

打开数据文件“performance.sav”，选择【分析】→【回归】→【线性】，如图 8-3 所示。把变量 Y 选入“因变量（D）”框中，把变量 $X1$～$X6$ 选入“自变量（I）”框中，其他选项保留默认值。单击【确定】按钮。

以上操作可以通过下列语法命令来完成。

```
NEW FILE.
DATASET CLOSE ALL.
GET FILE = 'C:\SPSSIntro\Chapter 8\performance.sav' .
DATASET NAME myData WINDOW=FRONT.
REGRESSION
  /MISSING LISTWISE
  /STATISTICS COEFF OUTS R ANOVA
  /CRITERIA=PIN(.05) POUT(.10)
  /NOORIGIN
  /DEPENDENT Y
  /METHOD=ENTER X1 X2 X3 X4 X5 X6.
```

在结果查看器中得到表 8-4 中的 3 张表格，分别为模型汇总、ANOVA 和系数。

模型汇总表输出 R、R 方和调整 R 方。R 方统计量 0.733 表明该线性模型可以解释自变量 73.3%的变差。一般而言，随着自变量个数的增多，不管增加的自变量是否和因变量的关系密切与否，R 方都会增大；调整的 R 方是根据回归方程中的参数的个数进行调整的 R 方，它对参数的增多进行惩罚。调整 R 方自身没有直观的解释意义，定义如下。

$$R_{调整}{}^2 = 1 - \frac{SSE/(n-p-1)}{SST/(n-1)} = 1 - \frac{n-1}{n-p-1}(1-R^2) \tag{8-23}$$

ANOVA 表为模型显著性 F 检验的结果，输出多元线性回归模型的平方和、自由度、均方、F 值和相应的显著性值。平方和列为回归平方和 SSR、残差平方和 SSE、总平方和 SST，均方列为

MSR 和 *MSE*。这里显著性值为 0.000，小于 0.05，即该回归模型显著。

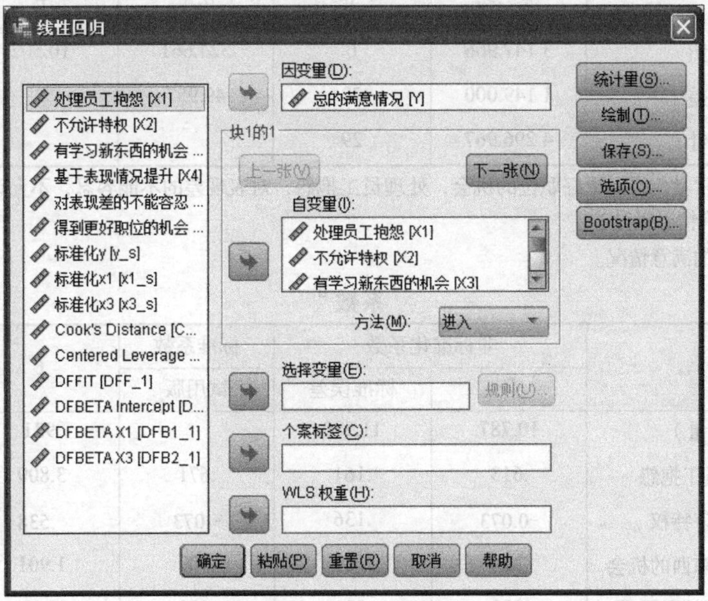

图 8-3　多元线性回归

系数表为模型的非标准化回归系数的估计值、标准化变量后的回归系数的估计值、T 检验的 t 统计量值和相应的显著性值。非标准化系数列记录了最小二乘法在原始数据上的线性回归系数的估计值。

标准系数列记录了最小二乘法在标准化后的数据上的线性回归系数的估计值。

标准化预测变量和标准化响应变量的公式分别如下。

$$x_{ij}^{*}=\frac{x_{ij}-\overline{x}_{j}}{\sqrt{\sum_{i=1}^{n}(x_{ij}-\overline{x}_{j})^{2}}}(i=1,2,\cdots,n;\ j=1,2,\cdots,p) \tag{8-24}$$

$$y_{i}^{*}=\frac{y_{i}-\overline{y}}{\sqrt{\sum_{i=1}^{n}(y_{i}-\overline{y})^{2}}}(i=1,2,\cdots,n) \tag{8-25}$$

“t” 列记录了各回归系数 T 检验的 t 统计量，而 “Sig.” 列记录了相应的显著性值。这里，只有 $X1$ 和 $X3$ 的显著性值小于 0.1，注意到回归方程的常数项也不显著。大部分情况下，不显著的预测变量都要从回归方程中移除。特别注意的是，由于常数项代表了响应变量的基本水平，不管其显著与否，大部分情况下都保留在回归方程中。少数情况下，如果常数项为零有实际的解释意义，可以剔除不显著的常数项。因此，我们这里可以仅仅考虑 Y 和 $X1$、$X3$ 之间的关系而忽略其他预测变量。

表 8-4　　多元线性回归结果

模型汇总

模型	R	R 方	调整 R 方	标准估计的误差
1	.856[a]	.733	.663	7.068

a. 预测变量：常量，得到更好职位的机会，处理员工抱怨，对表现差的不能容忍，不允许特权，有学习新东西的机会，基于表现情况提升。

Anova[b]

模型		平方和	df	均方	F	Sig.
1	回归	3 147.966	6	524.661	10.502	.000[a]
	残差	1 149.000	23	49.957		
	总计	4 296.967	29			

a. 预测变量：常量，得到更好职位的机会，处理员工抱怨，对表现差的不能容忍，不允许特权，有学习新东西的机会，基于表现情况提升。

b. 因变量：总的满意情况。

系数[a]

模型		非标准化系数		标准系数	t	Sig.
		B	标准误差	试用版		
1	（常量）	10.787	11.589		.931	.362
	处理员工抱怨	.613	.161	.671	3.809	.001
	不允许特权	−0.073	.136	−.073	−.538	.596
	有学习新东西的机会	.320	.169	.309	1.901	.070
	基于表现情况提升	.082	.221	.070	.369	.715
	对表现差的不能容忍	.038	.147	.031	.261	.796
	得到更好职位的机会	−.217	.178	−.183	−1.218	.236

a. 因变量：总的满意情况。

如果一次剔除所有不显著自变量，即把 Y 作为因变量，$X1$ 和 $X3$ 作为自变量，重复进行回归分析，如图 8-4 所示。

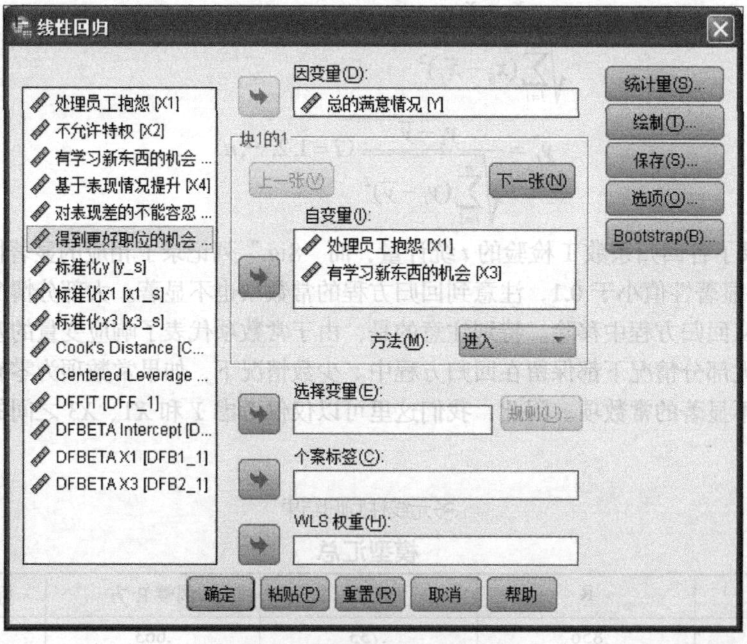

图 8-4　重复进行多元线性回归

以上操作可以通过以下语法命令完成。

```
REGRESSION
  /MISSING LISTWISE
  /STATISTICS COEFF OUTS R ANOVA
  /CRITERIA=PIN(.05) POUT(.10)
  /NOORIGIN
  /DEPENDENT Y
  /METHOD=ENTER X1 X3.
```

结果查看器中得到回归分析的结果如表 8-5 所示。

从表 8-5 中的模型汇总知，虽然由于预测变量的个数由 6 个减少为两个，R 方略有变小，但是调整的 R 方变大了，根据模型精简的原则。我们倾向于采用新的精炼的模型。

在系数表中，*X*3 对应的显著性值大于 0.1，但是根据问题的实际背景，我们认为该预测变量和总的满意度 *Y* 是有关系的，因此我们在回归模型中保留了该预测变量。

表 8-5　多元回归分析结果

输入/移去的变量[b]

模型	输入的变量	移去的变量	方法
1	有学习新东西的机会，处理员工抱怨		输入

a. 已输入所有请求的变量。
b. 因变量：总的满意情况

模型汇总

模型	R	R 方	调整 R 方	标准估计的误差
1	.841[a]	.708	.686	6.817

a. 预测变量：(常量)，有学习新东西的机会，处理员工抱怨。

Anova[b]

模型		平方和	df	均方	F	Sig.
1	回归	3 042.318	2	1 521.159	32.735	.000[a]
	残差	1 254.649	27	46.468		
	总计	4 296.967	29			

a. 预测变量：(常量)，有学习新东西的机会，处理员工抱怨。
b. 因变量：总的满意情况

读者也可以如前文所述，先剔除最不显著的变量 X_5（它的 t=0.261 值最小，对应的显著性值最大，即 Sig.值为 0.796），然后应用 *X*1、*X*2、*X*3、*X*4 和 *X*6 作为自变量进行回归分析。每次只剔除一个最不显著的自变量，直到剩下的自变量全部显著为止。请读者自行完成，然后比较得到的结果是否有不同之处。

8.3.4　线性回归自变量进入的方式

1. 预测变量进入模型的方法

由于对因变量 *Y*，有 *p* 个潜在解释变量，加常数项共 *p*+1 个待定变量，包括不同变量的全部可能的回归共有 2^{p+1} 个。如果根据某种准则，从 2^{p+1} 个回归模型中选出一个或几个最优的回归，称为最优子集回归（全局最优），显然 *p* 较大时计算量十分大。目前广泛使用的是**向前**、**向后**和**逐步回归**，实证表明这些方法是有效的。

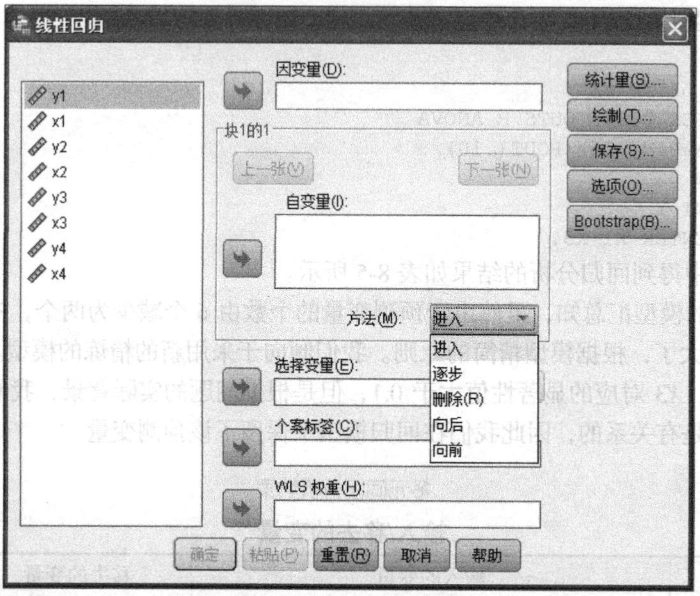

图 8-5　自变量进入模型的方式

在“方法（M）”框中允许用户指定自变量将如何进入分析中。通过使用不同的方法，用户可以从相同的变量组构造多个回归模型。变量选择过程用下列方法，如图 8-5 所示。

（1）进入：一个块中的所有变量（位于一张输入框中的变量）在一个步骤中输入。

（2）逐步：在每一步，不在方程中的具有 F 的概率最小的自变量被选入（如果该概率足够小）。对于已在回归方程中的变量，如果它们的 F 概率变得足够大，则移去这些变量。如果不再有变量符合包含或移去的条件，则该方法终止。

（3）删除：在单步中移去一个块中的所有变量。

（4）向后去除：注意，剔除一个变量将使 R^2 减少，同理，增加一个变量将使 R^2 增大。在该过程中将所有变量输入到方程中，然后按顺序移去。会考虑将与因变量之间的部分相关性最小的变量第一个移去，即移去这个变量使 R^2 减少的最小。如果它满足消除条件，则将其移去。移去第一个变量之后，会考虑下一个将方程的剩余变量中具有最小的部分相关性的变量移去。直到方程中没有满足消除条件的变量，过程才结束。

（5）向前选择：一个逐步选择变量的过程。在该过程中将变量顺序输入到模型中。第一个考虑要选入到方程中的变量是与因变量之间具有最大的正或负的相关性的变量，即 R^2 达最大的变量（如 X_j）最先选入。只要在该变量满足选入条件时才将它选入方程中。选入了第一个变量之后，接下来考虑不在方程中的具有最大的部分相关性的自变量，即与 X_j 搭配使 R^2 达最大的变量。当不再有满足选入条件的变量时，过程结束。

注意

（1）向后去除法移去的变量不再进入，向前选择法选入的变量不再移去，而逐步回归则结合这两者的特点，且原则上进入的变量可以被移去，移去的变量还可以选入模型。

（2）输出中的显著性值基于与单个模型的拟合。所以，当使用逐步推进方法（逐步式、向前或向后）时，显著性值通常无效。

（3）无论指定什么进入方法，所有变量都必须符合容差条件才能进入方程。默认的容差水平为 0.000 1。另外，如果某个变量会导致另一已在模型中的变量的容差下降到容差条件以下，则该变量不进入方程。

（4）所有被选自变量将被添加到单个回归模型中。不过，你可以为不同的变量子集指定不同的进入方法。例如，用户可以使用逐步式选择将一个变量块输入到回归模型中，而使用向前选择输入第二个变量块。

（5）分析中包含由选择规则定义的个案。例如，如果选择变量，选择等于，并为该值键入 5，则只有那些选定变量值等于 5 的个案才会包含在分析中。字符串值也是允许的。

2. 线性回归步进方法的选项

如图 8-6 所示，用户可在“线性回归：选项”对话框中设置步进法变量进入模型或者变量被剔除出模型的判断标准。单击“线性回归”对话框中的【选项】按钮，得到图 8-6 所示的对话框。

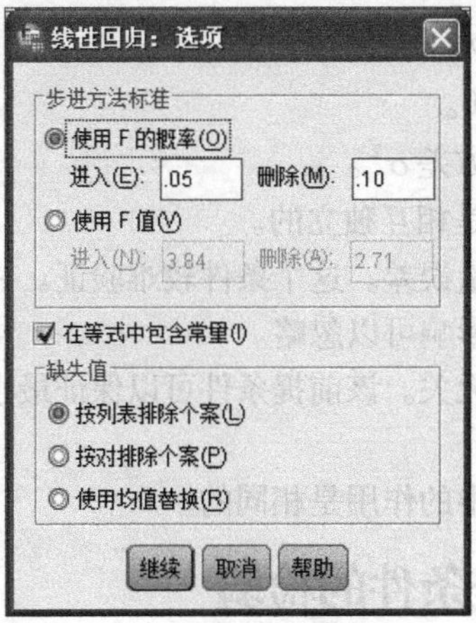

图 8-6　步进法进入标准

如图 8-6 所示，**“步进方法标准”**框中的选项在已指定向前、向后或逐步式变量选择法的情况下适用。变量可以进入到模型中，或者从模型中移去，这取决于 F 值的显著性（概率）或者 F 值本身。相关选项的含义如下。

- **使用 F 的概率：**如果变量的 F 值的显著性水平小于“输入”值，则将该变量选入到模型中，如果该显著性水平大于“剔除”值，则将该变量从模型中移去。“输入”值必须小于“剔除”值，且两者均必须为正数。要将更多的变量选入模型中，请增加“输入”值。要将更多的变量从模型中移去，请降低“剔除”值。
- **使用 F 的值：**如果变量的 F 值大于“输入”值，则该变量输入模型，如果 F 值小于“剔除”值，则该变量从模型中移去。“输入”值必须大于“剔除”值，且两者均必须为正数。要将更多的变量选入模型中，请降低“输入”值。要将更多的变量从模型中移去，请增大“剔除”值。

在**“等式中包含常量”**未被选中的情况下，回归模型包含常数项。取消选择此选项可强制使回归直线通过原点，实际中很少这样做。某些通过原点的回归结果无法与包含常数的回归结果相比较。例如，不能以通常的方式解释 R^2 。

8.4　线性回归的诊断和线性回归过程中的其他选项

不论是一元线性回归方程，还是多元线性回归方程，在应用时都要求满足一定的前提条件。

前几节中的最小二乘法和所有假设检验等都是基于这些前提条件的。对于最小二乘法，如果这些条件有较小的违背，对回归分析模型的结果影响不大；但是，如果严重违背这些条件的话，有可能得到严重扭曲的结论。因此，对这些前提条件进行验证是回归分析中必不可少的一环。

8.4.1 回归分析的前提条件

回归分析的前提条件可以归纳为下列几条。

（1）响应变量和预测变量之间的关系必须为线性关系。这可以通过考察散点图来进行验证。

（2）线性回归模型的误差变量是服从相互独立的、分布相同的正态分布 $N(0,\sigma^2)$，即满足以下条件。

- 误差变量 $\varepsilon_i(i=1,2,\cdots,n)$ 为正态分布。
- $\varepsilon_i(i=1,2,\cdots,n)$ 的均值为 0。
- $\varepsilon_i(i=1,2,\cdots,n)$ 有相同的方差 σ^2。
- 误差变量 $\varepsilon_i(i=1,2,\cdots,n)$ 是相互独立的。

（3）预测变量的取值没有测量误差。这个条件较难验证。一般而言，如果测量误差相对随机误差不是太大，那么测量误差的影响可以忽略。

（4）预测变量相互之间线性无关。该前提条件可以保证最小二乘的解是唯一的，如果违反该条件，则出现共线性问题。

（5）所有的观测值的在分析中的作用是相同的。

8.4.2 回归分析前提条件的检验

1．线性相关性的检验

只有变量间真实存在线性相关关系时，才可以应用线性回归模型来建模。仅仅观察两个变量之间的相关系数有时候是不够的。例如，Anscombe 构造的 4 组数据，如表 8-6 所示，它们的相关系数都是 0.816，并且统计检验是显著的；用它们进行线性回归，得到的 4 组拟合直线的斜率也完全一致。通过观察图 8-7（a）～到图 8-7（d）中的散点图知道，只有图 8-7（a）才有线性关系；图 8-7（b）中的关系是非线性的；图 8-7（c）中有一个离群点，导致了回归直线产生系统性的偏差；图 8-7（d）中的数据由于一个离群点的存在，导致了拟合的回归直线大大偏离了实际数据的情况。

表 8-6　　　　Anscombe 构造的 4 组数据

*y*1	*x*1	*y*2	*x*2	*y*3	*x*3	*y*4	*x*4
8.04	10.00	9.14	10.00	7.46	10.00	6.58	8.00
6.95	8.00	8.14	8.00	6.77	8.00	5.76	8.00
7.58	13.00	8.74	13.00	12.74	13.00	7.71	8.00
8.81	9.00	8.77	9.00	7.11	9.00	8.84	8.00
8.33	11.00	9.26	11.00	7.81	11.00	8.47	8.00
9.96	14.00	8.10	14.00	8.84	14.00	7.04	8.00
7.24	6.00	6.13	6.00	6.08	6.00	5.25	8.00
4.26	4.00	3.10	4.00	5.39	4.00	12.50	19.00
10.84	12.00	9.13	12.00	8.15	12.00	5.56	8.00
4.82	7.00	7.26	7.00	6.42	7.00	7.91	8.00
5.68	5.00	4.74	5.00	5.73	5.00	6.89	8.00

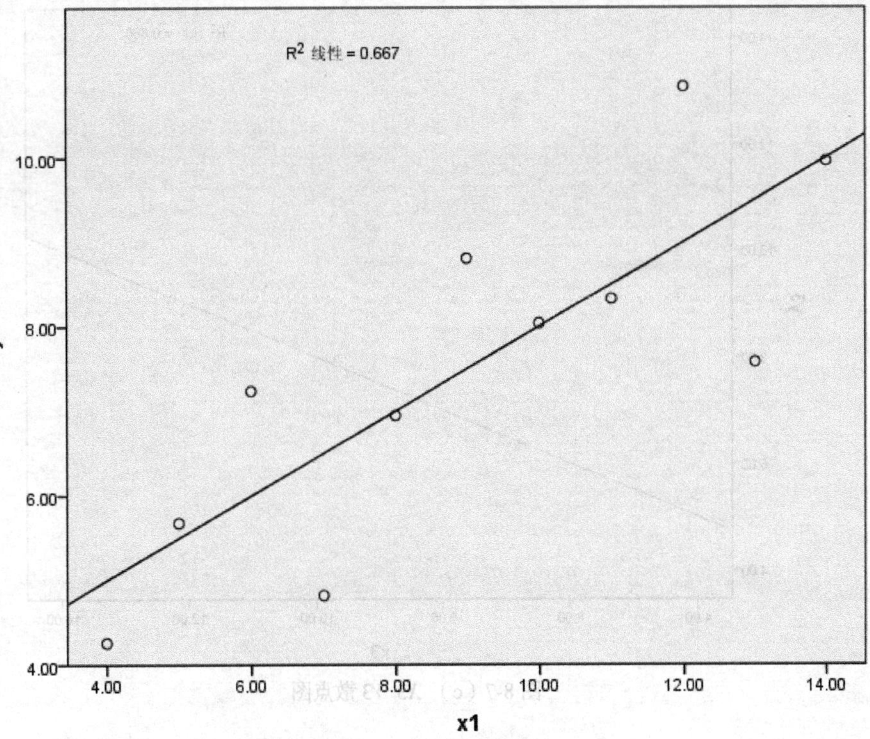

图 8-7（a）　$X1$-$Y1$ 散点图

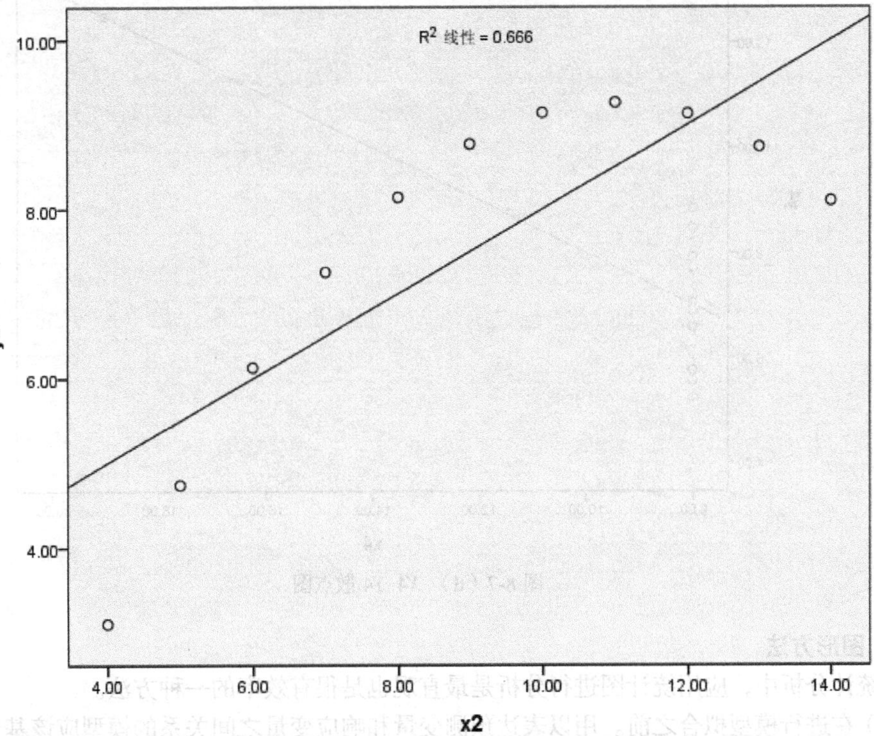

图 8-7（b）　$X2$-$Y2$ 散点图

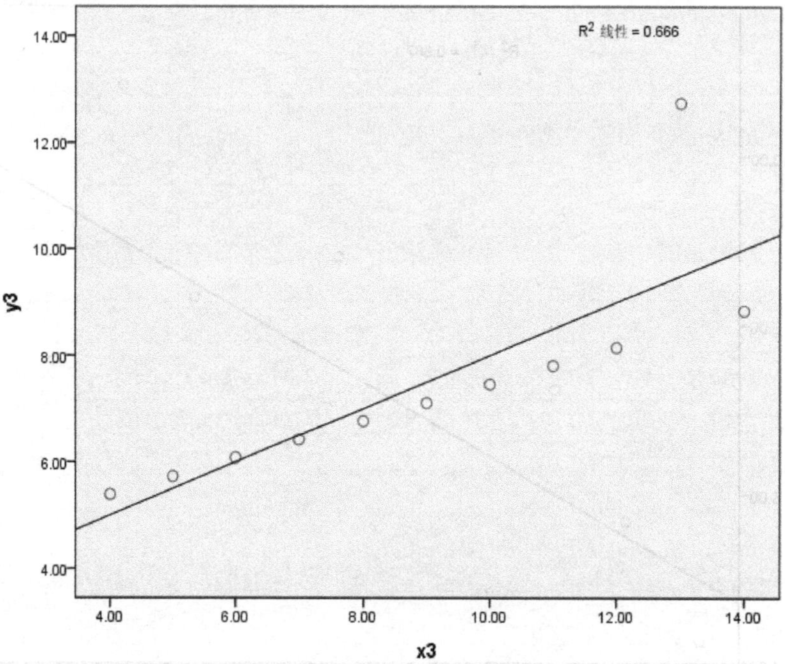

图 8-7（c） *X*3-*Y*3 散点图

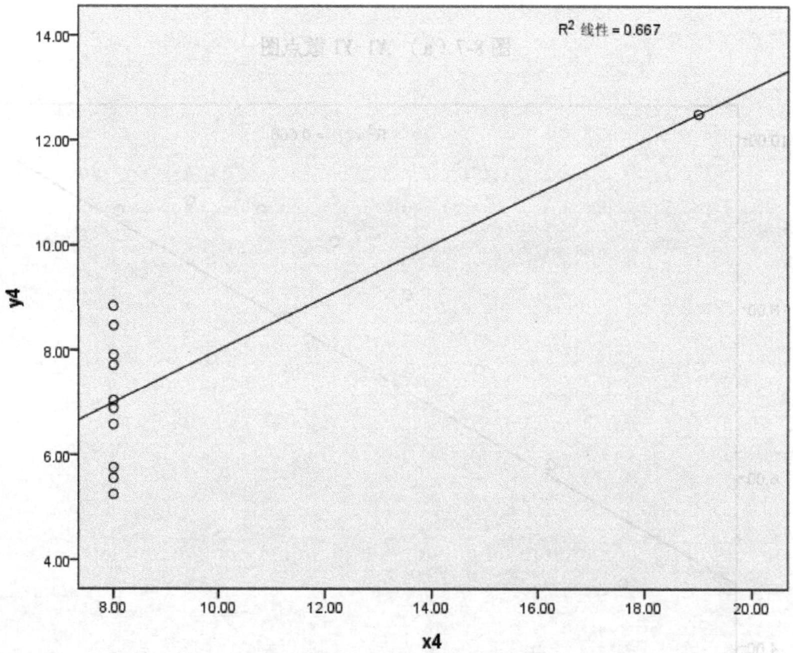

图 8-7（d） *X*4-*Y*4 散点图

2. 图形方法

在统计分析中，应用统计图进行分析是最直观也是很有效率的一种方法。

（1）在进行模型拟合之前。用以表达预测变量和响应变量之间关系的模型应该基于理论基础或者某种有待检验的假定。如果对变量之间的关系（即模型的形式）没有任何先验知识，我们可以通过绘制散点图、直方图、点图、箱图和茎叶图等来进行数据的探索性分析。另外，用户可以绘制二维或者三维的散点图来分析变量之间的关系，找出他们相关的模式。除了以上图形外，还可以进行图形的旋转、绘制动态图形等方法，辅助进行探索性的数据分析工作。

（2）在模型拟合之后。模型拟合完成后，通过统计图来检验线性回归的前提条件是否满足及模型拟合是否满意等，可以完成以下工作。

- 通过统计图形来检查模型的线性和误差的正态性假设。
- 通过统计图来检查离群值及影响点。
- 各变量影响效果的诊断图。

8.4.3 回归诊断

1. 基于残差图的探测

回归诊断中残差扮演了重要角色，由前文“基本”残差 e_i 衍生出各种残差，以下先对此做些说明。

杠杆值 p_{ii} 为映射矩阵（也称投影矩阵）$P = X(X^T X)^{-1} X^T$ 对角线上的第 i 个元素，特别对于简单回归模型，$p_{ii} = \frac{1}{n} + \frac{(x_i - \bar{x})^2}{\sum_{j=1}^{n}(x_j - \bar{x})^2}$。不难看出，第 i 观测值离中心点越远，p_{ii} 越大，通常 p_{ii} 很大（接近 1）时称高杠杆点。

残差 e_i 的方差是不等的，我们有时候采用**学生化残差**（*SRESID），其计算公式如下。

$$s_i = \frac{e_i}{\hat{\sigma}\sqrt{1 - p_{ii}}}(i = 1, 2, \cdots, n)$$

它近似服从标准正态分布，$\hat{\sigma}$ 为式（8-8）中定义的方差的平方根，另外一种形式的残差为**标准化残差**（*ZRESID），其计算公式如下。

$$z_i = e_i \Big/ \sqrt{\sum_{i=1}^{n} e_i^2}, i = 1, 2, \cdots, n \tag{8-26}$$

SPSS 线性回归过程中的“绘制（T）”选项，提供各种残差图供用户诊断模型的拟合程度。如图 8-8 所示，用户可以选择绘制响应变量和标准化残差之间、响应变量和标准化预测值之间等残差图。

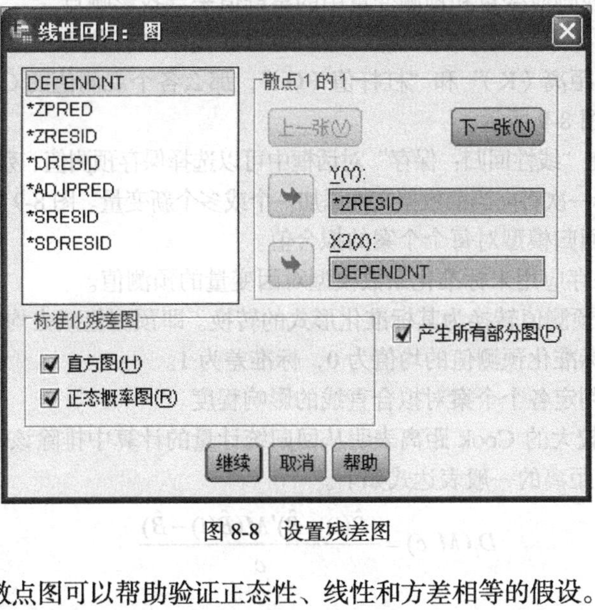

图 8-8 设置残差图

这些变量之间的散点图可以帮助验证正态性、线性和方差相等的假设。对于检测离群值、异常观察值和有影响的个案，这些散点图也是有用的。在将它们保存为新变量之后，在数据编辑器中可以使用预测值、残差或者其他自变量来构造回归分析诊断图形。在图 8-8 中可以选择绘制各种散点图，图标中的各个选项解释如下。

（1）源变量列表：该对话框的左边框中列出因变量（DEPENDNT）及相关的预测变量和残差变量，包括标准化预测值（*ZPRED）、标准化残差（*ZRESID）、剔除残差（*DRESID）、调整的预测值（*ADJPRED）、学生化的残差（*SRESID）以及学生化的已删除残差（*SDRESID）。

（2）散点图：用户可以绘制响应变量、标准化预测值、标准化残差、剔除残差、调整预测值、学生化的残差或学生化的已删除残差等各项中的任意两项之间的散点图。针对标准化预测值绘制标准化残差，以检查线性关系和等方差性。通过选择【下一张】可以绘制多幅散点图。

（3）产生所有部分图：当根据其余自变量分别对两个变量进行回归时，显示每个自变量残差和因变量残差的散点图。要生成部分图，方程中必须至少有两个自变量。从该图中可以判断各个预测变量和响应变量的线性相关性。

另外，为度量第 i 个个案对回归模型的影响，若用 $\hat{B}(i)$ 表示删除第 i 个个案后回归系数的重新估计，删除第 i 个个案后的计算与分析都冠以“删失”二字。除输出 e_i 、z_i 和 s_i 以外，SPSS 还可以输出删失残差和学生化删失残差；可以获取标准化残差的直方图和正态概率图（即标准化残差的 P-P 图），将标准化残差的分布与正态分布进行比较，以验证残差的正态性。

注意

一般残差图均要求 n 个点的散布是无规则的。当残差图中的点呈现某种规律时，就可以对模型的基本假设提出怀疑。利用残差图上点的散布规律作诊断的方法是回归分析中对模型的诊断的最有效的方法之一。

2. 离群值和影响点的探测

我们希望得到的回归方程不被一个或者少数几个点影响。如果一个或者少数几个观测值（个案）去掉之后，回归方程发生极大变化，这些观测值被称为**影响点**。需要注意的是，通过残差散点图很难找到影响点。在许多情况下，影响点的残差不是很大，影响点的残差不是离群值。它们对回归直线的影响却大于其他观测值。但是，移除影响点后，回归直线会发生极大的变化。离群值又称奇异点（Outlier），当学生化残差 s_i 较大时，可诊断第 i 个个案为离群值。

我们可以通过寻找响应变量和预测变量中的离群值来寻找影响点。

SPSS 输出一些指标来帮助标识影响点，如 Cook 距离、杠杆值等。在“线性回归：保存”对话框中，选择“Cook 距离（K）”和“杠杆值（G）”，那么各个观测值的 Cook 距离和杠杆值就保存在数据视图中，如图 8-9 所示。

如图 8-9 所示，在“线性回归：保存”对话框中可以选择保存预测值、残差和其他对于模型诊断有用的统计量。每选择一次将向当前数据文件添加一个或多个新变量。图 8-9 中相关选项的意义如下。

（1）预测值：指回归模型对每个个案的拟合值。

- **未标准化**：保存应用未标准化系数模型对因变量的预测值。
- **标准化**：每个预测值转换为其标准化形式的转换。即预测值减去均值预测值，得到的差除以预测值的标准差。标准化预测值的均值为 0，标准差为 1。

（2）距离：用以判定各个个案对拟合直线的影响程度。

- **Cook 距离**：较大的 Cook 距离表明从回归统计量的计算中排除该个案之后，回归系数会发生根本变化。Cook 距离的一般表达式如下。

$$D_i(M,c)=\frac{(\hat{B}(i)-\hat{B})'M(\hat{B}(i)-\hat{B})}{c} \qquad (8\text{-}27)$$

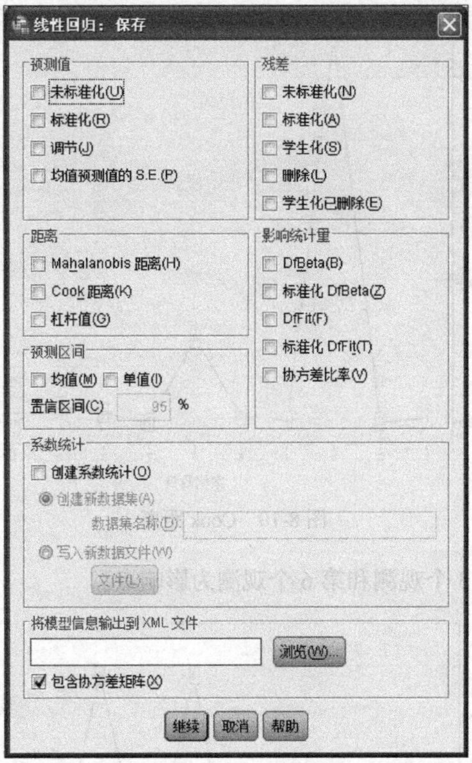

图 8-9　保存预测值、残差、距离（探测影响点的指标）和影响统计量

特别当 $M = X^T X, c = \hat{\sigma}^2$ 时 $D_i(M,c) = \dfrac{1}{p+1} s_i^2 \dfrac{p_{ii}}{(1-p_{ii})}$，刻画了 Cook 距离与学生化残差、杠杆值的关系。

- **杠杆值**：度量某个点对回归拟合的影响。集中的杠杆值范围为从 0（对拟合无影响）到 $(n-1)/n$。一般情况如果杠杆值大于 0.06，就要引起注意。

（3）影响统计量：由于排除了特定个案而导致的回归系数（DfBeta）和预测值（DfFit）的改变量。标准化 DfBeta 和 DfFit 值也可与协方差比率一起使用。

- **DfBeta（B）**：beta 值的差分，是由于排除了某个特定个案而导致的回归系数的改变，为模型中的每一项（包括常数项）均计算一个值。
- **标准化 DfBeta**：beta 值的标准化差分。由于排除了某个特定个案而导致的回归系数的改变，用户可能想要检查除以 N 的平方根之后绝对值大于 2 的个案，其中 N 是个案数，为模型中的每一项（包括常数项）均计算一个值。
- **DfFit（F）**：拟合值的差分，是由于排除了某个特定个案而产生的预测变量的更改。
- **标准化 DfFit**：拟合值的标准化差分。由于排除了某个特定个案而导致的预测值的改变，用户可能想要检查绝对值大于 p/N 的平方根的 2 倍的标准化值，其中 p 是模型中的参数个数，N 是个案数。
- **协方差比率**：从回归系数计算中排除特定个案的协方差矩阵的行列式与包含所有个案的协方差矩阵的行列式的比率。如果比率接近 1，则说明被排除的个案不能显著改变协方差矩阵。

通过分析 Cook 距离、杠杆值，可以识别影响点。以表 8-6 Anscombe 构造的 4 组数据中的第三组数据（$X3$，$Y3$）为例，我们从图 8-7（b）散点图知道，该组数据存在影响点。我们绘制该组数据的 Cook 距离和杠杆值的点图，分别如图 8-10 和图 8-11 所示。

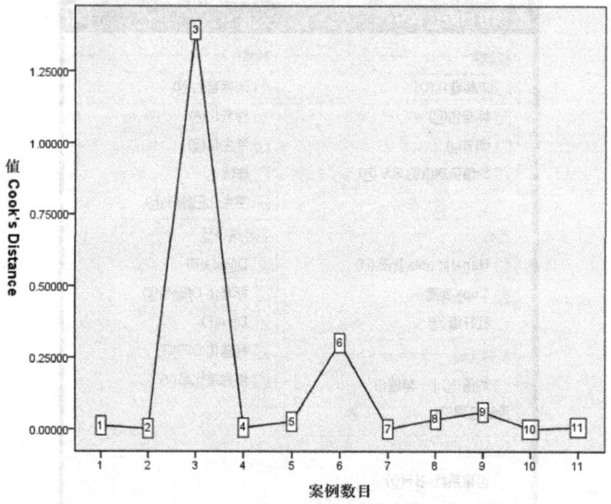

图 8-10　Cook 距离

从 Cook 距离看出，第 3 个观测和第 6 个观测为影响点。

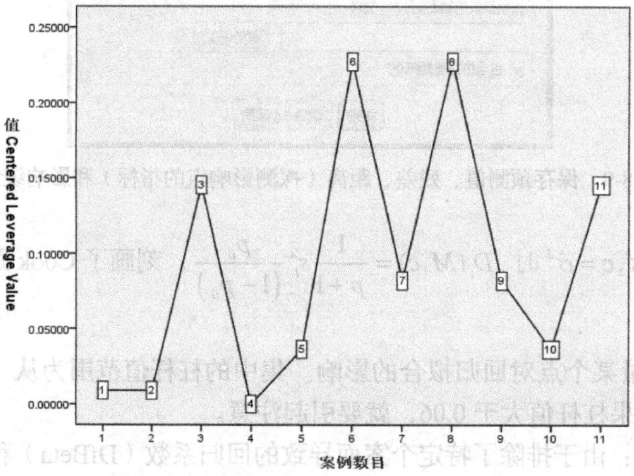

图 8-11　杠杆值

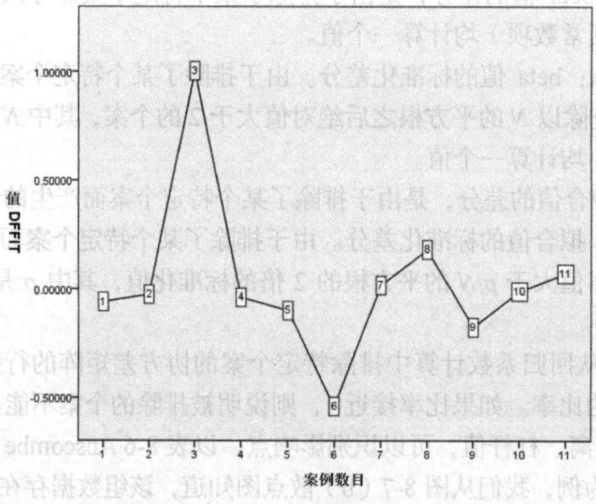

图 8-12　Dfit 值

结合图 8-10、图 8-11、图 8-12 及 $X3$ 和 $Y3$ 的散点图，我们可以判断第三个观测值为影响点，可以考虑移除掉该观测值后进行回归分析建模。从图 8-12 看出，移除第三个观测值后对回归分析的影响最大。

注意

"线性回归"对话框中的【Bootstrap（B）】按钮可用作理论分析。它把原容量为 n 的样本视为总体，从中抽取容量为 $m(m<n)$ 的新样本，即新样本总是原样本的子样本。再用新样本做回归分析，于是就会有 C_n^m 个不同的回归结果，从中得出规律性的结论。显然，对于（X_4，Y_4）这组数据而言，子样本含不含第八个案，回归系数截然不同。因此，通过【Bootstrap（B）】按钮也能进行回归诊断。

---

3. 预测变量共线性的诊断

在 SPSS 的"回归分析"对话框中，单击【统计量】按钮，弹出"线性回归：统计量"对话框，如图 8-13 所示。

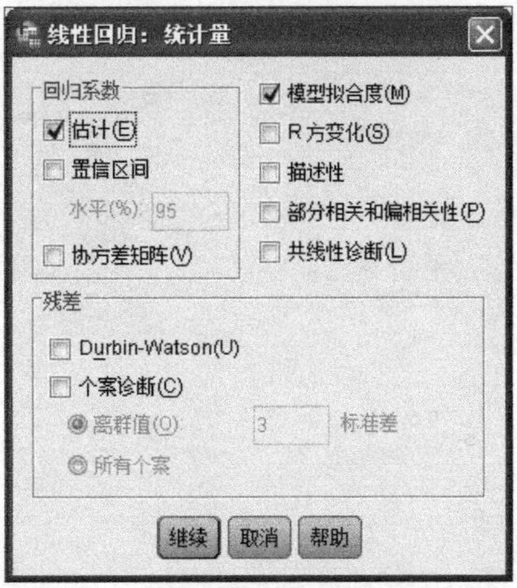

图 8-13　"线性回归：统计量"对话框

图 8-13"线性回归：统计量"对话框中的部分选项解释如下。

共线性诊断："共线性诊断"所指的共线性（或者多重共线性）是非理想情况。此时，一个自变量是其他自变量的线性函数，显示已标度和未中心化交叉积矩阵的特征值、条件指数及方差-分解比例，以及个别变量的方差膨胀因子（VIF）和容差。

残差："残差"框中的"Durbin-Watson（U）"选项可以诊断误差项是否序列相关，直观地说就是前期的干扰冲击（误差项）是否影响后期。由于社会家庭抽样调查这类截面数据，个案的前后排列可以互换（如张三在前还是李四在前，不影响回归结果），因而 Durbin-Watson 检验只针对时间序列数据。

8.5　非线性回归

如果因变量和自变量之间的关系不能够通过线性模型来描述，但是它们之间的确有明显的关系存在，那么可以考虑非线性回归，或者考虑用其他模型来描述这两者之间的关系。非线性回归是寻找因变量和一组自变量之间关系的非线性模型的方法，非线性回归可估计自变量和因变量之间具有任意关系的模型。非线性方程的求解是通过使用迭代估计算法实现的，SPSS 提供了两种迭代算法，分别为 Levenberg-Marquardt 和序列二次规划算法。

这里要注意的是，非线性回归模型针对因变量和回归系数之间关系是非线性关系的模型。如果模型形式上为非线性，但是可以通过变量转换，变为线性关系，此时推荐应用传统方法如“线性回归”过程进行模型估计。

例如，考虑模型 $Y = a_0X + a_1X^2 + a_2X^3$，其因变量和待估计系数 a_0、a_1、a_2 之间的关系是线性关系，此时可以通过变量变换，让 $X_1 = X$，$X_2 = X^2$，$X_3 = X^3$，这样就得到了一个线性模型，然后应用线性回归进行参数估计。非线性回归模型有丰富的理论，这里仅举例说明非线性模型的应用。

一家零售企业需要了解他们所做的广告是否对产品的销售有帮助作用，以进一步了解广告费用和销售额之间的关系。本章的数据文件“advsales.sav”记录了该公司过去的销售数据和相关的广告费用。这里的销售数据经过了季节调整，剔除了季节因素。我们首先绘制广告费用和消除趋势的销售数据的散点图，如图 8-14 所示。

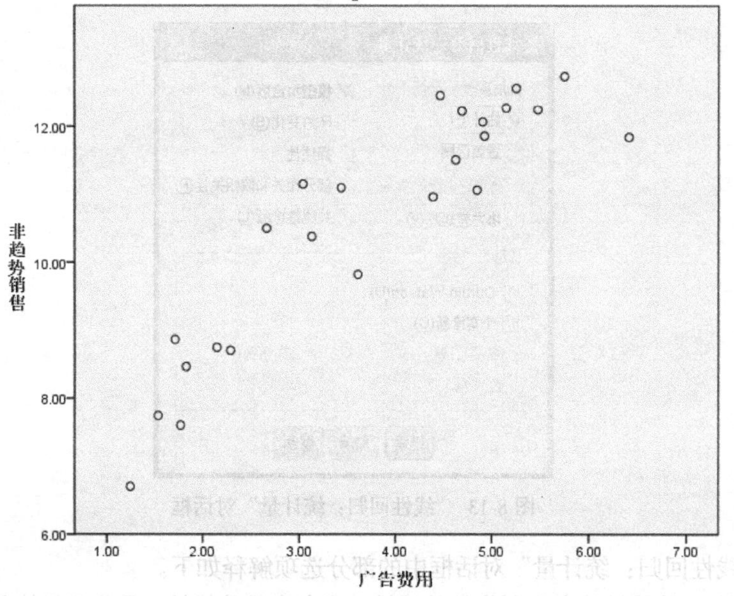

图 8-14　广告费用和销售额散点图

如图 8-14 所示，销售额和广告费用之间看起来是一种线性关系。随着广告费用的增加，销售额也增加。但是根据实际经验，这种关系是不成立的。随着广告费用的增加，由广告所带来的销售量也随之增加，当广告费用达到一定数额之后，广告就不能够带来进一步的销售量增加。根据实际经验，描述二者之间关系的合适模型为渐进回归模型，表达式如下。

$$y = b_1 + b_2e^{b_3x} \tag{8-28}$$

当 $b_1 > 0$、$b_2 < 0$、$b_3 < 0$ 时，式（8-28）为 Mistcherlich 的效益递减定理的数学模型；随着 x 的增大，y 值先是迅速增加；随后同样的 x 的增量对应的 y 的增加量将变小，直到 y 的值增大到 $b1$ 不再增加为止。图 8-15 是式（8-28）的一个示例图。

由于非线性回归模型采用迭代的方法来估计未知参数，因而我们需要先给出各个参数的初始值。从式（8-28）知，$b1$ 为因变量的最大值，我们取销售额的最大值为 $b1$ 的初始值，如图 8-14 所示，最大值约为 13，因此设初始值为 $b_1 = 13$。另外，当 $x = 0$ 时，$y = b_1 + b_2$，因此取当 $x = 0$ 左右对应的 y 的值和 b_1 的差作为 b_2 的初始值。从图 8-14 注意到，当 $x = 0$ 时，$y = 6$，故取 $b_2 = 6 - 13 = -7$；$b3$ 可以取散点图中两个分隔较宽的点所连成的直线的斜率的相反数，这里我们

取 $x=2, y=8$ 和 $x=5, y=12$，因此它们连成的直线的斜率为 $\frac{8-12}{2-5}=1.33$，故 $b3$ 的初始值取-1.33。

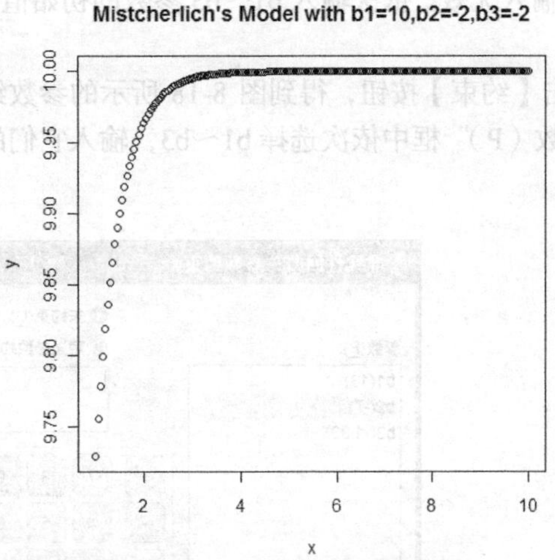

图 8-15　式（8-28）的示例图

非线性回归中，适当地设置参数的初始值非常重要。一个好的初始值不应该太偏离真实的参数值。如果初始值大大偏离了真实值，那么估计算法可能需要迭代次数增加，或者迭代根本不收敛，或者收敛到一个局部最优解而非模型的全局最优解。

注意

设置参数初始值的一种方式是根据非线性模型的性质。

一般情况下，不要把所有的参数的初始值设为 0。如果从模型中无从得知参数的性质，可以先试着运行一次非参数回归，然后把这次回归的参数估计值作为新的参数的初始值进行下一次回归。这样收敛的速度会更快，得到的解也更稳定。

设置非线性模型的参数、约束条件和其他选项的操作如下。

（1）打开数据文件“advsales.sav”，选择【分析】→【回归】→【非线性回归】，弹出“非线性回归”对话框，如图 8-16 所示。

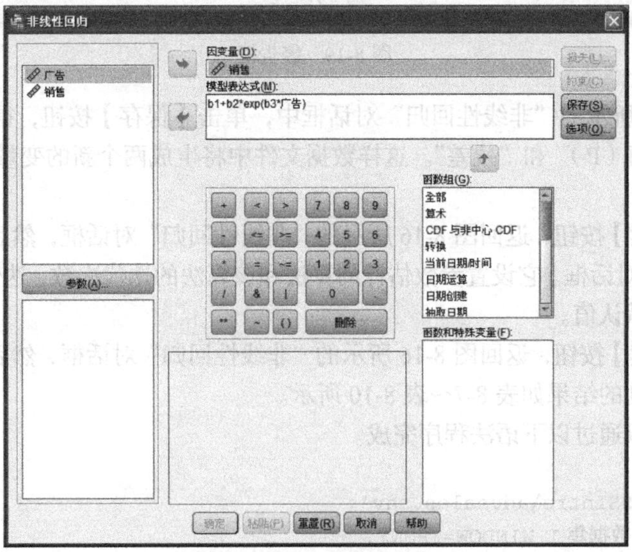

图 8-16　“非线性回归”对话框

（2）在“非线性回归”对话框中，单击【参数】按钮，得到图 8-17 所示对话框。在“名称（N）”框中输入参数的名称，“初始值（S）”框中输入该参数的初始值。输入每个参数完毕之后，要单击【添加（A）】按钮，否则输入无效。依次输入 b1～b3 参数的初始值。全部输入之后，单击【继续】按钮。返回图 8-16。

（3）在图 8-16 中，单击【约束】按钮，得到图 8-18 所示的参数约束对话框。勾选“定义参数约束（D）”，然后在“参数（P）”框中依次选择 b1～b3，输入它们的约束条件：b1>0、b2<0、b3<0。

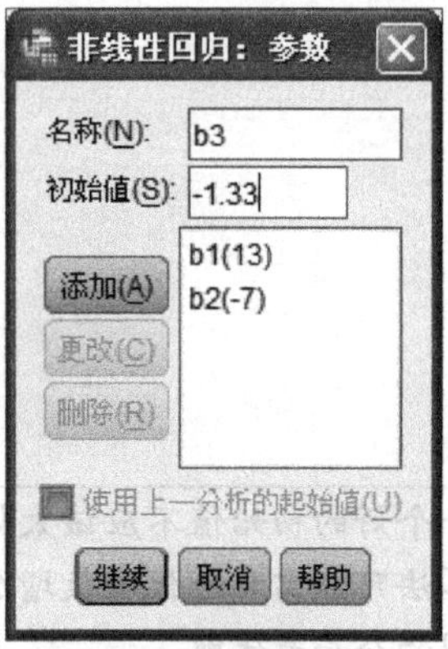

图 8-17　参数初始值

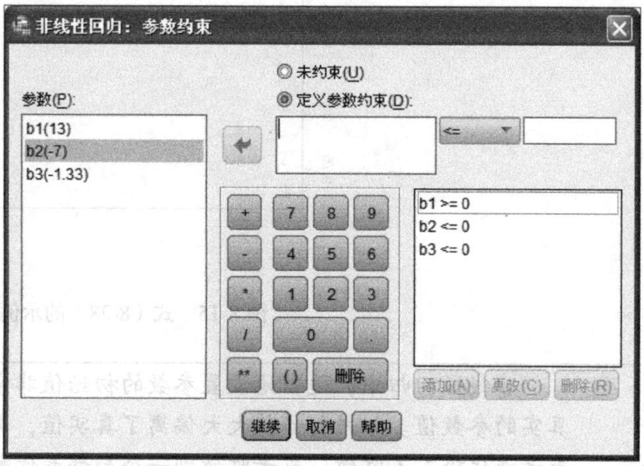

图 8-18　参数约束

（4）单击【继续】按钮，出现图 8-19 所示警告框，提示将用序列二次规划算法进行参数估计。单击【确定】按钮，返回图 8-16 所示的“非线性回归”对话框。

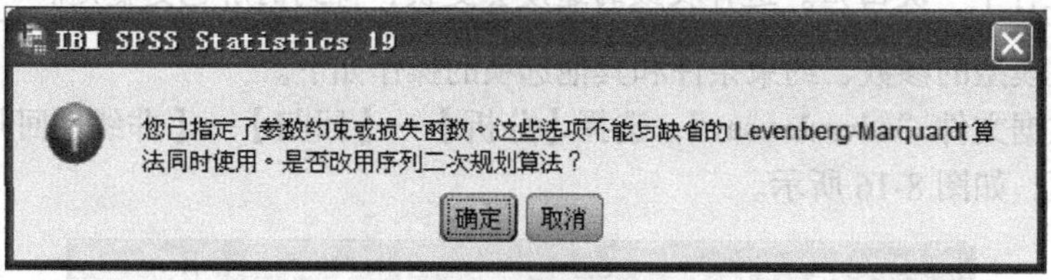

图 8-19　警告框

（5）在图 8-16 所示的“非线性回归”对话框中，单击【保存】按钮，得到图 8-20 所示的对话框。勾选“预测值（P）”和“残差”。这样数据文件中将生成两个新的变量：y 的预测值和相应的残差。

（6）单击【继续】按钮，返回图 8-16 所示的“非线性回归”对话框，然后单击【选项】按钮，得到图 8-21 所示的对话框。它设置参数估计的算法和该算法的迭代次数、迭代步长和收敛性条件等。这里我们保留默认值。

（7）单击【继续】按钮，返回图 8-16 所示的“非线性回归”对话框，然后单击【确定】按钮，在结果浏览器中得到的结果如表 8-7～表 8-10 所示。

以上过程也可以通过以下语法程序完成。

```
GET
  FILE='D:\SPSSIntro\advsales.sav'.
DATASET NAME 数据集 1 WINDOW=FRONT.
* 非线性回归.
```

```
MODEL PROGRAM  b1=13 b2=-7 b3=-1.33.
COMPUTE  PRED_=b1+b2*exp(b3*广告).
CNLR  销售
  /OUTFILE='C:\Documents and Settings\Administrator\Local Settings\Temp\spss236\
SPSSFNLR.TMP'
  /PRED  PRED_
  /BOUNDS b1 >= 0; b2 <= 0; b3 <= 0
  /SAVE PRED RESID
  /CRITERIA STEPLIMIT 2 ISTEP 1E+20.
```

图 8-20 保存

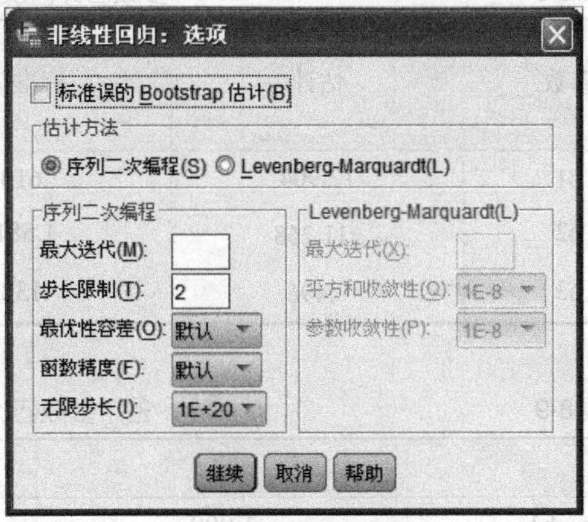

图 8-21 算法选项

表 8-7 给出了求解该非线性模型的迭代过程，从中可知，迭代进行了 16 步，每一步的残差平方和都较前一步减小，直到残差不能再进一步继续减小为止，最终得到的参数值即为模型的参数估计值。

表 8-7 迭代历史记录 [b]

迭代数 [a]	残差平方和	参数		
		b1	b2	b3
0.3	166.497	13.000	−7.000	-1.330
1.3	40.658	10.645	−8.180	-1.089
2.2	28.322	10.912	−9.272	−.752
3.1	8.917	11.971	−17.708	−.882
4.1	8.816	12.035	−17.350	−.838
5.1	8.215	12.137	−16.239	−.793
6.1	7.235	12.367	−12.714	−.648
7.1	6.942	12.590	−11.447	−.554
8.1	6.867	12.654	−11.687	−.545
9.1	6.818	12.725	−11.575	−.532
10.1	6.782	12.843	−11.360	−.508
11.1	6.778	12.890	−11.283	−.498
12.1	6.778	12.902	−11.285	−.497
13.1	6.778	12.906	−11.261	−.495
14.1	6.778	12.904	−11.268	−.496
15.1	6.778	12.904	−11.268	−.496
16.1	6.778	12.904	−11.268	−.496

a. 主迭代数在小数左侧显示，次迭代数在小数右侧显示。

b. 在 16 迭代之后停止运行。已找到最优解。

表 8-8 给出了模型的最终参数估计值、估计值的标准误和 95%的置信区间。非线性模型的参数估计的解释一般不同于线性模型回归系数的解释，它们随问题的不同有不同的解释。

如前文所述，这里 b1 代表销售额能够达到的极限值，其标准误为 0.61<1，变异系数为 0.61/12.904≈0.047 3，因此可以认为该估计值较优。而 b2 的标准误则较大，导致其置信区间较宽，因此 b2 的值可能不是太稳定。b3 决定式（8-28）收敛到最大值（b1）的速度，这里 b3 的变异系数也较大。各参数估计值的相关性如表 8-9 所示。

表 8-8　参数估计值及其 95%置信区间

参数	估计	标准误	95%置信区间	
			下限	上限
b1	12.904	.610	11.636	14.173
b2	−11.268	1.581	−14.556	−7.979
b3	−.496	.138	−.782	−.209

表 8-9　各个参数估计值的相关系数

	b1	b2	b3
b1	1.000	.693	.946
b2	.693	1.000	.871
b3	.946	.871	1.000

表 8-10 的 ANOVA 表给出了回归平方和、残差平方和、自由度和相应的均方值。和线性回归类似，ANOVA 表第一行的“回归”是由非线性回归模型所能解释的模型的方差变化；而“残差”行则是非线性回归模型所不能解释的模型的方差的变化。二者的和即为“未更正的总计”。它是总的残差平方和。R 方则反映和非线性回归模型所能解释模型的方差变化的程度，R 方越大，模型则越优。这里，R 方为 0.909，说明模型较好的反映了数据所蕴含的信息。

表 8-10　ANOVA 表 [a]

源	平方和	df	均方
回归	2 748.519	3	916.173
残差	6.778	21	.323
未更正的总计	2 755.297	24	
已更正的总计	74.520	23	

因变量：非趋势销售。

a. R 方 =1−（残差平方和）/（已更正的平方和）=0.909。

假设我们考虑未来有两种可供选择的广告预算 5.62 和 5.35，那么各自对应的可能的销售收入是多少呢？我们可以在数据文件的最后一条记录的广告变量下面分别输入 5.62 和 5.35，然后重新运行以上的非线性回归过程。在数据文件中得到的销售额的估计值分别为：12.209 3 和 12.109 8。数据文件如图 8-22 所示。

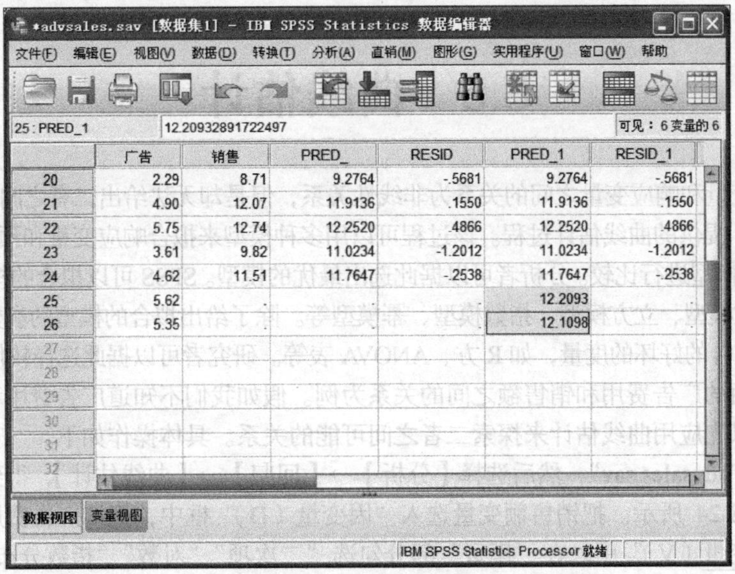

图 8-22　估计值和残差

图 8-22 的列"PRED_"和"RESID"为第一次运行非线性回归得到的预测值（或者称为拟合值）和残差（观测值-预测值）。"PRED_1"和"RESID_1"为第二次运行非线性回归得到的预测值（或者称为拟合值）和残差。由于第二次我们添加了两条记录（广告值），因此得到了相应的两种广告费用的销售额预测值。

和线性回归分析一样，我们希望模型的残差是随机的，不再蕴含任何有规律的信息。这里，我们通过绘制残差和预测值的散点图来观察该非线性模型的残差的情况。

选择【绘图】→【旧对话框】→【散点/点状】，然后选择预测值作为 x 轴，残差作为 y 轴，得到的散点图如图 8-23 所示，从中可知，残差的散点图分布是随机的，没有任何规律。因此，该模型较好的拟合了销售收入和广告费用之间的数量关系。

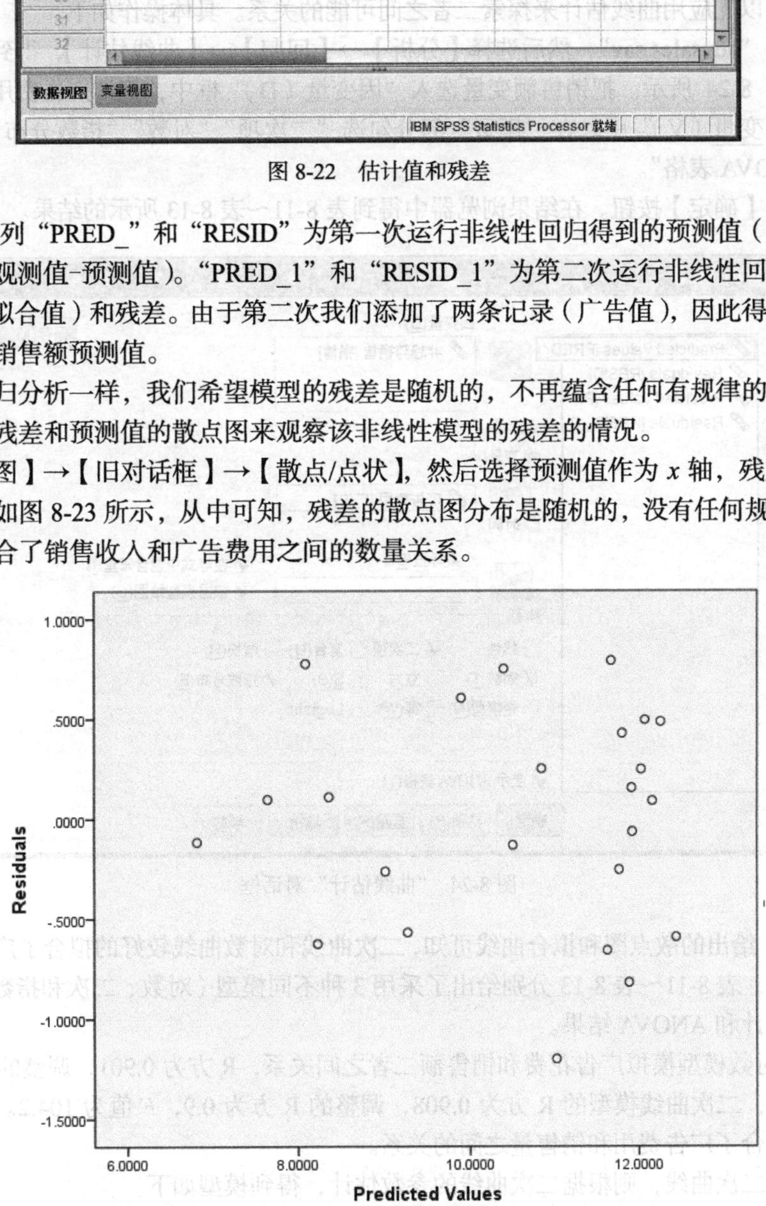

图 8-23　残差散点图

8.6 曲线估计

如果预测变量和响应变量之间的关系为非线性关系，但是却无法给出二者之间的确切关系，就可以应用 SPSS 提供的曲线估计过程。该过程可以用多种模型来拟合响应变量和预测变量之间的关系，并对这几种模型进行比较。分析者可以据此选出最优的模型。SPSS 可以拟合的模型有线性模型、二次模型、对数模型、立方模型、指数模型、幂模型等。除了给出拟合的模型的参数估计外，SPSS 还会给出这些拟合的好坏的度量，如 R 方、ANOVA 表等。研究者可以据此选择较优的模型。

仍然以上面的广告费用和销售额之间的关系为例。假如我们不知道广告费用和销售额之间的关系，那么可以先应用曲线估计来探索二者之间可能的关系。具体操作如下。

打开数据“advsales.sav”，然后选择【分析】→【回归】→【曲线估计】，得到“曲线估计”对话框，如图 8-24 所示。把销售额变量选入“因变量（D）”框中，把“广告费用”选入“自变量”部分的“变量（V）”中。在“模型”部分勾选“二次项”“对数”“指数分布”，再勾选底部的“显示 ANOVA 表格”。

然后单击【确定】按钮。在结果浏览器中得到表 8-11～表 8-13 所示的结果。

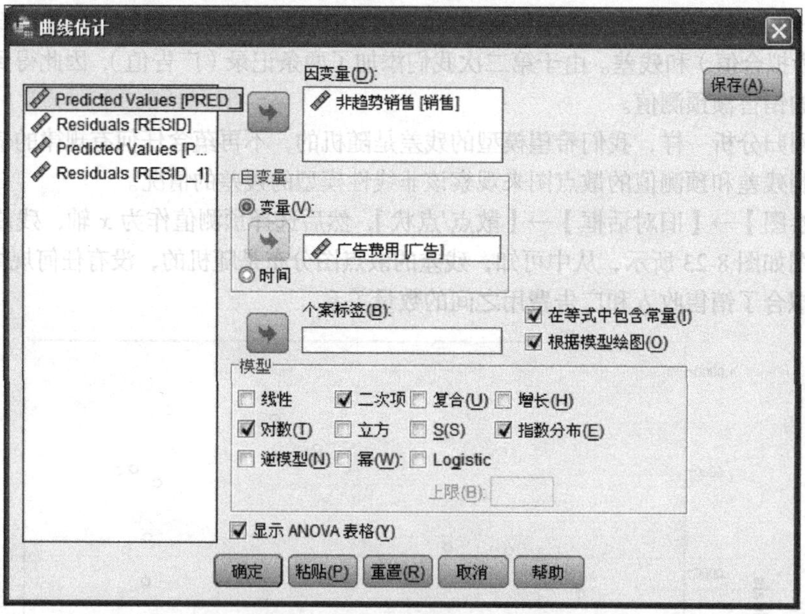

图 8-24 “曲线估计”对话框

从图 8-25 给出的散点图和拟合曲线可知，二次曲线和对数曲线较好的拟合了广告费用和销售额之间的关系。表 8-11～表 8-13 分别给出了采用 3 种不同模型（对数、二次和指数模型）的模型汇总、参数估计和 ANOVA 结果。

SPSS 用对数模型模拟广告花费和销售额二者之间关系，R 方为 0.901，调整的 R 方为 0.896，F 值为 199.83；二次曲线模型的 R 方为 0.908，调整的 R 方为 0.9，F 值为 104.2。从而可知二次曲线较好的拟合了广告费用和销售量之间的关系。

如果采用二次曲线，则根据二次曲线的参数估计，得到模型如下。

$$销售量 = 3.903+2.854*广告费用-0.245*广告费用^2$$

表 8-11 对数模型

模型汇总

R	R 方	调整 R 方	估计值的标准误
.949	.901	.896	.580

自变量为广告费用。

ANOVA

	平方和	df	均方	F	Sig.
回归	67.130	1	67.130	199.831	.000
残差	7.391	22	.336		
总计	74.520	23			

自变量为广告费用。

系数

	未标准化系数		标准化系数	t	Sig.
	B	标准误	Beta		
ln（广告费用）	3.539	.250	.949	14.136	.000
（常数）	6.274	.326		19.241	.000

表 8-12 二次模型

模型汇总

R	R 方	调整 R 方	估计值的标准误
.953	.908	.900	.570

自变量为广告费用。

ANOVA

	平方和	df	均方	F	Sig.
回归	67.699	2	33.850	104.213	.000
残差	6.821	21	.325		
总计	74.520	23			

自变量为广告费用。

系数

	未标准化系数		标准化系数	t	Sig.
	B	标准误	Beta		
广告费用	2.854	.453	2.440	6.302	.000
广告费用**2	-.245	.061	-1.547	-3.996	.001
（常数）	3.903	.739		5.280	.000

表 8-13　　指数模型

模型汇总

R	R 方	调整 R 方	估计值的标准误
.903	.816	.808	.081

自变量为广告费用。

ANOVA

	平方和	df	均方	F	Sig.
回归	.638	1	.638	97.750	.000
残差	.144	22	.007		
总计	.782	23			

自变量为广告费用。

系数

	未标准化系数		标准化系数	t	Sig.
	B	标准误	Beta		
广告费用	.108	.011	.903	9.887	.000
（常数）	6.958	.306		22.765	.000

因变量为 ln（非趋势销售）。

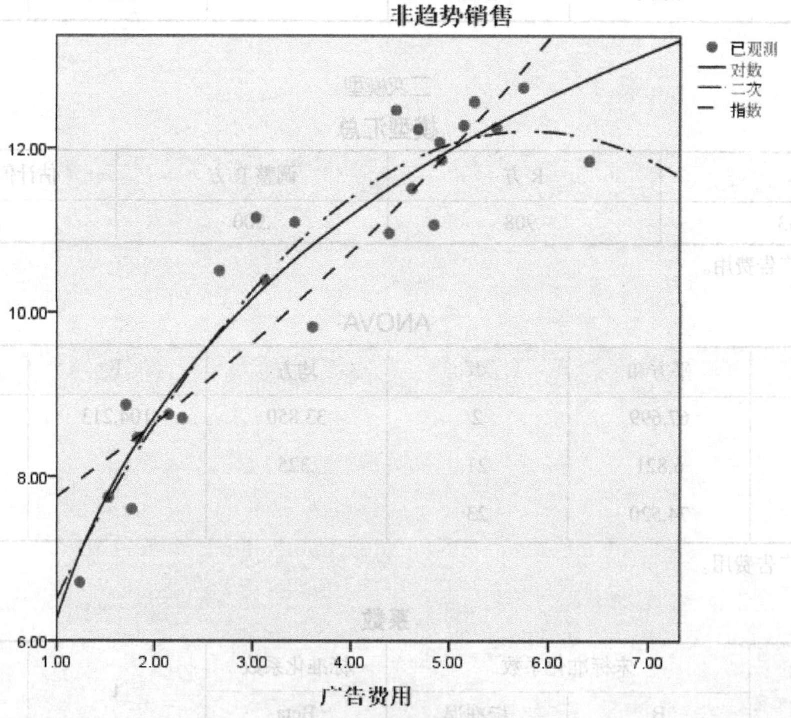

图 8-25　曲线拟合图

注意　如果采用二次曲线来描述广告费用和销售量之间的关系，那么当广告费用大于一定数值之后，销售量将减少，这有悖于常识。因此，在 8.5 节中，根据效益递减定理，采用模型（8-28）。实际建模中，除了根据数据之间的数量关系外，还需要结合实际的领域知识。

8.7 小结

本章主要介绍了回归分析的基本概念。从简单线性回归的概念入手，介绍了回归方程、回归方程的拟合程度检验、应用回归方程进行预测等方法。多元线性回归和简单线性回归十分类似，应用回归分析需要检验回归分析的前提条件。另外，还需要对回归方程的拟合程度进行分析和检验。SPSS 线性回归分析过程提供了丰富的选项，用户可以根据预测变量与响应变量的相关程度来选择预测变量。8.5 节介绍了非线性回归，要求先给出数据之间的模型和未知参数的初始值，然后 SPSS 将估计出该模型的具体形式，并给出模型拟合程度的度量。8.6 节介绍了曲线拟合的方法。

思考与练习

1. 下面哪些指标能够给出个案对回归影响大小的信息：
   A. COOK 距离
   B. R 方
   C. 调整的 R 方
   D. Leverage 值
2. 进行线性回归，需要对回归的条件进行验证，哪些条件是不需要验证的：
   A. 因变量和自变量之间具有因果关系
   B. 残差具有方差齐性
   C. 残差之间不相关
   D. 自变量服从正态分布
3. 在一元回归情况下，以下论断正确的是：
   A. 回归方程的显著性检验和斜率的显著性检验是等价的
   B. R 方和变化的 R 方等价
   C. 回归方程的常数项可以忽略
   D. 以上论断都不正确
4. 下列方程是否为线性方程，如果形式上不是线性方程，能否变换成线性方程？
   A. $y = b_0 + b_1 x^2$
   B. $y = e^{b_2 x^2 + b_1 x + b_0}$
   C. $Y = b_0 + e^{b_1 x_1 + b_2 x_2} + e^{b_3 x_3}$
5. 数据文件“world95.sav”记录了 1995 年统计的各个国家的生育率（Fertility）和妇女的平均预期寿命（Lifeexpf）等数据。

（1）探索性分析这两个变量，探察两个变量中是否存在异常点。

（2）做出这两个变量的散点图，建立两个变量的线性回归模型，判断得到的模型的合理性。

（3）利用生育率来预测妇女的预期寿命，并设置相关选项，以进一步检验关于线性回归的假定条件。判断该数据是否满足线性回归的假定条件。

（4）并进行回归诊断，对模型的系数进行解释。从输出结果，判断妇女多要一个小孩对她的寿命的影响情况。

6. 数据文件“FoodConsum.sav”记录了我国 31 个省市自治区的人均食品支出与人均收入的有关数据。请分析人均食品支出与人均收入的依存关系。

7. 数据文件“USPopulation.sav”记录了美国从 1790—2000 年每 10 年的人口变化情况。根据人口学理论，人口的增长服从 Logistic 增长曲线。请用非线性回归方法求出美国人口增长模型，并推测 2010 年的人口数。

提示：人口增长模型 $Y=\dfrac{C}{1+e^{A+Bt}}+\varepsilon$ 。

8. 表 8-14 给出了 2003—2005 年国产轿车的月度销量，用曲线拟合方法找出国产轿车的销量和时间之间的关系。然后利用你找到的模型来推测 2006 年和 2007 年的轿车销量。

表 8-14　　2003—2005 年国产轿车月度销量

	1 月	2 月	3 月	4 月	5 月	6 月	7 月	8 月	9 月	10 月	11 月	12 月
2005 年	15.29	13.37	22.68	23.57	22.13	25.86	23.58	21.52	25.45	23.73	28.57	33.1
2004 年	15.4	18.51	22.5	21.76	17.56	16.49	16.32	16.33	18.7	16.97	19.78	23.77
2003 年	14.12	10.04	13.87	15.61	14.68	15.66	15.66	15.86	18.38	16.64	19.13	22.13

第 9 章 方差分析

【本章学习目标】

- 掌握方差分析的基本思想。
- 了解方差分析和比较均值的异同。
- 掌握单因素方差分析的应用条件、方法和结果的解释。
- 掌握多因素方差分析的应用条件、方法和结果的解释。
- 掌握协方差分析的应用条件、方法和结果的解释。

在第 5 章均值的比较中，T 检验应用于研究单样本均值的比较和两个样本均值的比较。在生产活动和科学研究中经常会遇到比较 3 个或者 3 个以上样本均值的问题。这时，采用的统计方法称为方差分析，简称 ANOVA（ANalasis of VAriance）。例如，某机构对当前民众的生活状况进行调查，根据被调查者的回答把居民对待生活的态度分为 3 类，分别为：认为生活丰富多彩、生活平平常常和生活乏味 3 类。该机构想知道人们对待生活的态度是否与其受教育的情况有关系，即这 3 类人是否在受教育程度上有显著的区别。又如，某公司在不同地区采用了 3 种不同广告形式的促销活动，该公司希望对广告形式的效果进行分析，同时还想了解不同广告形式是否在不同地区的效果是不同的。这两个例子分别涉及单因素的方差分析和两因素的方差分析问题。

方差分析由 R・A・Fisher 创立，其将总的方差分解为由于随机抽样引起的差异（个体间差异）和由于研究因素所造成的差异两部分，然后比较这两部分差异在总方差中所占的比重。因此，方差分析是利用分析方差的分解来实现对总体均值的比较的。SPSS 的方差分析除了分析总体均值间的差异外，还能够指出哪些总体均值之间存在着显著差异及哪些总体均值之间的差异统计上不显著。

本章 9.1 节引入方差分析中用到的一些术语，9.2 节～9.4 节分别介绍单因素的方差分析、多因素的方差分析和协方差分析。

9.1 方差分析的术语与前提

方差分析最早是起源于分析试验数据，试验中涉及影响试验结果的许多因素。试验中的实验结果是需要分析的变量，称为响应变量或者因变量。方差分析的因变量必须为尺度类型的数据（即连续数据）。影响试验结果的因素即为影响响应变量的变量，称为自变量或者因子。根据试验中这些因素的处理方式，因素可以分为控制因素、随机因素和协变量。因子的不同取值称为因子的不同水平。控制因素一般要求为分类变量，而协变量要求为尺度数据。下面给出方差分析中的几个常用术语。

（1）控制因素：它是试验中可以控制的影响试验结果的因素，因素的不同水平会导致不同的试验结果。

（2）不可控因素：该类因素的水平与试验结果的关系是随机的，即不确定因素，但是它不同于随机因素，可以理解为非研究关心的因素或非处理因素。

（3）随机因素：因素与试验结果的关系是随机的，其水平也是随机出现的。

（4）处理：在试验中，控制因素的一个水平或者几个控制因素的某一水平组合称为一个处理。

方差分析就是研究不同的控制因素及控制因素的不同水平（>2）对试验结果影响有无差异的一种统计分析方法。根据控制因素的个数，方差分析可以分为单因素方差分析和多因素方差分析。根据响应变量的个数，方差分析可以分为单变量方差分析和多变量方差分析。第 5 章中介绍的 T 检验可以看作是单因素双水平的方差分析问题，它是方差分析的一种特殊情况。

方差分析的自变量是“因子”或者“因素”，属于分类变量，而方差分析的因变量则为尺度变量，需要满足以下两个基本前提条件。

第一，每个处理的因变量为正态分布（正态性）。

第二，每个处理的因变量具有相同的方差（方差齐性）。

9.2 单因素的方差分析

单因素方差分析用于研究一个影响因素对试验结果的影响，用于比较两个或者两个以上的总体之间是否有显著的差异。SPSS 的单因素方差分析提供下列分析结果。

（1）试验结果在不同组别的统计。

（2）检验各个组别方差是否相等。

（3）各个组别的概略图（均值图）。

（4）配对多重比较。

（5）不同组别组合的对比检验。

（6）同类子集。

如果对各个比较的总体没有任何先验知识，那么方差分析检验到各个总体均值间存在显著差异时，SPSS 单因素方差分析就提供了两类比较均值的方法：先验对比和两两比较检验。先验对比是在试验开始前进行的检验，而两两比较检验则是在试验结束后进行的。同时，SPSS 提供了分析各个总体趋势的方法。

应用方差分析的因变量需要满足正态性和方差齐性条件。

尽管数据应服从正态分布，但方差分析对于偏离正态性的数据是稳健的。各组应来自方差相等的总体。为了检验这种假设，可以使用 Levene 的方差齐性检验。

销售经理想了解新员工培训的最佳方式。目前有 3 种新员工培训方式：为期 1 天的培训、为期两天的培训和为期 3 天培训。现在需要比较用这 3 种方式培训员工的效果，分析这 3 种培训方式培训员工的效果是否有显著的差异，并找出最佳培训方式。

打开本章的数据文件“salesperformance.sav”，其包含两个变量：“组”变量记录了培训方式；“得分”是对员工培训效果的评价。

9.2.1 描述性数据分析

在进行方差分析前，首先需要检验方差分析的前提条件是否满足，如果不满足，就要看偏离是否严重。然后，根据情况决定是采用方差分析还是采用非参数的方法。

我们首先绘制3种培训方式的误差条形图，如图9-1所示，它可以直观地检验各个组别的方差是否相等。然后通过Levene检验来检验方差是否相等。

如图9-1所示，随着培训天数的增加，培训考试得分的均值越高，其中，培训3天的标准误差最小。比较3个误差条，直观看3种培训方式的方差并不相等。在单因素方差分析中，可以选择进行方差的齐性检验，进一步确认方差齐性条件是否满足。

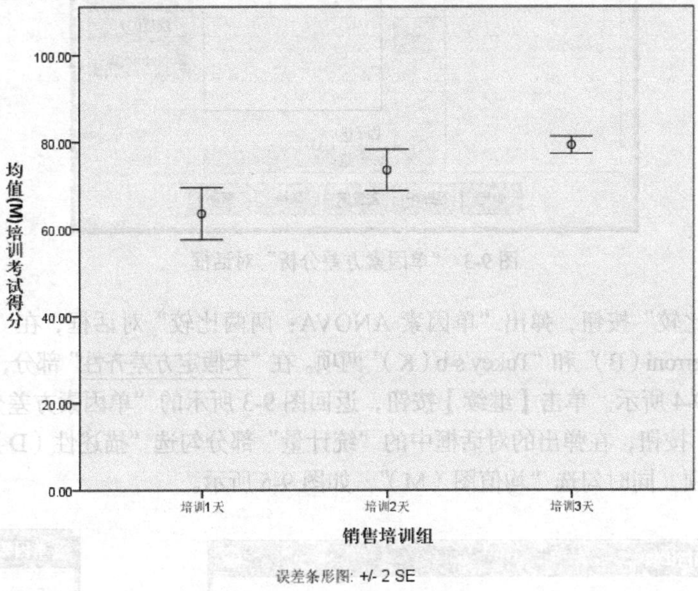

图9-1 误差条形图

9.2.2 单因素方差分析

打开数据文件“Salesperformance.sav”的数据视图，如图9-2所示，选择【分析（A）】→【比较均值（M）】→【单因素ANOVA】，进入图9-3所示的“单因素方差分析”对话框。

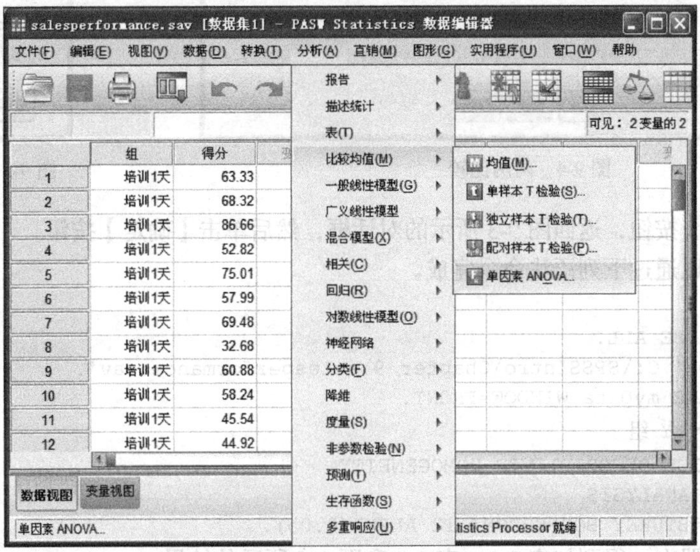

图9-2 单因素方差分析窗口

在图 9-3 所示的“单因素方差分析”对话框中，把变量“得分”选入“因变量列表（E）”框；把“组”选入“因子（F）”框中，如图 9-3 所示。

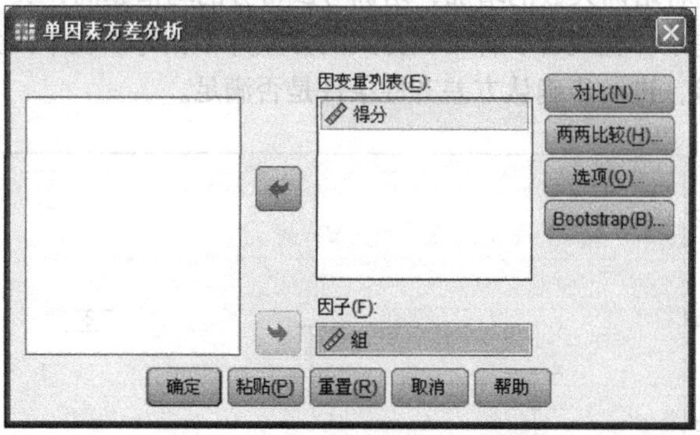

图 9-3 “单因素方差分析”对话框

单击“两两比较”按钮，弹出“单因素 ANOVA：两两比较”对话框，在“假定方差齐性”部分，勾选“Bonferroni（B）”和“Tukey s-b（K）”两项。在“未假定方差齐性”部分，勾选“Tamhane's T2（M）”，如图 9-4 所示。单击【继续】按钮，返回图 9-3 所示的“单因素方差分析”对话框。

单击【选项】按钮，在弹出的对话框中的“统计量”部分勾选“描述性（D）”和“方差同质性检验（H）”两项，同时勾选“均值图（M）”，如图 9-5 所示。

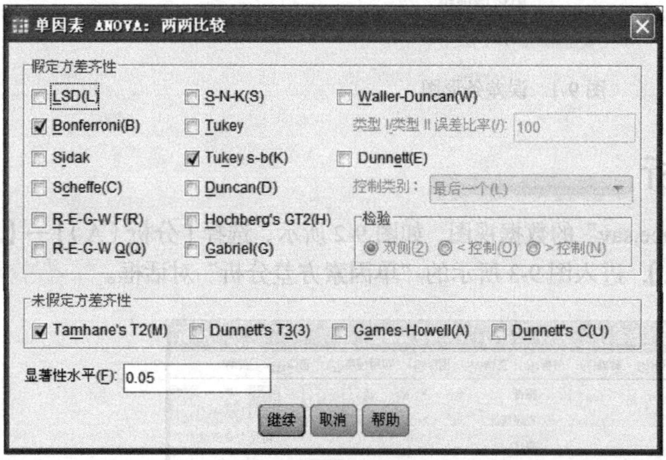

图 9-4 两两比较

图 9-5 方差分析选项

单击【继续】按钮，返回图 9-3 所示的对话框，然后单击【确定】按钮。

以上操作可以通过下列语法命令完成。

```
NEW FILE.
DATASET CLOSE ALL.
GET FILE = ' C:\SPSSIntro\Chapter 9\salesperformance.sav'.
DATASET NAME myData WINDOW=FRONT.
ONEWAY 得分 BY 组
  /STATISTICS DESCRIPTIVES HOMOGENEITY
  /MISSING ANALYSIS
  /POSTHOC=BTUKEY BONFERRONI T2 ALPHA(0.05).
```

在结果查看器中，得到如表 9-1～表 9-4 和图 9-6 所示的结果。

1. 各总体均值之间是否有显著差异

表 9-1　　　　　　　　　　　　方差分析描述性统计量

描述

培训考试得分

	N	均值	标准差	标准误	均值的 95%置信区间		极小值	极大值
					下限	上限		
培训 1 天	20	63.579 8	13.508 58	3.020 61	57.257 6	69.902 0	32.68	86.66
培训 2 天	20	73.567 7	10.609 01	2.372 25	68.602 5	78.532 8	47.56	89.65
培训 3 天	20	79.279 2	4.407 54	.985 56	77.216 5	81.342 0	71.77	89.69
总数	60	72.142 2	12.003 12	1.549 60	69.041 5	75.243 0	32.68	89.69

如表 9-1 所示，随着培训天数的增加，培训考试得分也随之增加；随着培训天数的增加，培训得分的变化变小，培训 3 天的标准差小于培训 1 天和培训 2 天的标准差。这些差别统计上是否显著呢？

表 9-2　　　　　　　　　　　　方差齐性检验和 ANOVA 表

方差齐性检验

培训考试得分

Levene 统计量	df1	df2	显著性
4.637	2	57	.014

ANOVA

培训考试得分

	平方和	df	均方	*F*	显著性
组间	2 525.691	2	1 262.846	12.048	.000
组内	5 974.724	57	104.820		
总数	8 500.415	59			

表 9-2 的“方差齐性检验”部分是对 3 种培训方式得分的方差是否相等进行检验。这里 Levene 统计量的显著性值为 0.014，小于 0.05，没有理由认为 3 个组的方差相等。

在比较的各个组别样本量相差不大，并且各组别的分布形态类似的情况下，方差分析对方差不等具有稳健性。该例中，每组的个案数相等，峰度和偏度相等，分布形态类似，因此仍然可以进行方差分析。

注意

在方差分析之后再利用相应的非参数检验方法来验证方差分析的结果。

表 9-2 的“ANOVA”表中“组间”为 3 种不同培训的均值和总体均值差异的平方和；“组内”为 3 种培训方式的考试得分和其相应的组考试得分均值差的平方和；“df”列为自由度，一共有 3 个组，因素组间自由度为 2，共有 60 个案，3 个组，所以组内自由度为 57；“均方”列为“平方和”列除以相应的自由度，分别称为“组间均方”和“组内均方”；“F”列为组间均方和组内均方的比值，计算如下。

$$F = \frac{2\,525.691/2}{5\,974.724/57} = \frac{1\,262.846}{104.820} = 12.048$$

相应的显著性值为 0.000，小于 0.05，没有证据说明 3 种不同的培训方式的效果是一样的。那么最终应该采用哪种培训方式呢？需要对 3 种培训方式的两两比较和同类子集进行分析。

2. 均值的两两比较

表 9-3 的多重比较给出了方差相等时的 Bonferroni 两两比较和方差不等时的 Tamhane 两两比较。由于 Levene 检验没有证据说明 3 种培训方式的方差相等，参照两种不同的两两比较的结果是必要的。在多重比较表中，第一列有 3 部分，第一部分为采用的多重比较的方法，第二部分为比较的参照（I），第三部分为比较的组别（J）；第二列为比较的两列的均值差（I-J）；第三列到第五列分别为均值差的标准误差、显著性值和 95%的置信区间。如果均值差在 5%的显著性水平下显著区别于 0，则在右上方会标识一个（*）。

本例中，Bonferroni 和 Tamhane 多重比较的结果是一致的，即培训 2 天和培训 3 天没有显著的区别，而培训 1 天与另外两种培训都有显著区别。

表 9-3 多重比较

因变量：培训考试得分

	（I）销售培训组	（J）销售培训组	均值差（I-J）	标准误	显著性	95%置信区间	
						下限	上限
Bonferroni	培训 1 天	培训 2 天	-9.987 89*	3.237 59	.009	-17.974 0	-2.001 8
		培训 3 天	-15.699 47*	3.237 59	.000	-23.685 6	-7.713 4
	培训 2 天	培训 1 天	9.987 89*	3.237 59	.009	2.001 8	17.974 0
		培训 3 天	-5.711 58	3.237 59	.249	-13.697 7	2.274 5
	培训 3 天	培训 1 天	15.699 47*	3.237 59	.000	7.713 4	23.685 6
		培训 2 天	5.711 58	3.237 59	.249	-2.274 5	13.697 7
Tamhane	培训 1 天	培训 2 天	-9.987 89*	3.840 79	.040	-19.605 3	-.370 5
		培训 3 天	-15.699 47*	3.177 33	.000	-23.879 2	-7.519 8
	培训 2 天	培训 1 天	9.987 89*	3.840 79	.040	.370 5	19.605 3
		培训 3 天	-5.711 58	2.568 83	.102	-12.277 1	.853 9
	培训 3 天	培训 1 天	15.699 47*	3.177 33	.000	7.519 8	23.879 2
		培训 2 天	5.711 58	2.568 83	.102	-.853 9	12.277 1

*. 均值差的显著性水平为 0.05。

表 9-4 为 Tukey B 两两比较输出的结果，它把在 5%的显著性水平下没有区别的总体放在同一列，作为同类子集。这里，培训 2 天和培训 3 天没有显著区别，它们作为一类，而培训 1 天单独作为另一类。

表 9-4 同类子集

培训考试得分

	销售培训组	N	alpha=0.05 的子集	
			1	2
Tukey B[a]	培训 1 天	20	63.579 8	
	培训 2 天	20		73.567 7
	培训 3 天	20		79.279 2

将显示同类子集中的组均值。

a. 将使用调和均值样本大小=20.000。

图 9-6 为各个总体的均值的折线图，从中可以直观地看出各个总体均值的趋势。

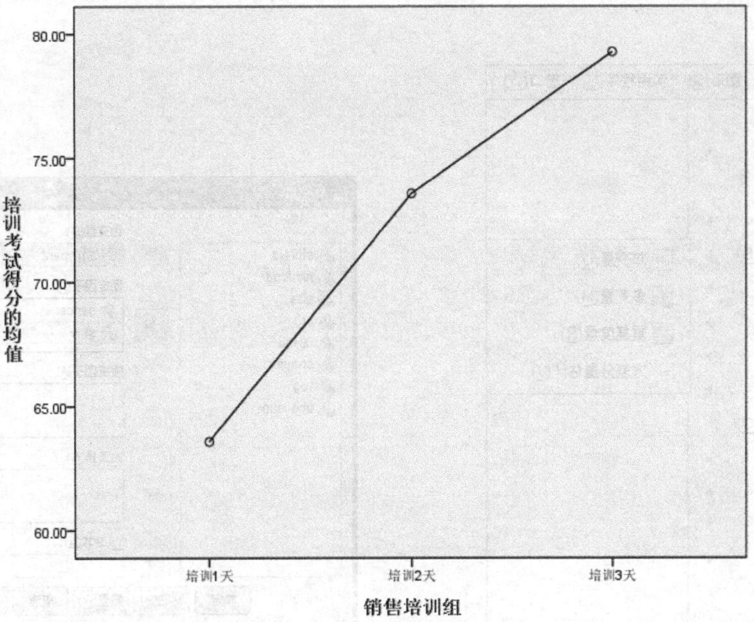

图 9-6 均值图

9.3 多因素方差分析

如果影响试验结果的因素有两个或者两个以上，是否不同的处理对试验结果有显著性影响，不同的因素是否有交互作用？我们可以应用 SPSS 的一般线性模型（GLM）来完成多因素的方差分析。

9.3.1 多因素方差分析简介

SPSS GLM 过程假设如下。

（1）误差之间相互独立，并且也独立于模型中的其他变量。一般好的试验设计都可以避免违反该条件。

（2）不同处理的误差为常数。

（3）误差服从均值为 0 的正态分布。

一家连锁零售商店对它们客户的购买习惯进行了一项调查，记录了客户性别、购买模式、上一个月的购买金额等信息。该商店需要了解在控制客户性别的条件下，客户购买的频率和花费的金额的关系，以此来决定是否采取相应的促销活动。

9.3.2 多因素方差分析案例分析

（1）打开本章的数据文件“grocery_1month.sav”。

（2）如图 9-7 所示，选择【分析（A）】→【一般线性模型（G）】→【单变量（U）】，进入多因素方差分析菜单。

（3）在图 9-8 所示的多因素方差分析对话框中，把花费金额变量“amtspent”选入“因变量（D）”框中，把“gender”和“style”选入“固定因子（F）”框中。单击【绘制（T）】按钮，得到图 9-9 所示的对话框。

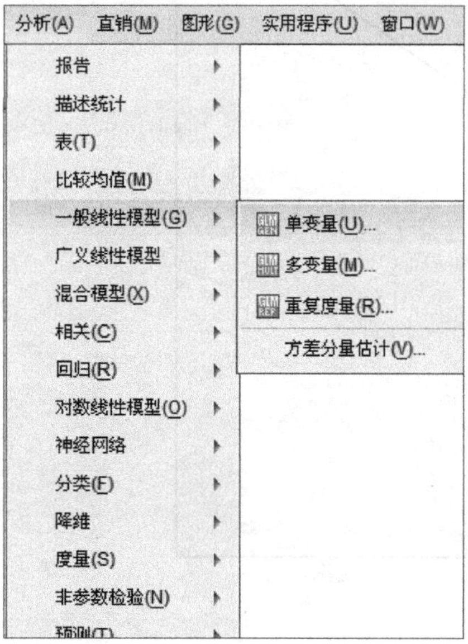

图 9-7　多因素方差分析

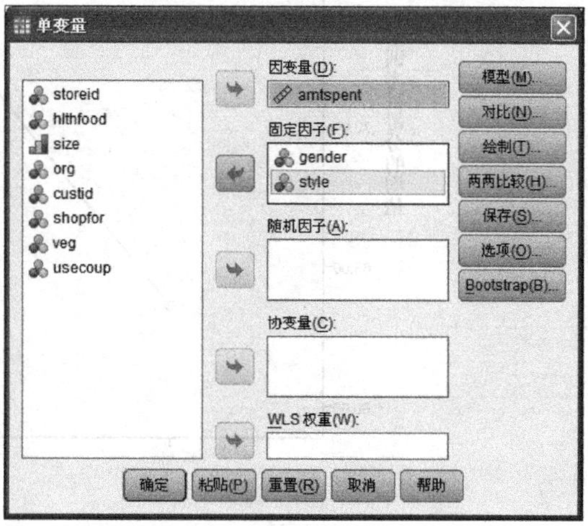

图 9-8　多因素方差分析设置

（4）在图 9-9 中，把“style”选入“水平轴（H）”，“gender”选入“单图（S）”，然后单击【添加】按钮。再把“style”和“gender”互相交换，选入不同的框中，单击【添加】按钮，完成以上设置后如图 9-9 所示，然后单击【继续】按钮，返回图 9-8 所示的上级对话框。在图 9-8 中，单击【保存（S）】按钮，出现图 9-10 所示的对话框，在诊断部分勾选“Cook 距离”和“杠杆值”，单击【继续】按钮，返回图 9-8 所示的上级对话框。

图 9-9　绘制设置

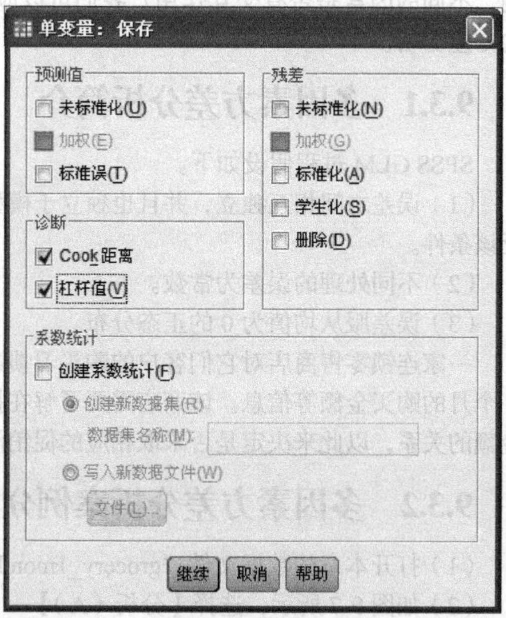

图 9-10　保存设置

（5）在【单变量】对话框中，单击【选项】按钮，出现选项对话框，如图 9-11 所示。在输出部分，勾选“描述统计（D）”“功效估计”“方差齐性检验”“分布-水平图”和“缺乏拟合优度检验（L）”。单击【继续】按钮，返回图 9-8 所示的上级对话框。

（6）在“单变量”对话框中，单击【两两比较】按钮，得到图 9-12 所示的两两比较对话框。由于“gender”只有两个值，不能进行两两比较，我们把“style”选入两两比较框中。然后勾选“Bonferroni”和“Tukey s-b（K）”两项。单击【继续】按钮，返回图 9-8 所示的对话框，单击【确定】按钮。

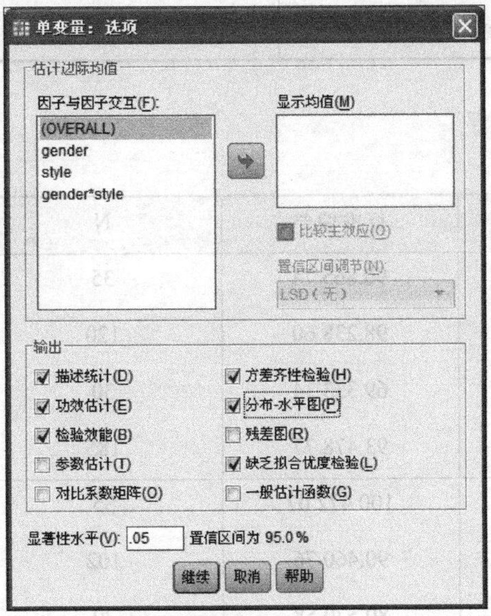

图 9-11 选项对话框

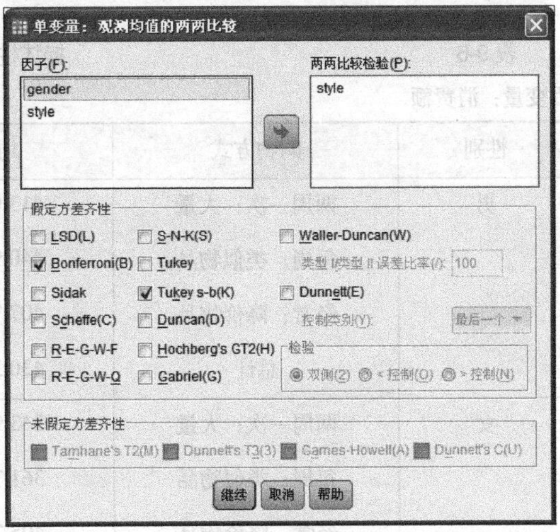

图 9-12 两两比较

以上操作过程可以通过下列的语法命令来实现。

```
NEW FILE.
DATASET CLOSE ALL.
GET FILE = ' C:\SPSSIntro\Chapter 9\grocery_1month.sav'.
DATASET NAME myData WINDOW=FRONT.
UNIANOVA amtspent BY gender style
  /METHOD=SSTYPE(3)
  /INTERCEPT=INCLUDE
  /SAVE=COOK LEVER
  /POSTHOC=style(BTUKEY BONFERRONI)
  /PLOT=PROFILE(gender*style style*gender)
  /PRINT=LOF OPOWER ETASQ HOMOGENEITY DESCRIPTIVE
  /PLOT=SPREADLEVEL
  /CRITERIA=ALPHA(.05)
  /DESIGN=gender style gender*style.
```

在结果查看器中得到表 9-5～表 9-8 和图 9-13、图 9-14 所示的结果。

表 9-5 为方差分析的因子列表，这里有两个因素：分别为性别和购物方式，它们分别有两个水平和 3 个水平，*N* 为各个因子水平对应的样本中的个案数。

表 9-6 为描述性统计量，对于男性，每周购物方式消费金额最高，经常购物方式消费金额最低，而对于女性正好相反。从描述性统计量，难以判断不同购物方式消费金额均值之间的差异是由于抽样的随机性所致，还是由于系统性的差别，即不容易判断不同的购物方式是否有统计上的显著差别。这需要进一步分析其他的方差分析结果。

表 9-5　　　　主体间因子

		值标签	N
性别	0	男	185
	1	女	166
购物方式	1	两周一次；大量	70
	2	每周；类似物品	222
	3	经常；降价物品	59

表 9-6　　　　描述性统计量

因变量：消费额

性别	购物方式	均值	标准偏差	N
男	两周一次；大量	413.065 7	90.865 74	35
	每周；类似物品	440.964 7	98.238 60	120
	经常；降价物品	407.774 7	69.333 34	30
	总计	430.304 3	93.478 77	185
女	两周一次；大量	343.976 3	100.472 07	35
	每周；类似物品	361.720 5	90.460 76	102
	经常；降价物品	405.726 9	80.570 58	29
	总计	365.667 1	92.640 58	166
总计	两周一次；大量	378.521 0	101.258 39	70
	每周；类似物品	404.555 2	102.484 40	222
	经常；降价物品	406.768 1	74.421 14	59
	总计	399.735 2	98.408 21	351

表 9-7 中 Levene 检验的 p 值为 0.330，大于 0.05，可以认为满足方差齐性。

表 9-7　　　　方差齐性检验

误差方差等同性的 Levene 检验 a

因变量：消费额

F	df1	df2	Sig.
1.157	5	345	.330

检验零假设，即在所有组中因变量的误差方差均相等。

a. 设计：截距+gender+style+gender*style。

表 9-8 为各个因素的效应和交互效应的检验结果。“gender”因素的 p 值为 0.000，小于 0.05，统计上显著；“gender*style”表示“gender”和“style”的交互效应，所对应的 p 值为 0.017，所以两个因素的交互效应显著，即不同的性别在不同的消费方式上所花费金额的模式是不同的。

表 9-8　　　　　　　　　　　　模型主体间效应的检验

因变量：消费额

源	III 型平方和	df	均方	F	Sig.
校正模型	469 402.996[a]	5	93 880.599	11.092	.000
截距	3.936E7	1	3.936E7	4 650.274	.000
gender	158 037.442	1	158 037.442	18.672	.000
style	33 506.210	2	16 753.105	1.979	.140
gender*style	69 858.325	2	34 929.163	4.127	.017
误差	2 920 058.824	345	8 463.939		
总计	5.948E7	351			
校正的总计	3 389 461.820	350			

a. R 方=.138（调整 R 方=.126）

图 9-13 和图 9-14 分别为两种因素不同水平组合的均值图。

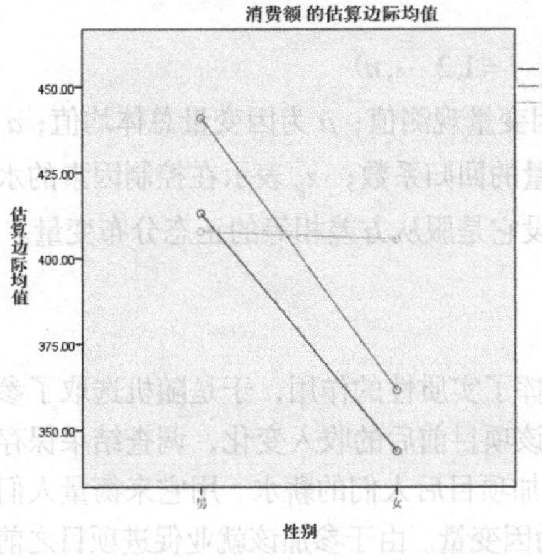

图 9-13　gender*style 均值图

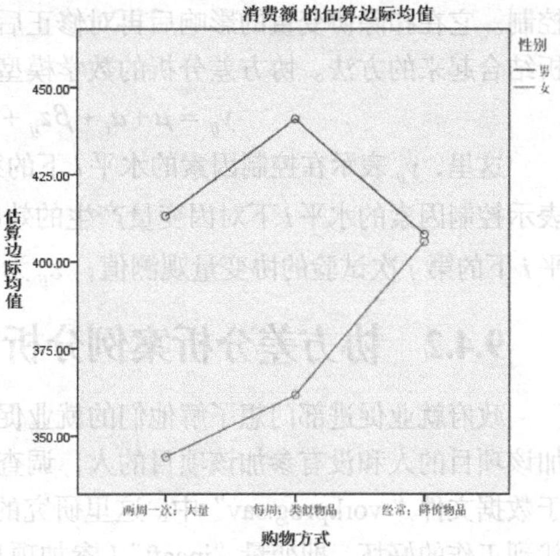

图 9-14　style*gender 均值图

男性和女性在每周购物和两周一次购物的均值线是平行的，都是男高女低；而在经常购物上，二者差距不大，经常购物均值线和另外两条线有交叉，表明两个因素有交互效应。效应是否显著在表 9-8 所示的“主体间效应的检验”表中标识。

如图 9-14 所示，男性的所有消费方式的消费金额均大于女性，男性和女性消费方式的曲线是不平行的，表明二者有交互效应。女性在经常性购物中花费金额最多；而男性则在每周购物方式中花费最多。

综上所述，性别因素在消费金额中有显著效应，而消费方式因素则不起显著作用；这两个因素具有交互效应，一周购买一次的男性顾客比经常购买的顾客更能给商店带来利润，女性顾客恰好相反。商店可以据此制定相应的营销策略。

注意　SPSS 的多因素方差分析中允许含有随机因素。除了控制因素以外，有时候一些和研究的问题没有直接关系的因素也会对试验结果有影响，这种因素被称为随机因素。在试验设计时，应尽可能地考虑到对实验结果有影响的因素，并收集相关数据，参与到分析中，这样会提高模型的解释性。

9.4 协方差分析

9.4.1 协方差分析简介

在方差分析中，无论是单因素方差分析，还是多因素方差分析，控制因素都是可以控制的，其水平可以在试验中人工控制和确定，并且控制因素的所有水平会全部在试验中出现。但是，实际问题中，有些控制因素很难人为控制，如比较失业人群经过不同的再培训项目后的工资水平是否有差异，失业人群在失业以前的工资水平是无法控制的，但是它会对培训后的工资水平有影响。又如，比较 3 种不同饲料对肉鸡体重的影响，在用这些饲料喂养前，肉鸡的体重就有差异，它们肯定会影响到用饲料饲养后肉鸡的体重。影响试验结果但是又无法人工确定和控制其水平的因素被称为协变量（Covariate）。协变量一般为尺度类型数据。既分析控制因素影响，又分析协变量的影响以及控制因素和协变量关系的方法称为协方差分析（ANCOVA）。

协方差分析是针对在试验阶段难以控制或者无法严格控制的因素，在统计分析阶段进行统计控制。它在扣除协变量的影响后再对修正后的主效应进行方差分析，是一种把直线回归和方差分析结合起来的方法。协方差分析的数学模型如下。

$$y_{ij} = \mu + a_i + \beta z_{ij} + \varepsilon_{ij}(i = 1, 2, \cdots, k;\ j = 1, 2, \cdots, n)$$

这里，y_{ij} 表示在控制因素的水平 i 下的第 j 次试验的因变量观测值；μ 为因变量总体均值；a_i 表示控制因素的水平 i 下对因变量产生的效应；β 为协变量的回归系数；z_{ij} 表示在控制因素的水平 i 下的第 j 次试验的协变量观测值；ε_{ij} 为抽样误差，假设它是服从方差相等的正态分布变量。

9.4.2 协方差分析案例分析

政府就业促进部门想了解他们的就业促进项目是否发挥了实质性的作用，于是随机选取了参加该项目的人和没有参加该项目的人，调查这些人在实施该项目前后的收入变化，调查结果保存于数据文件“workprog.sav”中。这里研究的目标变量为参加项目后人们的薪水，用它来衡量人们找到工作的好坏，即变量“incaft”（参加项目后的薪水）为因变量。由于参加该就业促进项目之前人们的薪水是不同的，如果不考虑该因素，直接比较参加项目之后人们薪水的区别是不合理的。因此，把参加该项目前人们的薪水“incbef”作为协变量，把是否参加就业促进项目“prog”作为控制因素，即自变量。协方差分析（ANalysis Of COVAriance，ANCOVA）除了方差分析的假设条件之外，协方差分析还要求在控制因素和协变量之间没有显著的交互作用。

1. 协变量和因变量、协变量和控制因素的关系

在进行协方差分析之前，一般要先检查进行协方差分析的前提条件是否满足，主要的前提条件如下。

- 协变量和因变量之间是否有线性关系。

可以通过绘制散点图来直观的观测二者之间线性关系的强弱。

- 控制因素和协变量之间是否有交互作用。

用户可以预先进行方差分析，检查二者之间的交互效应是否显著。打开本章的数据文件“workprog.sav”，首先绘制协变量（参加项目前的薪水）和因变量（参加项目后的薪水）之间的散点图。这里用不同的图案区别不同控制因素水平下的散点图，如图 9-15 所示。

从散点图可知，在参加就业项目和没有参加就业项目状态下，协变量和因变量分别具有线性关系：随着参加项目前的薪水的增大，参加项目后的薪水也增大。

下面检查控制因素和协变量之间是否具有交互作用，具体操作如下。

（1）选择【分析】→【一般线性模型】→【单变量】，出现图 9-16 所示的对话框。把 “incaft” 选入 “因变量（D）” 框中；把变量 “prog” 选入 “固定因子（F）” 框中，把 “incbef” 选入 “协变量（C）” 框中。

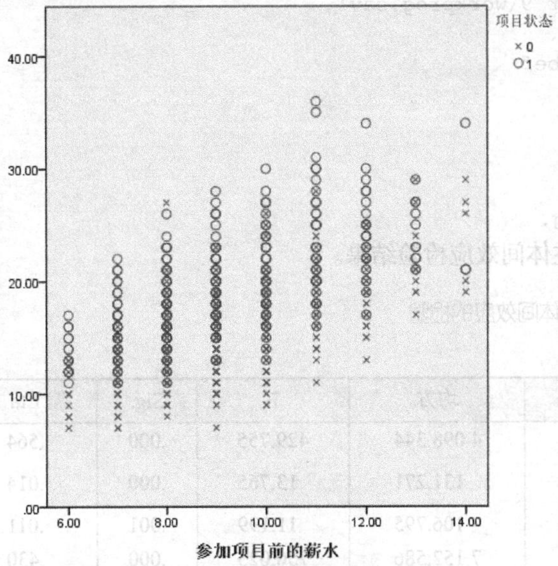

图 9-15　协变量和因变量的散点图

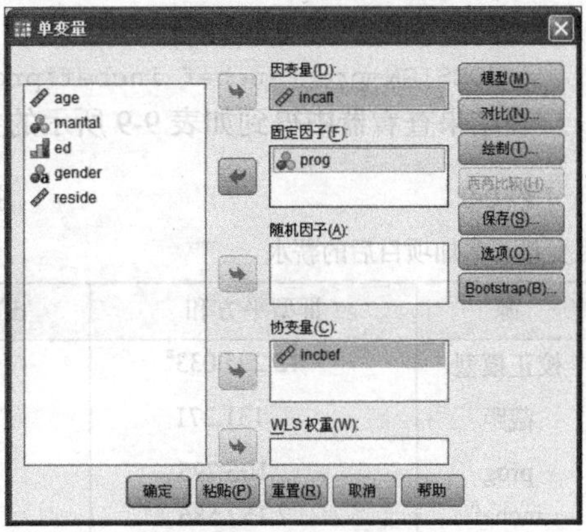

图 9-16　协方差分析

（2）单击【模型】按钮，得到图 9-17 所示的 “单变量：模型” 对话框。在 “构建项” 部分的 “类型（P）” 下方选择 “交互”，在对话框左侧的 “因子与协变量（F）” 框中，同时选中 “incbef” 和 “prog”，单击向右的箭头，把它们选入右侧的 “模型” 框中。然后在 “构建项” 部分的 “类型（P）” 下方选择 “主效应”，在对话框左侧的 “因子与协变量” 框中，分别把 “incbef” 和 “prog” 选入右侧的 “模型” 框中，设置完成后如图 9-17 所示。

（3）单击【继续】按钮，返回上级对话框，如图 9-16 所示，然后单击【选项】按钮，得到图 9-18 所示的 “单变量：选项” 对话框，在 “输出” 部分勾选 “功效估计（E）”。

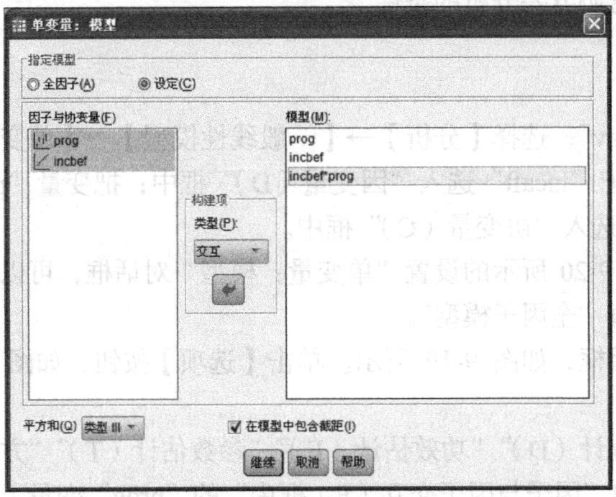

图 9-17　指定模型

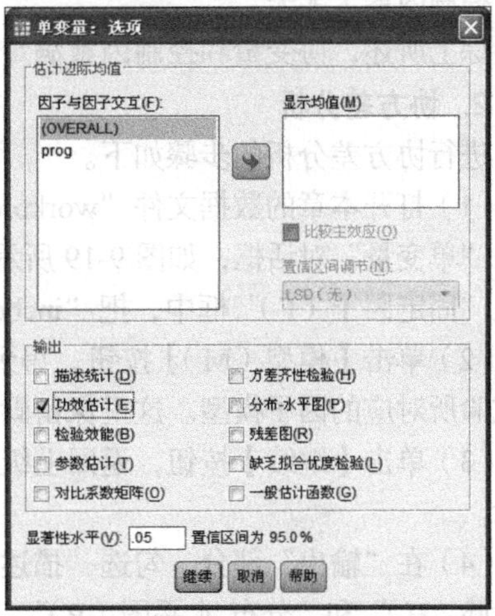

图 9-18　“单变量：选项” 对话框

（4）单击【继续】按钮，返回上级对话框，如图 9-16 所示，然后单击【确定】按钮，即完成协方差分析的设置。

上述操作可以通过下列语法命令来实现。

```
NEW FILE.
DATASET CLOSE ALL.
GET FILE = ' C:\SPSSIntro\Chapter 9\workprog.sav'.
DATASET NAME myData WINDOW=FRONT.
UNIANOVA incaft BY prog WITH incbef
  /METHOD=SSTYPE(3)
  /INTERCEPT=INCLUDE
  /PRINT=ETASQ
  /CRITERIA=ALPHA(.05)
  /DESIGN=prog incbef incbef*prog.
```

在结果查看器中得到如表 9-9 所示的主体间效应检验结果。

表 9-9　　　　　　　　　　　　　　主体间效应的检验

因变量：参加项目后的薪水

源	Ⅲ型平方和	df	均方	F	Sig.	偏 Eta 方
校正模型	12 295.033[a]	3	4 098.344	429.755	.000	.564
截距	131.271	1	131.271	13.765	.000	.014
prog	106.795	1	106.795	11.199	.001	.011
incbef	7 152.586	1	7 152.586	750.025	.000	.430
prog*incbef	4.292	1	4.292	.450	.502	.000
误差	9 498.318	996	9.536			
总计	297 121.000	1 000				
校正的总计	21 793.351	999				

a. R 方=.564（调整 R 方=.563）

如表 9-9 所示，控制因素和协变量的交互项“prog*incbef”对应的显著性值为 0.502，大于 0.05，并且其偏 Eta 方为 0，说明交互项对因变量的影响可以忽略不计。因此，控制因素和协变量之间的交互效应统计上不显著。基于此，我们可以认为参加项目前的收入（协变量）与是否参加该项目（控制因素）无关。

综上所述，协变量和控制因素满足进行协方差分析的条件。

2. 协方差分析

进行协方差分析的步骤如下。

（1）打开本章的数据文件“workprog.sav”，选择【分析】→【一般线性模型】→【单变量】，弹出“单变量”对话框，如图 9-19 所示，把“incaft”选入“因变量（D）”框中；把变量“prog”选入“固定因子（F）”框中，把“incbef”选入“协变量（C）”框中。

（2）单击【模型（M）】按钮，得到图 9-20 所示的设置“单变量：模型”对话框，可以选择和试验所对应的因子模型。这里保留默认值“全因子模型”。

（3）单击【继续】按钮，返回上级对话框，如图 9-19 所示。单击【选项】按钮，如图 9-21 所示。

（4）在“输出”部分，勾选“描述性统计（D）”“功效估计（E）”“参数估计（T）”“方差齐性检验（H）”和“分布-水平图（P）”。选中“因子与因子交互（F）框中”的“prog”变量，单击中间向右箭头，把“prog”选入右侧的“显示均值（M）”框中。勾选“比较主效应（O）”选项，在“置信区间调节（N）”下方的列表框中选择“Bonferroni（B）”（也可以选择另外两个置信区间调节选项，分别为“SIDAK”和“LSD”）；如图 9-21 所示。

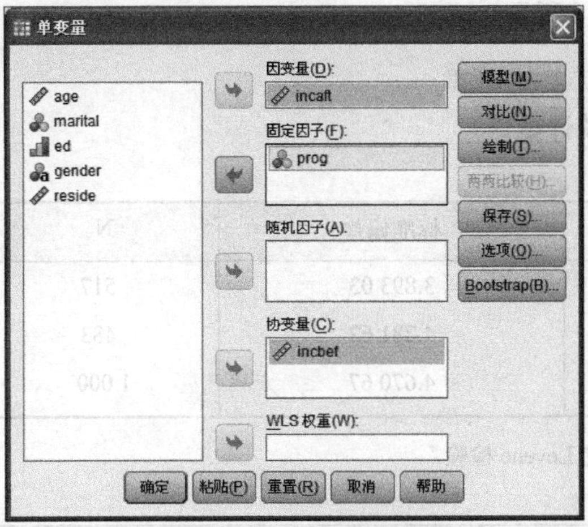

图 9-19 协方差分析

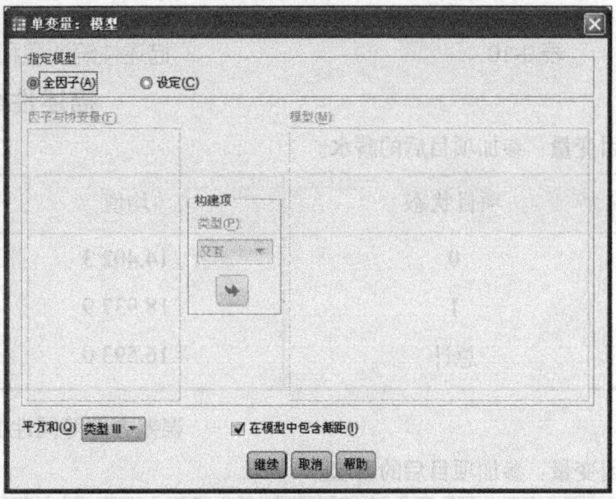

图 9-20 设置因子模型

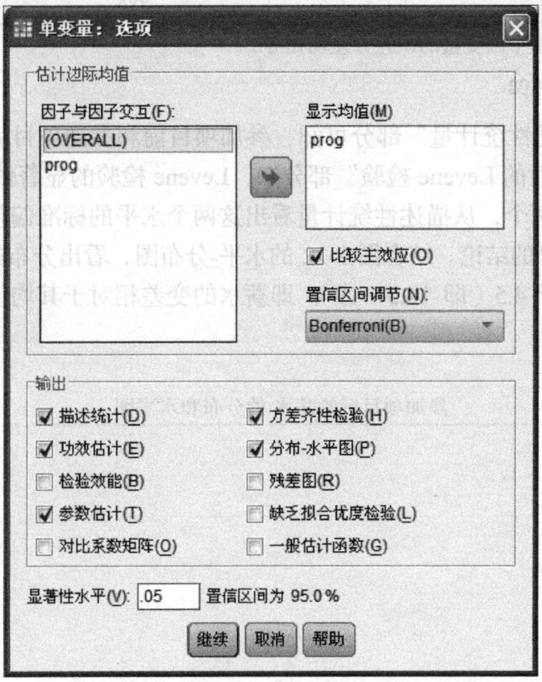

图 9-21 设置输出和显示调整后边际均值

（5）单击【继续】按钮，返回上级菜单，如图 9-19 所示，然后单击【确定】按钮，完成协方差分析的设置。

以上操作过程可以通过下列语法命令来完成。

```
UNIANOVA incaft BY prog WITH incbef
  /METHOD=SSTYPE(3)
/INTERCEPT=INCLUDE
/EMMEANS=TABLES(prog) WITH(incbef=MEAN) COMPARE ADJ(BONFERRONI)
  /PRINT=PARAMETER ETASQ HOMOGENEITY DESCRIPTIVE
```

```
/PLOT=SPREADLEVEL
  /CRITERIA=ALPHA(.05)
  /DESIGN=incbef prog.
```

在结果查看器中，得到结果如表 9-10～表 9-15 所示。

表 9-10　　描述性统计量和方差齐性检验

描述性统计量

因变量：参加项目后的薪水。

项目状态	均值	标准偏差	N
0	14.402 3	3.893 03	517
1	18.937 9	4.281 62	483
总计	16.593 0	4.670 67	1 000

误差方差等同性的 Levene 检验[a]

因变量：参加项目后的薪水。

F	df1	df2	Sig.
4.873	1	998	.028

检验零假设，即在所有组中因变量的误差方差均相等。

a. 设计：截距+incbef+prog。

从表 9-10 的“描述性统计量”部分可知，参加项目前和参加项目后的均值是不同的。从表 9-10 的“误差方差等同性的 Levene 检验”部分知，Levene 检验的显著性值为 0.028，小于 0.05。由于因素的水平数只有两个，从描述性统计量看出这两个水平的标准偏差差距不是太大，所以不能够武断地得出方差不等的结论。结合图 9-22 的水平-分布图，看出分布的跨度小于 0.4（即 3.9～4.3），而水平的跨度大于 4.5（即 14.5～19）。即薪水的变差相对于其均值较小，假设方差齐性是比较安全的。

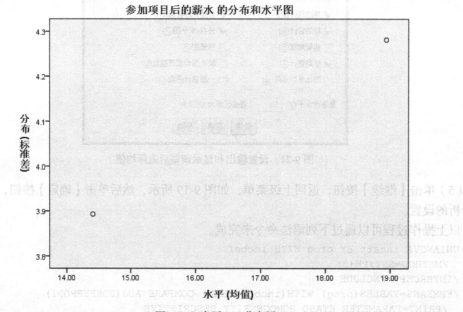

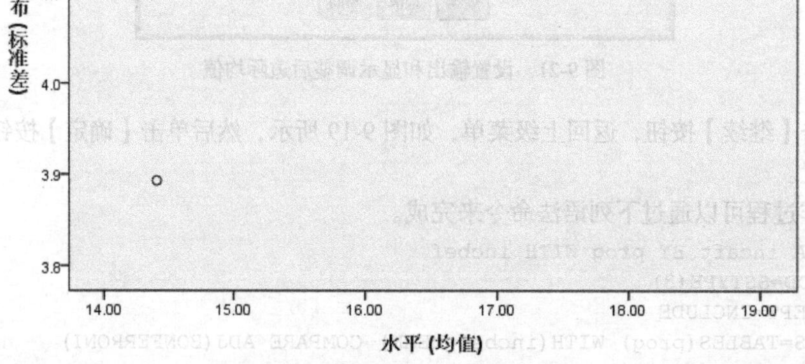

图 9-22　水平——分布图

表 9-11　　主体间效应的检验

因变量：参加项目后的薪水。

源	Ⅲ型平方和	df	均方	F	Sig.	偏 Eta 方
校正模型	12 290.741[a]	2	6 145.370	644.763	.000	.564
截距	131.400	1	131.400	13.786	.000	.014
incbef	7 153.844	1	7 153.844	750.571	.000	.429
prog	4 735.662	1	4 735.662	496.859	.000	.333
误差	9 502.610	997	9.531			
总计	297 121.000	1 000				
校正的总计	21 793.351	999				

a. R 方=0.564（调整 R 方=0.563）。

如表 9-11 所示，协变量和控制因素都对因变量有显著的影响。这两个因素对因变量（参加项目后的薪水）效应的大小如表 9-12 所示。

注意到表 9-12 中控制因素 prog 前的系数为-4.357，意味着没有参加项目的人的薪水比参加项目的人的薪水少$4 357。

表 9-12　　参数估计

因变量：参加项目后的薪水。

参数	B	标准误差	t	Sig.	95%置信区间		偏 Eta 方
					下限	上限	
截距	4.197	.556	7.548	.000	3.106	5.288	.054
incbef	1.636	.060	27.397	.000	1.519	1.753	.429
[prog=0]	-4.357	.195	-22.290	.000	-4.741	-3.974	.333
[prog=1]	0[a]						

a. 此参数为冗余参数，将被设为零。

表 9-13 为把参加项目和没有参加项目两个总体进行 Bonferroni 调整，把协变量—参加项目前的薪水调整到同一个水平 8.954 0 进行参数估计。这里，调整协变量后参加项目和没有参加项目的均值估计值分别为 14.488 和 18.846。注意和表 9-10 没有经过协变量调整的估计值（分别为 14.402 3 和 18.937 9）进行比较。

表 9-13　　调整协变量后的均值估计

因变量：参加项目后的薪水。

项目状态	均值	标准误差	95%置信区间	
			下限	上限
参加项目	14.488[a]	.136	14.222	14.755
没有参加项目	18.846[a]	.141	18.570	19.121

a. 模型中出现的协变量在下列值处进行评估：参加项目前的薪水=8.954 0。

表 9-14 是经过 Bonferroni 调整后的配对比较。这里控制因素只有两个水平。它们的差值的显著性值为 0.000，小于 0.05。因此，参加项目和没有参加项目两个组别的参加项目后薪水是有显著区别的。

表 9-14　　Bonferroni 成对比较

因变量：参加项目后的薪水。

（I）项目状态	（J）项目状态	均值差值（I-J）	标准误差	Sig.	差分的 95%置信区间 [a]	
					下限	上限
参加项目	没有参加项目	-4.357*	.195	.000	-4.741	-3.974
没有参加项目	参加项目	4.357*	.195	.000	3.974	4.741

基于估算边际均值

*．均值差值在.05 级别上较显著。

a．对多个比较的调整：Bonferroni。

表 9-15 是对参加项目后的薪水的单变量检验。

表 9-15　　单变量检验

因变量：参加项目后的薪水。

	平方和	df	均方	F	Sig.	偏 Eta 方
对比	4 735.662	1	4 735.662	496.859	.000	.333
误差	9 502.610	997	9.531			

F 检验项目状态的效应。该检验基于估算边际均值间的线性独立成对比较。

9.5 小结

方差分析本质上是多个总体均值的比较。根据控制因素个数的不同，方差分析分为单因素方差分析、多因素方差分析等。本章介绍了方差分析的基本思想、术语，单因素方差分析、多因素方差分析的方法和技巧。本章同时介绍了协方差分析的方法和技巧。同时，对于不同类型的方差分析，本章都给出了一个详细的分析案例。

思考与练习

1. 一家关于工商管理硕士（Master of Business Administration，MBA）报考、学习、就业指导的网站希望了解国内 MBA 毕业生的起薪是否与各自所学的专业有关。为此，该网站在已经在国内商学院毕业并且获得学位的 MBA 学生中按照专业分别随机抽取了 10 人，调查了他们的起薪情况，数据文件为“MbaSalary.sav”。根据这些调查，他们能否得出专业对 MBA 起薪有影响的结论。

2. 美国得克萨斯州的一所大学提出了 3 种研究生管理科学入学考试（Graduate Management Admission Test，GMAT）辅导课程：即 3 小时复习、1 天课程和 10 周强化班。该大学需要了解这 3 种辅导方式如何影响 GMAT 成绩。另外，通常考生来自 3 类院校，即商学院、工学院、艺术与科学院。因此，了解不同类型学校毕业的考生 GMAT 成绩是否有差异也是一个让人感兴趣的话题。该大学从这 3 类学校的每一类中随机抽取 6 个学生，然后随机指派两名到一门辅导课程中，最后他们的 GMAT 成绩结果记录于数据文件“GmatScore.sav”中。根据上述资料，回答以下问题。

（1）不同的辅导课程是否对学生 GMAT 的成绩有显著影响？来自不同类型学校的学生的 GMAT 成绩是否有显著差别？请给出理由。

（2）是否某一类学校的考生适应一种辅导课程，而另一类学校的考生适合其他课程？请给出理由。

3. 为研究 3 种不同饲料 A1、A2 和 A3 对生猪体重增加（变量为“wyh”）的影响，将生猪随机分成 3 组并喂养不同的饲料（变量“sl”）。由于生猪体重的增加理论上会受到喂养前的体重影响，而喂养前的体重则是难以控制的，相关的试验数据记录在文件“Anocov.sav”中。用协方差分析的方法比较 3 种鸡饲料在增加生猪体重上是否有显著差别。

第 10 章 聚类分析

【本章学习目标】

- 聚类分析法简介。
- 聚类分析原理。
- 个案间的距离。
- 类之间的距离。
- 系统聚类法。
- K 均值聚类。
- 两步聚类法。
- 如何对已经生成的聚类结果进行分析、编辑以适应报告的需要。

10.1 聚类分析简介

物以类聚、人以群分。一般情况下，我们可以根据重要衡量指标的高低或类别，将研究对象划分为不同的类或群。例如，根据企业年营业额分为大、中、小企业；根据消费者年龄高低分为老年、中年、青年等。另外，在实际应用中，有时还要为评价对象排出先后次序、划分等级，如满意度的高、中、低或五级评分等。

在实际应用中，当划分的评价指标是多个的时候，这种凭经验进行的划分往往难以进行。例如，实际应用中衡量和比较不同目标市场时，既要考虑市场规模（可以使用常住人口总数，甚至目标消费者人口总数等指标），也要考虑消费潜力（可以使用人均收入，甚至人均食品支出等最接近的行业指标），上述条件都接近时还会考虑竞争对手市场份额、市场增长速度等指标。当需要同时使用三四个指标甚至更多个指标来进行衡量和划分目标时，没有统计工具的支持，单凭人脑是无法进行的。例如，如图 10-1 所示，人们可以清楚地看出对左边的图进行分类容易，而对右边的图进行分类就难。

如果有一组多个对象的多个衡量指标数据，则我们需要根据这些对象的多个属性值将这些对象分到不同的组中，使得同一个组内的目标对象在这些衡量指标上尽可能地接近或相似，同时不同组中的对象属性取值尽可能地有较大差异，实现“物以类聚、人以群分”，这样就可以实现这种划分。计算机很容易使用计算距离的方法，来达到这种相近或相离的衡量，并从而实现“组内差异小距离接近、组间差异大距离远”的分类。这种统计方法就是聚类分析，在多维空间中的分析思路如图 10-2 所示。

图 10-1　单指标分类和多指标分类比喻

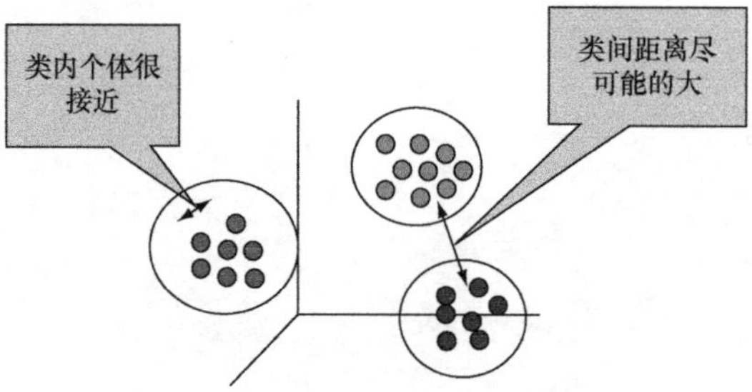

图 10-2　三维空间中的聚类分析示意图

聚类分析不必事先知道分类对象的结构，事先没有确定的类数，也没有确定的类。聚类分析方法被称为“无监督的分析方法”，意即没有因变量（这里指事先给定的组别或有相应的划分方法），英文称为 Cluster Analysis。而另外一种分类的方法是判别分析。它是把样本归入已知的事先已经确定下来的类中去，因此判别分析的英文是 Piscriminant Analysis，它有因变量（即事先确定的类别），是“有监督的分析方法”。聚类分析和判别分析有相似之处。但是，在聚类分析中，研究对象的所属于的类是未知的或者知之甚少。这就要求首先对研究对象进行分类。

根据对样品聚类，还是对变量聚类，聚类分析分为 Q 型聚类和 R 型聚类。对变量的聚类称为 R 型聚类，而对样品（即观测值）聚类称为 Q 型聚类，通俗地讲，R 型聚类是对数据中的列分类，Q 型聚类是对数据中的行分类。由于因子分析方法的广泛应用，对变量的 R 型聚类使用不多，聚类分析更多应用于对样品（即观测值）的 Q 型聚类。

最早的聚类分析是由考古学家在对考古分类的研究中发展起来的，同时又应用于昆虫的分类中，此后又广泛地应用在天气、生物学、地质学和经济分析中。现在，银行、电信、零售等许多行业都需要对客户进行细分，聚类分析是其中应用最广泛的方法之一。聚类分析是 SPSS 的直销分析应用到的重要技术之一。

10.2　聚类分析原理

聚类分析方法的原理是，进行分类的唯一依据是对象间的“相近性”或“相似性”，计算时采用数学上的“距离”来衡量。对同一个指标（或多维指标）而言，对象之间的距离数值越小（距离越短），我们认为对象越相似；数值越大（距离越远），我们认为对象越不同。这样，我们把所有距离近的对象归为一类，同时使不同类之间的距离最远，在多维空间中这一衡量方法的优点尤为突出。

聚类分析在计算上，具体就是从一批目标样品的多个衡量指标中，找出能度量样品之间或指标（变量）之间相似程度或亲疏关系的统计量，构成一个对称相似性矩阵，并按相似程度的大小把样品或变量逐一归类，使距离近的对象在同一类，并使类间距离最大。因此，聚类分析方法的具体计算步骤，根据不同的算法略有差异。总体来说，有两个方法很重要：一个是计算个案间的距离即数据点间的距离；另一个是计算组间距离，即类间距离。个案间的距离是基本的计算，用以计算哪些点可以合并成一类，或计算点与哪个类距离最近；类间距离则是用以评估哪些类最邻近，可以合并为新的大类。

以最常用的系统聚类和 K-均值聚类为例，上述的两个计算在每次迭代中都需要计算。在系统聚类中，对于 N 个对象，人们可以使用自上而下的**分解法**，先将所有对象视为一个大类，再将距离最远的分出去成为一个类，直至最终将所有对象分成 N 个大类；也可以使用自下而上的**凝聚法**，先将每个对象各自视为一类，然后合并其中距离最近的两个类，直至最终所有对象合并为一个大类。而在 K-均值聚类中，先根据指定的 K 的数值来确定 K 个中心点，计算所有点和 K 个中心点的距离，然后根据距离最近的原则来确定每个点归属于哪个类，再根据每个类的所有成员重新计算一下类的中心。调整类的中心点位置后，重复上述计算并再次调整中心点位置，直至达到临界条件停止迭代计算。

SPSS Statistics 提供了 3 种聚类方法，它们是系统聚类法（又称层次聚类）、K-均值聚类（又称快速聚类法）和两步法聚类。本章中，10.3～10.4 节介绍个案间距离的计算方法和类间距离的计算方法。10.5 节介绍系统聚类法，10.6 节介绍 K-均值聚类法，10.7 节介绍两步聚类法。

10.3 个案间距离

不同的聚类方法，可供选择的距离计算方法也不尽相同。这里先列出 SPSS 聚类分析中可供选择的所有距离计算方法的定义。

设每个对象有 n 个变量，x 和 y 为两个观测值，它们分别为：

$$x=(x_1,x_2,\cdots,x_n),\quad y=(y_1,y_2,\cdots,y_n)$$

10.3.1 尺度（或定距）数据的距离定义方式

尺度（或定距）数据（Scale Measurement）的距离定义方式有以下几类。

1. 欧氏距离

观测值 x 和 y 之间的欧式（Euclidean）距离的计算公式如下。

$$\mathrm{d}(x,y)=\sqrt{\sum_{i=1}^{n}(x_i-y_i)^2}$$

欧氏距离是最常见的距离衡量方法，当维度为 2 时，就是我们熟悉的直角坐标距离。

2. 欧氏平方距离

观测值 x 和 y 之间的欧氏平方（Euclidean Square）距离的计算公式如下。

$$\mathrm{d}(x,y)=\sum_{i=1}^{n}(x_i-y_i)^2$$

3. 余弦相似度距离

观测值 X 和 Y 之间的余弦相似度（Cosine）距离的计算公式如下。

$$\mathrm{d}(x,y)=\frac{\sum_{i=1}^{n}(x_iy_i)^2}{\sqrt{\sum_{i=1}^{n}x_i^2\sum_{i=1}^{n}y_i^2}}$$

余弦相似度距离是用向量空间中两个向量夹角的余弦值作为衡量两个个体间差异的大小。相比欧氏距离等相似性度量方法，余弦相似度更加注重两个向量在方向上的差异，而非距离或长度上的差异。

4. 皮尔逊（Pearson）相关性

设观测值 x 和 y 的标准化值分别为 Z_{xi}、Z_{yi}，则观测值 x 和 y 之间的 Pearson 相关性距离的计算公式如下。

$$d(x,y)=\sum_{i=1}^{n}\frac{Z_{xi}Z_{yi}}{n-1}$$

5. 切比雪夫距离

观测值 x 和 y 之间的切比雪夫（Chebychev）距离的计算公式如下。

$$d(x,y)=\max_i|x_i-y_i|$$

6. 块距离

观测值 x 和 y 之间的块（Block）距离的计算公式如下。

$$d(x,y)=\sum_{i=1}^{n}|x_i-y_i|$$

7. 闵考斯基距离

观测值 x 和 y 之间的闵考斯基（Minkowski）距离的计算公式如下。

$$d(x,y)=\sqrt[p]{\sum_{i=1}^{n}|x_i-y_i|^p}$$

闵氏距离是曼哈顿距离、欧氏距离、切比雪夫距离的推广。当 p=1 时就是曼哈顿距离；当 p=2 时就是欧氏距离；当 p=∞时就是切比雪夫距离。需要注意的是，在 SPSS 的系统聚类中，它设定 Minkowski 距离的根号部分的参数 p=2，而根号中幂次部分 p 的取值可以设定为 1～4 之间的任意一个值，特别当设定为 2 时，就是欧氏距离。当 p>2 时，就夸大了各维度间的差异。其公式如下。

$$d(x,y)=\sqrt[2]{\sum_{i=1}^{n}(x_i-y_i)^p}，p 的取值为 1，2，3，4$$

8. 幂距离，即 SPSS 中的"设定距离"

观测值 x 和 y 之间的幂（Power）距离的计算公式如下。

$$d(x,y)=\sqrt[r]{\sum_{i=1}^{n}(x_i-y_i)^p}$$

注意

（1）对于设定距离，通过适当设置 r 和 p 的取值，可以得到以上的欧式距离、平方欧式距离、块距离、闵考斯基距离和切比雪夫距离。

（2）实际聚类应用中，当数据的分布较为理想、各维度影响力差异不很大时，往往使用以上几种距离所得到的聚类结果是基本相同的，因此用户只要选择其中之一就可以了。

10.3.2 分类数据的频数数据

分类数据的频数数据（Count）有以下几类。

1. 卡方度量

$$CHISQ(x,y)=\sqrt{\sum_{i=1}^{n}\frac{(x_i-E(x_i))^2}{E(x_i)}+\sum_{i=1}^{n}\frac{(y_i-E(y_i))^2}{E(y_i)}}$$

这里 $E(x_i)$、$E(y_i)$ 是观测值 x 和 y 独立时的期望频数。这里卡方度量和观测值 x 与 y 出现的总的频数有关系。

2. Phi 方度量

$$\text{Phi}(x,y)=\sqrt{\left[\sum_{i=1}^{n}\frac{(x_i-E(x_i))^2}{E(x_i)}+\sum_{i=1}^{n}\frac{(y_i-E(y_i))^2}{E(y_i)}\right]\Big/N}$$

Phi 方是卡方度量的标准化，它和观测值 x、y 出现的总的频数 N 没有关系，其中 $E(x_i)$ 和 $E(y_i)$ 分别是 x 和 y 的平均频数。

10.3.3　二分类数据

二分类数据是指只有 0 和 1 两个值的数据；或者把一个数值指定为 1，把其他的数据值作为 0。SPSS 提供了十几种衡量这种数据形式的观测值之间的距离。感兴趣的读者可以参阅 SPSS 的帮助文档，这里不再赘述。

10.3.4　聚类分析计算距离的方法设定

图 10-3、图 10-4 所示是 SPSS 软件计算定距数据距离的方法设定，依次有欧氏距离、欧氏距离平方、余弦距离、皮尔逊相关、切比雪夫距离、块距离、闵考斯基距离等。定类数据和二分类数据的设定窗口类似，读者可以自行操作软件。

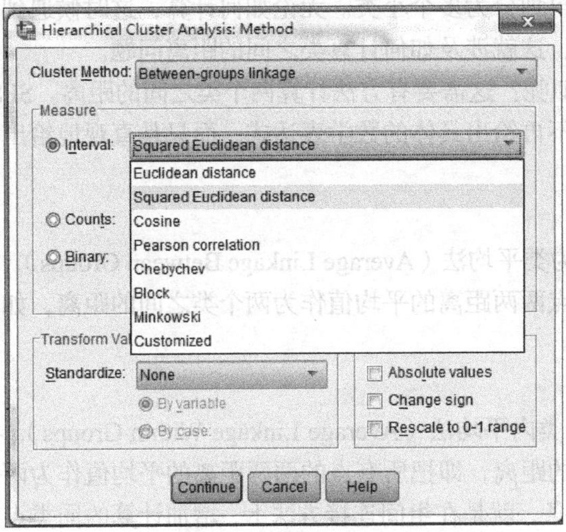

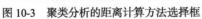

图 10-3　聚类分析的距离计算方法选择框

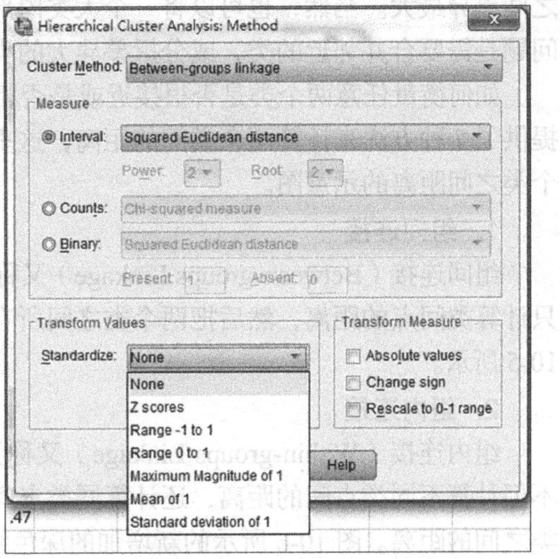

图 10-4　聚类分析的距离计算方法选择框

在聚类分析过程中，简单计算点之间的距离有个问题，就是没有考虑不同指标（变量）之间的观测单位和分布变异，也没有考虑指标间的相关。另外在一些应用中，用户可能想给某些变量较大的权重。就常见的观测单位和分布问题来说，如一个指标是人口，其单位是万人；另一个指标是人均消费额，其单位是元。这些数据由于量纲和分布不同，放在一起计算距离，会出现变异大（波动范围大）的数据淹没变异小（波动范围小）的数据的现象，使距离更大程度上跟随变异大的数据变化。

这就需要对数据做转换（或标准化），具体的做法有多种，我们这里不再给出具体的数学表达式。例如，规格化变换（Min-max 变换）是从数据矩阵的每一个变量中找出其最大值和最小值，这两者之差即为极差，然后从每个变量的每个原始数据中减去该变量中的最小值，再除以极差，就得到规格化数据。经过规格化变换后，数据矩阵中每一列即每个尺度变量的最大数值为 1，最小数值为 0，其余数据取值均在 0～1 之间；并且，变换后的数据都不再具有量纲，便于不同的变量之间的比较。

再如 Z 变换，当变量的测量值相差悬殊时（分布不均匀或严重偏态），要先进行标准化，对变量的数值和量纲进行调整。首先对每个变量进行中心化变换，然后用该变量的标准差进行标准化。如 s 为标准差，则标准化的数据为每个观测值减去其所在变量的均值后再除以 s。如果将标准差的倒数看成是一个权重，这个公式就可以看成是一种加权欧氏距离（Weighted Euclidean Distance）。经过标准化变换处理后，每个变量，即数据矩阵中每列数据的平均值为 0，方差为 1。数据矩阵中任何两列数据乘积之和是两个变量相关系数的（n-1）倍，所以这是一种便于计算相关矩阵的变换。

对数据做转换（或标准化）的选项，如图 10-4 所示。一般而言，实际应用中凡是使用多个变量进行聚类分析，且这些变量量纲不同和分布有差异时，均需要做标准化变换。

10.4 类之间的距离

前面解决了计算数据点之间距离的方法，计算了点之间的距离，读者就可以把距离近的点设定为一类，距离远的点设为另一类。在迭代过程中，再进一步将邻近的类合并，以保证剩下的类之间差异最大。当然，也可以将一个大类内部再划分为多个小类。无论如何计算，这时候遇到的问题是需要合并邻近的类，或分拆差异大的类，这就涉及如何计算类之间的距离问题。

如何衡量任意两个类是否很接近或是否相似呢？这需要有方法计算两个类之间的距离。SPSS 提供了 7 种方法来计算两个类间的距离，这里不再给出具体的数学表达式，而只是直观地给出两个类之间距离的示意图。

1. 组间连接

组间连接（Between-groups Linkage）又称为类平均法（Average Linkage Between Groups），它只计算类间点的距离，然后把两个类之间所有点两两距离的平均值作为两个类之间的距离，如图 10-5 所示。

2. 组内连接

组内连接（Within-groups Linkage）又称为类内平均法（Average Linkage Within Groups），它不但计算不同类点间的距离，还计算同类点间的距离，即把所有点的两两距离的平均值作为两个类之间的距离。图 10-6 所示的新增加的深色线条，就是在组间连接方法上，增加计算的同类点间距离。

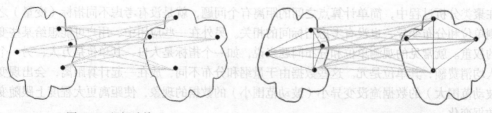

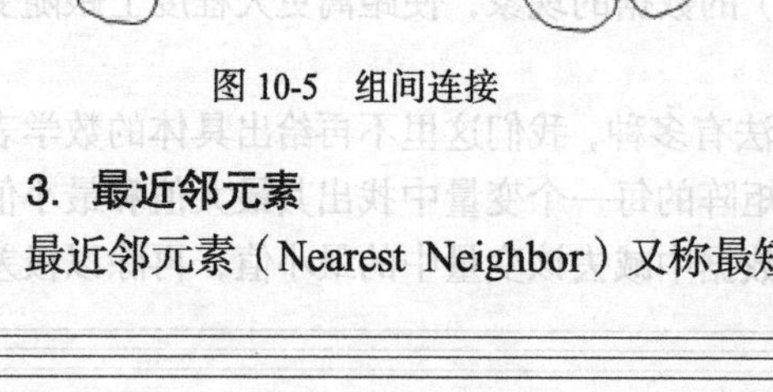

图 10-5　组间连接

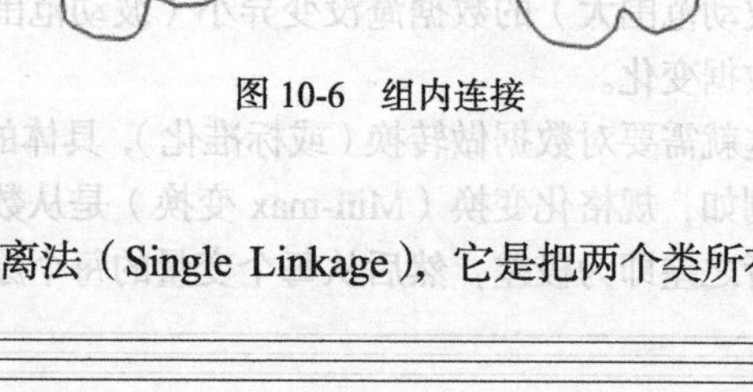

图 10-6　组内连接

3. 最近邻元素

最近邻元素（Nearest Neighbor）又称最短距离法（Single Linkage），它是把两个类所有点之间距离的最小值作为两个类之间的距离，如图 10-7 所示。

4. 最长距离法

最长距离法（Furthest Neighbor）又称最远邻元素法（Complete Linkage），它是把两个类所有点之间距离的最大值作为两个类之间的距离。如图 10-8 所示。

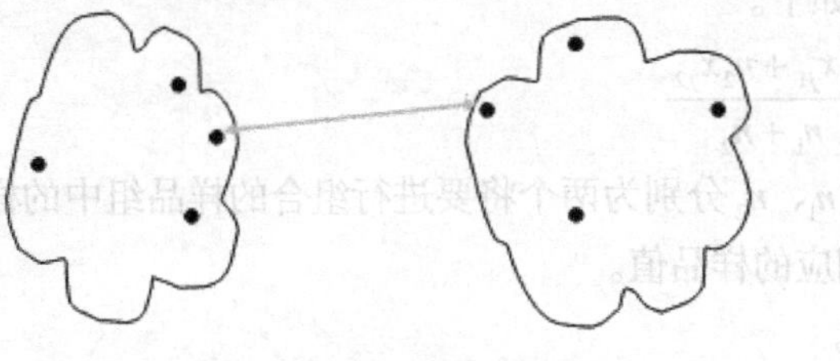

图 10-7　最近邻元素

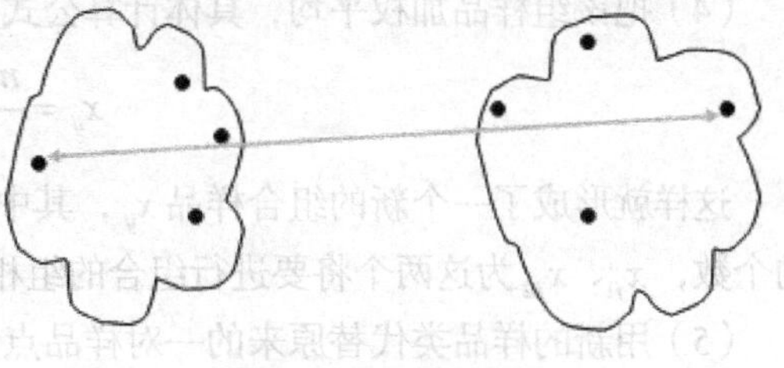

图 10-8　最长距离法

5. 质心聚类法

质心聚类法（Centroid Clustering）又称重心法，它是把两个类的中心（即均值）点之间距离作为两个类之间的距离。如图 10-9 所示。

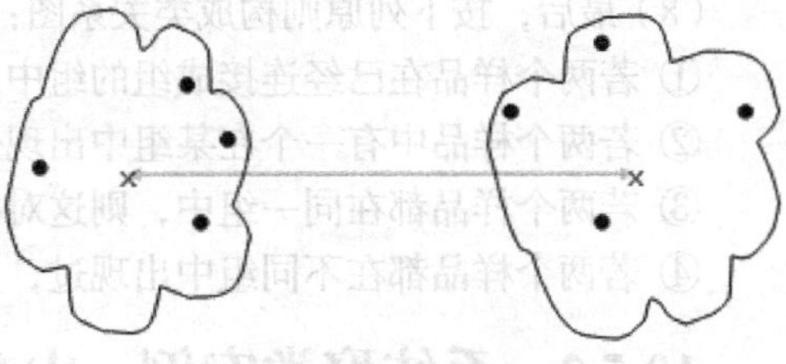

图 10-9　质心聚类法

6. 中位数聚类法

中位数聚类法（Median Clustering）把两个类的中位数点之间的距离作为两个类的距离。

7. 离差平方和法

离差平方和法（Ward's Method）也称 Ward 最小方差法，合并类的方法是把使小类内各样本的欧氏距离总平方和增加最小的两小类合并为一类。

上述各种计算类之间距离的方法，视数据的离散程度不同而在稳健性上有所差异。例如，两个类距离很近甚至重叠时，受远端的极端值影响，最长距离法波动大；反之两个类距离很远时，受中间的数据分布影响，最短距离法波动大。而如果两个类内部成员的离散程度有较大不同时，组内连接法波动就很大。

注意　聚类中到底应用哪一种距离，一是取决于所分析的数据类型特征和分布特征；二是取决于哪种距离对于聚类面对的问题和要聚的类最具有理论或业务应用意义。

10.5　系统聚类

10.5.1　系统聚类算法过程

设 $X_j=(X_{1j},\cdots,X_{pj})'$，$j$=1,…,$N$ 为样本数据观测值，p 为指标（变量）个数。系统聚类的步骤如下。

（1）数据标准化。把原始数据标准化，得到标准化的数据。

（2）计算相似系数矩阵。这里以余弦距离为例。计算 Q 型聚类任意两个样品 X_j 和 X_k 的相似系数矩阵如下。

$$\cos(\theta_{jk})=\sum_{l=1}^{N}x_{lj}x_{lk}\Big/\sqrt{\sum_{l}^{p}x_{lj}^2\sum_{l}^{p}x_{lk}^2}$$

需注意的是，上述余弦距离实质上是 X_j 和 X_k 的内积。上述计算得到的相似系数矩阵记为：$Q=(\cos(\theta_{jk}))_{N\times N}$。

（3）选出有最大相似系数的样品组。找出相似系数矩阵（$Q=(\cos(\theta_{jk}))_{N\times N}$）中的最大元素，设为 $\cos(\theta_{j_1j_2})$，对应的一组样品值为 x_{j1}、x_{j2}。

（4）把该组样品加权平均，具体计算公式如下。

$$x_{ij}=\frac{n_1x_{j1}+n_2x_{j2}}{n_1+n_2}$$

这样就形成了一个新的组合样品 x_{ij}，其中 n_1、n_2 分别为两个将要进行组合的样品组中的样品的个数，x_{j1}、x_{j2} 为这两个将要进行组合的组相应的样品值。

（5）用新的样品类代替原来的一对样品点。

（6）对新形成的样品类与其余样品数据重新计算相似系数矩阵。

（7）如此重复（2）～（6）的过程，直到把所有样品都归类完毕。

（8）最后，按下列原则构成类关系图：

① 若两个样品在已经连接成组的组中未出现过，则他们连接成一个新组。

② 若两个样品中有一个在某组中出现过，则另一个就加入改组。

③ 若两个样品都在同一组中，则这对样品不再分组。

④ 若两个样品都在不同组中出现过，则把这两组连接在一起。

10.5.2 系统聚类案例：山东餐饮市场分层

这里先从一个例子入手介绍系统聚类的过程。

假设一家现代中餐连锁快餐企业，其产品主要是饭食类和面条类，品牌特色是健康、高品质、高营养路线，目标消费群体是月收入在 5 000～8 000 元的人群，目前已经成功地在山东省的济南市和青岛市分别发展了两家连锁店，经营一年后均转为盈利。连锁餐饮需要实现规模效应，因此现在该餐饮集团打算在山东省全力发展，规划两年内在山东省再新开 10～15 家连锁店。

为了支持集团的决策，管理人员制订了总体的研究方案，把研究决策分为三步执行：第一步需要研究者做出基础的战略规划，给出重点参考的目标城市分层，划分出一级市场和二级市场等，最好能够给出每级目标城市推荐的连锁店数量，因此这一步的重点是对目标城市群进行分层分组；第二步是消费调查，需要根据第一步的分层结果，进行多阶段分层抽样市场调查；第三步是在前面研究的基础上，进行最后的实地考察和具体的商圈分析选址、竞争分析、租金和装修成本、人力成本核算。下面重点介绍第一步的研究，后两步的具体操作不在本书的研究范围之内。

以往的研究经验表明，连锁快餐和当地的经济发达程度以及消费水平息息相关。经济越发达，现代企业和商业越密集，餐饮业也就越发达；而人口密集、消费水平越高的地区，除了客流量大外，客单价也较高。因此，在城市一级分析层面上做战略规划，目标区域各城市的常住人口、国内生产总值等市场规模和经济发展程度指标较为重要，同时餐饮业总额、社会消费品零售总额两个消费总指标也非常关键，其他辅助的指标还有城乡储蓄存款余额等。同时，根据以往的基础研究发现，快餐总额和餐饮业总额高度线性相关。同样的原因，更细粒度的指标如人均收入、中餐快餐总额、西餐快餐总额等指标，完全可以被前面的宏观指标所替代。

打开本章的数据文件"山东餐饮.sav"。该数据是 2005—2006 年左右的山东省宏观经济资料，它包括了山东省 17 个地级市的名称、第五次人口普查的常住人口、餐饮业总额、国内生产总值、社会消费品零售总额、城乡储蓄存款余额一共 5 个宏观经济指标，数据均来自于这一时期的统计局的各种公报。数据文件的数据视图如图 10-10 所示。

	city	population	catering	GDP	consumer	savings
1	济南市	592.2	152117.6	1876.5	8078776	1024.4
2	青岛市	749.4	166840.4	2695.5	8659065	1343.1
3	淄博市	418.5	77301.3	1430.9	4309362	631.9
4	枣庄市	354.7	9090.5	632.9	1762961	226.2
5	东营市	179.3	34863.5	1166.1	1490081	384.5
6	烟台市	663.6	86254.9	2012.5	5995799	1015.4
7	潍坊市	849.5	54412.9	1471.2	4933412	804.6
8	济宁市	774.0	29013.4	1266.2	4297624	565.2
9	泰安市	533.5	21995.4	855.7	2736377	401.7
10	威海市	259.7	51248.8	1169.8	2847976	457.4
11	日照市	268.6	19830.7	426.5	1250962	181.8
12	莱芜市	123.4	9163.2	256.3	813864	130.3
13	临沂市	994.3	25352.5	1211.8	4765735	586.1
14	德州市	529.4	28873.1	831.8	2822095	368.5
15	聊城市	541.2	17948.5	689.1	2336081	359.1
16	滨州市	356.4	13341.9	667.3	1797289	240.6
17	菏泽市	809.8	31548.1	450.7	2366486	314.4

图 10-10　山东餐饮.sav 数据表

从经验来看，最重要的单个指标为“餐饮业总额”（Catering），读者可发现该指标的值较为离散，不能简单地用集中趋势来看；而做直方图可发现，这些城市在“餐饮业总额”至少可以划分为 3～4 个水平，济南、青岛是一个水平，烟台、淄博、潍坊、威海是一个水平，其余城市大致在一个水平，当然也可以划分得更细。但这个划分方法很粗放，城市再多些就难以进行，同时没有结合人口规模、经济发展程度、消费能力等具体指标，对各城市的特征也没有概括好。

由于本项研究需要使用多个数值型指标来对城市进行分层，同时数据量不大（城市数量不多），因此较为适合采用系统聚类方法。下面使用这些数据进行系统聚类分析，目的是分析哪些城市的餐饮消费市场有相似之处，将相似的城市分为一层或一组，把不同类型的城市分为不同组，这样把所有的城市分组以后，就可以据此制订不同层次城市的进入策略。同时，这个分层方案也可以作为未来具体的消费调查的抽样分层方案的依据，同一层的城市就可以减少抽样执行点。相关操作如下。

（1）选择【分析】→【分类（F）】→【系统聚类】，得到图 10-11 所示的系统聚类分析对话框。把 5 个目标变量选入右边的变量框中，然后把“城市名称”变量选入“标注个案（C）”框中。然后依次单击【Statistics】、【绘图】、【方法】和【保存】按钮，进行图 10-12 和图 10-13 所示的设置。

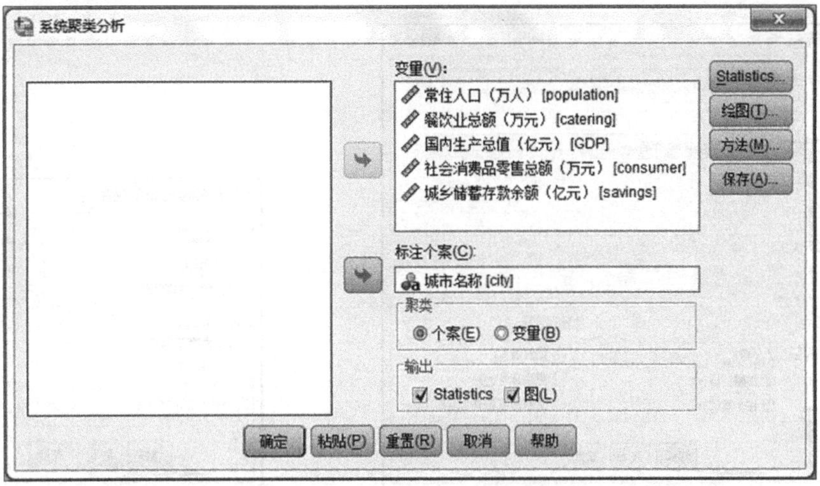

图 10-11　系统聚类对话框

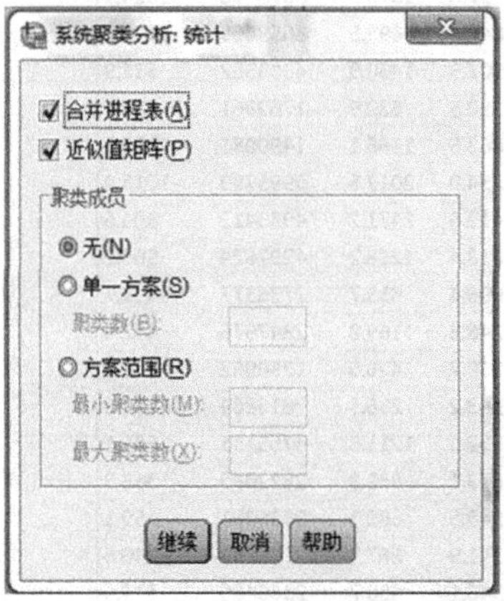

图 10-12　系统聚类的“Statistics”统计量选项

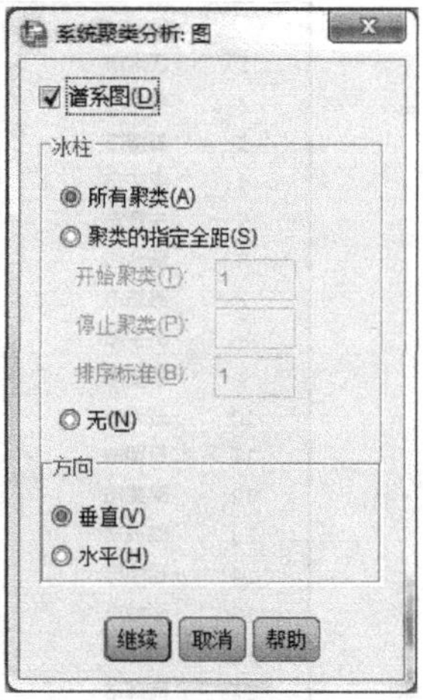

图 10-13　系统聚类的“绘图”选项

（2）在图 10-12 所示的“系统聚类分析：统计”对话框中，选择“合并进程表”（英文为 Agglomeration Schedule）。它要求 SPSS 输出聚类的过程，我们能从中看出哪些类最早被聚在一起，同时能看出各个个体或者类之间的距离大小顺序。“近似值矩阵”（英文为 Proximity Matrix）则给出所有城市具体的两两间距离值的矩阵，这个矩阵形式上类似于相关系数矩阵。

（3）在进行系统聚类的初次分析时，往往还没有确定最终需要聚为几类，因此这里先不勾选“单一方案”或“方案范围（R）”单选框，它们用来设定聚几类或“最小聚类数（M）”和“最大聚类数（X）”。在确定了要聚几个类时，再次重做系统聚类时再指定“单一方案”的类数，或使用“方案范围”的类别范围进行聚类。

（4）在图 10-13 中设置输出的图形及图形方向，我们需要勾选“谱系图”（英文为 Dendrogram），同时在下面的选项中也保留“冰柱”图（英文为 Icicle），后面会讲解这些图形的解读。在实际分析中，有时候会不勾选“冰柱”图，因为谱系图已经给出了类之间的树状关系，较为简单明了。

（5）在图 10-14 所示的“方法”选项对话框，可以设置个体之间距离的计算方法、类之间距离的计算方法，并可以设置是否需要对数据进行标准化或者单位化等其他预处理。我们这里使用默认的组间连接、欧氏距离平方，并选 Z 标准化数据。建议读者可以尝试其他方法设定，观察输出的类结果和这里给出的结果有何区别。

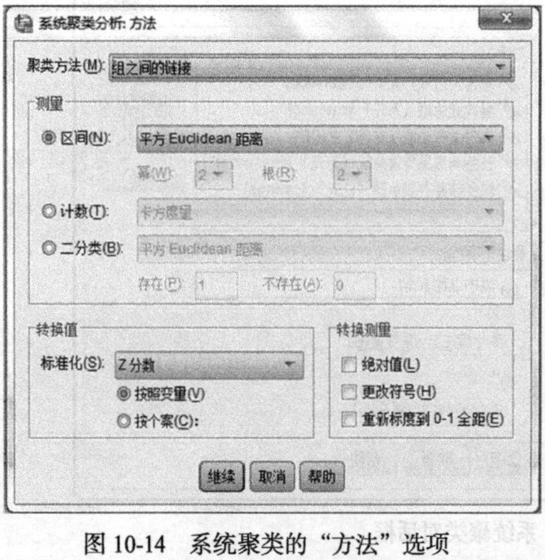

图 10-14　系统聚类的“方法”选项

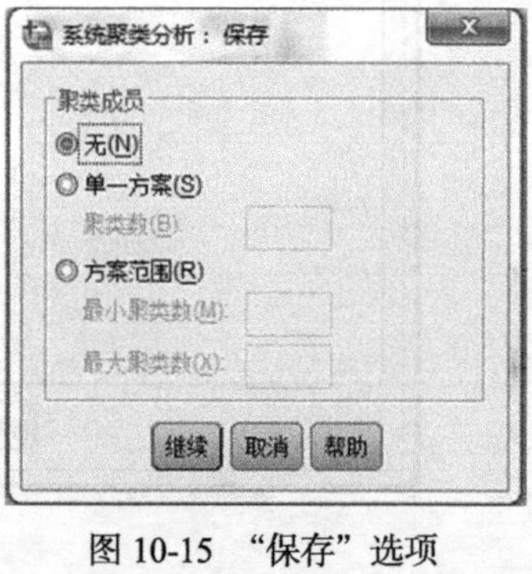

图 10-15　“保存”选项

（6）在图 10-15 所示的“保存”选项对话框，设置是否在 SPSS 数据文件中保存聚类的成员关系，即每个个案归属于哪个类别。由于这里先要进行初步的聚类分析，此时还不确定最终要划分的类别数，我们先不设置“保存”。当确定了类别数后再次计算时，再设置“保存”选项以得到分类结果。

（7）设置完毕之后，返回图 10-11，然后单击【确定】按钮，得到如表 10-1～表 10-4 以及图 10-16 和图 10-17 所示的结果。这里为了能更清晰地进行说明，已对一些图表进行了处理，另外表 10-4 所示不是这次运行系统聚类分析直接得到的，它是对最终聚类结果，按聚类分层成员的属性进行描述性统计结果的汇总。

和 SPSS 其他过程一样，表 10-1 是数据的概览，这里没有缺失值，一共有 17 个个案。

表 10-1　分析处理摘要

Case Processing Summary[a]

Cases					
Valid		Miaaing		Total	
N	Percent	N	Percent	N	Percent
17	100.0%	0	0.0%	17	100.0%

a. Squared Euclidean Distance Used.

表 10-2 是各个个案之间，使用“欧氏距离平方”和计算方法计算得到的“近似值矩阵表”（即距离矩阵表或相似性表）。对角线为 0，表明个案和自己的距离为 0，注意距离值是“欧氏距离平方和”距离。“近似值矩阵表”（即距离矩阵表或相似性表）矩阵只看上三角或下三角阵即可，距离值小的就是接近的城市，距离值大的就是距离远的城市。一个城市和其他绝大多数城市距离值都很小，这个城市就接近中心，反之则可能在远处。从表中可以看出，济南和青岛很接近，但这两个城市和其他城市相距较远；而淄博和多数城市都距离很近。

表 10-2　近似值矩阵表

Proximity Matrix

Case	Squared Euclidean Distance																
	1：济南市	2：青岛市	3：淄博市	4：枣庄市	5：东营市	6：烟台市	7：潍坊市	8：济宁市	9：泰安市	10：威海市	11：日照市	12：莱芜市	13：临沂市	14：德州市	15：聊城市	16：滨州市	17：荷泽市
1：济南市	.000	3.068	7.491	26.919	21.815	2.892	8.007	12.768	18.966	15.472	29.602	35.928	14.559	18.511	21.645	25.883	22.775
2：青岛市	3.068	.000	17.187	43.831	36.293	6.444	14.638	22.395	32.753	28.623	47.977	56.216	23.155	32.488	36.438	42.505	32.268
3：淄博市	7.419	17.187	.000	6.365	3.902	3.615	3.464	3.119	3.316	1.532	7.825	11.304	6.545	3.143	4.542	5.846	7.257
4：枣庄市	26.919	43.831	6.365	.000	1.703	17.614	11.261	6.106	1.141	2.330	.338	1.428	10.129	1.135	.800	.013	3.667
5：东营市	21.815	36.293	3.902	1.703	.000	13.882	11.162	7.313	2.556	.615	1.929	3.014	12.754	2.532	2.861	1.501	7.625
6：烟台市	2.892	6.444	3.615	17.614	13.882	.000	2.309	5.333	10.671	9.405	20.852	26.630	6.825	10.710	12.883	16.831	14.396
7：潍坊市	8.007	14.638	3.464	11.261	11.162	2.309	.000	1.058	5.277	7.510	14.390	19.890	1.292	5.385	6.571	10.747	6.138
8：济宁市	12.768	22.395	3.119	6.106	7.313	5.333	1.058	.000	2.026	4.858	8.763	13.188	.813	2.139	2.806	5.796	2.896
9：泰安市	18.966	32.753	3.316	1.141	2.556	10.671	5.277	2.026	.000	1.820	2.381	4.906	4.690	.034	.122	1.001	1.721
10：威海市	15.472	28.623	1.532	2.330	.615	9.405	7.510	4.858	1.820	.000	2.936	4.833	9.537	1.704	2.428	2.025	6.365
11：日照市	29.602	47.977	7.825	.338	1.929	20.852	14.390	8.763	2.381	2.936	.000	.509	13.464	2.265	1.822	.367	5.007
12：莱芜市	35.928	56.216	11.304	1.428	3.014	26.630	19.890	13.188	4.906	4.833	.509	.000	18.900	4.802	4.101	1.553	8.398
13：临沂市	14.559	23.155	6.545	10.129	12.754	6.825	1.292	.813	4.690	9.537	13.464	18.900	.000	4.845	5.446	9.819	3.688
14：德州市	18.511	32.488	3.143	1.135	2.532	10.710	5.385	2.139	.034	1.704	2.265	4.802	4.845	.000	.151	.980	1.645
15：聊城市	21.645	36.438	4.542	.800	2.861	12.883	6.571	2.806	.122	2.428	1.822	4.101	5.446	.151	.000	.719	1.362
16：滨州市	25.883	42.505	5.846	.013	1.501	16.831	10.747	5.796	1.001	2.025	.367	1.553	9.819	.980	.719	.000	3.570
17：荷泽市	22.775	37.268	7.257	3.667	7.625	14.396	6.138	2.896	1.721	6.365	5.007	8.398	3.688	1.645	1.362	3.570	.000

This is a dissimilarity matrix.

需要注意的是，数据中个案的顺序问题。如果相同的距离或相似性存在于输入数据中或产生于连接过程中更新的聚类之间，那么作为结果产生的聚类解，会取决于数据文件中个案的顺序。这种情况下，可能需要通过随机排序来得到多个不同的解，来验证给定解的稳定性。

表 10-3 是系统聚类的“合并进程表”，给出了聚类的具体过程，显示在每个阶段合并的个案或聚类、合并的个案或聚类之间的距离以及个案（或变量）与聚类相连接时所在的最后一个聚类级别。第一列的“阶”表示聚类阶段，最后一列的“下一阶”表示在当前阶段生成的类在下一阶段和其他类进行了合并。以第一行为例，由于这里是第一阶段，没有发生类合并，因此类 4 和类 16 现在都是单个个体。因此，在“首次出现阶群集”（Stage Cluster first Appears）部分显示“群集 1”（即类 4）和“群集 2”（类 16）都是 0，即单个个体。

在第一阶段的结果中，类 4 枣庄和类 16 滨州就进行了合并，合并后的新类取“群集 1”中的类的名称，即第二列中“群集 1”（Cluster 1）中的类名 4。最后一列显示该阶段合并的类在哪个阶段进行了再次合并，这时在第四阶段（第 4 行）的类 4 中就有两个个体（含个体 4、个体 16），在第四阶段的类 4 会和类 11 日照进行合并。

因此，请留意类别编号，因为在每一步的含义和内容都有所不同。

第二阶段（第 2 行）中，类 9 泰安和类 14 德州的距离是第二接近的，比第四阶段的类 4 和日照的距离还接近，因此在第二阶段这两个类合并。

下面依次类推，重复这样的过程。

另一个输出的结果是“冰柱图”，如图 10-16 所示。

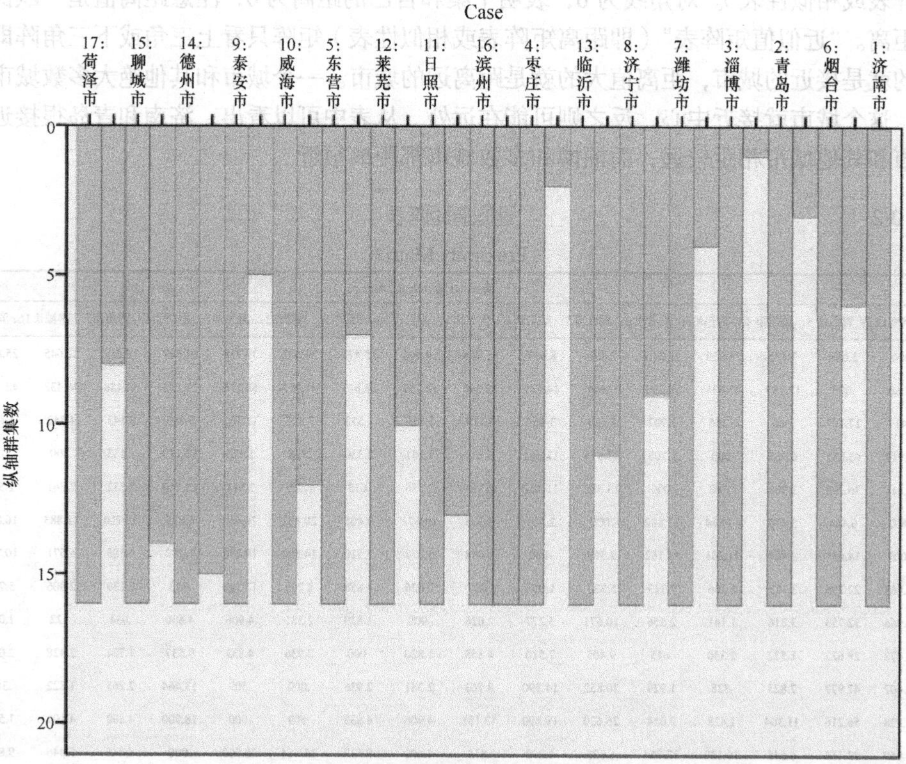

图 10-16　系统聚类冰柱图

冰柱图形状类似于冬天屋檐上垂下的冰柱，因此得名。冰柱图显示了关于在分析的每次迭代时如何将个案合并到聚类的信息，从最底下往上看，横轴每根冰柱代表一个个案，纵轴群集数（Number of Clusters）代表合并后的类别数，最下面每个个案各自作为一类，最上面把所有个案合并成一大类。最底下并在一起的冰柱是枣庄和滨州，这说明这两个个案最接近，在第一步迭代时就聚在一类里合并；继续进行迭代直到总共 15 个类时，左边泰安、德州也聚在一类。这样从下往上看，就会看出各个个案合并的历史过程，直到最后一步青岛右边的城市才和淄博左边的城市合并为一类。

冰柱图很形象地说明了每一步的不同类别数的合并结果和先后合并的过程，缺点是没有说明距离的大小。当然，一般而言，越先合并的距离越近，越到最后合并的距离越大。

输出的另一个结果是"合并进程表"，如表 10-3 所示。

表 10-3　系统聚类的"合并进程表"

Agglomeration Schedule

	Cluster Combined			Stage Cluster First Appears		
Stage	Cluster1	Cluster2	Coefficients	Cluster1	Cluster2	Next Stage
1	4	16	.013	0	0	4
2	9	14	.034	0	0	3
3	9	15	0.136	2	0	9
4	4	11	.352	1	0	7
5	5	10	.615	0	0	10
6	8	13	.813	0	0	8
7	4	12	1.163	4	0	10
8	7	8	1.175	0	6	13
9	9	17	1.576	3	0	12
10	4	5	2.534	7	5	12
11	1	6	2.892	0	0	14
12	4	9	3.108	10	9	15
13	3	7	4.376	0	8	15
14	1	2	4.756	11	0	16
15	3	4	7.563	13	12	16
16	1	3	22.002	14	15	0

"合并进程表"中间列的 Coefficients 列为不相似系数，它给出了凝聚过程。由于其测度方法是欧氏距离平方，因此小的值说明最相似，最先合并。这个系数对于确定类别数很重要，它反映了每次合并的个案与个案或类之间的距离。最前面的几行反映的是距离最近的几个个案或类间的距离，最后面的几行反映的是最远的几类的距离。在并类过程中，不相似系数呈增加趋势，到了后面的某个阶段两个差异很大的类合到一起时，该系数突然快速增大，表示合并的两类的不相似程度已经较大。因此，如果以 y 轴为不相似系数，x 轴表示分类阶段数，画出不相似系数随分类步数的变化曲线，会得到类似于因子分析中的碎石图，读者可以根据曲线即将快速提高之前的平缓点，选择出合适的分类数。

以本例而言，从表 10-3 中可以看出，倒数第 3 行开始的最后两步合并的类间差异太大，因此分类的类别数应该≥3。如果进一步认为第 12 步到第 13 步的不相似系数开始快速增大，那么根据这个指标可以初步确定聚类的类别数可以≤5。因此，上述统计结果表明，3～5 类的分类是合适的，那么下面就需要从业务上进一步确认最佳的分类方案了。

图 10-17 所示的谱系图是聚类过程的可视化表现，它用类似树状的图形来显示聚类的过程。水平方向代表了迭代的步数（软件设定最大迭代 25 次）。因此，从水平方向看，第一步合并的是最接近的个案，越往右，连接两个个案或者类的线段越长，表示两个个案或者类的距离越远。读者可以考虑用一个垂直线截断，被截断的各个分支就构成了最后的类结果，这个垂直线对应的是横轴的迭代次数，和距离的顺序及步数有关。这样，读者就可以根据选取截断的位置，设定类的个数了。

从前面的“合并进程表”中的 Coefficients 不相似系数做出的初步判断可知，类别可以分为 3～5 类，这里结合谱系图来最终确定。根据谱系图来分类的原则如下。

准则 1：任何类都必须在邻近各类中是突出的，即各类重心之间距离必须大。

准则 2：各类所包含的元素数量原则上都不要太多，但如果只有一个元素时，要从业务上考虑是否是奇异值或需要单独对待处理。

准则 3：分类的数目应该符合使用目的。

准则 4：若采用几种不同的聚类方法处理，则在各自的聚类图上应发现相同的类。这是一个稳健性的要求。

从图 10-17 中可以看出，最上面枣庄到威海的 6 个城市相对还是非常接近的，而最下面的济南、烟台、青岛可以视为一大类的较为特殊的市场，因此仅根据谱系图，从逻辑上可以初步考虑把市场确定为四级市场。

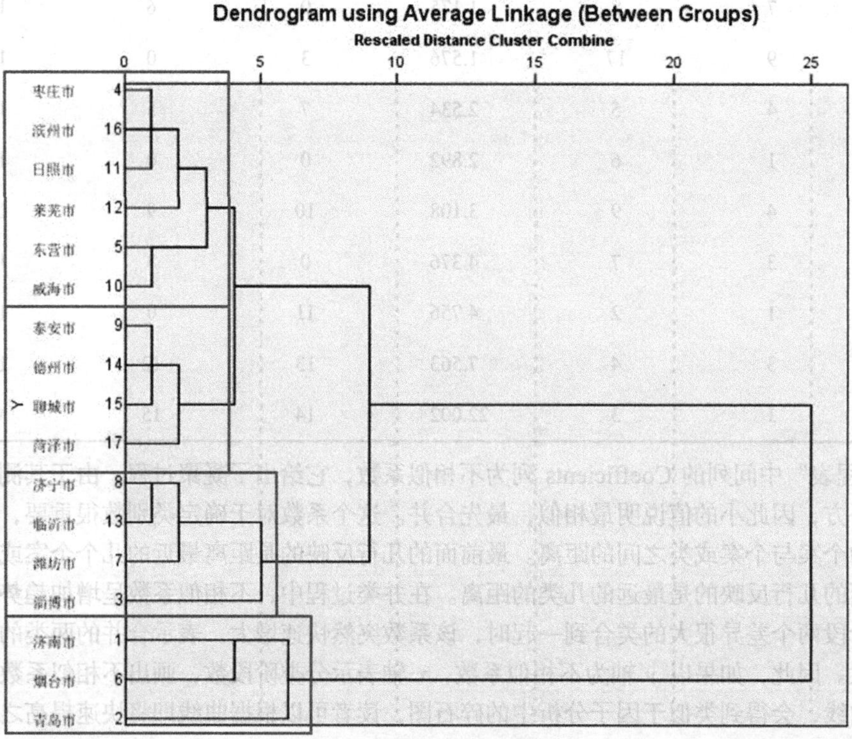

图 10-17　系统聚类谱系图

聚类分析有一个特点，即谱系图中最下面的较为特殊的个别类。虽然我们从逻辑上可以看作一大类，如济南、烟台、青岛，但是聚类分析在具体给出类别值时，由于青岛是第 6 次迭代才和济南以及烟台合并的，因此要指定分 6 类时，淄博、青岛才会分别单独给出一类。用前面的垂直截断线可以看出，我们在图中分了四级市场，但按垂直截断线在接近迭代次数 5 的位置划分，会把上面的两级市场合并，同时把下面的淄博、青岛单独划分出来，分别作为一类。也就是说，差异较大的淄博和青岛，会干扰上面相近些的其他类别的划分。

这就是在实际分析中经常会遇到的类似本例子的情况，也是聚类的类别划分有不清晰的地方。如果简单对全部数据一次性使用系统聚类，并用让系统直接给出我们要的类别数（相当于放任电脑直接用垂直线截断法来划分），往往结果不令人满意。设定 4 组，系统就会把济南单作为一组同时合并差异小的群组；而设定 6 组，济南、淄博、青岛均会分别在一个类别里，该类别成员只有这一个城市。

因此，在实际操作中，我们还需要使用筛选，暂时筛选掉济南、青岛这两个省内最为特殊的城市，而选址使用其他相对更接近的城市，指定 4-1=3 个类别进行分析。最后，再手工把济南、青岛作为一类对待，这样就可完成最终的划分。

具体的最终分析步骤是再次操作前面的聚类分析，不同的地方是，首先我们先用【数据】→【选择个案】来筛选掉济南、青岛，其次对剩余的 15 个城市指定聚类数为 3 组并选择保存，得到图 10-18 所示的结果。

如图 10-18 所示，系统自动保存了上面三个类。最后，读者需记住还有前面暂时排除的济南和青岛这两个“一级市场”，一共得到四个类别的划分。手工整理分组，并用 SPSS 的分组统计方法整理结果，得到表 10-4 所示的对山东餐饮市场分层的最终结果。

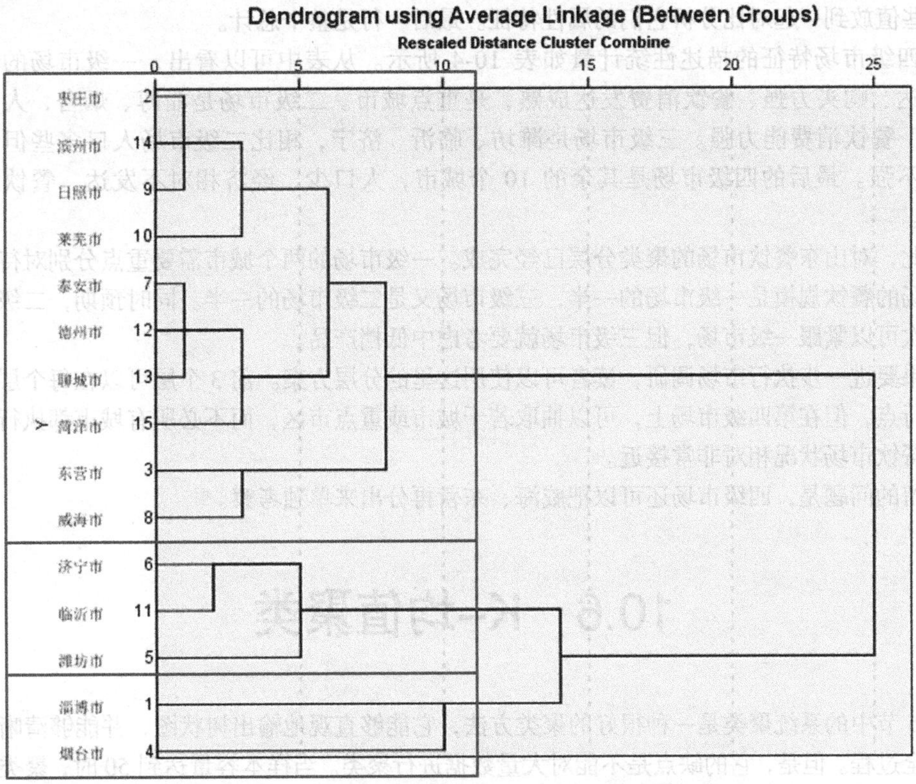

图 10-18 不包括济南和青岛、指定分 3 类的聚类谱系图

表 10-4　　系统聚类方法对山东餐饮市场分层的最终结果

平均值			报告				
城市分层	下辖城市名称	城市数量	常住人口（万人）	餐饮业总额（万元）	国内生产总值（亿元）	社会消费品零售总额（万元）	城乡储蓄存款余额（亿元）
1　一级市场	济南、青岛	2	670.8	159 479.0	2 286.0	8 368 920.5	1 183.8
2　二级市场	淄博、烟台	2	541.0	81 778.1	1 721.7	5 152 580.5	823.6
3　三级市场	潍坊、临沂、济宁	3	872.6	36 259.6	1 316.4	4 665 590.3	652.0
4　四级市场	东营、威海、枣庄、泰安、日照、莱芜、临沂、德州、聊城、滨州、荷泽	10	395.6	23 790.4	714.6	2 022 417.2	306.4
总计		17	8 997.3	819 196.7	19 110.8	61 263 945.0	9 035.1

表 10-4 给出了最终系统聚类的分组成员的分析结果。第一列为分层类别，第二列为分四级市场时的聚类成员，第三列是该层级市场的下辖城市个数。再右边是各指标在层内的平均值，读者可将这些值放到一起对比分析它们的属性特征。最后一行是整个总计。

这四级市场特征的描述性统计量如表 10-4 所示。从表中可以看出，一级市场的特点是经济发达、购买力强、餐饮消费发达成熟，是重点城市。二级市场是淄博、烟台，人口数为中偏低、餐饮消费能力强。三级市场是潍坊、临沂、济宁，相比二级市场人口多些但餐饮消费能力不强。最后的四级市场是其余的 10 个城市，人口少、经济相对不发达、餐饮消费最不成熟。

至此，对山东餐饮市场的聚类分层已经完成。一级市场的两个城市需要重点分别对待。预期二级市场的餐饮规模是一级市场的一半，三级市场又是二级市场的一半。同时预期，二级市场的产品档次可以紧跟一级市场，但三级市场就要考虑中低档产品。

如果要进一步执行市场调研，读者可以使用这里的分层方案。前 3 个层可以在每个层上设计调研执行点，但在第四级市场上，可以抽取若干城市或重点市区，而不必所有城市都执行，因为它们的餐饮市场状况相对非常接近。

遗留的问题是，四级市场还可以把威海、东营再分出来单独考察。

10.6　K-均值聚类

10.5 节中的系统聚类是一种很好的聚类方法，它能够直观地输出树状图，并能够清晰地了解聚类的全过程。但是，它的缺点是不能对大量数据进行聚类。当样本容量达到 50 时，聚类的组数一开始会从四十几类聚到二十几类，谱系图和冰柱图都变得不容易分析。因此，一般不推荐样本容量超过 200 的系统聚类分析。

10.6.1　K–均值聚类方法简介

K-均值聚类即 K-means 聚类，是一种可以适用于大数据集的聚类方法。它是一种迭代式（Iterative）算法，给定一系列 N 维向量和一个聚类数目 k，该算法将这些向量聚为 k 类。该方法首先要求用户输入类的个数，它先对数据进行初始分类，然后逐步调整，直到得到最优分类。K-均值聚类只能产生用户输入的固定个数的聚类。K-均值聚类是一种经典的聚类算法，由 James MacQueen 于 1976 年提出，但算法本身就已经由 Stuart Lloyd 于 1957 年给出。

K-均值聚类还有一个优点，如果用户对分析的对象有较好的了解，可以指定 K-均值聚类的初始类中心，这样 K-均值聚类的迭代次数将大大减少，其聚类的时间也会缩短，这将大大提高聚类的效率。

K-均值聚类的算法过程如下。

（1）用户给定聚类个数 k。

（2）给出初始类中心。如果用户经验丰富，对聚类对象有较深的了解，可以给出 k 个初始聚类中心，否则 SPSS 将从数据中确定出 k 个类的初始类中心。

（3）计算所有个体到这 k 个类中心的距离，然后按照距 k 个类中心距离最短原则，把所有个体分别划分到所距最近的中心点所在类中。这样形成了 k 个类，完成一次迭代过程。

（4）重新计算 k 个类的类中心。SPSS 把每个类中各个个体的变量均值点作为这 k 个类的中心点。

（5）重复进行（3）、（4）。直到迭代次数达到限制的次数或者类中心不在变化为止，最后得到的就是 K-均值聚类的聚类结果。

K-均值聚类算法表面看有一个瑕疵：需要给出先验的类数 k。问题就出来了：还没有开始聚类，怎样知道哪些质点是一类而在一起选质心？到底是先有类再选质心（先有鸡），还是先有质心再聚类（先有蛋）？但在实际实践中，迭代过程往往能够从随意的近似值开始，并且能很快地收敛。

另外，在数据分布不均匀的情况下，指定不同的起始点质心，可能会导致不同的结果，因此 K-均值聚类法可能局部最优但不一定是全局最优。

因此需要注意，初始聚类中心的选择要尽可能分散，不要挤在一起；同时，要多次选择不同的初始点，将结果平均分之。

10.6.2　K–均值法案例分析

在这里，我们考虑个体的属性有缺失值时的聚类情况。打开本章的数据文件 Cluster_cars.sav。该数据是市场上一些品牌的汽车的资料，它包括汽车制造商、型号、新车价钱、4 年以后的二手车价钱，还有马力、引擎大小、车重、车体长、车体宽、车轮大小、油耗等诸多属性。现在需要请按照这些数据对当前市场上的车进行聚类，看看哪些品牌的车定位有类似之处，制造商可以据此制定相应的策略。

注意到这个数据集的第三行和第六行的 Resale 变量有缺失值。

（1）选择【分析】→【分类】→【K-均值聚类】，得到图 10-19 所示的“K-均值聚类分析”对话框。相关设置如下。

① 把变量“Sales in thousands”到“fuel efficiency”之间的变量选入“变量（V）”框中。

② 把“model”选入“个案标记依据（B）”框中。

③ “聚类数（U）” 是一个重要的参数，默认值是 2，我们这里选择 3 个类，因此需要手工输入：3。

④ “方法” 框下有两个选项。

- 迭代与分类（T）：从初始类中心开始，进行迭代聚类。它应用 K-均值算法进行聚类分析。
- 仅分类（V）：以初始点为类中心，把其他个体分划到初始点所在的类中。它一般用于把一个新的个体划归到已经建立好的类别中，类不会进行更新。有时候又称为最近邻判别分析。

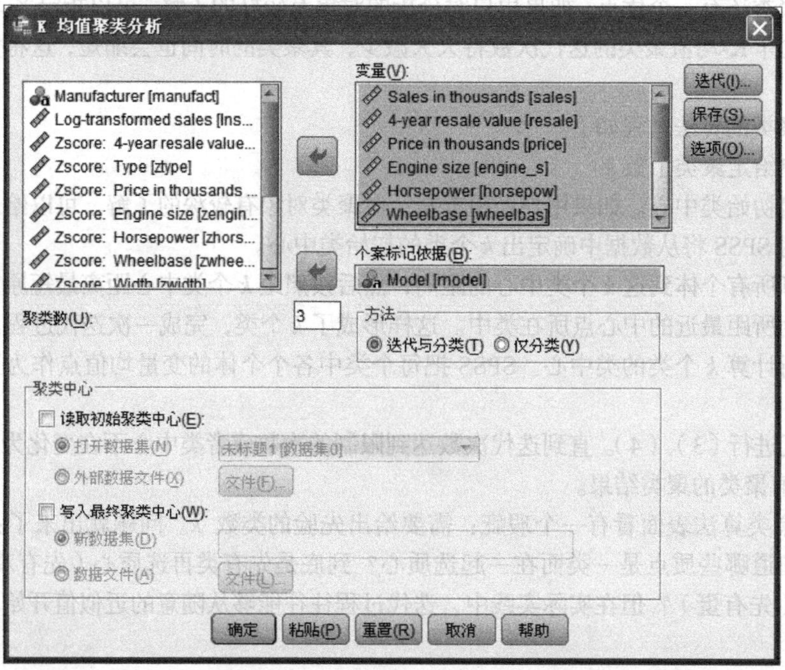

图 10-19　K-均值聚类分析对话框

分别单击【迭代】、【保存】和【选项】这 3 个按钮，得到图 10-20～图 10-22 所示的对话框，分别对它们进行如图所示的设置。

（2）图 10-20 设置最大迭代次数和收敛标准。SPSS 软件的最大迭代次数默认是 10，这个值的设置可以从 1～999。一般而言，10 次迭代即够用，因为如果不能快速地迭代收敛，那么说明数据的分散性并不好，个别点的归属反复振荡，用聚类算法分类有困难。从多数分析实践的经验看，3～4 次就可接近收敛完全。因此，也不能把这个值设置太小了。

收敛性标准，按初始聚类中心之间的最小距离的比例来设定，必须大于 0 且小于等于 1。系统默认值是 0，含义是收敛时前后两步聚类中心的移动量，要小于初始聚类中心之间最小聚类的某个比例。例如，假设初始聚类中心距离矩阵中，某两类的距离最小值为 12.6，这里收敛性标准设为 0.1，意味着设定迭代过程中距离中心移动量小于 12.6×0.1=1.26 时，迭代停止。因此，在聚类不收敛或迭代步数非常多时，可以考虑设定这个非 0 值，加快达到停止条件。

“使用运行平均值（V）” 选择项，是设定分配了每个个案之后更新聚类中心，并且是在分配了所有个案之后一次计算新的聚类中心。勾选此项，即分配了每个个案之后要重新更新聚类中心。

（3）图 10-21 所示为设置选择要保存的数据。这里勾选“聚类成员”“与聚类中心的距离”两个复选框。在 SPSS 数据编辑器中将给出两个新的变量，它们分别记录个案所属的类别和个案距离聚类中的距离。

（4）图 10-22 所示的选项设置输出的统计量和缺失值的处理方式。

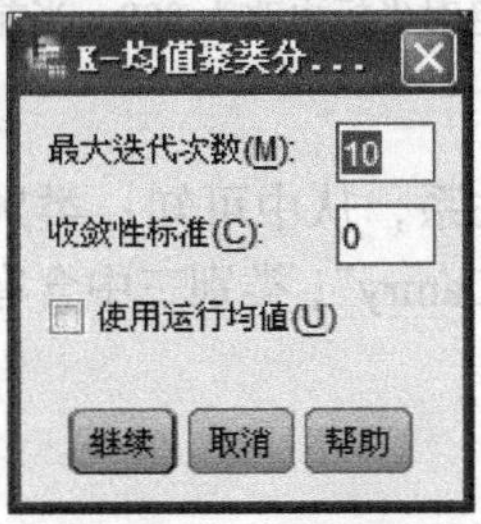

图 10-20　迭代次数

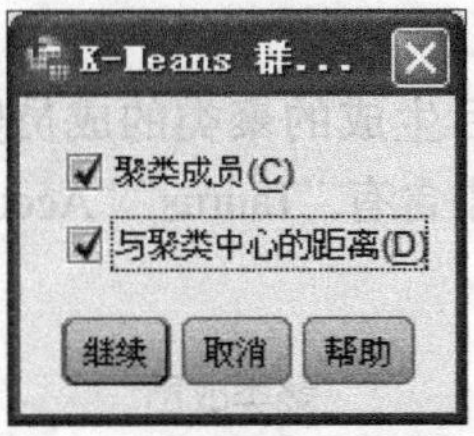

图 10-21　选择要保存的数据

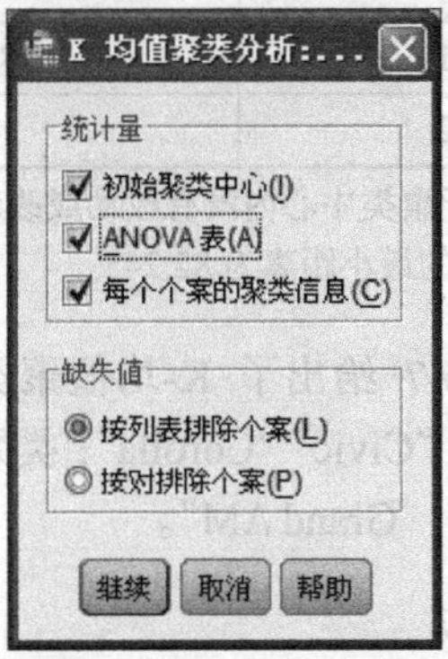

图 10-22　统计量和缺失值

- 初始聚类中心是每个聚类的变量平均值的第一个估计值。SPSS 软件默认是从数据中选择与聚类数相等的分布良好的多个个案进行计算，一般聚类数设定大于 2 时，会对每个变量考虑最大值和最小值两个极端值。
- ANONA 表（A）表，该表包含每个聚类变量的一元 F 检验。
- 每个个案的聚类信息，给出每个个案的最终聚类分配，以及该个案和用来对个案分类的聚类中心之间的 Euclidean 距离。还显示最终聚类中心之间的欧氏距离。

（5）单击【继续】按钮，返回图 10-19 所示对话框，单击【确定】按钮，得到如表 10-5 到表 10-10 所示的结果。

K-均值聚类的初始聚类中心，如表 10-5 所示。

表 10-5　　初始聚类中心

	聚类		
	1	2	3
Sales in thousands	145.519	245.815	113.369
4-year resale value	9.250	10.055	12.760
Price in thousands	13.260	17.885	21.560
Engine size	2.2	3.0	3.8
Horsepower	115	155	190
Wheelbase	104.1	108.5	101.3
Width	67.9	73.0	73.1
Length	180.9	197.6	183.2
Curb weight	2.676	3.368	3.203
Fuel capacity	14.3	16.0	15.7
Fuel efficiency	27	24	24

表 10-6 给出了 K-均值算法的迭代历史过程和类中心的变动情况。

表 10-6 迭代历史[a]

迭代	聚类中心内的更改		
	1	2	3
1	18.262	16.338	18.652
2	.000	.000	.000

a. 由于聚类中心内没有改动或改动较小而达到收敛。任何中心的最大绝对坐标更改为.000。当前迭代为 2。初始中心间的最小距离为 82.245。

表 10-7 给出了 K-均值聚类最后生成的聚类的成员归属关系，从中可知：类别一中含有“Cavalier”“Civic”“Corolla”；类别二中含有“Taurus”“Accord”“Camry”；类别三中含有“Malibu”“Mustang”“Grand AM”。

表 10-7 聚类成员

案例号	Model	聚类	距离
1	Cavalier	1	18.262
2	Malibu	3	13.093
3	Impala	.	.
4	Mustang	3	18.652
5	Taurus	2	16.338
6	Focus	.	.
7	Civic	1	38.008
8	Accord	2	12.773
9	Grand Am	3	6.133
10	Corolla	1	21.783
11	Camry	2	11.101

表 10-8 给出了最终聚类中心，它是每个类的所有个体的各个变量均值。它反映了每一个类中典型个案的特征。

表 10-8 最终聚类中心

	聚类		
	1	2	3
Sales in thousands	162.580	241.570	126.531
4-year resale value	9.708	12.170	11.425
Price in thousands	13.084	16.918	19.272
Engine size	1.9	2.5	3.4
Horsepower	114	141	178
Wheelbase	101.4	106.9	105.1
Width	67.2	71.1	71.0
Length	176.7	191.6	186.6
Curb weight	2.478	3.099	3.115
Fuel capacity	13.1	17.2	15.3
Fuel efficiency	31	26	25

表 10-9 给出了类中心的欧式（Euclidean）距离。它把表 10-8 中的 3 个类的中心点作为个体，计算两两之间的欧氏距离。从中可以看出，第一类和第二类、第三类较为接近，而第二类和第三类差异较大。

表 10-9　类中心的距离

最终聚类中心间的距离			
聚类	1	2	3
1		85.529	75.451
2	85.529		121.113
3	75.451	121.113	

表 10-10 给出了 K-均值聚类的方差分析表。方差分析表显示变量对聚类结果的贡献情况。从中我们可以发现，哪些变量贡献最大，哪些变量对聚类结果影响较小。*F* 值较大的变量，在聚类时它的分辨作用就越大。从中可知，Horsepower 和 Sales 两个变量在聚类中的作用是大于其他变量的。同时，读者可以考虑剔除 4-year resale value 和 Wheelbase 两个指标。

表 10-10　方差分析表

	聚类		误差		F	Sig.
	均方	df	均方	df		
Sales in thousands	10 386.590	2	418.453	6	24.821	.001
4-year resale value	4.781	2	1.692	6	2.826	.137
Price in thousands	29.259	2	2.792	6	10.480	.011
Engine size	1.863	2	.136	6	13.746	.006
Horsepower	3 163.333	2	102.222	6	30.926	.001
Wheelbase	23.043	2	9.499	6	2.426	.169
Width	14.588	2	2.220	6	6.571	.031
Length	174.168	2	17.837	6	9.765	.013
Curb weight	.396	2	.031	6	12.848	.007
Fuel capacity	12.421	2	1.048	6	11.855	.008
Fuel efficiency	29.778	2	4.556	6	6.537	.031

F 检验应仅用于描述性目的，因为选中的聚类将被用来最大化不同聚类中的案例间的差别。观测到的显著性水平并未据此进行更正，因此无法将其解释为是对聚类均值相等这一假设的检验。

表 10-11 给出了最终聚类结果的概览，它给出每个类的个案数、全部有效个案数和有缺失数据的个案数。

表 10-11　　　　　　　　　　　　最终聚类结果

每个聚类中的案例数		
聚类	1	3.000
	2	3.000
	3	3.000
有效		9.000
缺失		2.000

从类的个案数来看，不存在类成员只有 1 个的类，也不存在多数成员都集中在少数类中的情况，因此聚类结果较为理想。

10.7 两步法聚类

两步聚类法是最近几年才发展起来的智能聚类方法的一种。它分成两个步骤完成聚类：第一步预聚类；第二步正式聚类。

两步法聚类又称两阶段聚类，它与系统聚类相似，是揭示数据所蕴含的自然组别的一种探索性分析方法。它有下列优点。

（1）聚类变量可以是连续变量，也可以是分类变量。两步法聚类充分考虑到这两种变量的不同性质，采用对数似然距离来衡量相似性。通过假设变量是独立的，读者可以假设分类变量和连续变量服从联合多项正态分布。

（2）它能自动确定出类的个数，通过跨不同的聚类解比较模型选择准则的值，此过程可以自动确定最优的聚类数。

（3）通过构造摘要记录的聚类特征（CF）树，能够有效地分析大数据集。

（4）占用内存资源少、运算速度快，特别适用于海量数据（大型数据库）。

（5）能够提供“异常值”报告。

10.7.1 两步法简介

为了处理分类变量和连续变量，两步法聚类使用最大似然聚类测度法。该方法假设聚类模型中的变量相互独立，连续变量服从正态分布，分类变量服从多项分布。经验表明，该方法在独立性和分布正态性条件偏离不是太大时得到的聚类结果仍然是稳健的。在分析时，了解这些假定条件是否满足、偏离是否严重等信息，对于结果的解释是有所裨益的。

两阶段聚类算法分为以下两个阶段。

（1）建立一个聚类特性树（Cluster Feature Tree），聚类特征树包含许多节点，每一节点包含若干条目，每个条目中的信息就是聚类特征（包括连续变量的均值和方差、离散变量的计数）。

首先放入第一个个案，原则是该个案作为根节点，其变量信息作为叶子节点。后续的个案根据与已有的根节点计算相似性距离，要么加到已存在的节点上并更新节点的聚类特征，要么形成一个新的节点，直至达到最大聚类数量。

含有多个个案的树节点的叶子节点包含这些个案的变量的汇总信息。直到所有个案都形成一个特性树，该特性树含有数据文件的综合信息。

预聚类允许的最大类别数量由使用者自己指定，即预聚类数量。

（2）以第一步完成的预聚类作为输入，应用凝聚算法对聚类特性树（CFT）的叶节点进行分类。可能的分类结果会有很多种，读者可应用 BIC 或者 AIC 准则、以及类间最短距离的变化情况来确定最优分类数，对这些聚类结果进行分析比较，找出其中最优的分类作为两步法聚类的解。

需要注意的是，如果同时使用分类变量与连续型变量，与连续型变量相比，可能分类变量占据较明显的主导优势。

10.7.2 两步法案例分析

作为示例，这里仍然应用上文的汽车数据进行两步法聚类，以比较 3 种聚类算法的异同。具体步骤如下。

（1）打开数据文件 Twosteps_car.sav。选择【分析】→【分类】→【两步聚类】，得到两步法的设置对话框，如图 10-23 所示。

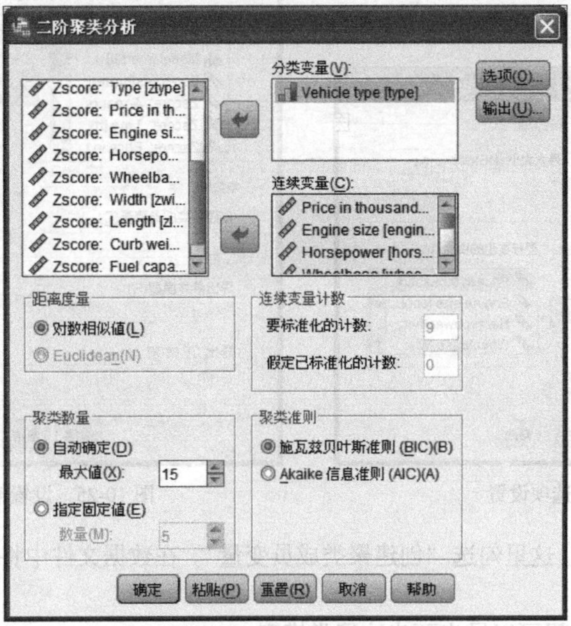

图 10-23 两步法对话框

（2）首先把变量“Vehicle type”选入“分类变量（V）”框中；然后把变量“Price in thousands”到“fuel efficiency”的全部变量选入“连续变量（C）”框中。

（3）除了设置聚类变量外，还可以在两步法对话框中设置距离度量、聚类数量和聚类模型选择准则。

① 距离度量。两步法的距离度量有两种：一种为对数似然（SPSS 翻译为对数相似），这里由于聚类指标中含有分类变量，因而只能选择该项；另一种为欧氏距离（Euclidean），只有连续变量时，可以选择欧氏距离。

② 聚类数量。

- 自动确定：可以选择“自动确定（D）”，这里可以限定类个数的上限。默认最多 15 个类；也可以根据需要修改类个数的最大值。
- 指定固定值（E）：如果很有把握，那么你可以输入想要的类数。

③ 聚类准则。聚类准则有 AIC 和 BIC 两个，这两个准则在选择模型方面基本类似，都是综合考虑样本数和模型的复杂程度。AIC 或者 BIC 的值越小，模型越好。

连续变量计数中，两步法默认情况下需要先对连续型变量标准化。这里有 9 个连续型变量，因此默认情况下，这 9 个变量将被标准化。

（4）单击“选项”按钮，得到图 10-24 所示的对话框。它可以设置需要的最大内存，设置是否使用噪声处理等。这里保留默认设置。接着单击【继续】按钮返回上层对话框。

（5）单击“输出”按钮，得到图 10-25 所示的对话框。这里可以设置输出哪些内容。

- 评估字段：评估字段不用于聚类过程，但是可以用它们来描述两步法生成的类的特征。我们把变量“Sales in thousands”和“4-year resale value”选入“评估字段”中。

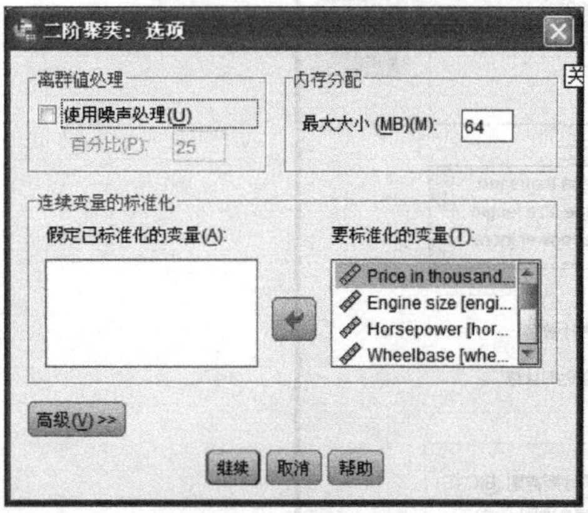

图 10-24　选项设置

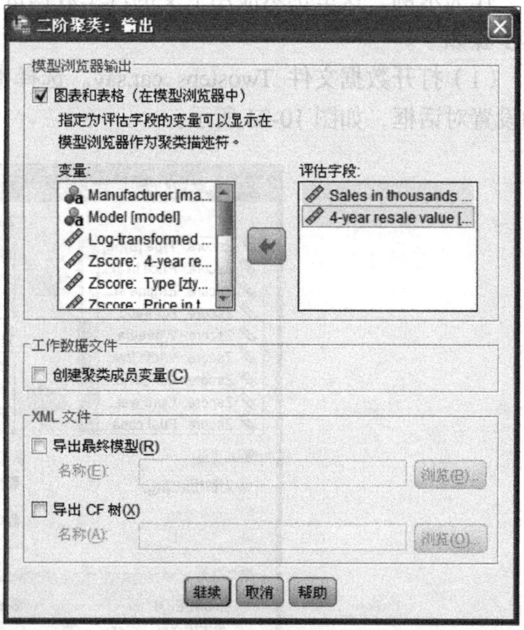

图 10-25　设置输出的内容

- 工作数据文件：这里勾选“创建聚类成员变量”。在数据文件中将生成一个新的变量来标识个体的归属。
- XML 文件：这里可以导出两步法聚类模型。

（6）设置完成之后，单击【继续】按钮，返回图 10-23 所示的对话框，然后单击【确定】按钮，得到图 10-26 所示的结果。

以上过程也可以运行下列语法程序完成。

```
DATASET ACTIVATE 数据集 1.
TWOSTEP CLUSTER
  /CATEGORICAL VARIABLES=type
  /CONTINUOUS VARIABLES=price engine_s horsepow wheelbas width length curb_wgt
fuel_cap mpg
  /DISTANCE LIKELIHOOD
  /NUMCLUSTERS AUTO 15 BIC
  /HANDLENOISE 0
  /MEMALLOCATE 64
  /CRITERIA INITHRESHOLD(0) MXBRANCH(8) MXLEVEL(3)
  /VIEWMODEL DISPLAY=YES EVALUATIONFIELDS=sales resale .
```

从 SPSS17 开始，两步法聚类和非参数估计的输出结果的形式发生了很大的变化。它首先给出最直观的图形化结论，然后通过单击图形，进入模型浏览器，在模型浏览器中通过可视化的工具从各个方面展示模型的结果。

图 10-26 是两步法聚类在结果浏览器中输出的模型摘要，它简明地指出用两步法生成了 3 个类，聚类变量有 10 个，聚类结果比较好。

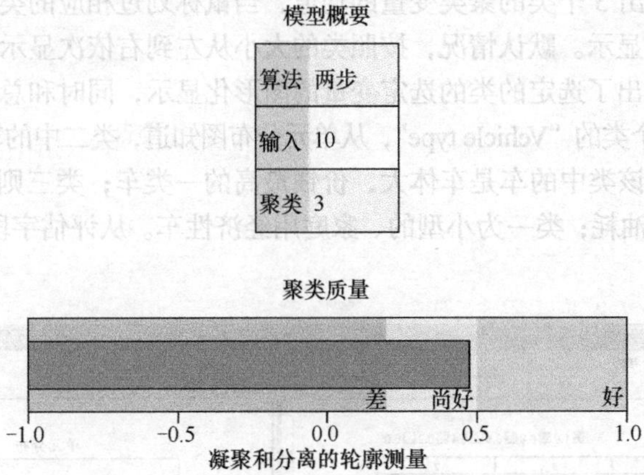

图 10-26 模型摘要

在结果浏览器中双击图 10-26 的任意位置，将激活模型浏览器，得到图 10-27 所示的结果。模型浏览器是一个强大的可视化模型视图。

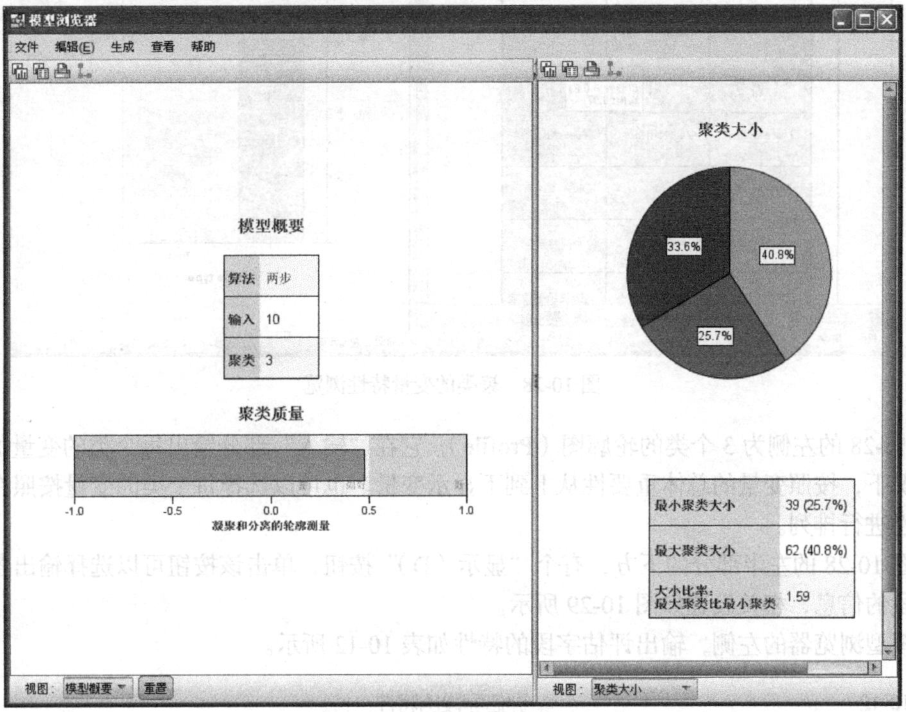

图 10-27 模型浏览器

图 10-27 的右侧给出了 3 个类的占比，最大类有 62 个个案，最小类有 39 个个案，二者的大小比率为 1.59，是比较合适的。模型浏览器的左半部分下方和右半部分下方都有一个下拉列表。

通过选择下拉列表中的项目，模型浏览器将显示相关的内容。通过选择相应的项目，我们得到模型的不同视图，如图 10-28 到图 10-32 所示。

在模型浏览器中，在左半部分先选中某个类的某个变量（这里选择 Vehicle type），然后分别在图 10-28 左边的视图下拉列表中选择“聚类”项；在图 10-28 右边的视图下拉列表中选择“单元分布”项。

图 10-28 的左边给出 3 个类的聚类变量的均值，当鼠标划过相应的类的变量时，该变量的均值、重要性信息将及时显示。默认情况，按照类的大小从左到右依次显示 3 个类。

图 10-28 的右边给出了选定的类的选定变量的图形化显示，同时和总体的情况进行比较。这里，我们选择的是第二个类的“Vehicle type”，从单元分布图知道，类二中的车基本为“Automobile”，“Truck”的个数极少，该类中的车是车体大，价钱最高的一类车；类三则全部是“Truck”，该类价格居中，车体大，高油耗；类一为小型的、家庭用经济性车。从评估字段知，类一的车最便宜，而类二的车最贵。

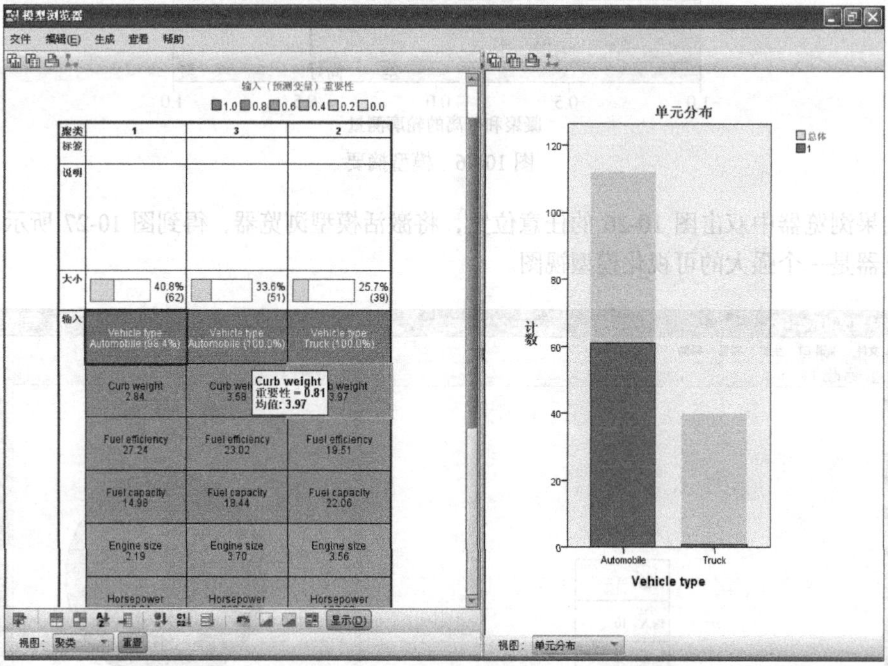

图 10-28　聚类的变量特性浏览

图 10-28 的左侧为 3 个类的轮廓图（Profile），它在“输入”部分给出每个类的变量的均值；默认情况下，按照变量的总体重要性从上到下显示变量。也可以选择每个类的变量按照在该类中的重要性进行排列。

在图 10-28 的左半部分的下方，有个“显示（D）”按钮，单击该按钮可以选择输出各个类的评估字段的信息，相关设置如图 10-29 所示。

在模型浏览器的左侧，输出评估字段的特性如表 10-12 所示。

表 10-12　　评估字段的特性

评估字段	Sales in thousands 49.37	Sales in thousands 82.74	Sales in thousands 35.74
	4-year resale value 12.78	4-year resale value 16.29	4-year resale value 25.07

读者可以在图 10-28 模型浏览器的左侧同时选中两个或者两个以上的类，那么模型浏览器的右侧将给出类比较的结果。这里同时选中 3 个类，截取比较视图的一部分如图 10-30 所示。

图 10-29 显示评估字段

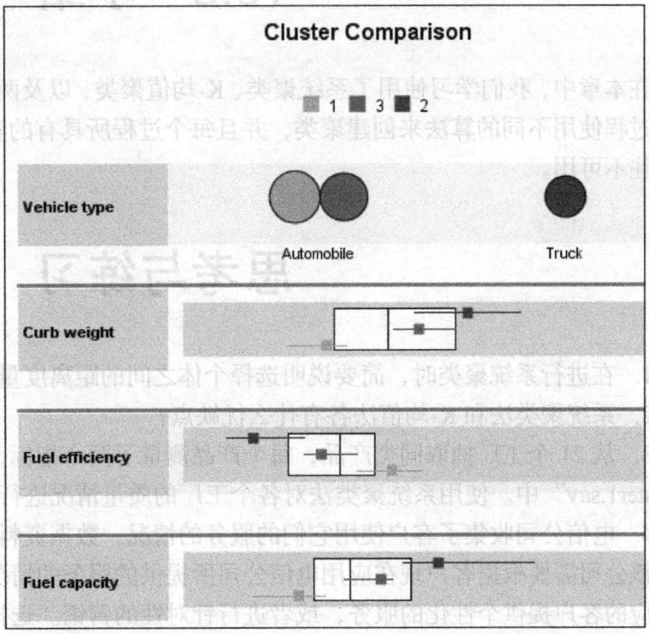

图 10-30 带有评估字段的类变量信息和预测变量重要性的检验

图 10-31 左侧是两步法聚类得到的 3 个类的特性图，右侧给出了聚类变量对聚类的重要性条形图。从中可知，Vehicle type 这个分类变量的重要性为最大，而 Price in thousand 的重要性在分类中是最小的。

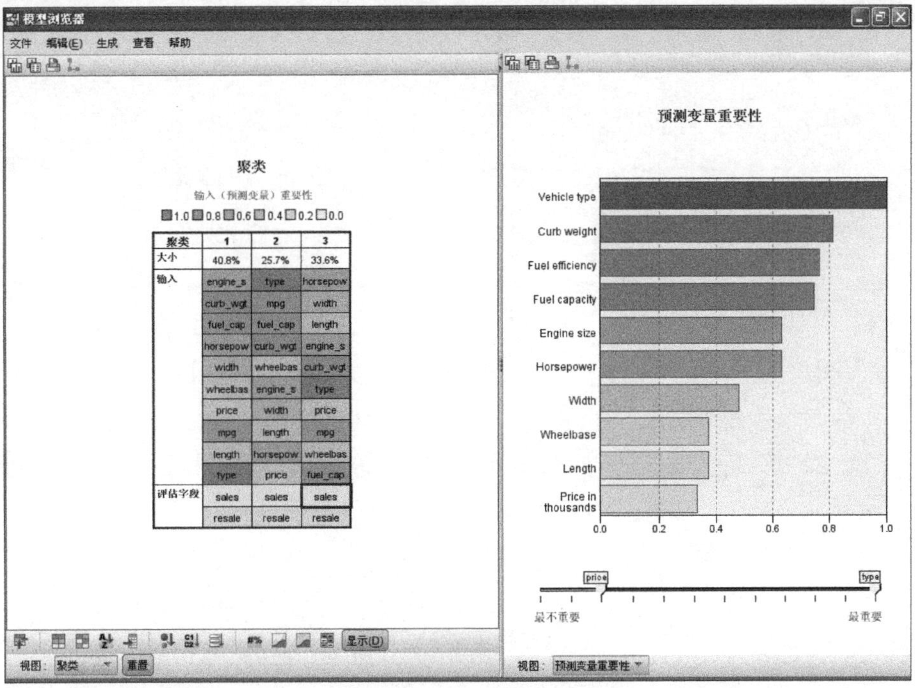

图 10-31 类结构和变量重要性

10.8 小结

在本章中，我们学习使用了系统聚类、K-均值聚类，以及两步聚类分析过程来执行聚类分析。每个过程使用不同的算法来创建聚类，并且每个过程所具有的参数选项和选择方法，在其他过程中往往不可用。

思考与练习

1. 在进行系统聚类时，简要说明选择个体之间的距离度量时，应该遵循什么原则。
2. 系统聚类法和 K-均值法各有什么优缺点？
3. 从 21 个工厂抽取同类产品，每个产品测量了两个指标，测得的数据存储于本章数据文件“Cluster1.sav”中。使用系统聚类法对各个工厂的质量情况进行分类。
4. 电信公司收集了客户使用它们的服务的情况，数据资料存贮在本章数据文件“telek.sav”中。该公司需要根据客户现在应用电信公司所提供的服务的情况对客户进行分类，据此公司可以对相应的客户提供个性化的服务，或者进行针对性的营销。选择合适的聚类分析算法对客户进行聚类，并对得到的类别进行合理的解释。

第11章 主成分分析

【本章学习目标】

- 了解主成分分析的应用领域。
- 了解主成分析的应用条件。
- 掌握如何确定主成分的个数。
- 熟练解释主成分分析的结果：载荷矩阵、共同度、方差贡献率等。
- 掌握应用主成分分析进行数据降维和综合评价的方法。

在对事物进行综合评价实践中，为了尽可能地刻画出被研究对象的真实情况，人们总是尽可能多地选取评价指标。但是过多的评价指标不仅会增加分析和评价的工作量，而且许多评价指标往往相互重叠，反映重合的信息，从而难以客观地反映被评价对象的相对地位。主成分分析和因子分析是解决这种问题的有效方法。它们用尽可能少的、彼此不相关的新指标来代替原来为数较多、彼此相关的指标。它们能够提取原来指标中所蕴含的信息，然后把原来较高维度的有关联的信息进行简化和降维，得到较低维度的综合指标，并且能够尽可能多地保留原来指标所蕴含的信息。SPSS 中把主成分分析和因子分析统称为数据降维方法。这类方法被广泛的应用在经济、金融、市场调查和其他社会科学领域的数据分析和数据挖掘等工作中。

11.1 主成分分析简介

11.1.1 主成分分析的目的与功能

在多变量分析中，分析者所面临的最大难题是解决众多变量之间的关系问题。进行数据降维就是用尽可能少的新指标取代原来较多的变量，并能包含原来变量所包含的大部分信息。这在数据分析中具有广泛应用。常见的应用之一是用于解决多元回归分析中的多重共线性问题。如果多元回归分析的自变量之间有较强的相关关系，那么最小二乘估计的结果会有较大的偏差，导致估计结果不稳定，无法正确解释自变量和因变量之间的关系。应用主成分分析方法，采用原来相关的自变量的线性组合作为主成分，主成分的个数大大少于原来自变量的个数，并且这些主成分之间相互独立，能够包含原来自变量所包含的大部分信息。用主成分来代替原来的自变量，然后进行回归分析，既能克服共线性问题，又达到了变量精简的目的（Principle of Parsimony）。

另外一个常见的应用是在综合评价中。如引言中所述，综合评价中人们总是尽可能多地选取评价指标，而这些评价指标之间往往相互重叠，信息冗余是不可避免的。同时，一起考虑众多指标给出一个评价分数是很困难的。而主成分分析则可以把这众多指标所蕴含的信息压缩到少数几个主成分指标，同时可以给出这几个主成分的权重，从而可以把主成分变量综合到一个评价指标中。

根据上述目的，主成分分析的主要功能包括以下几个方面。

（1）数据降维（Dimension Reduction）。当需要分析的问题有很多变量，并且这些变量之间有相关关系时，用户可以应用主成分分析把数据的维数降低。先应用主成分分析把变量缩减到较少个数，然后基于这些较少个数的主成分变量进行下一步的分析。例如，多重共线性问题的解决方案之一就是用较少个数的主成分变量代替原来个数较多的变量，然后重新进行回归分析。另外，主成分分析的数据降维思想也常常用于聚类分析和多维尺度分析中。

（2）变量筛选（Variables Screening）。在各种调查研究中，一开始常常不知道哪些变量对研究有作用，需要尽可能多地收集相关的指标。这些指标中，有些对研究结果不具有意义或者不具有重要性。用户可以先利用主成分分析进行变量筛选，找出重要的变量，以简化数据分析工作。

11.1.2 主成分分析的数学理论

主成分分析和下一章的因子分析都是从变量间的相关关系出发，将多个变量（或指标）综合成少数几个变量（或指标）的方法。设原来有 p 个变量，记为 $X=(X_1,X_2,\cdots,X_p)'$。主成分分析把它们综合成 q 个变量，这里 $q<p$。设样本容量为 n，$x_i=(x_{i1},\cdots,x_{ip})'$（$i=1,2,\cdots,n$）表示第 i 个记录的取值。

主成分分析的算法步骤如下。

第一步，进行样本数据的标准化，以消除变量的量纲或者不同测量单位的影响。标准化后的样本数据记为 $x_i=(x_{i1},\cdots,x_{ip})'$（$i=1,2,\cdots,n$）。然后求出样本相关系数距阵 $R=(r_{ij})_{p\times p}$，其中 r_{ij} 的计算公式如下。

$$r_{ij}=\frac{1}{n-1}\sum_{k=1}^{n}x_{ki}^{*}x_{kj}^{*}\text{，}(i=1,\cdots,p;\ j=1,\cdots,p) \tag{11-1}$$

得到相关系数距阵为：$R=(r_{ij})$（$p\times p$ 维矩阵）。

第二步，求出相关系数矩阵 R 的所有非零特征根，并依大小顺序排列成 $\lambda_1\geqslant\lambda_2\geqslant\cdots\geqslant\lambda_q$（其余 $p-q$ 个特征根为零）。

第三步，选择主成分个数。这里有 3 种常用的确定主成分个数的方法。

第一种方法是由方差贡献率来确定的。给出累计方差贡献率 α，即给出希望选取的主成分所反映的信息占全部信息的比例，要求输出能够反映全部信息的 $100\alpha\%$的主成分。由累计方差贡献率求出主成分的个数 s（$s<p$）（从而只要利用前 s 个特征根即可），s 由下式确定。

$$s=\frac{\sum_{i=1}^{s}\lambda_i}{\sum_{i=1}^{p}\lambda_i}\geqslant\alpha\ (0<\alpha<1) \tag{11-2}$$

也就是说，前 s 个特征值的和占所有特征值的和的比例不小于给定的方差贡献率 α。

第二种方法是由碎石图确定的。根据碎石图选择合适的主成分的个数。

第三种方法是直接给出主成分的个数。设定特征值满足的条件或者直接给出需要的主成分的个数 s。

第四步，求出相应于前 s 个特征根的特征向量 $c_1,c_2,\cdots,c_s$，并将特征向量进行单位化。

$$a_i=\frac{c_i}{|c_i|}=(a_{i1},a_{i2},\cdots,a_{ip})^T\ (i=1,\cdots,s) \tag{11-3}$$

把这 s 个向量作为列向量，即构成了主成分的载荷矩阵，记为 $\boldsymbol{A}$，如式（11-4）所示。

$$\boldsymbol{A}=[a_1 \vdots a_2 \vdots \cdots \vdots a_s]=\begin{bmatrix} a_{11} & a_{21} & \cdots & a_{s1} \\ a_{12} & a_{22} & \cdots & a_{s2} \\ \vdots & \vdots & & \vdots \\ a_{1p} & a_{2p} & \cdots & a_{sp} \end{bmatrix} \tag{11-4}$$

我们知道，主成分是原始变量的线性组合。这里给出的前 s 个单位化的特征向量就是 p 个原始变量在这些线性组合中的系数。

这里有两个术语，即共同度和方差贡献率。

- 共同度：

前 s 个主成分能够解释的每个原始变量的方差的比例称为共同度（Community）由下式给出

$$h_i=\sum_{k=1}^{s} a_{ki}^2, i=1,2,\cdots,p \tag{11-5}$$

即第 i 个原始变量所蕴含的信息能够被这前 s 个主成分所解释的比例，由载荷矩阵式（11-4）的第 i 行元素的平方和给出，参见表 11-4。

- 方差贡献率。每个主成分所能够解释的所有原始变量的信息（即方差），由主成分载荷矩阵（特征向量矩阵，即式（11-4）相应的列元素的平方和给出，参见表 11-5，其计算公式为

$$PC_i=\sum_{k=1}^{p} a_{ik}^2 (i=1,2,\cdots,s) \tag{11-6}$$

第五步，计算主成分变量的取值（或者主成分得分）。第 j 个观测值的第 i 个主成分取值的计算公式如下。

$$y_{ij}=a_i' x_j=a_{i1}x_{j1}+a_{i2}x_{j2}+\ldots+a_{ip}x_{jp}, \quad i=1,\cdots,s; j=1,2,\cdots,n \tag{11-7}$$

第六步，主成分的解释。有些问题只是把主成分分析作为中间步骤，它们不需要对每个主成分进行解释。而有些问题则需要给出主成分的含义。

具体问题中，根据各个评价指标 X_i（$i=1,\cdots,p$）的具体含义及其在主成分表达式中的系数 a_{ij}（$i=1,\cdots,s$；$j=1,\cdots,p$）绝对值的大小与符号来进行解释。

- 从主成分表达式中的系数 a_{ij}（$i=1,\cdots,s$；$j=1,\cdots,p$）的大小看：如果某一个主成分表达式中某一个变量（指标）的系数明显大于其他变量（指标）的系数，则该主成分表达式主要反映该指标的信息；如果各个变量（指标）的系数相差不太大，要注意这些系数较大的指标是否存在一个共性的影响因素。
- 从主成分表达式中的系数 a_{ij}（$i=1,\cdots,s$；$j=1,\cdots,p$）的符号看：如果某个主成分表达式中某一个变量（或者指标）的系数为正值，则说明该指标与该主成分作用方向相同；反之，若某个指标变量的系数为负值，则该指标在主成分中起逆向作用。

11.2 主成分分析的应用条件

11.2.1 Bartlett 球形检验

主成分分析是用于把众多相关变量缩减为较少的不相关的主成分变量的一种方法。因此，用于主成分分析的原始变量之间必须有相关性，如果变量之间相互独立，则无法用主成分分析法来

进行数据降维。如果每一个变量反映的信息都不相同，各变量之间没有任何冗余信息，则主成分分析是没有用武之地的。那么，如何检验变量之间是否有足够的冗余信息，从而确定可以应用主成分分析进行数据降维呢?

Bartlett 在 1950 年提出了球形检验，用于检验相关系数矩阵是否为单位矩阵。

设相关系数矩阵为 R，Bartlett 球形检验统计量如下。

$$\chi^2\left[\frac{(p^2-p)}{2}\right]=-\left[(n-1)-\frac{(2p+5)}{6}\right]\ln|R| \tag{11-8}$$

这里，$\ln|R|$ 为相关系数矩阵行列式的自然对数；p 为因子分析中原始变量的个数；n 为样本容量，即观测值的个数。

如果相关系数矩阵 R 为单位矩阵，则该统计量近似服从自由度为 $\frac{(p^2-p)}{2}$ 的卡方分布。如果原来的变量之间相互独立，则它们的相关系数矩阵接近于一个单位矩阵，即对角线上的元素为 1，非对角线上的元素为 0。这时，数据的散点图看起来像一个圆球状，这就是球形检验名称的来源。

设相关系数矩阵 R 的特征根为 $\lambda_1,\lambda_2,\cdots,\lambda_p$，则 $|R|=\prod_{i=1}^{p}\lambda_i$。

当相关系数矩阵 R 接近于一个单位矩阵时，则 $|R|$ 接近于 1，因此 $\ln|R|\approx 0$。

如果原始指标之间有相关关系时，相关系数矩阵 R 的某些特征根大于 1，有些特征根接近于 0，因此 $|R|$ 接近于 0，$\ln|R|\approx -\infty$，即 $\ln|R|$ 为一个较大的负数。SPSS 可以输出相关系数矩阵的行列式的值，即 $|R|$ 的值。

Bartlett 球形检验的假设如下。

原假设 H_0: 相关系数矩阵为单位矩阵（即变量互不相关）。

备择假设 H_1: 相关系数矩阵不是单位矩阵（即变量之间有相关关系）。

SPSS 输出结果将提供 Bartlett 球形检验的卡方统计量的值、相应的自由度和显著性值。如果显著性值小于 0.05，则认为主成分分析是适宜的。卡方统计量的值越大，变量之间的相关性越强。

11.2.2 KMO 统计量

KMO（Kaiser-Meyer-Olkin）统计量比较样本相关系数和样本偏相关系数，用于检验样本是否适于作主成分分析，KMO 统计量的定义如下。

$$\text{KMO}_j=\frac{\sum_{i\neq j}r_{ij}^2}{\sum_{i\neq j}r_{ij}^2+\sum_{i\neq j}a_{ij}^{2*}} \tag{11-9}$$

$$\text{KMO}=\frac{\sum\sum_{i\neq j}r_{ij}^2}{\sum\sum_{i\neq j}r_{ij}^2+\sum\sum_{i\neq j}a_{ij}^{2*}} \tag{11-10}$$

KMO_j 为第 j 个原始变量的 KMO 值（MSA：衡量样本适宜性值）；KMO 为全部变量的 KMO 值；其中，式（11-9）和式（11-10）中的 a_{ij}^* 为逆影像系数矩阵的元素。

KMO 统计量的取值范围为 0～1，该值越大，则样本数据越适于作主成分分析和因子分析。一般要求该值大于 0.5 才可以应用主成分分析或者相关分析。Kaiser（1974 年）给出的经验原则如下。

KMO 统计量	适合性
0.90 以上	很好的（marvelous）
0.80～0.90	良好的（meritorious）
0.70～0.80	中度的（middling）
0.60～0.70	一般的（mediocre）
0.50～0.60	不好的（miserable）
0.50 以下	不能接受的（unacceptable）

11.2.3 基于相关系数矩阵还是协方差矩阵

SPSS 提供了基于相关系数矩阵和协方差矩阵两种进行主成分分析的方法。我们应该选择哪一种呢？

在统计中，变量间的相关情况由相关系数矩阵或者协方差矩阵来衡量。但是，协方差矩阵会受到变量取值的大小和变量量纲的影响。当变量取值范围变化很大或者量纲变化时，协方差矩阵变化很大。例如，如果考虑两个变量，即公司营业收入（单位为元）和员工人数，则营业收入的极差可能为百万，而员工人数的极差一般小于一万。此时，公司营业收入对这两个变量的线性组合的方差将有更大影响。此时，需要先进行变量标准化，或者应用相关系数矩阵考察二者的相关关系。

一般情况下，主成分分析都是基于相关系数矩阵的。极少数情况下，需要应用协方差矩阵进行主成分分析。在进行市场调查时，一般所有的问题都是设计成 1～5 级里克特尺度（例如，从“十分不同意”到“十分同意”）。有时候被调查者没有理解回答的问题，或者调查的人群十分相似，或者设计的问题本身有问题，这时候收回的调查问卷中有的问题给出的信息就没有其他问题给出的信息有用。例如，有个问题的答案大部分是“不知道”，那么对这个问题的回答就没有提供任何有用的信息，在后续分析中就可以考虑采用非标准化的数据，且将被赋予较小的权重。这种情况下，进行主成分分析时就可以基于协方差矩阵。

注意

主成分分析主要是最大化每个主成分的方差，因此如果数据有离群值，主成分的效果将不可靠。因此，在分析之前，数据清理是必要的。另外，如果样本数据足够大，用户可以把数据划分为训练集和验证集。在训练集和验证集上分别应用同一主成分分析模型，然后比较两种方法得到的结果是否差距较大。如果差距较大，则主成分分析的结果不稳定。

11.3 主成分分析案例

SPSS 软件并没有直接给出求解主成分的菜单，只给出因子分析的菜单。因子分析的“主成分法”得到的因子载荷中的数据和相应的主成分的系数相差的仅仅是一个常数。这个常数就是相应主成分的特征值的平方根。因此，用户可以利用因子分析的“主成分法”得到因子载荷矩阵，然后除以相应的特征值的平方根就可以得到主成分的相应系数。具体数学理论参见 12.2.2 节中的式（12-6）。

11.3.1 综合评价案例

某公司有 20 个工厂，现在要对每个工厂作经济效益分析。从所取得的生产成果同所消耗的人力、物力、财力的比率等指标中，选取 5 个指标（变量）进行分析。这 5 个指标分别如下。

*x*1：固定资产的产值率。

$x2$：净产值的劳动生产率。

$x3$：百元产值的流动资金占用率。

$x4$：百元产值的利润率。

$x5$：百元资金的利润率。

现在对这 20 个工厂同时按照这 5 项指标收集数据，然后找出一个综合指标对它们的经济效益进行排序。

该案例的数据本章数据文件“PCA20.sav”中，在进行下面操作之前，先打开该数据文件。

1. 计算原始变量间的相关系数

（1）我们选择【分析】→【相关】→【双变量】，弹出“双变量相关”对话框，如图 11-1 所示。

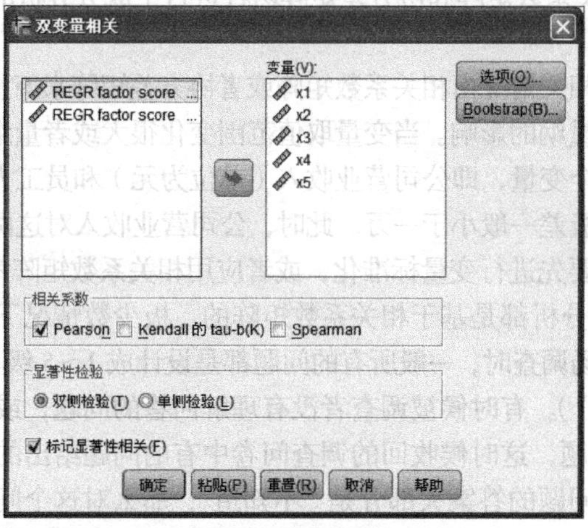

图 11-1　计算原始变量间的相关系数矩阵

（2）把左边框中的变量 $x1$～$x5$ 选入右侧的“变量（V）”框中，然后单击【确定】按钮，计算出这 5 个指标之间的相关关系，如表 11-1 所示。从表 11-1 可知，变量 $x1$ 和变量 $x2$、$x3$、$x5$ 有显著的线性相关关系，$x5$ 和 $x2$、$x4$ 有显著的线性相关关系。因此，下一步试着应用主成分分析进行数据降维，把 5 个指标缩减为较少的、互不相关的指标，或者直接缩减为一个综合指标。

表 11-1　　5 个指标间的相关性

		x1	*x2*	*x3*	*x4*	*x5*
x1	Pearson 相关性	1	.562**	-.754**	-.347	.559*
	显著性（双侧）		.010	.000	.133	.010
	N	20	20	20	20	20
x2	Pearson 相关性	.562**	1	-.416	.012	.471*
	显著性（双侧）	.010		.068	.960	.036
	N	20	20	20	20	20
x3	Pearson 相关性	-.754**	-.416	1	.367	-.417
	显著性（双侧）	.000	.068		.112	0.67
	N	20	20	20	20	20
x4	Pearson 相关性	-.347	.012	.367	1	.500*
	显著性（双侧）	.133	.960	112		.025
	N	20	20	20	20	20
x5	Pearson 相关性	.559*	.471*	-.417	.500*	1
	显著性（双侧）	.010	.036	.067	.025	
	N	20	20	20	20	20

**. 在.01 水平（双侧）上显著相关。*. 在 0.05 水平（双侧）上显著相关。

2. **应用因子分析的主成分法计算主成分**

下面应用主成分分析法，要求主成分能够反映出全部信息的 85% 就可以了。这里样本容量为 n=20，变量个数为 5，要求方差贡献率为 85%。

（1）选择【分析】→【降维】→【因子分析】，弹出“因子分析”对话框，如图 11-2 所示，把变量 $x1$～$x5$ 都选到“变量（V）”框中。

（2）单击【描述】按钮，在弹出的“因子分析：描述统计”对话框中进行图 11-3 所示的设置。

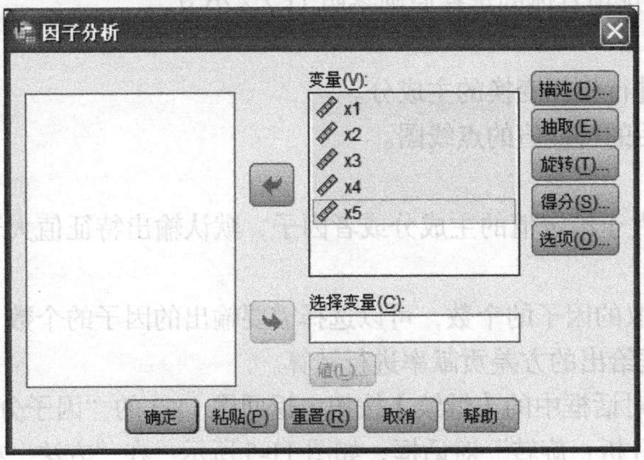

图 11-2 “因子分析”对话框

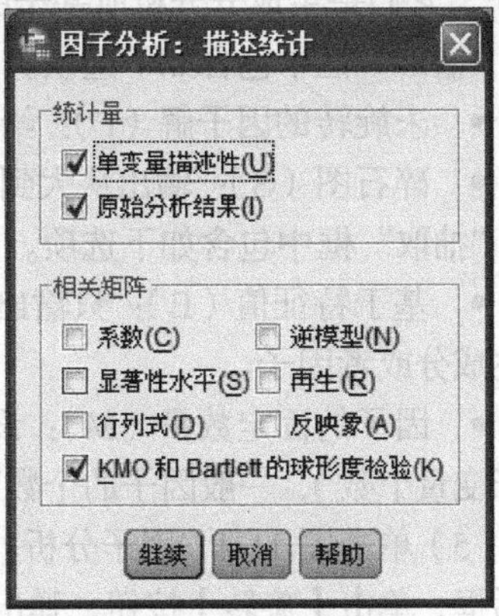

图 11-3 设置描述统计

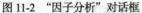

在图 11-3 中，“统计量”给出了需要输出的描述性统计量的设置选项。

- 单变量描述性（U）：输出原始变量的均值、标准差、有效数据个数（即有效记录个数）。
- 原始分析结果（I）：输出主成分分析得到的所有主成分。如果没有选中该选项，只输出符合在“抽取（E）”选项中所设置条件的主成分（初始特征值大于给定的某个数值，或者用户指定抽取给定个数的主成分。默认情况下，显示特征值大于 1 的主成分的相关信息）。

“相关矩阵”框中给出原始变量的相关系数矩阵和相关系数矩阵相关的统计量。

- 系数（C）：给出相关系数矩阵。
- 逆模型（N）：给出相关系数矩阵的逆矩阵。
- 显著性水平（S）：相关系数矩阵中的元素是否等于 0 的单尾显著性检验（“相关”菜单中的“双变量”子菜单给出的相关系数的显著性检验默认是双尾的）
- 再生（R）：根据生成的主成分或者因子计算出的相关系数矩阵，一般再生矩阵和原来变量的相关系数矩阵愈接近，方差分析的效果越好。
- 行列式（D）：相关系数矩阵的行列式值，该值在 Bartlett 球形检验中用到，该值越大，方差分析的效果越好。
- 反映象（A）：给出原来变量的相关系数矩阵和协方差矩阵的反映象矩阵，当相关系数反映像矩阵对角线上的元素（即 KMO_j 大于 0.5 时，原始数据适于做因子分析或者主成分分析。
- KMO 和 Bartlett 球形度检验（K）：KMO 用来度量原始变量间的偏相关系数和相关系数相比是否比较小，是 Kaiser-Meyer-Olkin 的首字母的缩写。参见 11.2.1 小节。

注意

SPSS 中文版中的术语的翻译存在诸多的问题。一个问题是术语翻译不规范，另外一种情况是翻译中有错别字，还有一种情况是用语不一致，例如，有的地方用变量“分割”，有的地方用“分隔”；因子分析对话框和输出的结果中存在同样的问题，大部分输出用“成份”，有的地方用“成分”。读者特别注意，为了中文的习惯，本文编者统一用“成分”，SPSS 输出结果中的内容保留不变。

（3）单击图 11-3“因子分析：描述统计”对话框中的【继续】按钮，回到“因子分析”对话框，如图 11-2 所示，单击【抽取】按钮，弹出“因子分析：抽取”对话框，如图 11-4 所示。

（4）在“方法（M）”下拉列表中设置因子抽取的方法。这里我们进行的是主成分分析，因此，采取默认的“主成分”方法。其他抽取方法将在第 12 章因子分析中解释。另外，该对话框中的其他部分分别设置抽取方法的具体设置，图 11-4 中各个选项的解释如下。

“分析”框中有两个选项，分别为“相关性矩阵（R）”（即相关系数矩阵）或者“协方差矩阵（V）”，它们是主成分分析所基于的矩阵的选项具体的选择原则参照 11.2.2 小节。

“输出”框中包含如下选项。

- 未旋转的因子解（F）：给出没有进行坐标变换的主成分。
- 碎石图（S）：输出从大到小排序后的特征值的点线图。

“抽取”框中包含如下选项。

- 基于特征值（E）：只输出特征值大于给定值的主成分或者因子，默认输出特征值大于 1 的主成分或者因子。
- 因子的固定数量（M）：设定要提取的因子的个数，可以选择需要输出的因子的个数（不大于变量个数），一般因子的个数可以根据给出的方差贡献率进行计算。

（5）单击图 11-4“因子分析：抽取”对话框中的【继续】按钮，返回图 11-2 的“因子分析”对话框，单击【旋转】按钮，弹出“因子分析：旋转”对话框，如图 11-5 所示，在“方法”框中勾选“无”，即不进行因子旋转。在“输出”框勾选“载荷图（L）”。

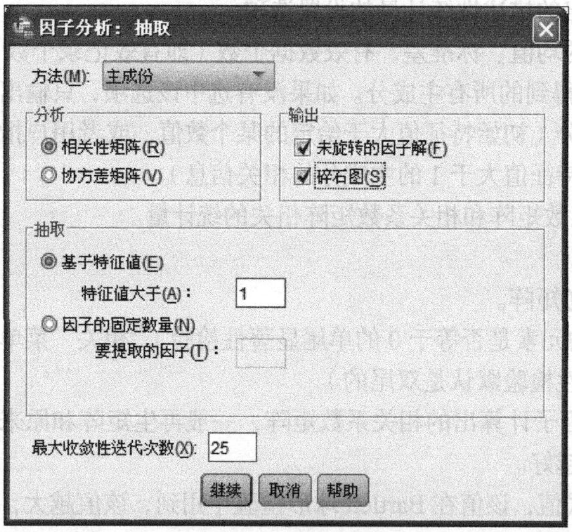

图 11-4　因子抽取方法的设置

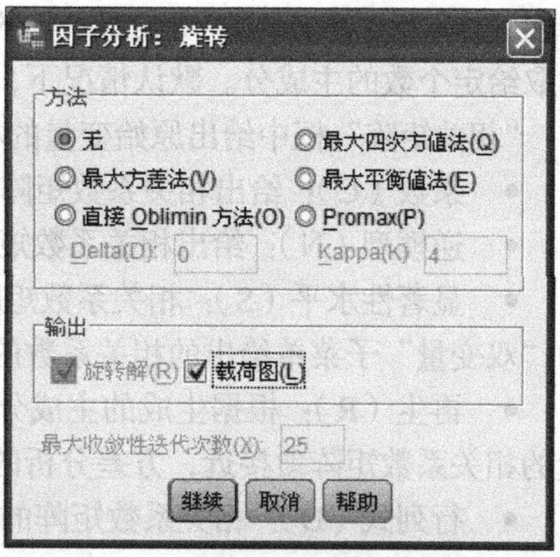

图 11-5　设置因子旋转

因子分析默认是不进行因子旋转。有时候需要对生成的因子意义给出解释，但是没有经过坐标变换（或者坐标系旋转）的因子通常会很难给出实际的解释。因此，经过坐标系旋转之后，可能更容易给出因子意义的解释。

因子坐标系旋转的方法有两类，分别为正交旋转和非正交旋转。正交旋转能够保持因子之间的线性无关性，而非正交旋转则不能。因此，除非特别有经验的用户，不赞成采取非正交旋转。

- 正交旋转的方法有：最大四次方值法、最大方差法、最大平衡法。
- 非正交旋转的方法有：直接 Oblimin 方法和 Promax 方法。

注意　主成分分析得到的主成分不一定要给出有意义的解释，不需要进行因子旋转。但是，因子分析一般需要给出因子有意义的解释。如果直接得到的因子载荷没有实际解释意义，则必须进行因子旋转。

（6）单击“因子分析：旋转”对话框中的【继续】按钮，返回图 11-2 的“因子分析”对话框，然后单击【得分（S）】按钮，弹出“因子分析：因子得分”对话框，如图 11-6 所示。尽管这里我们用不到因子得分，但我们还是设置保存因子得分，用于和主成分得分进行比较。在数据编辑器中，除原始变量以外，将增加两个新变量，分别命名为“FAC_11”和“FAC_21”，表示第一次运行因子分析得到的第一个因子得分和第二个因子得分。

图 11-6　设置因子得分

如果把主成分分析或者因子分析得到的主成分或者因子作为进一步分析的中间变量，则需要把每个记录的主成分值或者因子的取值保存下来，这些值被称为因子得分。计算因子得分的方法有 3 种，这里我们选取默认的回归（R）方法。

（7）设置完毕之后，单击【继续】按钮，返回“因子分析”对话框，单击【确定】按钮。SPSS 将输出因子分析的结果，如表 11-2～表 11-9 所示。

以上过程也可以通过执行下面的语法程序完成。

```
FACTOR
  /VARIABLES x1 x2 x3 x4 x5
  /MISSING LISTWISE
  /ANALYSIS x1 x2 x3 x4 x5
  /PRINT UNIVARIATE INITIAL KMO EXTRACTION FSCORE
  /PLOT EIGEN ROTATION
  /CRITERIA MINEIGEN(1) ITERATE(25)
  /EXTRACTION PC
  /ROTATION NOROTATE
  /SAVE REG(ALL)
  /METHOD=CORRELATION.
```

3. 因子分析输出结果的解释和主成分的计算

切换到 SPSS 结果查看器，因子分析输出的结果如表 11-2～表 11-9 和图 11-7 所示。下面逐一对这些结果进行解释。

（1）主成分适用条件的检验。具体输出结果如表 11-2 和表 11-3 所示。

表 11-2　　描述统计量

	均值	标准差	分析 N
*x*1	385.700 000	139.539 571 9	20
*x*2	11 525.810 500	4 990.376 811 6	20
*x*3	6.017 000	3.384 061 9	20
*x*4	19.976 500	7.193 920 1	20
*x*5	104.829 500	53.452 487 7	20

在描述统计量表中，输出原始变量的均值、标准差和有效记录个数。如表 11-2 所示，5 个指标的量纲不同，*x*2 的均值和标准差最大，而 *x*3 的均值和标准差最小。这 5 个变量之间的尺度存在巨大的差异，所以，选择基于相关系数的主成分分析是合理的。

表 11-3　　KMO 和 Bartlett 检验

取样足够度的 Kaiser-Meyer-Olkin 度量		.494
Bartlett 的球形度检验	近似卡方	58.271
	Df	10
	Sig.	.000

KMO 和 Bartlett 检验用于检验主成分分析（或者因子分析）是否适用。如表 11-3 所示，KMO 统计量的取值小于 0.5，但十分接近 0.5。主成分分析的结果是否适用，需要进一步检查。而 Bartlett 球形检验的卡方值为 58.271，大于卡方的临界值 18.3（$\chi^2_{0.95}(10)=18.3$），显著性值小于 0.05。因此，数据适于进行主成分分析。综合 KMO 和 Bartlett 检验的结果，表明可以对数据进行主成分分析。但是，我们对于主成分分析的结果需要仔细检验。

（2）共同度、方差贡献率和因子载荷矩阵。表 11-4 的公因子方差表给出了各个原始变量的方差被选定的两个主成分所解释的百分比（从下面的表 11-5 可知，这里我们选取了两个主成分）。

表 11-4　　公因子方差

	初始	提取
*x*1	1.000	.889
*x*2	1.000	.575
*x*3	1.000	.790
*x*4	1.000	.967
*x*5	1.000	.913

提取方法：主成分分析。

表 11-4 的第 2 列“初始”的值全部为 1。这里应用主成分方法，而主成分法一开始抽取和原始变量相同个数的因子，所有这些因子能够反映全部原始变量的信息。因此，“初始”列为 1，即 100%。而当我们选取了两个因子（主成分）后，原始变量的信息应该小于 1。从表 11-4 的第 3 列“提取”可知，除 *x*2 以外，其他 4 个变量的方差能够被主成分解释 79%或者以上。

注意　这里每个变量的公因子方差又称为共同度[参见式（11-5）]。

表 11-5 给出每个主成分能够解释的原始变量所蕴含信息的比例[计算方法参见式（11-6）]。

表 11-5　　解释的总方差

成分	初始特征值			提取平方和载入		
	合计	方差的 %	累积 %	合计	方差的 %	累积 %
1	2.618	52.360	52.360	2.618	52.360	52.360
2	1.518	30.353	82.713	1.518	30.353	82.713
3	.564	11.287	93.999			
4	.247	4.945	98.945			
5	.053	1.055	100.000			

提取方法：主成分分析。

表 11-5 给出了各个主成分所能解释原始变量的方差的比率，或者说他们所解释的原始数据所蕴含的信息的比例。如表 11-5 所示，第 1 个主成分的特征值为 2.618，它能够解释 52.36%的原始变量的变差，而第 2 个主成分能够解释 30.353%的原始变量的变差，前两个主成分合计可以解释的信息比例在第 4 列"累计%"给出，即合计可以解释 82.7%的原始变量的信息。

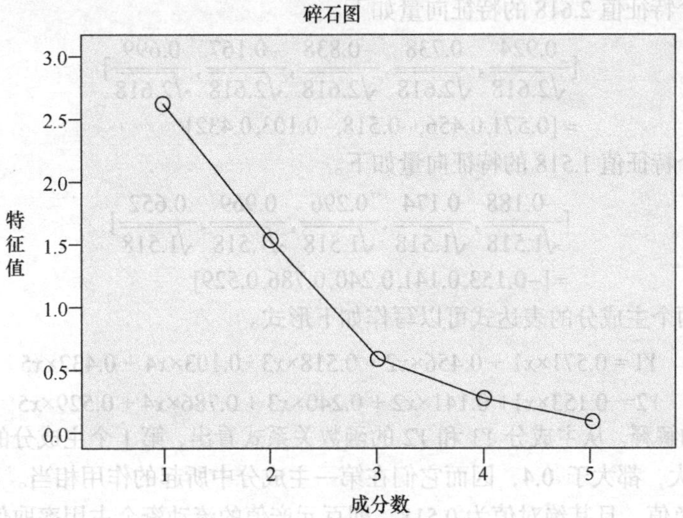

图 11-7　特征值的碎石图

如图 11-7 所示，特征值的碎石图给出了相关系数矩阵的特征值按照从大到小排列后在坐标轴上的点线图。从该图可知，第 1 个和第 2 个主成分对应的特征值较大，而第 3 个特征值或者以后的特征值较小，碎石图曲线从第 1 个特征值到第 3 个特征值比较陡峭，从第 3 个特征值开始曲线比较平缓。因此，这里只取前两个主成分。

表 11-6　　成分矩阵 a（或称因子载荷矩阵）

	成分	
	1	2
*x*1	.924	−.188
*x*2	.738	.174
*x*3	−.838	.296
*x*4	−.167	.969
*x*5	.699	.652

提取方法：主成分。

a：已提取了两个成分。

表 11-6 给出了提取出的两个因子的坐标，SPSS 称为成分矩阵，与回归分析中的系数载荷类似，所以有时也被称为因子载荷。

（3）主成分系数矩阵的计算。表 11-6 给出的是因子分析的前两个因子的载荷矩阵，利用成分矩阵和特征值之间的关系，两个主成分的相应的特征向量可以通过成分矩阵和相应的特征值求得。

注意

（1）严格地讲，这里的成分矩阵不能够直接作为主成分的系数矩阵。成分矩阵的每一列要除以相应主成分的特征值的平方根才能作为相应主成分的系数。

（2）表 11-4 和表 11-5 都可以根据式（11-4）和式（11-5）由表 11-6 中的信息计算出来。

从式（11-4）知，第 1 个和第 2 个原始变量的共同度如下。

$$h_1 = 0.924^2 + 0.188^2 = 0.88912$$

$$h_2 = 0.738^2 + 0.174^2 = 0.57492$$

SPSS 在表 11-4 中给出了每个原始变量的共同度。

相应于第 1 个特征值 2.618 的特征向量如下。

$$[\frac{0.924}{\sqrt{2.618}},\frac{0.738}{\sqrt{2.618}},\frac{-0.838}{\sqrt{2.618}},\frac{-0.167}{\sqrt{2.618}},\frac{0.699}{\sqrt{2.618}}]$$
$$=[0.571,0.456,-0.518,-0.103,0.432]$$

相应于第 2 个特征值 1.518 的特征向量如下。

$$[\frac{-0.188}{\sqrt{1.518}},\frac{0.174}{\sqrt{1.518}},\frac{0.296}{\sqrt{1.518}},\frac{0.969}{\sqrt{1.518}},\frac{0.652}{\sqrt{1.518}}]$$
$$=[-0.153,0.141,0.240,0.786,0.529]$$

因此，上述两个主成分的表达式可以写作如下形式。

$$Y1 = 0.571\times x1 + 0.456\times x2 - 0.518\times x3 - 0.103\times x4 + 0.432\times x5$$

$$Y2 = -0.153\times x1 + 0.141\times x2 + 0.240\times x3 + 0.786\times x4 + 0.529\times x5$$

（4）主成分的解释。从主成分 *Y1* 和 *Y2* 的函数关系式看出，第 1 个主成分的线性组合中，*x1*、*x2*、*x5* 的系数较大，都大于 0.4，因而它们在第一主成分中所起的作用相当。而第三个变量（指标）*x3* 的系数为负值，且其绝对值为 0.518，即百元产值的流动资金占用率取值越大，主成分 *Y1* 取值越小。从而知道它对第一个主成分表达式起明显的减值作用。*x3* 取值越大，*Y1* 的值就越小。*x3* 是反映经营能力的变量，因此，*Y1* 在综合反映了其他变量反映的信息的基础上，突出地反映了经营能力的大小。

在 *Y2* 中，*x4* 的系数最大（百元产值的利润率）最大，*x4* 的取值越大，*Y2* 的取值也就越大。因此，*Y2* 突出地反映了工厂的盈利水平的大小。

（5）主成分得分。SPSS 没有给出个案的主成分的得分，下面我们计算出每个个案的主成分得分。

① 选择【转换】→【计算变量】，弹出【计算变量】对话框，如图 11-8 所示。在“目标变量（T）”框输入“Y1”，“数字表达式（E）”部分输入“Y1”的表达式。类似地，重复以上过程，计算出每个个案的第 2 个主成分 Y2 的得分。

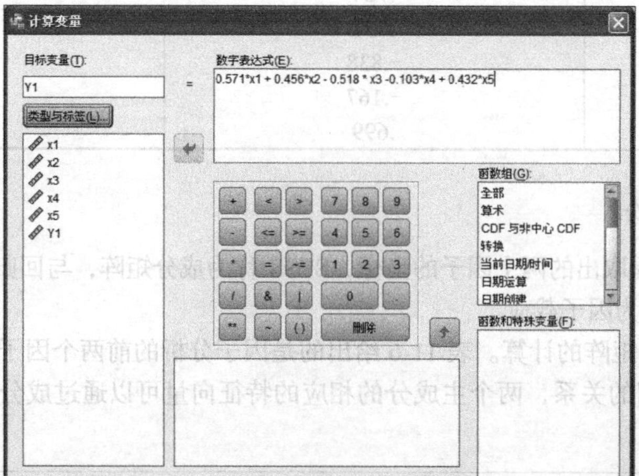

图 11-8　计算主成分得分

② 按照第一个主成分的得分对这 20 个工厂进行排序，数据编辑器中排序后的数据如图 11-9 所示。从对 Y1 排序后的数据可知，第 11 个工厂的经营能力最高，而第 1 个工厂的经营能力最差。

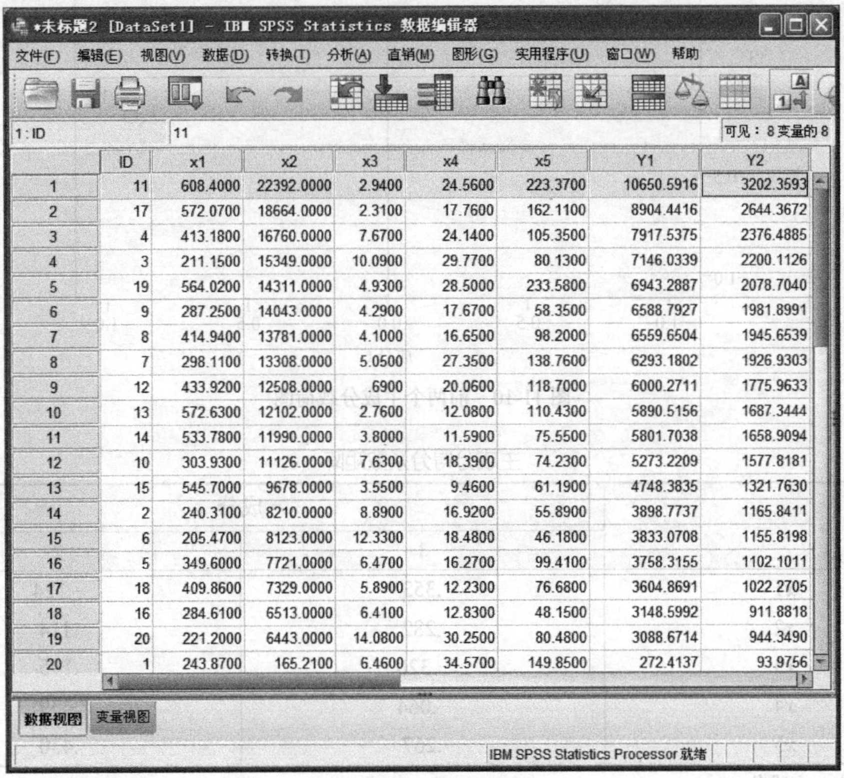

	ID	x1	x2	x3	x4	x5	Y1	Y2
1	11	608.4000	22392.0000	2.9400	24.5600	223.3700	10650.5916	3202.3593
2	17	572.0700	18664.0000	2.3100	17.7600	162.1100	8904.4416	2644.3672
3	4	413.1800	16760.0000	7.6700	24.1400	105.3500	7917.5375	2376.4885
4	3	211.1500	15349.0000	10.0900	29.7700	80.1300	7146.0339	2200.1126
5	19	564.0200	14311.0000	4.9300	28.5000	233.5800	6943.2887	2078.7040
6	9	287.2500	14043.0000	4.2900	17.6700	58.3500	6588.7927	1981.8991
7	8	414.9400	13781.0000	4.1000	16.6500	98.2000	6559.6504	1945.6539
8	7	298.1100	13308.0000	5.0500	27.3500	138.7600	6293.1802	1926.9303
9	12	433.9200	12508.0000	.6900	20.0600	118.7000	6000.2711	1775.9633
10	13	572.6300	12102.0000	2.7600	12.0800	110.4300	5890.5156	1687.3444
11	14	533.7800	11990.0000	3.8000	11.5900	75.5500	5801.7038	1658.9094
12	10	303.9300	11126.0000	7.6300	18.3900	74.2300	5273.2209	1577.8181
13	15	545.7000	9678.0000	3.5500	9.4600	61.1900	4748.3835	1321.7630
14	2	240.3100	8210.0000	8.8900	16.9200	55.8900	3898.7737	1165.8411
15	6	205.4700	8123.0000	12.3300	18.4800	46.1800	3833.0708	1155.8198
16	5	349.6000	7721.0000	6.4700	16.2700	99.4100	3758.3155	1102.1011
17	18	409.8600	7329.0000	5.8900	12.2300	76.6800	3604.8691	1022.2705
18	16	284.6100	6513.0000	6.4100	12.8300	48.1500	3148.5992	911.8818
19	20	221.2000	6443.0000	14.0800	30.2500	80.4800	3088.6714	944.3490
20	1	243.8700	165.2100	6.4600	34.5700	149.8500	272.4137	93.9756

图 11-9　排序后的数据

以上操作过程也可以通过下列语法命令完成。

```
GET
  FILE='D:\SPSSIntro\data\pca20.sav'.
DATASET NAME DataSet1 WINDOW=FRONT.
SET DIGITGROUPING=No Small=0.0001 Unicode=Yes OLang=SChinese.
COMPUTE Y1=0.571*x1 + 0.456*x2 - 0.518 * x3 -0.103*x4 + 0.432*x5.
EXECUTE.
COMPUTE Y2=-0.153*x1+ 0.141*x2 + 0.240*x3 + 0.786 *x4 + 0.529*x5.
EXECUTE.
SORT CASES BY Y1(D).
```

注意　也可以考虑选择对因子进行旋转，基于旋转后的成分矩阵（或称为因子载荷矩阵）进行对主成分的解释。表 11-7 是进行因子旋转后的成分矩阵（或称因子载荷矩阵）。

（6）因子载荷图和因子得分矩阵。SPSS 输出的成分图，是所选定的前两个因子的散点图。在本例中，只选取了 2 个因子，所以这里是前 2 个因子的散点图，如图 11-10 所示。

表 11-7 是进行因子分析时计算因子得分的系数矩阵，主成分分析时一般用不到该矩阵，将在第 12 章将详细介绍。

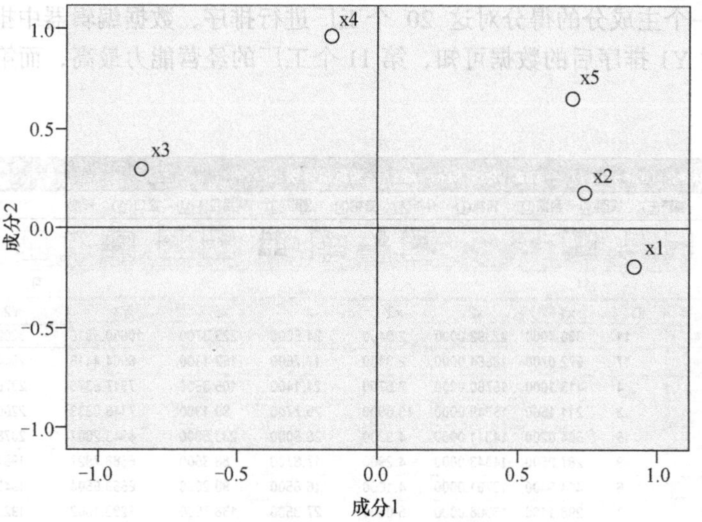

图 11-10　前两个主成分载荷图

表 11-7　主成分得分系数矩阵

	成分	
	1	2
*x*1	.353	−.124
*x*2	.282	.114
*x*3	−.320	.195
*x*4	−.064	.639
*x*5	.267	.430

提取方法：主成分。

构成得分。

表 11-8 给出的是进行因子分析得到的两个因子的因子得分之间的协方差矩阵。由于两个因子得分互不相关并且经过标准化，所以协方差矩阵为单位矩阵。

表 11-8　成分得分协方差矩阵

成分	1	2
1	1.000	.000
2	.000	1.000

提取方法：主成分。

构成得分。

4．主成分分析结果的应用

现在用第一主成分 *Y*1 来评价每个工厂的经营能力的大小。按照第一主成分 *Y*1 进行排序，从而得到各个工厂的数值化经营能力的排序。经过比较得知，第 11 个工厂的经营能力最高，而第 6 个工厂的经营能力最差。

我们也可以计算这 20 个工厂的综合得分，综合得分是根据各个主成分的贡献率进行加权求和。这里有两个主成分 *y*1 和 *y*2，它们对应的方差贡献率即特征值分别为 2.618、1.518，因此综合得分如下。

$$y=\frac{2.618}{2.618+1.518}y_1+\frac{1.518}{2.618+1.518}y_2$$

通过选择【转换】→【计算变量】，然后在【计算变量】对话框中输入上述表达式即可计算综合得分。读者自己可参照图 11-8 中的计算，自己完成综合得分的计算。

注意

主成分得分可以用作下一步的其他分析过程中，如用主成分进行回归，或者用主成分进行聚类分析等。这里，我们利用生成的主成分得分进行综合评价。

11.3.2　主成分分析用于探索变量间结构关系

打开本章数据文件“Stock.sav”。该文件记录了纽约股票交易所 2004 年 1 月～2005 年 12 月 5 种股票的周收益率。这 5 种股票分别为 JP 摩根、花旗银行、富国银行、壳牌和埃克森美孚 5 家公司的股票。观测数据为连续的 103 周的股票周收益率。这里周收益率的计算公式为调整了股票配股和分红后的收盘价的差价比率。

周收益率=（当前周收盘价-前一周收盘价）/前一周收盘价

我们想了解在收益率上这 5 家公司是否有某种关联。我们把这 5 家公司的收益率分别作为 5 个变量，然后用主成分分析法来探索它们之间的关系。

SPSS 中的具体操作请参照 11.3.1 中的选项设置，我们仅仅给出输出结果和相应的解释。表 11-9～表 11-13 是输出的部分结果，下面分别解释。

从表 11-9 可知，Bartlett 检验的卡方值较大，显著性值小于 0.01，并且 KMO 值大于 0.6，因此适于进行主成分分析。

表 11-9　　主成分适应性检验

取样足够度的 Kaiser-Meyer-Olkin 度量		.624
Bartlett 的球形度检验	近似卡方	173.310
	Df	10
	Sig.	.000

从表 11-10 可知，每个变量的共同度都大于 0.667，提取信息比较充分。因此，选取两个主成分是可以的。

表 11-10　　公因子方差

	初始	提取
JpMorgan	1.000	.727
Citibank	1.000	.770
WellsFargo	1.000	.667
RoyalDutchShell	1.000	.847
ExxonMobil	1.000	.834

提取方法：主成分分析。

从表 11-11 可知，第一个主成分能够解释 48.745%的方差，将近携带 50%的信息。前两主成分累计能解释 77%的方差。这里抽取两个主成分是合适的。

表 11-11　　解释的总方差

成分	初始特征值			提取平方和载入		
	合计	方差的 %	累积 %	合计	方差的 %	累积 %
1	2.437	48.745	48.745	2.437	48.745	48.745
2	1.407	28.140	76.886	1.407	28.140	76.886
3	.501	10.010	86.896			
4	.400	8.001	94.897			
5	.255	5.103	100.000			

提取方法：主成分分析。

从表 11-12 的因子载荷矩阵，我们计算出表 11-13 所示的主成分载荷矩阵。

表 11-12　　因子载荷矩阵 a

	成分	
	1	2
JpMorgan	.732	-.437
Citibank	.831	-.280
WellsFargo	.726	-.374
RoyalDutchShell	.605	.694
ExxonMobil	.563	.719

提取方法：主成分。

a. 已提取了两个成分。

表 11-13　　主成分载荷矩阵

主成分 1	主成分 2
0.469 1	−0.368
0.532 4	−0.236 5
0.465 2	−0.315 2
0.387 4	0.585
0.360 7	0.605 8

因此，前两个主成分的表达式如下。

$$Y1=0.469\,1\times x1+0.532\,4\times x2+0.465\,2\times x3+0.387\,4\times x4+0.360\,7\times x5$$

$$Y2=-0.368\times x1-0.236\,5\times x2-0.315\,2\times x3+0.585\times x4+0.605\,8\times x5$$

从第 1 个主成分 $Y1$ 的系数可以看出，每个原始变量的载荷相差不是太大，并且都是正值，第 1 个主成分实际上是原始变量的近似简单算术平均值。我们可以认为第一个主成分是这 5 只股票的一个“指数”，可以称为“市场因子”。第 2 个主成分的前 3 个原始变量的载荷为负值，它们的绝对值都相差不是太大；后两个为正值，且绝对值也相差不是太大。由于前 3 个变量是银行，而后 2 个为石油公司，因此第二个主成分反映了这两个行业的差异，可以称为“行业因子”。

11.4　小结

本章给出了主成分分析的理论基础和算法步骤，其目的不是要求读者掌握其中的数学理论，主要为了帮助读者真正掌握主成分分析数据降维的实质。另外，检验分析模型的适用性是数据分析中的重要步骤。本章主要讨论了 Bartlett 球形检验和 KMO 检验的方法。主成分分析主要是利用因子分析的主成分法得到的因子载荷矩阵，据此推导出相应的主成分载荷，以及主成分共同度、方差贡献率等统计量。得到了主成分的解以后，用户可以计算主成分得分以供进行其他进一步的分析使用。

本章给出一个应用主成分分析进行综合评价的具体案例，对具体的操作和分析的结果都给出了详细的解释。最后给出了一个应用主成分分析来探索多只股票收益率之间关系的案例。

思考与练习

1. 主成分分析主要应用在哪些方面？请给出几个可以应用主成分分析的具体例子。

2. 由协方差矩阵求解主成分和由相关系数矩阵求解主成分有何不同？举例说明什么时候可以应用协方差矩阵？

3. 简述主成分中累计方差贡献率的含义。

4. 假设由相关系数矩阵出发求得因子载荷矩阵如表 11-14 所示。求出每个变量的共同度、两个主成分的方差贡献率和累计方差贡献率。（提示：求累计方差贡献率时需要用到主成分总方差的一条性质，即主成分的总方差等于原始变量的总方差，而对于标准化的数据或从相关系数矩阵出发来进行的主成分分析，总方差即为原始变量的个数。）

表 11-14　因子载荷矩阵

	成分	
	1	2
X1	0.121	0.928
X2	0.708	0.612
X3	−0.722	0.125
X4	0.873	−0.299
X5	0.822	−0.220

提取方法：主成分。

5. 给定如下协方差矩阵要求计算出两个主成分 $Y1$ 和 $Y2$，并计算出第一个主成分的方差贡献率。

$$\Sigma=\begin{bmatrix}5 & 2\\ 2 & 2\end{bmatrix}$$

6. 现需对某市 15 个大中型工业企业的经济效益进行分析。经研究，从有关经济效益指标中选择 7 个指标做分析，这些指标如下。

X1：固定资产产值率。

X2：固定资产利税率。

X3：资金利润率。

X4：资金利税率。

X5：流动资金周转天数。

X6：销售收入利税率。

X7：全员劳动生产率。

上述指标的具体数据在本章数据文件“rating.sav”中给出。试研究这 15 家企业的经济效益状况及其差异。

7. 企业技术开发能力是企业技术开发的潜力和实力、投入和管理等因素的综合反映。为了合理地评价企业技术开发能力，就必须借助众多的指标体系（变量）进行综合分析和评价。这里选择了如下 9 项指标组成技术开发能力的评价指标体系。

X_1—科技人员数（人）。

X_2—技术开发固定资产净值（万元）。

X_3—新产品销售收入（万元）。

X_4—技术开发经费筹集总额（万元）。

X_5—从事技术开发工作的人员数（人）。

X_6—技术开发经费总支出（万元）。

X_7—企业技术开发自筹经费总额（万元）。

X_8—技术成果转让收入（万元）。

X_9—新产品实现利润总额（万元）。

现在从 1989 年度的企业技术开发年报中抽取了 15 个企业作为样本企业，得到的资料存贮在数据文件“RankEnterprise.sav”中。现以这些统计数据为基础，用因子分析法对这 15 个企业的技术开发综合能力的强弱进行排序。

第 12 章 因子分析法

【本章学习目标】

- 了解因子分析模型的基本理论。
- 了解因子分析方法的应用条件。
- 了解因子分析模型的求解方法。
- 掌握因子分析法的应用。
- 掌握因子分析输出结果的解释。
- 了解因子旋转的方法。

12.1 因子分析简介

有时候，我们要考察的指标是无法直接测量的，例如，考察学生的学习能力，可以直接测试的指标有数学、语文、物理等科目的考试成绩，但是一些抽象的指标，如运算能力、表达能力则无法通过直接测试的方法得到。然而，这些抽象指标却体现在上述可以测试的指标之中。因子分析法就是研究如何来表达这两类不同性质的指标之间的关系的。它试图用最少个数的不可观测的互不相关的公共因子（如运算能力、表达能力等公共因子）的线性组合，再加上特殊因子来描述原来一组可观测的相互有关的变量，其目的是尽可能合理地解释存在于原始变量之间的相关性，并且简化变量的维数和结构。公共因子的个数一般大大小于原始变量的个数，因此因子分析法也是数据降维的一种方法。

可以直接测量的变量被称为**显变量**，不能直接测量的抽象指标被称为**潜变量**。因子分析既可以对变量做因子分析，也可以对样品做因子分析，前者称为 R 型因子分析，后者称为 Q 型因子分析。

根据原始变量之间是否有先验的关系结构，因子分析法又可以分为**探索性因子分析**和**验证性因子分析**。探索性因子分析事前没有原始变量之间、原始变量和因子之间及因子之间关系的先验知识，而验证性因子分析事前给出原始变量和因子的结构关系。我们这里只涉及探索性因子分析，验证性因子分析是结构方程的主要内容。感兴趣的读者可以参阅结构方程的相关书籍，如侯杰泰等编著的《结构方程模型》等。

12.2 因子分析的统计理论

12.2.1 因子分析的模型

因子分析假设每一个原始变量可以表示成不可观测的公共因子的线性组合和一个特殊因子之

和。设有 p 个原始变量 $(X_1, X_2, \cdots, X_p)$，它们的均值分别为 $\mu_1, \mu_2, \cdots, \mu_p$，则因子分析的模型可以表示为如下形式

$$\begin{aligned} X_1 - \mu_1 &= a_{11}F_1 + a_{12}F_2 + \cdots + a_{1q}F_q + \varepsilon_1 \\ X_2 - \mu_2 &= a_{21}F_1 + a_{22}F_2 + \cdots + a_{2q}F_q + \varepsilon_2 \\ &\vdots \\ X_p - \mu_p &= a_{p1}F_1 + a_{p2}F_2 + \cdots + a_{pq}F_q + \varepsilon_i \end{aligned} \quad (12\text{-}1)$$

这里 q 为公共因子的个数（$q < p$），待确定。

设样本容量为 n，第 k 个样本观测值为（$x_{k1}, x_{k2}, \cdots, x_{kp}$），其中，$x_{ki}$ 为第 k 个样本的第 i 个指标（或者变量）的值（$k = 1, \cdots, n$；$i = 1, \cdots, p$）。

如果对原始变量经过标准化，则式（12-1）可以表示为下列的矩阵形式。

$$\boldsymbol{X} = \boldsymbol{AF} + \boldsymbol{\varepsilon} \quad (12\text{-}2)$$

以下设 X 为原始变量标准化后的变量，$X = (X_1, X_2, \cdots, X_p)^T$，$F$ 表示公共因子，$F = (F_1, F_2, \cdots, F_q)^T$，ε 表示特殊因子，$\boldsymbol{\varepsilon} = (\varepsilon_1, \varepsilon_2, \cdots, \varepsilon_q)^T$。

$$记 \quad \boldsymbol{A} = \begin{bmatrix} a_{11} & a_{12} & \cdots & a_{1q} \\ a_{21} & a_{22} & \cdots & a_{2q} \\ \vdots & \vdots & & \vdots \\ a_{p1} & a_{p2} & \cdots & a_{pq} \end{bmatrix} \quad (12\text{-}3)$$

这里 $\boldsymbol{A} = (a_{ij})_{p\times q}$ 称为因子载荷距阵，a_{ij} 是第 i 个变量在第 j 个因子上的负荷。如果把变量 X_i 看成 n 维空间中的一个点，则 a_{ij} 表示它在坐标轴 F 上的投影。a_{ij} 的大小表明了 X_i 对公共因子 F_j 的依赖程度。

因子分析模型要求式（12-2）满足下列条件。

（1）$q \leqslant p$，即公共因子的个数不大于原始变量的个数。

（2）$\mathrm{cov}(\boldsymbol{F}, \boldsymbol{\varepsilon}) = 0$，即公共因子和特殊因子是不相关的。

（3）$\mathrm{Var}(\boldsymbol{F}) = \begin{bmatrix} 1 & 0 & 0 \ldots & 0 \\ 0 & 1 & 0 \ldots & 0 \\ \vdots & \vdots & \vdots & \vdots \\ 0 & 0 & 0 \ldots & 1 \end{bmatrix} = \boldsymbol{I}_q$，即公共因子 F 不相关且方差为 1。

（4）各个特殊因子不相关，但是方差不要求相等。

根据式（12-2），因子分析模型为：$\boldsymbol{X} = \boldsymbol{AF} + \boldsymbol{\varepsilon}$。

据此我们可以写出原始变量 X 的协方差矩阵，具体如下。

$$\mathrm{Var}(\boldsymbol{X}) = E(\boldsymbol{XX}^T) = E((\boldsymbol{AF} + \boldsymbol{\varepsilon})(\boldsymbol{AF} + \boldsymbol{\varepsilon})^T = \boldsymbol{AA}^T + E(\boldsymbol{\varepsilon\varepsilon}^T) \quad (12\text{-}4)$$

记 $\Psi = \varepsilon\varepsilon^T$，它是特殊因子的协方差矩阵。

注意

1. 因子载荷的意义

从上面因子分析模型满足的 4 个条件可以容易计算出，$\mathrm{Cov}(X_i, F_j) = a_{ij}$，即 X_i 在因子 F_j 上的因子载荷 a_{ij} 实际上是原始变量 X_i 和公共因子 F_j 的协方差。如果 X_i 是经过单位化处理的，那么有如下公式成立。

$$\rho(X_i, F_j) = \frac{\mathrm{Cov}(X_i, F_j)}{\sqrt{\mathrm{Var}(X_i)}\sqrt{\mathrm{Var}(F_j)}} = \mathrm{Cov}(X_i, F_j) = a_{ij} \quad (12\text{-}5)$$

对于标准化的数据，X_i 在因子 F_j 上的因子载荷 a_{ij} 实际上是原始变量 X_i 和公共因子 F_j 的相关系数。a_{ij} 的大小反映了原始变量 X_i 对公共因子 F_j 的重要性。了解这一点对于理解抽象因子的含义很有帮助。

2. 变量共同度

因子载荷矩阵（12-3）的第 i 行元素的平方和反映了全部公共因子能够解释变量 X_i 的方差的比例，或者称为对变量 X_i 的方差的贡献。它反映了公共因子对原始变量 X_i 的影响程度。该平方和被称为变量共同度。

3. 公共因子的方差贡献

因子载荷矩阵式（12-3）的第 j 列元素的平方和反映了公共因子 F_j 对全部原始变量 $(X_1,X_2,\cdots,X_p)^T$ 的方差贡献之和，可衡量公共因子 F_j 的重要性。

12.2.2　因子分析模型的求解方法

SPSS 中给出了 7 种求解因子分析模型的方法，如图 12-1 所示。它们分别为主成分、未加权的最小平方法、综合最小平方法、最大似然（K）、主轴因子分解、α 因子分解和映像因子分解法。这 7 种求解因子分析模型的方法都可以基于相关系数矩阵，其中只有主成分、主轴因子分解和映像因子分解这 3 种方法既可以基于相关系数矩阵，也可以基于协方差矩阵。它们要求输入的数据可以直接是相关系数矩阵（或者协方差矩阵）或者原始数据。12.3 节的案例就是没有给出原始数据，而是仅仅给出相关系数矩阵的因子分析。一般而言，这几种求解因子分析模型方法给出的结果是十分相近的。

下面给出几种常用的抽取因子的方法的理论。

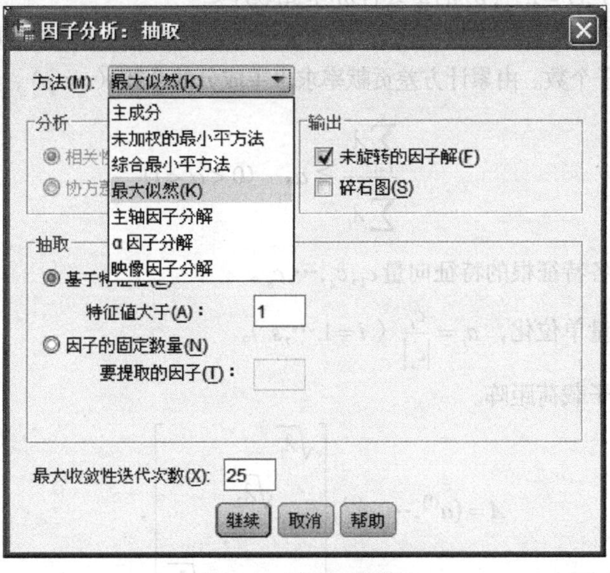

图 12-1　因子抽取方法

1. 主成分法提取因子（Principal Components Factoring）

因子分析的任务就是如何从一组资料出发，分析出公共因子和特殊因子，并求出相应的载荷距阵，进而解释各个公共因子的含义。根据主成分分析法的求解步骤，我们知道如果原始变量 X 的相关系数矩阵（或者协方差矩阵）Var（X）可以分解为如下形式：

$$\mathrm{Var}(X)=\lambda_1 e_1 e_1'+\lambda_2 e_2 e_2'+\cdots\lambda_p e_p e_p'$$

$$=[\sqrt{\lambda_1}e_1 \vdots \sqrt{\lambda_2}e_2 \vdots\cdots\vdots \sqrt{\lambda_p}e_p]\begin{bmatrix}\sqrt{\lambda_1}e_1' \\ \cdots\cdots \\ \sqrt{\lambda_2}e_2' \\ \cdots\cdots \\ \vdots \\ \cdots\cdots \\ \sqrt{\lambda_p}e_p'\end{bmatrix} \quad (12\text{-}6)$$

这里 $\lambda_1,\lambda_2,\cdots,\lambda_p$ 为相关系数矩阵的 p 个特征值，$e_1,e_2,\cdots,e_p$ 为相应的单位化的特征向量。式（12-6）的分解保留了所有的 p 个主成分。根据式（12-4），我们取因子载荷矩阵 $A=[\sqrt{\lambda_1}e_1 \vdots \sqrt{\lambda_2}e_2 \vdots\cdots\vdots \sqrt{\lambda_p}e_p]$，特殊因子为 0。但是因子分解不会取所有的主成分，否则就起不到数据减缩的目的。我们一般把对应较小特征值的主成分忽略，仅仅取前 s 个主成分，即如下等式成立

$$A=[\sqrt{\lambda_1}e_1 \vdots \sqrt{\lambda_2}e_2 \vdots\cdots\vdots \sqrt{\lambda_s}e_s],\quad (s<p)$$

这样就得到了因子的主成分分解。因此，主成分法因子分解的步骤如下。

（1）样本数据标准化。

（2）求出标准化后的样本数据的相关矩阵 R^*。

（3）求出相关矩阵 R^* 的一切非零特征根，然后按照从大到小的顺序将其排序如下。

$$\lambda_1 \geqslant \lambda_2 \geqslant\cdots\geqslant \lambda_p$$

相应的公共因子 $F_j(j=1,\cdots,p)$ 的重要性亦呈此顺序。

（4）给出希望得到的全部信息的比例 α，即主成分只要能够反映出全部信息的 $100\alpha\%$ 就可以了。

（5）确定公共因子个数。由累计方差贡献率求出主成分的个数 $s(s<p)$，且 s 满足如下关系式。

$$\frac{\sum_{i=1}^{s}\lambda_i}{\sum_{i=1}^{p}\lambda_i}\geqslant\alpha,\quad (0<\alpha<1) \quad (12\text{-}7)$$

（6）求出相应于各特征根的特征向量 $c_1,c_2,\cdots,c_s$。

（7）把各特征向量单位化，$a_i=\dfrac{c_i}{|c_i|}$（$i=1,\cdots,s$）。

（8）写出如下因子载荷距阵。

$$A=(a^{(1)},\cdots,a^{(s)})\begin{bmatrix}\sqrt{\lambda_1} & & & \\ & \sqrt{\lambda_2} & & \\ & & \ddots & \\ & & & \sqrt{\lambda_s}\end{bmatrix}, \quad (12\text{-}8)$$

同时确定出 s 个公共因子。

（9）得出因子分析模型 $X_i=\sum_{j=1}^{s}a_{ij}F_j$（$i=1,\cdots,p$）。

2. 最大似然（K）法（Maximum Likelihood Factoring）

如果公共因子 F 和特殊因子 ε 服从正态分布，并且他们的联合分布也是正态分布时，那就可

以应用最大似然法来估计因子载荷矩阵和特殊因子的方差。通过构造出似然函数 $L(\mu, A)$，然后求出使得似然函数达到最大值的因子载荷矩阵。该方法一般假设 $A'\Psi^{-1}A$ 是一个对角阵，其中 A 和 Ψ 由式（12-3）和式（12-4）定义。

应用该方法时，要特别注意：如果数据偏离多元正态分布太多，或者数据接近共线性，那么最大似然方法给出的解将不可靠。

3. 主轴因子分解法（PAF–Principal Axis Factoring）

设公共因子的载荷矩阵为 A，X 的相关系数矩为 R=Var(X)，从式（12-4）知 $\boldsymbol{R}$ 可以分解为 $\boldsymbol{AA'}$ 和特殊因子的协方差矩阵和的形式。

$$\boldsymbol{R} = \mathrm{Var}(\boldsymbol{X}) = E(\boldsymbol{XX}^T) = E((\boldsymbol{AF} + \boldsymbol{\varepsilon})(\boldsymbol{AF} + \boldsymbol{\varepsilon})^T = \boldsymbol{AA}^T + E\boldsymbol{\varepsilon\varepsilon}^T = \boldsymbol{AA}^T + \boldsymbol{\Psi}$$

据此得到 $\boldsymbol{R}^* = \boldsymbol{AA}^T = \boldsymbol{R} - \boldsymbol{\Psi}$ 。

这里称 $\boldsymbol{R}^*$ 为约相关矩阵。主轴因子分解法是基于估计出的约相关矩阵进行与主成分抽取法类似的计算的。

12.2.3 因子分析的应用前提

和主成分类似，因子分析的主要目的是数据降维，如果原始变量之间没有相关性，因子分析的意义不大。因此，判断是否可以应用因子分析来进行数据降维，首先判断原始变量之间是否有相关性。判断的方法为 Bartlett 球形检验和 KMO 方法，如图 12-2 所示，具体理论和判断方法请参见第 11 章。

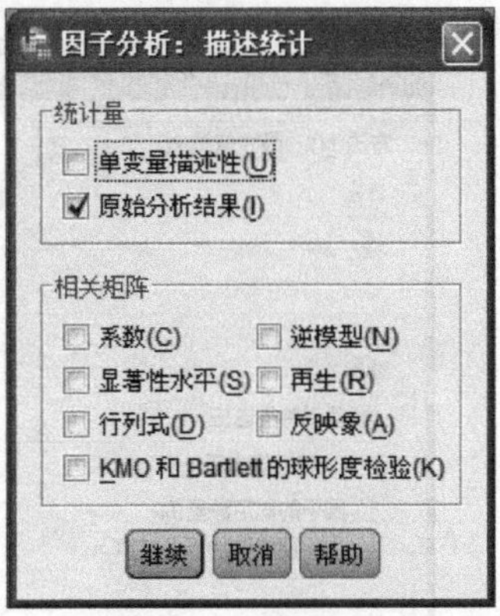

图 12-2 判断因子分析的前提条件的统计指标

注意

（1）经验上，因子分析方法要求个案个数是变量个数的 10～25 倍。如果个案个数和变量个数相对较少，那么考虑用主成分法来替代。

（2）如果变量中有分类变量，那么分类变量的可取值个数最好不小于 5。

12.2.4 因子个数的确定

一个好的因子分析模型既要简单，又要求有解释意义。“简单”意味着公共因子的个数必须较少，那么，取多少公共因子合适呢？这里确定因子个数的原则和确定主成分的原则是一样的。一般有 3 个方法可以用来确定因子的个数。

1. 方差贡献率

该方法基于需要的方差贡献率求出所需要的公共因子的个数。希望得到的全部信息的比例被称为累积方差贡献率。如果要求方差贡献率为 α ，即要求输出能够反映全部信息的 $100\alpha\%$的公共因子。

由累计方差贡献率求出公共因子的个数 s（$s<p$），从而只要利用前 s 个公共因子就可以了，通过累计贡献率确定 q 的算法如式（12-9）所示。

$$\frac{\sum_{i=1}^{s}\lambda_i}{\sum_{i=1}^{p}\lambda_i} \geqslant \alpha \ (0 < \alpha < 1) \tag{12-9}$$

注意

这里不需要手工进行运算式（12-9）。SPSS 的解释的总方差表中给出了累计的方差百分比（如表 12-6 第 4 列的“累计%”列），即这里的累计贡献率。用户只要选取合适的截断点就可以了。确定出因子的个数 q 以后，在图 12-3 中的“抽取”框中的“因子的固定数量（N）”下的“要提取的因子（T）”后输入 q 的值即可。

2. 设定特征值条件

SPSS 默认是直接给出特征值大于 1 的所有公共因子，如图 12-3 所示。用户可以据需要更改该值。

3. 碎石图

该方法是根据 SPSS 输出的碎石图（Scree Plot），取在碎石图开始变得平缓以前的因子，如图 12-10 所示。从第 3 个特征值开始，碎石图中的曲线变得平缓。这里，我们取前两个因子就可以了。

另外，用户还可以选择只输出符合特定条件的因子信息。如图 12-4 所示，用户可以选择输出绝对值大于某个给定值的因子载荷，其他载荷位置将保留空白；也可以选择按大小顺序显示因子载荷。在原始变量个数较多时，这两种显示方式可以大大方便对因子分析结果的分析和诊断。

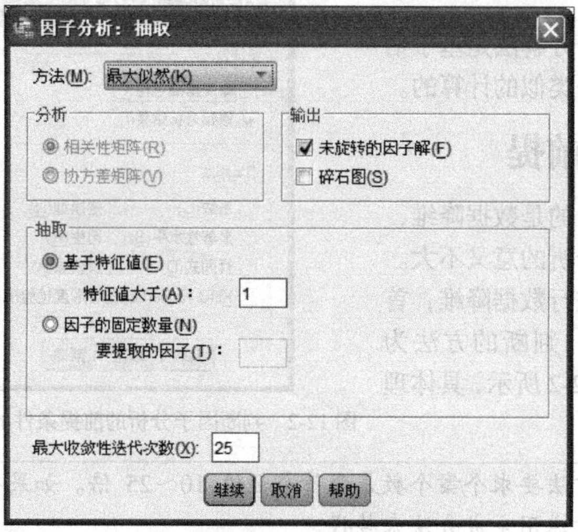

图 12-3　抽取因子的数量的确定

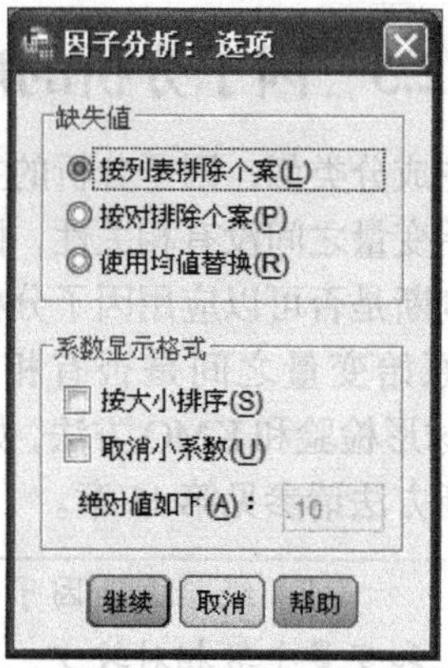

图 12-4　设置因子的输出方式

12.2.5　因子的解释

视具体问题不同，因子分析模型有不同的解释。

一般是从因子的初始载荷矩阵 A 进行解释。当难以对公共因子的实际意义做出解释时，可以先对因子载荷矩阵 A 实行方差最大正交旋转，然后再根据旋转后所得到的正交因子载荷矩阵做出说明和解释。同主成分分析最后一步的主成分意义的解释类似，根据变量（指标）的因子载荷（变量的系数）的值的正负符号、绝对值大小来解释公共因子的意义。

具体而言，根据具体问题中各个评价指标 x_i（$i=1,\cdots,p$）的具体含义及其在因子载荷矩阵中的系数 a_{ij}（$i=1,\cdots,s$；$j=1,\cdots,p$）的大小与符号来进行解释。

（1）从因子载荷矩阵元素 a_{ij}（$i=1,\cdots,s$；$j=1,\cdots,p$）的大小看，如果因子在某一个变量（指标）的系数明显的大于其他变量（指标）的系数，则该因子主要反映该指标的信息：如果各个变量（指标）的系数相差不太大，要注意这些系数较大的指标是否存在一个共性的影响因素，若存在，则该因子反映的就是这个共性因素。

（2）从因子载荷矩阵元素 a_{ij}（$i=1,\cdots,s$；$j=1,\cdots,p$）的符号看，如果因子在某一个变量（或者指标）的系数为负值，则说明该指标在该因子上起逆向作用；反之，起同向作用。

当然需要特别注意的是，对因子意义的解释除了根据数量指标外，更要结合对问题和相关领域的理解及先验知识。

12.2.6　因子旋转

当因子分析模型得到的因子没有较好的解释时，一般可以对因子进行旋转以得到原始变量和公共因子之间较好的解释。就像用望远镜观测远方的风景时，如果一个角度看不清楚，那么把望远镜调整一下，可以看得更加清晰。因子旋转分为正交旋转和非正交旋转。在正交旋转下，特殊因子的协方差、因子的协方差等都不变，因此旋转之后的因子仍然是不相关的。但是，非正交旋转不再保持因子间的无关性。下面介绍正交旋转。

设初始估计出的因子载荷矩阵为 $\hat{\boldsymbol{L}}$，对 $\hat{\boldsymbol{L}}$ 进行正交变换得到

$$\hat{\boldsymbol{L}}^* = \hat{\boldsymbol{L}}\boldsymbol{T}$$

这里 $\boldsymbol{T}\boldsymbol{T}' = \boldsymbol{I}$。原来的分解式为

$$\boldsymbol{R} = \mathrm{Var}(\boldsymbol{X}) = \hat{\boldsymbol{L}}\hat{\boldsymbol{L}}^T + \boldsymbol{\Psi} = \hat{\boldsymbol{L}}\boldsymbol{T}(\hat{\boldsymbol{L}}\boldsymbol{T})^T + \boldsymbol{\Psi} = \hat{\boldsymbol{L}}^*\hat{\boldsymbol{L}}^{*T} + \boldsymbol{\Psi}$$

为了分析 4 个原始变量（美食、睡觉、假期和科研）之间的关系，我们对该数据进行因子分析，得到表 12-1 所示的因子载荷矩阵。

表 12-1　　因子载荷矩阵

	因子	
	1	2
美食	0.5	0.5
睡觉	0.5	−0.4
假期	0.7	0.7
科研	−0.6	0.6

从因子载荷矩阵看，两个因子在各个原始变量上的系数相差不大，从而很难给出两个公共因子合适的解释。如图 12-5 所示，因子载荷图中的实线为原始坐标系，虚线为经过正交旋转的坐标系。经过旋转后的新坐标系如图 12-6 所示。

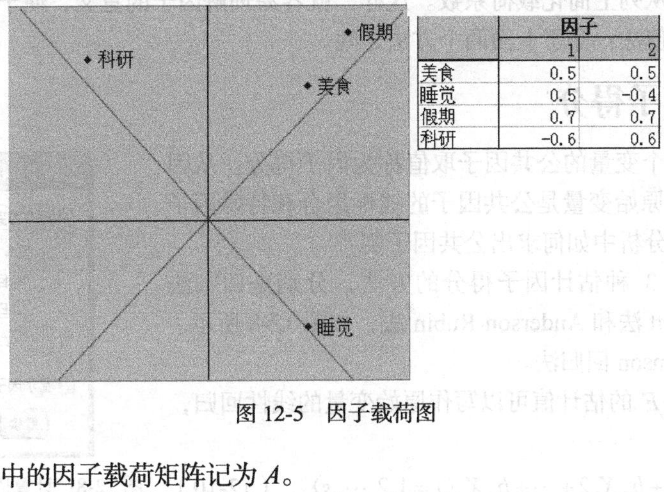

图 12-5　因子载荷图

在原始坐标系中的因子载荷矩阵记为 A。

$$A = \begin{bmatrix} 0.5 & 0.5 \\ 0.5 & 0.4 \\ 0.7 & 0.7 \\ -0.6 & 0.6 \end{bmatrix}$$

如图 12-6 所示，经过坐标旋转以后，原始变量和新坐标轴的关系就比较清晰了，它们只和某一个坐标轴有密切关系：“美食”“假期”这两个变量和第一个主成分密切相关；“科研”“睡觉”这两个变量与第 2 个主成分密切相关。

SPSS 提供了 3 种正交旋转的方法（见图 12-7），它们是：最大四次方值法（Quartmax Rotaiton，Q）、最大方差法（Kaiser’s Varimax Rotation，V）和最大平衡值法（Equamax，E）。

这 3 种方法的目的都是简化因子载荷矩阵，使得某些元素为 0 或者接近于 0，并且这 3 种方法的坐标轴都是正交的，旋转后的公共因子仍然是相互无关的。

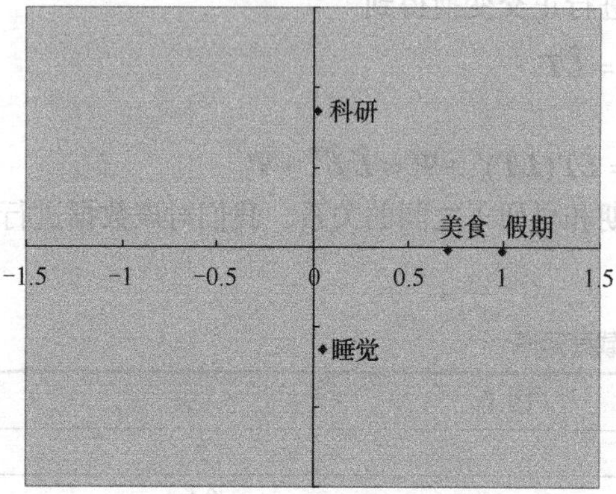

图 12-6　旋转后的坐标系

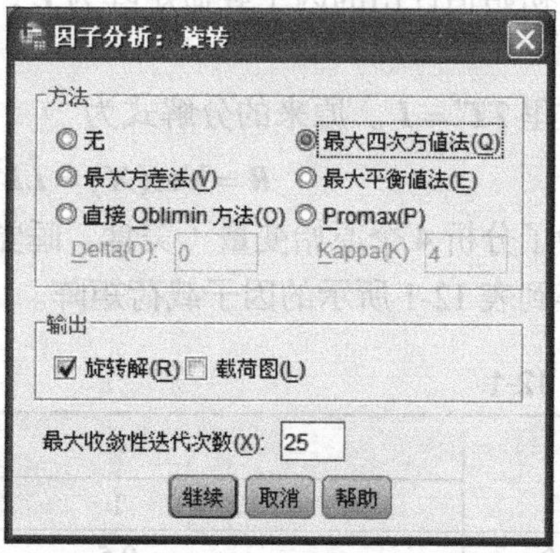

图 12-7　因子旋转的方法

（1）最大四次方值法：通过旋转来最小化能解释原始变量的因子的个数。这样每个变量在因子上的载荷要么较大，或者很小，鲜有中间值。这样用因子来解释每个原始变量变得简单。通俗地讲，该方法从行上简化载荷系数，可以缩减与变量有关的因子个数。该方法容易导致一个因子在大部分的原始变量上有较大的载荷。

（2）最大方差法：是最流行的一种因子旋转方法。它通过旋转来最大化公共因子上变量载荷的方差，使得一个因子上的某些变量载荷系数或者比较大，或者比较小，但鲜有中等大小的载荷。通俗地讲，该方法从列上简化载荷系数。这样，就容易理解因子的意义，便于因子的命名。

（3）最大平衡值法：介于上面两个方法之间。

12.2.7　因子得分

因子分析中各个变量的公共因子取值称为因子得分。从因子分析模型知道，原始变量是公共因子的线性组合和特殊因子之和。那么，因子分析中如何求出公共因子呢？

SPSS 提供了 3 种估计因子得分的方法，分别是回归法（Thomson）、Bartlett 法和 Anderson-Rubin 法，如图 12-8 所示。

下面介绍 Thomson 回归法。

假设公共因子 F 的估计值可以写作原始变量的线性回归，则如下等式成立。

$$\hat{F}_i = b_{i0} + b_{i1}X_1 + b_{i2}X_1 2 + \cdots + b_{ip}X_p (i = 1, 2, \cdots, s) \quad (12\text{-}10)$$

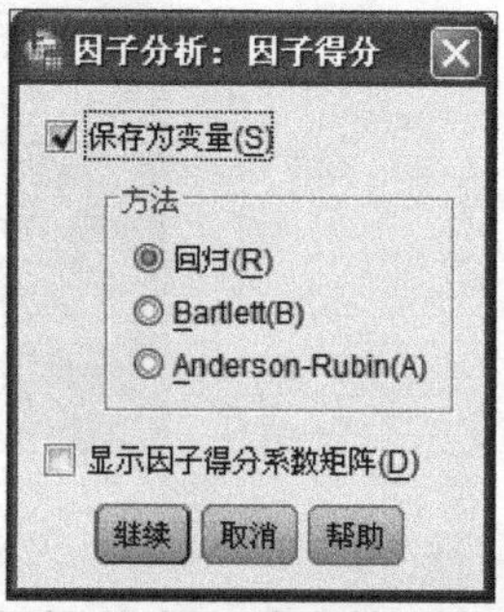

图 12-8　计算因子得分的方法的选择

由于采用标准化的 F_i 和 X，因此上式中常数项为 0。

从式（12-5）知，F 和 X 的协方差为因子载荷矩阵。结合式（12-5）和式（12-2），有如下等式成立。

$$a_{ij} = E(X_i F_j) = b_{j1} r_{i1} + \cdots + b_{jp} r_{ip} \quad (12\text{-}11)$$

如果用 $\boldsymbol{R}$ 表示原始变量的标准化后的协方差矩阵，$\boldsymbol{B}$ 表示式（12-10）中 $\boldsymbol{F}$ 的载荷矩阵，则式（12-11）用矩阵形式表示如下。

$$\boldsymbol{A}=\boldsymbol{R}\boldsymbol{B}^{T} \tag{12-12}$$

因此，可推导出 $\boldsymbol{B}=\boldsymbol{A}^{T}\boldsymbol{R}^{-1}$，因此，公共因子可以表示如下。

$$\hat{\boldsymbol{F}}=\boldsymbol{A}^{T}\boldsymbol{R}^{-1}\boldsymbol{X} \tag{12-13}$$

在 SPSS 输出结果中，可以输出 $\boldsymbol{R}^{-1}$，$\boldsymbol{A}$ 为因子载荷矩阵，$\hat{\boldsymbol{F}}$ 为成份得分的系数矩阵。只要把原始变量乘以系数矩阵 $\boldsymbol{A}^{T}\boldsymbol{R}^{-1}$ 就可以计算出因子得分。

12.3　因子分析案例分析

SPSS 因子分析的菜单是【分析】→【降维】→【因子分析（F）】，如图 12-9 所示。由于所有的设置与选项的意义在第 11 章主成分分析中已经讲解。请参考第 11 章中相关选项的解释。

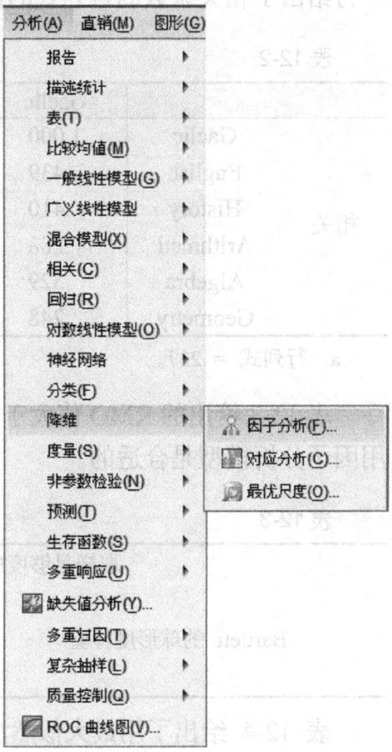

图 12-9　进入“因子分析”菜单

12.3.1　探索变量间的结构关系

这里我们直接从相关系数矩阵或者协方差矩阵开始，用语法命令的方式来进行因子分析。

为了分析（英格兰）盖尔语、英语、历史、算术、几何和代数 6 门学科之间的相互关系，Lawley 和 Maxwell 调查了 220 名男学生的 6 门学科的成绩，并记录了如下相关系数矩阵。

$$R=\begin{bmatrix} \text{Gaelic} & \text{English} & \text{History} & \text{Arithmetic} & \text{Algebra} & \text{Geometry} \\ 1.000 & & & & & \\ 0.439 & 1.000 & & & & \\ 0.410 & 0.351 & 1.000 & & & \\ 0.288 & 0.354 & 0.164 & 1.00 & & \\ 0.329 & 0.320 & 0.190 & 0.595 & 1.000 & \\ 0.248 & 0.329 & 0.181 & 0.470 & 0.464 & 1.00 \end{bmatrix}$$

根据经验可以假设公共因子 F 服从正态分布，因此我们可以应用最大似然（K）方法进行因子抽取。从相关系数矩阵进行因子分析有两种方法。一种是完全通过语法命令输入数据，并进行因子分析。另外一种方法是按照特定格式输入数据到 SPSS 数据编辑器中，然后再应用语法命令进行分析。

下面对完全通过语法命令进行分析。

在 SPSS 语法编辑器中输入下列程序。

```
MATRIX DATA variables=ROWTYPE_ Gaelic English History Arithmeti Algebra Geometry.
begin data.
N 220  220  220  220  220  220
SD 1 1 1  1 1 1
CORR 1.00
CORR 0.439 1.00
CORR 0.410 0.351 1.00
```

```
CORR 0.288 0.354 0.164 1.0
CORR 0.329 0.320 0.190 0.595 1.00
CORR 0.248 0.329 0.181 0.470 0.464 1.00
END data.
Factor matrix in(corr=*)
 /PRINT INITIAL CORRELATION DET KMO EXTRACTION ROTATION FSCORE
  /PLOT EIGEN ROTATION
  /CRITERIA MINEIGEN(1) ITERATE(25)
  /EXTRACTION ML
  /CRITERIA ITERATE(25)
  /ROTATION VARIMAX.
```

在 SPSS 输出浏览器中得到的输出结果如表 12-2～表 12-11 及图 12-10～图 12-11 所示。

表 12-2 输出的相关系数矩阵即为我们在语法程序中输入的相关系数数据。由于相关系数矩阵为对称矩阵，我们输入时仅仅给出了下三角矩阵，而 SPSS 自动填补了上三角部分。该表的最后一行给出了相关系数的行列式的值，该值比较小，提示我们可能因子分析模型是适用的。

表 12-2 相关系数矩阵 a

		Gaelic	English	History	Arithmeti	Algebra	Geometry
相关	Gaelic	1.000	.439	.410	.288	.329	.248
	English	.439	1.000	.351	.354	.320	.329
	History	.410	.351	1.000	.164	.190	.181
	Arithmeti	.288	.354	.164	1.000	.595	.470
	Algebra	.329	.320	.190	.595	1.000	.464
	Geometry	.248	.329	.181	.470	.464	1.000

a. 行列式 =.237。

表 12-3 给出的 KMO 值大于 0.7，并且 Bartlett 球形度检验的显著性值接近于 0，因此这里应用因子分析模型是合适的。

表 12-3 KMO 和 Bartlett 检验输出

取样足够度的 Kaiser-Meyer-Olkin 度量		.775
Bartlett 的球形度检验	近似卡方	310.841
	df	15
	Sig.	.000

表 12-4 给出了用最大似然法估计的因子分析模型的公共因子方差和提取的公共因子的方差共同度（“提取”列）。

表 12-4 公因子方差和提取的方差

	初始	提取
Gaelic	.300	.490
English	.297	.406
History	.206	.356
Arithmeti	.420	.623
Algebra	.418	.569
Geometry	.295	.372

提取方法：最大似然。

和主成分分析中类似，表 12-5 给出了各个公共因子的特征值、方差贡献率和累计方差贡献率。

表 12-5　　　　特征值和解释的总方差

因子	初始特征值			提取平方和载入			旋转平方和载入		
	合计	方差的%	累积%	合计	方差的%	累积%	合计	方差的%	累积%
1	2.733	45.548	45.548	2.209	36.824	36.824	1.606	26.762	26.762
2	1.13	18.83	64.378	0.606	10.095	46.918	1.209	20.157	46.918
3	0.615	10.253	74.63						
4	0.601	10.02	84.651						
5	0.525	8.747	93.397						
6	0.396	6.603	100						

提取方法：最大似然。

从表 12-6 的因子载荷矩阵知，每个变量在第一个公共因子上的载荷都相对较大，因此，很难给出因子的合理的解释。这时需要借助旋转后的因子载荷矩阵。

表 12-6　　　　因子载荷矩阵

因子矩阵 [a]

	因子	
	1	2
Gaelic	.553	.429
English	.568	.288
History	.392	.450
Arithmeti	.740	-.273
Algebra	.724	-.211
Geometry	.595	-.132

提取方法：最大似然。

a. 已提取了两个因子，需要 4 次迭代。

表 12-7 给出了对原始因子载荷矩阵进行旋转所用到的矩阵，即因子转换矩阵。这里的因子旋转矩阵是正交矩阵，即 $\boldsymbol{TT'}=\boldsymbol{I}$ 。

表 12-7　　　　因子旋转矩阵

因子	1	2
1	.840	.543
2	-.543	.840

提取方法：最大似然。

旋转法：具有 Kaiser 标准化的正交旋转法。

$$\boldsymbol{T}=\begin{bmatrix} .840 & .543 \\ -.543 & .840 \end{bmatrix}$$

容易验证，$\boldsymbol{TT'}=\begin{bmatrix} 1.0004 & -1.0219\text{e}-017 \\ -1.0219\text{e}-017 & 1.0004 \end{bmatrix}$

因子载荷矩阵

$$\boldsymbol{A}=\begin{bmatrix} 0.553 & .0429 \\ 0.568 & 0.288 \\ 0.392 & 0.450 \\ 0.740 & -0.273 \\ 0.724 & -0.211 \\ 0.595 & -0.132 \end{bmatrix}$$

容易验证表 12-8 的旋转后的因子载荷矩阵即为 $\boldsymbol{AT}$。

表 12-8　　旋转后的因子载荷矩阵 [a]

	因子	
	1	2
Gaelic	.232	.660
English	.321	.551
History	.085	.591
Arithmeti	.770	.173
Algebra	.723	.215
Geometry	.572	.213

提取方法：最大似然。

旋转法：具有 Kaiser 标准化的正交旋转法。

a. 旋转在 3 次迭代后收敛。

表 12-9 是应用 Thomson 回归求得的因子得分的系数矩阵。

表 12-9　　因子得分系数矩阵

	因子	
	1	2
Gaelic	−.051	.434
English	.020	.283
History	−.086	.333
Arithmeti	.477	−.094
Algebra	.375	−.030
Geometry	.195	.009

提取方法：最大似然。

旋转法：具有 Kaiser 标准化的正交旋转法。

表 12-10 给出的是两个因子得分之间的协方差矩阵。

表 12-10　　因子得分协方差矩阵

因子	1	2
1	.737	.132
2	.132	.618

提取方法：最大似然。

旋转法：具有 Kaiser 标准化的正交旋转法。

表 12-11　　拟合度检验

卡方	Df	Sig.
2.335	4	.674

从图 12-10 的碎石图可知，从第 3 个特征值开始，曲线变得很平滑，因此选取两个公共因子是合适的。

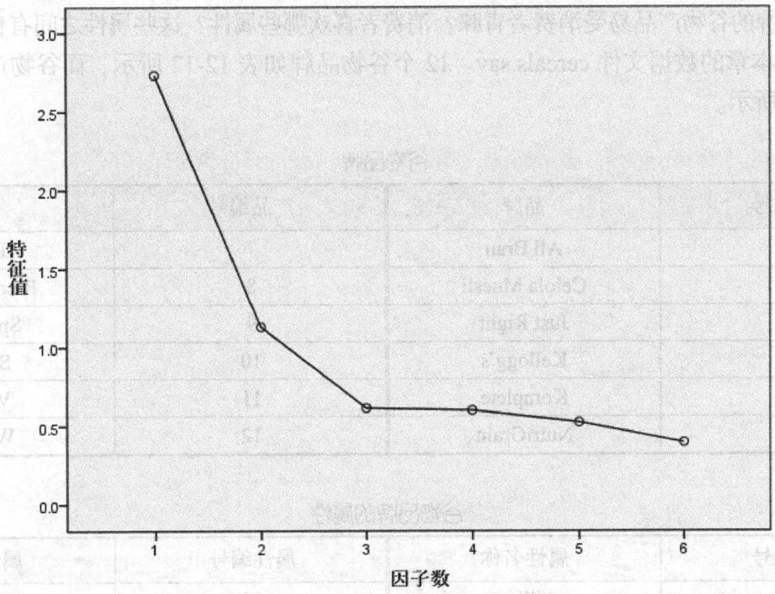

图 12-10　碎石图

图 12-11 给出了两个公共因子的载荷图。它实质上是两个因子载荷的散点图，是因子载荷矩阵的可视化表现。从图中可知，语言类变量放在一起构成一个因素，计算能力相关的变量放在一起，它们自然地构成了两个公共因子。

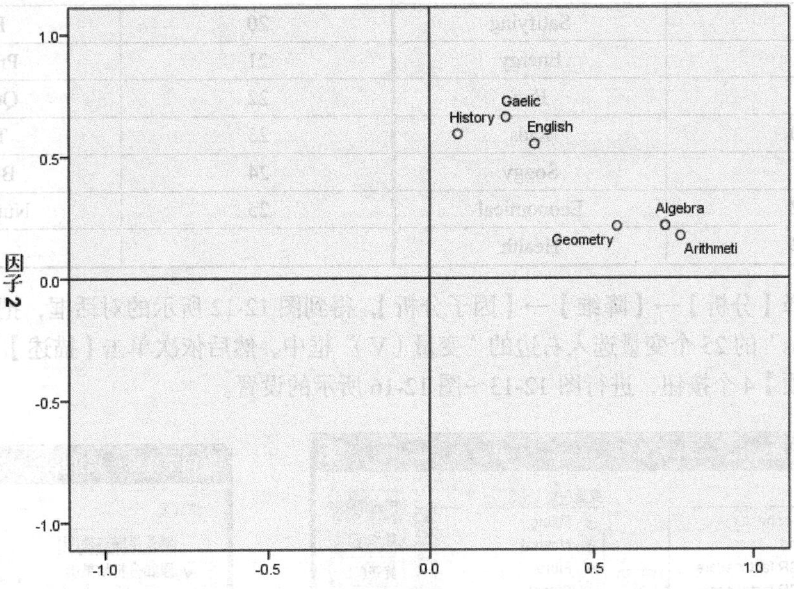

图 12-11　因子载荷图

12.3.2　因子分析在市场调查中的应用

某市场调查项目需要了解消费者对某个谷物品牌的偏爱度。现有 117 个受访者对 12 个销量比较好的谷物产品的 25 个属性进行评分。现在用因子分析法对消费者的偏好习惯进行分析，以回答这些问题：哪些品牌的谷物产品易受消费者青睐？消费者喜欢哪些属性？这些属性之间有什么关系？

（1）打开本章的数据文件 cereals.sav。12 个谷物品牌如表 12-12 所示，而谷物产品的 25 个属性如表 12-13 所示。

表 12-12　　谷物品牌

产品编号	品牌	产品编号	品牌
1	All Bran	7	Purina
2	Celola Muesli	8	Rice Bubbles
3	Just Right	9	Special K
4	Kellogg's	10	Sustain
5	Komplete	11	Vitabrit
6	NutriGrain	12	Weetbix

表 12-13　　谷物品牌的属性

属性编号	属性名称	属性编号	属性名称
1	Filling	14	Family
2	Natural	15	Calories
3	Fibre	16	Plain
4	Sweet	17	Crisp
5	Easy	18	Regular
6	Salt	19	Sugar
7	Satifying	20	Fruit
8	Energy	21	Process
9	Fun	22	Quality
10	Kids	23	Treat
11	Soggy	24	Boring
12	Economical	25	Nutritious
13	Health		

（2）选择【分析】→【降维】→【因子分析】，得到图 12-12 所示的对话框，把从“Filling”到“Nutritious”的 25 个变量选入右边的“变量（V）”框中，然后依次单击【描述】、【旋转】、【得分】和【选项】4 个按钮，进行图 12-13～图 12-16 所示的设置。

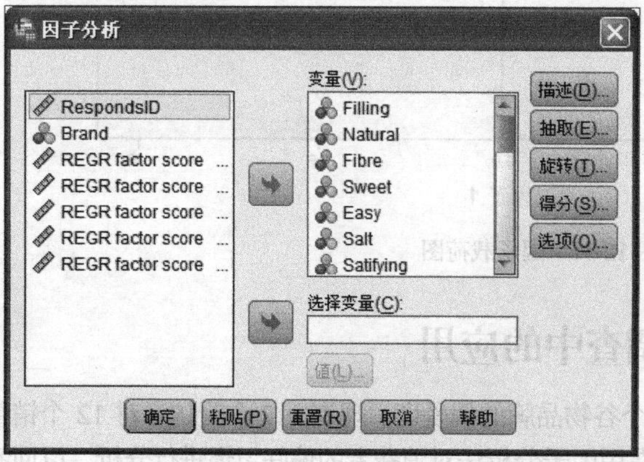

图 12-12　因子分析

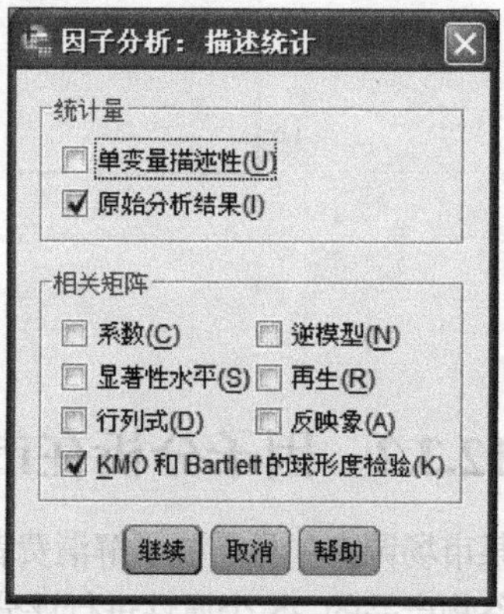

图 12-13　选择“KMO 和 Bartlett 球形度检验”

（3）在图 12-13 中，勾选“KMO 和 Bartlett 的球形度检验（K）”。可以勾选更多的选项，如反映像（A）、行列式（D）、系数（C）、显著性水平（S）等对因子分析的条件进行更全面的检查。这些选项的具体含义请参考 11.3.1 节中的第二部分。

（4）如图 12-14 所示，选择进行因子的正交旋转，旋转的方法选择“最大方差法”，并在“输出”框中勾选“载荷图”。

注意 如果因子分析的结果输出错误信息“解不收敛”，可以考虑更改图 12-14 下方的“最大收敛性迭代次数（X）”为一个较大的值。

（5）在图 12-15 中选择保存因子得分为变量，勾选“保存为变量（S）”，方法采用默认的“回归（R）”。这样数据文件中将增加相应的因子得分变量。

（6）在图 12-16 中设置因子载荷矩阵中的系数显示的方式。在“系数显示格式”部分勾选“按大小排序（S）”和“取消小系数（V）”，并在“绝对值如下（A）”框中输入 0.43。这样因子载荷矩阵中小于 0.43 的系数将不显示，并且按照每个公共因子的载荷系数从大到小的顺序排列 25 个原始变量。

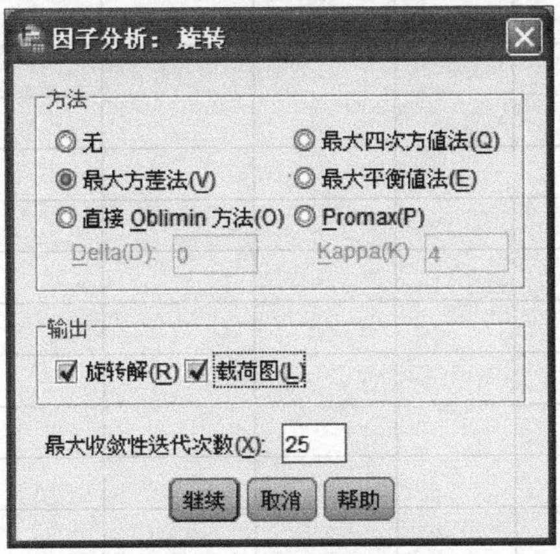

图 12-14 设置旋转

图 12-15 选择保存因子得分

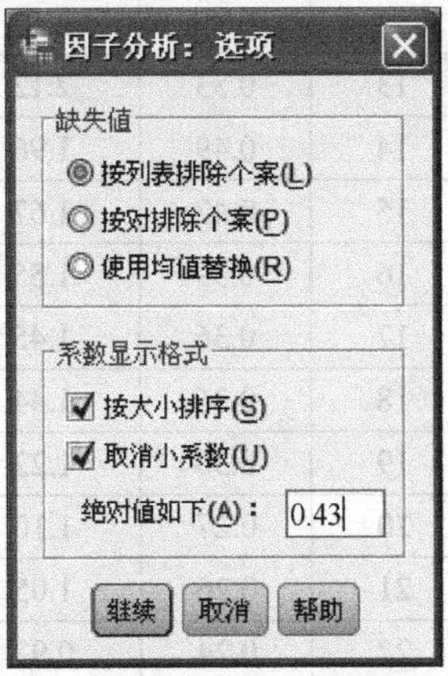

图 12-16 选择因子载荷的输出方式

（7）最后返回图 12-12 的“因子分析”对话框，单击【确定】按钮，得到结果如表 12-14～表 12-16 和图 12-17 所示。对这些结果的解释方法和对 12.3.1 节中结果的解释方法完全一样。这里给出简单的说明，请读者自己给出详细解释。

表 12-14 KMO 和 Bartlett 的检验

取样足够度的 Kaiser-Meyer-Olkin 度量		.855
Bartlett 的球形度检验	近似卡方	2 888.038
	Df	300
	Sig.	.000

从表 12-14 知，KMO 统计量为 0.855，大于 0.8，为良好。Bartlett 球形检验的卡方统计量值很大，因此这里进行因子分析的结果应该是令人满意的。

表 12-15 解释的总方差

成分	初始特征值			提取平方和载入			旋转平方和载入		
	合计	方差的%	累积%	合计	方差的%	累积%	合计	方差的%	累积%
1	6.50	26.02	26.02	6.50	26.02	26.02	5.50	22.01	22.01

续表

成分	初始特征值			提取平方和载入			旋转平方和载入		
	合计	方差的%	累积%	合计	方差的%	累积%	合计	方差的%	累积%
2	3.82	15.28	41.30	3.82	15.28	41.30	3.08	12.31	34.32
3	2.50	10.01	51.31	2.50	10.01	51.31	3.07	12.29	46.61
4	1.68	6.74	58.05	1.68	6.74	58.05	2.38	9.53	56.14
5	1.09	4.34	62.39	1.09	4.34	62.39	1.56	6.25	62.39
6	0.93	3.73	66.12						
7	0.85	3.41	69.53						
8	0.79	3.15	72.67						
9	0.73	2.93	75.60						
10	0.70	2.78	78.38						
11	0.65	2.59	80.97						
12	0.55	2.19	83.16						
13	0.53	2.12	85.28						
14	0.49	1.96	87.24						
15	0.42	1.67	88.91						
16	0.39	1.55	90.46						
17	0.36	1.45	91.91						
18	0.36	1.44	93.34						
19	0.30	1.22	94.56						
20	0.27	1.10	95.66						
21	0.26	1.05	96.71						
22	0.24	0.97	97.68						
23	0.22	0.87	98.55						
24	0.20	0.79	99.34						
25	0.16	0.66	100.00						

提取方法：主成分分析。

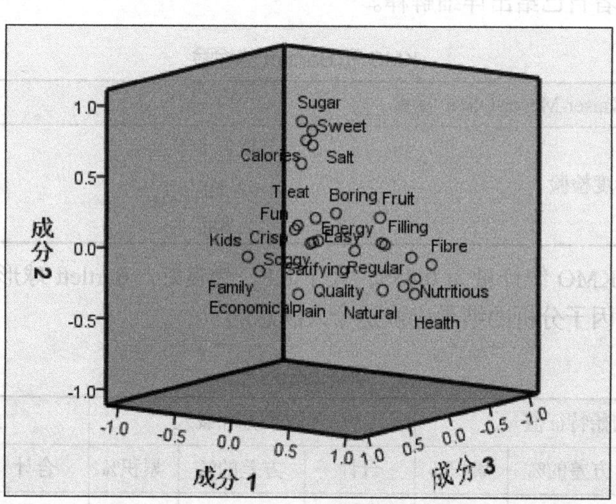

图 12-17　三维载荷图

从表 12-16 知，特征值大于 1 的因子有 5 个。按照默认的设置，SPSS 给出了前 5 个因子。这 5 个因子能够解释的总的方差为 62.39%，即只要原来变量个数的 20%就可以反映原来 62.39%的信息，变量个数大大减少。读者根据需要，可以选取更少的公共因子，如 4 个或者 3 个。

表 12-16　　　　　　　　　　旋转后的因子载荷矩阵

	成分				
	1	2	3	4	5
Fibre	.855				
Nutritious	.849				
Health	.841				
Natural	.760				
Regular	.715				
Filling	.715				
Quality	.685				
Energy	.684				
Satifying	.627		.481		
Sugar		.825			
Salt		.774			
Calories		.705			
Sweet		.702			
Process		.527			
Kids			.860		
Family			.824		
Fun			.535		
Easy					
Plain				−.701	
Fruit				.656	
Boring				−.537	
Economical			.440	−.461	
Treat				.434	
Soggy					−.799
Crisp			.436		.632

提取方法：主成分。

旋转法：具有 Kaiser 标准化的正交旋转。

a. 旋转在 8 次迭代后收敛。

表 12-16 按照在【选项】中设置的显示方式，只输出绝对值大于 0.43 的载荷系数，并且依次按照第一个因子、第二个因子到第五个因子的载荷系数的绝对值进行降序排列。这里因子载荷分布的模式一目了然，在第一个因子上载荷较大的原始变量有 Fibre、Nutritious、Health、Natural、Regular、Filling、Quality、Energy 和 Satisfying，所有这些变量都是描述了谷物产品的自然健康属性，我们称之为“健康因子”。

第二个因子上载荷较大的原始变量有 Sugar、Salt、Calories、Sweet 和 Process，所有这些是谷物产品的人工添加成分所体现的属性，称为“人工成分因子”。第三个因子上载荷较大的原始变量有 Kids、Family 和 Fun，称为“群体因子”。

如果有 3 个或者 3 个以上的公共因子，SPSS 会输出前 3 个因子的三维因子载荷图。它是一个立体图，大部分情况下很难确定出原始变量之间的关系。因此，我们通过绘制主成分的散点图的方式重新绘制因子的二维载荷图，如图 12-18 所示。

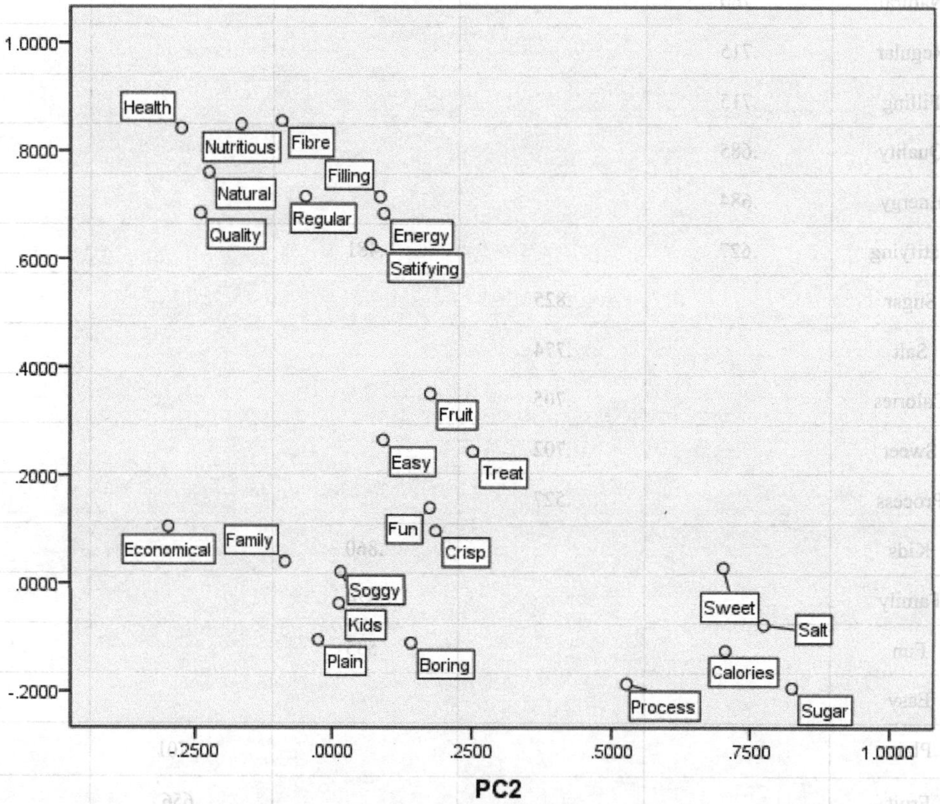

图 12-18　前两个主成分的因子载荷图

在分析出属性之间的关系之后，我们还希望知道哪些产品和因子描述的属性接近，哪些产品比较接近。用户可以通过绘制因子得分散点图的方式，得到 12 种谷物产品在因子坐标系中的相对位置来解决这两个问题。

图 12-19 是 12 种谷物在前两个公共因子构成的坐标系中的散点图。从中可以看出 All Bran、Sustain、Vitabrit 和 Weetbix 4 种产品接近，它们在 Healthful（健康因子）上的坐标较高；而 Purina、Celola Muesli、NutriGrain 和 Just Right 在第二个主成分上的得分较高，它们有较多的 Artifical（人工成分）属性。Purina 和 Celola Muesli 产品在第一个主成分和第二个主成分的取值都较大，说明它们既有较高的健康因子属性又同时具备较多的人工成份属性。

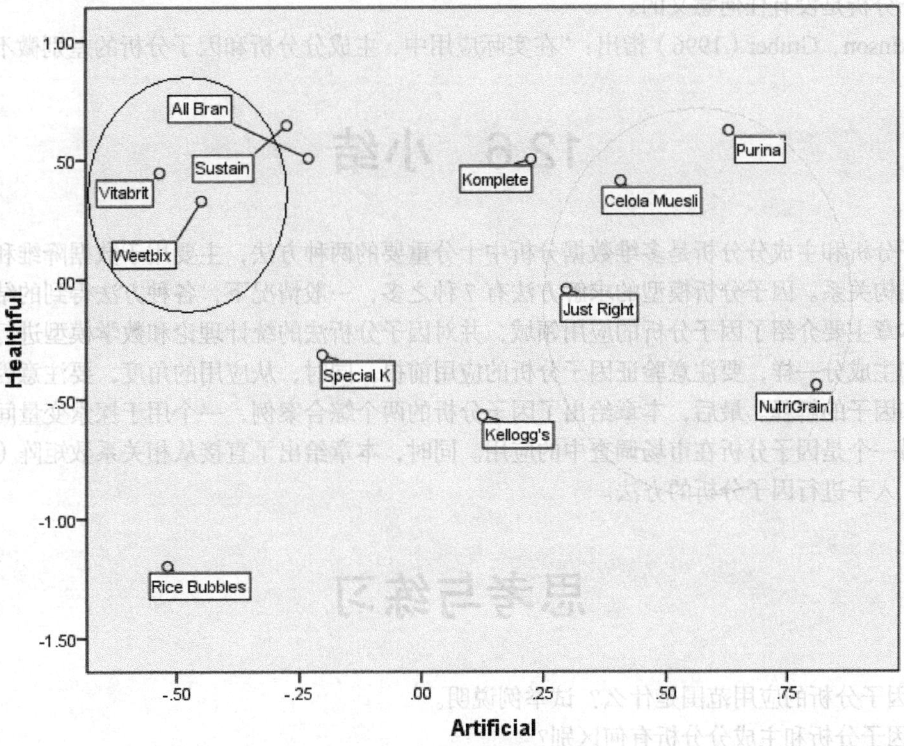

图 12-19 产品在前两个公共因子坐标系的定位图

12.4 因子分析结果的有效性

如果样本数据足够大，用户可以通过把数据划分为训练集和验证集，在训练集和验证集上分别应用同一因子分析模型，然后比较两种方法得到的方差贡献率、因子载荷矩阵等结果是否差距较大。如果差距较大，则因子分析的结果不稳定。

另一种方法是在训练集上进行因子分析，根据因子分析的结果构造出原始变量、公共因子之间的关系模型，然后应用验证性因子分析方法在验证集上来检验该关系模型与数据的拟合程度，验证这种关系模型的有效性。这需要用到验证性因子分析的知识，不在本书的讨论内容之内。感兴趣的读者可以参阅相关的结构方程模型的书籍。

12.5 因子分析和主成分分析的比较

从整个分析过程看，主成分分析和因子分析的差别不大，但二者的统计模型是完全不同的。主成分分析是从原始变量的线性组合入手，找到使得方差达到最大的线性组合，而因子分析是从原始变量和未知的公共因子的关系入手，它事先设定原始变量是某些未知因子的线性组合，二者之间有某种结构关系，因子分析可以找出这种变量间潜在的结构或公共因子。

一般不需要给出主成分实际代表什么的解释；而因子分析的公共因子必须给出明确的解释，

否则因子分析是没有任何意义的。

Wilkinson，Gruber（1996）指出："在实际应用中，主成分分析和因子分析的差别微不足道。"

12.6 小结

因子分析和主成分分析是多维数据分析中十分重要的两种方法，主要用于数据降维和探索变量间的结构关系。因子分析模型的求解方法有 7 种之多，一般情况下，各种方法得到的结果是等价的。本章主要介绍了因子分析的应用领域，并对因子分析法的统计理论和数学模型进行简单的介绍。和主成分一样，要注意验证因子分析的应用前提。同时，从应用的角度，要注意因子个数的确定和因子的解释。最后，本章给出了因子分析的两个综合案例，一个用于探索变量间的结构关系，另一个是因子分析在市场调查中的应用。同时，本章给出了直接从相关系数矩阵（或协方差矩阵）入手进行因子分析的方法。

思考与练习

1. 因子分析的应用范围是什么？试举例说明。
2. 因子分析和主成分分析有何区别？
3. 仔细观测最大似然法的输出结果，比较它与主成分法的输出的不同之处。
4. 如果你问一个人什么因素能够决定他个人是否能够取得成功，他可能会告诉你比如性格、家庭因素、学历等。这些因素是不可以直接衡量的。一项社会调查需要了解人们对这些不可测量的因素的认识及这些因素之间的关系，为此调查设计了一些可以测量的与个人是否成功相关的问题。该调查一共设计了 13 个问题，这些问题及相应的变量名如表 12-17 所示。该调查访问了 1 335 个人，收集到的数据在本章的数据文件"Getahead.sav"中。需要了解人们认为的成功的潜在因素有哪些，及这些可以测量的因素与潜在成功因素有何关系。

表 12-17　成功因素调查

变量名	问题
财富	是否来自于富裕家庭是否重要
父母学历	父母受过良好教育是否重要
个人学历	个人受到良好教育是否重要
事业心	有很强的事业心
天生能力	具备较强的天生能力
工作努力	是否工作努力
认识贵人	是否认识贵人
有政府关系	是否有政府关系
种族	个人的种族是否重要
宗教信仰	个人宗教信仰是否重要
从哪个地区来	从哪个地区来是否重要
性别	性别是否重要
政治信仰	政治信仰是否重要

每个问题可供选择的答案有 5 种，它们的编码如下。

（1）1：最重要

（2）2：很重要

（3）3：重要

（4）4：一般

（5）5：不重要

试用因子分析法分析这些调查问题之间有何关系，并确定它们是否可以简化为几个共性的因素？

5. 一位汽车行业分析员收集了市场上的一些常见的汽车品牌的价格、车的性能等指标变量。这些资料存贮在本章的数据文件 car_fact.sav 中。该分析员需要据此来预测汽车的销售情况。但是，这些变量间存在相关性，分析员担心这种相关性可能会对它的分析结果产生不利的影响。假设你是这位分析员，请你用因子分析方法先探索这些指标之间的关系，然后决定是否应该用原始变量进行预测。

第13章 判别分析

【本章学习目标】

- 了解判别分析的基本概念。
- 掌握判别分析的应用范围。
- 了解判别分析的应用条件和限制。
- 了解 Fisher 判别分析法和 Mahalanobis 判别分析法。
- 掌握 SPSS 判别分析的应用。

在科学试验、疾病诊断、考古、地质勘探、天气预报、社会调查、植物分类等工作中，往往要对当前研究的对象与以前已经得到的资料或者知识进行比较，以便获知该对象是否是我们已经掌握的对象中的某一种。也就是说，把当前研究的对象看作样本，而将已经掌握的资料看作是不同的总体。例如，诊断疾病时，由于直接的信息得不到，只能够把一系列的检测指标与已有的病历进行比较，从而做出判断。又如，从古墓中取得一具骨架，要判别其性别，由于肉体已经腐烂，只能根据骨架的测量数据进行判别。

判别分析不同于第 10 章中的聚类分析。聚类分析前没有预先的类别，也不知道可以分作几个类。它是一种探索性的分析方法，其主要目的是根据聚类指标找出自然的组别。在机器学习中，聚类分析方法被称为无监督的学习方法。而判别分析中，类别已经预先给出，其目的是把新的个体分配到已知的类别中。疾病诊断中，医生已经知道所有的疾病类型，他们所做的是根据病人的症状，把疾病所属的类型判断出来，从而据此采取相应的治疗方案。在机器学习中，判别分析方法被称为有监督的学习方法。

判别分析是用来判别一个个体的归属问题。设有 k 个总体 $G_1,\cdots,G_k$，已知样品 X 来自这 K 个总体中的某一个，试判断该样品到底属于哪一个总体。判别分析的主要应用领域：社会调查、疾病诊断、气象预报、地质勘探、植物分类、客户细分、信用卡评分等。

13.1 判别分析的基本概念与理论

13.1.1 Fisher 判别法

Ronald Aylmer Fisher 于 1936 年在生物学上的植物分类中提出了线性判别函数的概念，又简称线性判别式分析（Linear Discriminant Analysis，LDA）。在他的文章中只是提出了分类的方法，而没有给出该方法的系统理论，如类群的正态分布和协方差相等这样的假设条件等都没有给出。下面简单给出两个总体的判别分析的原理。

假设有两个总体 $G1$ 和 $G2$，其预测变量的取值为 $x^{(i)}(i=1,2)$，它们的均值分别为 $\bar{U}_1$ 和 $\bar{U}_2$，协方差分别为 Σ_1 和 Σ_2，那么预测变量的线性组合 $w^T\cdot x^{(i)}$ 的均值和协方差分别为 $w^T\bar{U}_i$ 和 $w^T\Sigma_i w$，其中 $i=1,2$。如果该组合能够最大可能的分离两个类，那么 w 的取值将最大化两总体的组间变差平方和与组内变差平方和的比值，也即最大化下面公式中定义的指标 S。

$$S=\frac{\sigma^2_{\text{between}}}{\sigma^2_{\text{within}}}=\frac{(w^T\bar{U}_2-w^T\bar{U}_1)^2}{w^T\Sigma_2 w+w^T\Sigma_1 w}=\frac{(w^T(\bar{U}_2-\bar{U}_1))^2}{w^T(\Sigma_2+\Sigma_1)w}$$

$$=\frac{w^T(\bar{U}_2-\bar{U}_1)(\bar{U}_2-\bar{U}_1)^T w}{w^T[\sum_{i=1}^{2}(x^{(i)}-U_i)(x^{(i)}-U_i)^T)]w}$$

这里 S 的分子衡量了两个类的分离程度，其值越大，分离类的能力越强；S 的分母衡量了类内个体之间的差异情况，其值越小，说明同一个类的个体之间差异性越小，则类的区分就越明显。因此，能够最大化指标 S 的 w 值所构成的 x 的线性组合就能最好地对类进行区分。

某种程度上，可以理解该比值 S 为分类的信噪比。可以证明，当 $w=(\Sigma_1+\Sigma_2)^{-1}(\bar{U}_2-\bar{U}_1)$ 时，S 取到最大值。如果能够最好地分离两个类的是一个超平面，那么这里 w 是该超平面的法向量。如果预测变量是二维的，那么能够最好分离两个类的是一条直线，该直线将和 w 垂直，如图 13-1 所示。

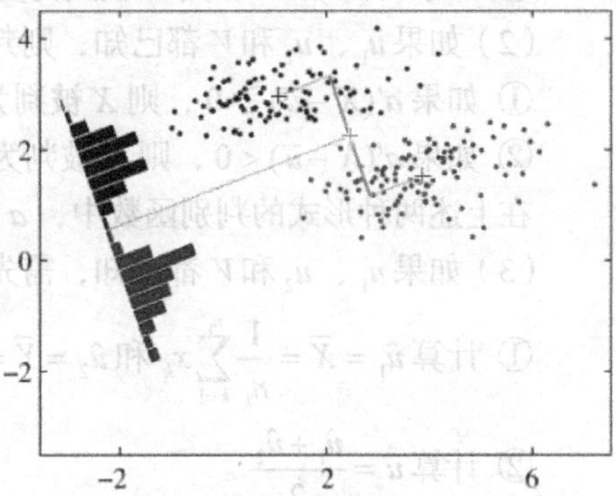

图 13-1 Fisher 线性判别法示意图

一般而言，需要判别的个体的数据点将被投影到 w 上，判别函数将根据投影点的一元方差分析结果得到。如果两个类的投影点的分布类似，那么两个类的投影点均值的中点就是一个好的判别点。如果 $w^T\bullet x<c$，样品将被判为一类，否则被判为另一个类，有如下等式成立。

$$c=w^T\bullet\frac{\bar{U}_2+\bar{U}_1}{2}$$

13.1.2 马式距离判别法

马氏距离判别法对总体的分布没有任何要求，只要求总体的均值向量和协方差矩阵存在，然后利用待判断的个体到各个总体的马式距离的远近来判断其归属。

1. 两个分组的情况

首先，考虑只有两个总体（即分组）的情况。

这里用 G_1 表示总体 1，其均值 μ_1 和协方差矩阵 V_1 已知；用 G_2 表示总体 2，其均值 μ_2 和协方差矩阵 V_2 已知。

设 X=$(x_1,\cdots,x_p)$ 为需要归类的个体（样本）数据，p 为总体的维数。

这里需要解决的问题是，对于上述给定的样本 X，判断其来自哪一个总体。下面给出二元总体判别分析算法的基本步骤。

（1）求出两个总体的协方差矩阵的逆矩阵，分别记为 V_1^{-1} 和 V_2^{-1}。

（2）分别计算需要归类的个体 X 到总体 G_1 和总体 G_2 的距离，计算距离的公式如下。

$$\mathrm{d}(X,G_1)=[(X-\mu_1)V_1\ (X-\mu_1)]^{1/2}=\sum_{i=1}^{p}\sum_{j=1}^{p}(x_i-u_{1i})v^{(1)}{}_{ij}(x_j-u_{1j})$$

$$d(X,G_2)=[(X-\mu_2)V_2(X-\mu_2)]^{1/2}=\sum_{i=1}^{p}\sum_{j=1}^{p}(x_i-u_{2i})v^{(2)}{}_{ij}(x_j-u_{2j})$$

（3）利用（2）中的距离进行类别判定，判别规则如下。

① 如果 $d(X,G_1)\leqslant d(X,G_2)$，则 X 被判为类 $G1$。

② 如果 $d(X,G_2)\leqslant d(X,G_1)$，则 X 被判为类 $G2$。

在上述两总体的判别分析算法中，如果两个总体的协方差矩阵相等，则判别函数的算法可以描述如下。

（1）如果 $V_1=V_2=V$，设 $\overline{u}=\dfrac{u_1+u_2}{2}$，$W(X)=(x-\overline{u})'V^{-}(u_1-u_2)$，则判别函数（规则）如下。

① 如果 $W(X)\geqslant 0$，则 X 被判为类 $G1$。

② 如果 $W(X)\leqslant 0$，则 X 被判为类 $G2$。

（2）如果 u_1、u_2 和 V 都已知，则判别函数也可以写为如下形式。

① 如果 $a'(X-\overline{u})\geqslant 0$，则 X 被判为类 $G1$。

② 如果 $a'(X-\overline{u})<0$，则 X 被判为类 $G2$。

在上述两种形式的判别函数中，a 由方程组 $Va=u_1-u_2$ 求得。

（3）如果 u_1、u_2 和 V 都未知，需先求出它们的估计值，具体算法如下。

① 计算 $\hat{u}_1=\overline{X}=\dfrac{1}{n_1}\sum_{k=1}^{n_1}x_k$ 和 $\hat{u}_2=\overline{Y}=\dfrac{1}{n_2}\sum_{k=1}^{n_2}x_k$。

② 计算 $\hat{u}=\dfrac{\hat{u}_1+\hat{u}_2}{2}$。

③ 计算 V 的公式如下。

$$S_1=\frac{1}{n_1-1}\sum_{k=1}^{n_1}(X_k-\overline{X})(X_k-\overline{X})'$$

$$S_2=\frac{1}{n_2-1}\sum_{k=1}^{n_2}(Y_k-\overline{Y})(Y_k-\overline{Y})',$$

$$V=\frac{1}{n_1+n_2-2}[(n_1-1)S_1+(n_2-1)S_2]$$

2. 多个分组的判别问题

设有 k 个总体 $G_1,\cdots,G_k$，它们的均值向量分别为 $u_1,\cdots,u_k$，协方差阵分别为 $V_1,\cdots,V_k$。对于给定的样品 X，要判断该样品属于哪一个总体。与两个总体的情况类似，下面分两种情况讨论。

（1）如果这 k 个总体的协方差矩阵都相等，即 $V_1=\cdots=V_k=V$。这时，需先计算下列参数。

① $\overline{u}_{ij}=\dfrac{u_i+u_j}{2}$，$i,j=1,\cdots,k$

② $a_{ij}=V^{-}(u_i-u_j)$，$i,j=1,\cdots,k$

③ $W_{ij}(X)=a'_{ij}(u_i-u_j)$，$i,j=1,\cdots,k$

计算后，可得到判别函数如下。

$$X\in G_i,\ W_{ij}(X)\geqslant 0\ (i,j=1,\cdots,k;\ i\neq j)$$

注意

当 $u_1,\cdots,u_k$ 和 $V_1,\cdots,V_k$ 都未知时，抽取样本，用其估计值代替。

（2）当 k 个总体的协方差矩阵不全相等时，可使用如下判断方法。

① 如果 $u_1,\cdots,u_k$ 和 $V_1,\cdots,V_k$ 都已知，则利用如下公式分别计算 X 到这 k 个总体的马式距离。

$$d(X,G_i)=[(X-\mu_i)V_i^{-}(X-\mu_i)]^{1/2}\quad i=1,\cdots,k$$

如果存在一个总体 G_i，满足 $d(X,G_i)\leqslant\min\limits_{j\neq i}d(X,G_j))(i=1,2,\cdots,k)$，则 X 被判为总体 G_i。也就是说，到 X 距离最小的总体即为 X 所属的总体。

② 当 $u_1,\cdots,u_k$ 和 $V_1,\cdots,V_k$ 都未知时，抽取样本，分别用样本协方差矩阵和样本均值来代替①中的总体协方差和均值，其他判别步骤是完全一样的。

13.2 逐步判别分析

上面介绍的距离判别法、Fisher 判别法都是利用给定的全部自变量来建立判别法则。实际中，这些自变量在判别分类中所起的作用，一般来说是不同的，有些自变量可能起重要作用，有些可能不是很重要。如果将一些判别能力不重要的变量保留在判别规则中，不仅会增加计算量，而且会产生干扰，影响判别效果；反之，如果将重要变量忽略了，也会影响判别的效果。逐步判别分析（Step Wise）就是在判别过程中不断地提取重要变量和剔除不重要变量，最终得到最佳判别规则的过程。

逐步判别分析的基本思想是：逐步引入变量，每次引入一个当前"最重要"的变量，同时也检验先前引入的变量，如果先前引入的变量的判别能力随新引入变量而变得不显著，则及时将其从判别模型中剔除，直到判别模型中的变量都是显著的，并且剩下的变量都不显著时，逐步判别算法结束。

逐步判别分析法又称为步进法（Stepwise Discriminant），其原理和逐步回归分析的思想类似，就是不断地检验筛选的变量，找出显著性变量，剔除不显著变量。

在 SPSS 中，选择【分析（A）】→【分类（F）】→【判别（D）】，然后选中右下方的单选按钮【使用步进式方法（U）】，则得到逐步判别分析的对话框，如图 13-2 所示。

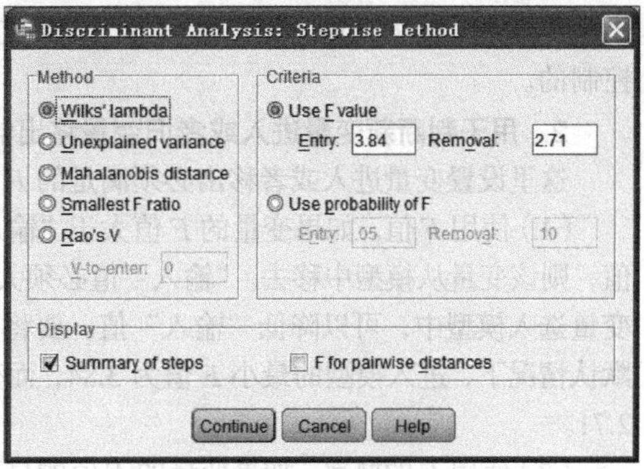

图 13-2 逐步判别法的设置

逐步判别分析法是根据由原始自变量所构造的统计量，并以该统计量为基础，给出一定的变量进入或者变量移出准则。下面分别介绍判断新变量进入或者移出的统计量及变量进入和移出的准则。

1. 用于判断新变量进入或者旧变量移出的统计量

用于输入新变量或移去旧变量的统计量有多种选择。用户可以采用的统计量有 Wilks 的 lambda、未解释的方差、Mahalanobis 距离、最小 F 比及 Rao 的 V 值。

（1）Wilks 的 lambda：该统计量给出一个变量被选入或者移除后模型的 Wilks 的 lambda 值的变化。它基于变量能在多大程度上降低 Wilks 的 lambda 来选择要输入方程中的变量。在每一步，总是输入能使总体 Wilks 的 lambda 最小的变量，即使如下等式最小化。

$$F_{\text{change}} = \left(\frac{n-g-q}{g-1}\right)\left(\frac{1-\frac{\lambda_{p+1}}{\lambda_p}}{\frac{\lambda_{p+1}}{\lambda_p}}\right)$$

（2）未解释方差。在每一步中输入使组间未解释方差为最小的变量。

（3）Mahalanobis 距离。每一步能够最大化两个最靠近的组的 Mahalanobis 距离的变量将被选入。两个组的距离由两个组的质心的 Mahalanobis 距离来确定，相关方程式如下。

$$D_{ab}^2 = (n-g)\Sigma_{i=1}^{q}\Sigma_{j=1}^{q} w_{ij}^* (\bar{X}_{ia} - \bar{X}_{ib})(\bar{X}_{ja} - \bar{X}_{jb})$$

q 是选入模型的变量的个数，而 w_{ij}^* 是组内协方差矩阵的逆矩阵的元素。

（4）最小 F 值。这是一种逐步分析中的变量选择方法。它基于使从组间 Mahalanobis 距离计算得到的 F 值最大。这里的 F 值是基于组间 Mahalanobis 距离来定义的，其定义如下。

$$F = \frac{(n-1-p)n_1 n_2}{p(n-2)(n_1+n_2)} D_{ab}^2$$

其中，D_{ab}^2 为两个组 a 和 b 之间的 Mahalanobis 距离，n_1、n_2、n 和 p 分别表示两个组的样本容量、总体的样本容量和自变量的个数。

（5）Rao 的 V 值。它是组均值之间的差异的一种测度，也称为 Lawley-Hotelling 迹，组之间的均值差距越大，Rao 的 V 值就越大。在每一步，能使 Rao 的 V 值增加最大的变量被选进来。选择此选项之后，需要进一步输入变量进入判别模型所必须具有的 Rao 的 V 值的大小条件。

要注意的是，上述统计量仅仅用于决定自变量进入模型的顺序，而具体的变量进入或者移出需要满足其他的准则（即下面内容），即 Wilks 的 lambda 的变化量，而这些准则是用户可以控制的。

2. 用于判断新变量进入或者旧变量移出的准则

这里设置变量进入或者移出必须满足的 F 值标准或者 F 的概率。

（1）使用 F 值。如果变量的 F 值大于“输入”值，则该变量输入模型，如果 F 值小于“剔除”值，则该变量从模型中移去。“输入”值必须大于“剔除”值，且两者均必须为正数。要将更多的变量选入模型中，可以降低“输入”值。要将更多的变量从模型中移去，可以增大“剔除”值。默认情况下，进入模型的最小 F 值为 3.84，而变量保留在模型中而不被剔除的标准是 F 值至少为 2.71。

（2）使用 F 的概率。如果变量的 F 值的显著性水平小于“输入”值，则将该变量选入模型中，如果该显著性水平大于“剔除”值，则将该变量从模型中移去。“输入”值必须小于“剔除”值，且两者均必须为正数。要将更多的变量选入到模型中，可以增加“输入”值。要将更多的变量从模型中移去，可以降低“剔除”值。默认情况下，变量进入模型的 F 的概率最大为 0.05，不被剔除模型的 F 值的概率最大为 0.01。

3. 容差

当自变量有很强的自相关性时，会产生计算上的问题。因此，在变量进入模型前，程序会检查该变量和模型中变量的相关程度，确保下一个进入模型的变量不要引起模型中自变量很强的自相关性。设 R^2 为应用模型中的自变量来预测下一个要进入模型的变量的可决系数，则称 $1-R^2$ 为这个下一步要进入模型的变量的容差。当一个变量的容差小于 0.001 时，变量不允许进入模型。

13.3 判别分析中的假设检验

在应用判别分析时，首先检验判别分析的各个假设条件的满足情况，具体条件如下。

（1）自变量之间的相关性不能太大。

（2）任何给定的自变量的均值和方差不能有太大的相关性。

（3）两个自变量之间的相关性在各个组之间是一致的。

（4）自变量的取值服从正态分布。

另外，判别分析需要检验各个类别的协方差矩阵是否相等，然后才能据此确定采用何种判别函数。一般应用 Box 检验来对各个类别的协方差矩阵是否相等进行检验。Box 检验的统计量的定义如下。

$$B=(1-c)\left\{\left[\sum_i(n_i-1)\right]\ln|\varSigma|-\sum_i\left[(n_i-1)\ln|\varSigma_i|\right]\right\}$$

其中，$c=\left[\sum_i\frac{1}{(n_i-1)}-\frac{1}{\sum_i(n_i-1)}\right]\left[\frac{2p^2+3p-1}{6(p+1)(G-1)}\right]$，并且 n_1、n_2、n 和 p 分别表示两个组的样本容量、总体的样本容量和自变量的个数；$\varSigma$ 表示聚集的协方矩阵（总体协方差矩阵的估计）；$\varSigma_i, i=1,2,\cdots,G$ 分别表示各个组的协方差矩阵；G 表示分组的个数；检验统计量 B 服从自由度为 $\frac{p(p+1)(G-1)}{2}$ 的卡方分布。从 Box 统计量 B 可以看出，当分组协方差矩阵相等时（此时聚集的协方差矩阵和这二者一致），B 统计量的值应该为 0。

13.4 案例分析

本节给出两个判别分析的案例。第一个是判别客户是否会购买新书，是一个两总体的判别分析的案例。第二个案例是电信客户的分类，有两个以上的总体。

判别分析的数据集中有多个自变量和一个因变量，因变量就是包含个案的类别的变量，有时候也被称为**预测变量**。它记录了个案所属的类或者组。该变量的度量水平必须是**分类变量**（名义变量或者有序变量）。SPSS 中一般用整数编码来表示分类变量。因此，预测变量中如果含有分类变量，则必须预先编码为哑变量。**自变量**是指用于判别分类的变量。

13.4.1 两个总体的判别分析——找出可能会购买新书的客户

某图书直销公司大约有 50 000 名客户的历史购买记录，现在他们想向这些客户推销一本新文艺书。他们首先想从这些客户中找出那些可能会购买这本书的客户，然后向他们发出相关的优惠购买信息。他们首先从这 50 000 名客户中随机抽取了 1 000 名客户，邮寄给他们购书的优惠券，其中 83 名客户最终购买了这本书，响应率为 8.3%。该公司需要据此信息找出那些可能购买新书的客户的特征，然后向其他可能购买新书的客户发出优惠购买信息。本章的数据文件“books.sav”记录了该公司第一次的营销记录（Nissan Levin 和 Jacob Zahavi），它包含一个因变量 Response 和 3 个其他变量：ID、Months、Artbooks。

（1）Response：为因变量，记录该客户是否购买新书，值为 0 意味着没有购买，而值为 1 意味着购买。

（2）Months：记录了客户上次购买距今的月数。

（3）Artbooks：记录客户购买文艺书的册数。

（4）ID：表示记录的编号，本次分析中用不到该变量。

判别分析的相关操作步骤如下。

（1）选择【分析（A）】→【分类（F）】→【判别（D）】，如图 13-3 所示。

（2）打开的“判别分析”对话框，如图 13-4 所示，把左栏中的变量“Response”选入窗口右栏“分组变量（G）”下面的框中。

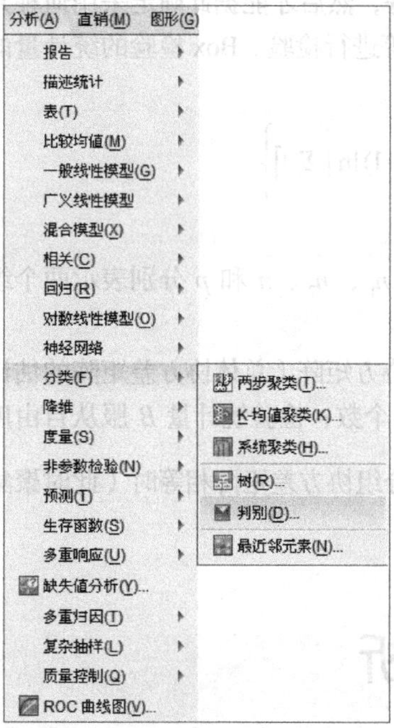

图 13-3　判别分析方法的菜单入口

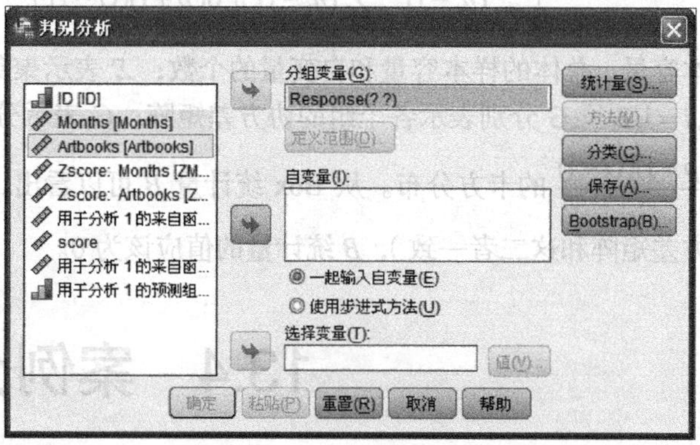

图 13-4　设置分组变量的输入

注意　分组变量必须是以整数编码的数值类型，同时把其度量水平设为名义数据或者有序数据。SPSS 的判别分析过程要求输入分组变量的最小值和最大值。该设置范围之外的分组所对应的个案将被排除在分析之外。

（3）如图 13-4 所示，这时“分组变量（G）”框中的内容显示为“Response(??)”，其后面的“(??)”是提示用户输入需要判别的类别范围。这时，需要单击下面的“定义范围（D）”按钮，然后给出类别的范围即可。这里，有两个类别，它们对应的编码分别为 0 和 1，所以输入设置如图 13-5 所示。

（4）单击【继续】按钮，返回“判别分析”对话框，继续把变量 Months 和 Artbooks 选入右栏下方的“自变量（I）”框中，如图 13-6 所示。这里的“自变量”是指用于判别分类的变量，它们一般是与分类有关的属性指标。

注意　现在如果单击【确定】按钮，就可以按照默认的设置进行判别分析了。我们这里还要进一步对其他选项进行设置。例如，“统计量”选项，“分类”选项和“保存”选择。下面我们对各个选项进行详细的介绍，并进行相应的设置。

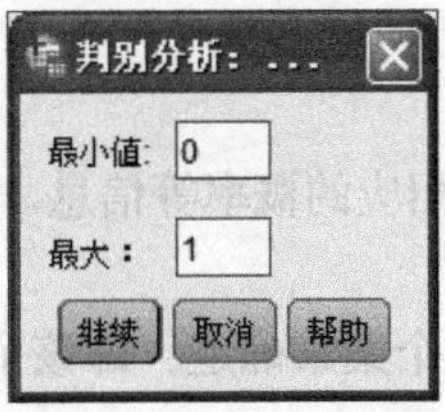

图 13-5 分组的范围设置

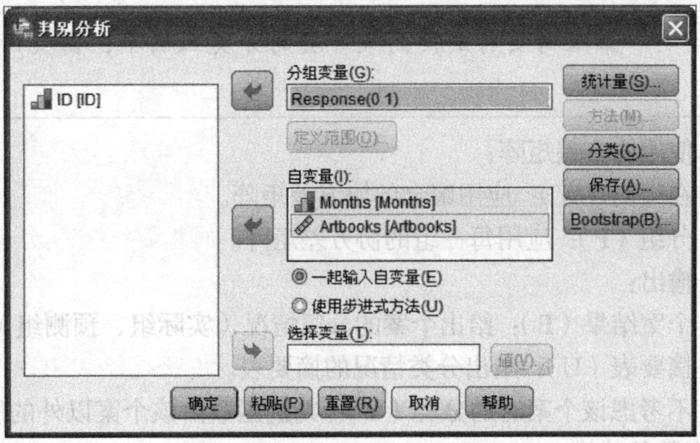

图 13-6 设置自变量

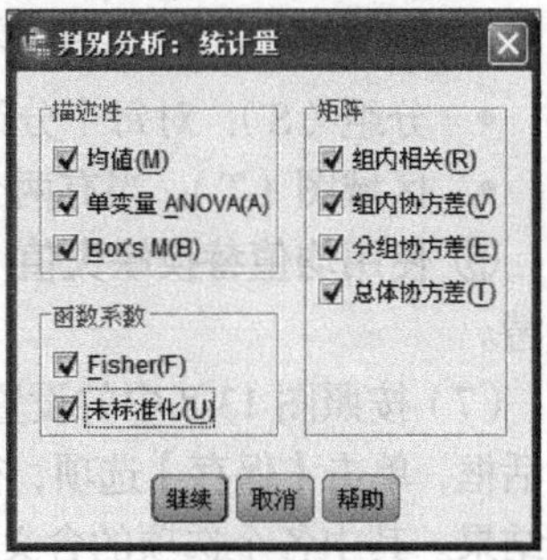

图 13-7 “判别分析：统计量”对话框

（5）单击【统计量（S）】选项按钮，得到“判别分析：统计量”对话框，如图 13-7 所示。该对话框包括如下元素。

① **描述性**：输出描述性指标、单变量的方差分析和协方差相等的 Box 检验结果。

- 均值：勾选该选项后，判别分析的结果中将输出每个类的自变量的均值和标准差。
- 单变量 ANOVA（A）：对各类别的自变量均值是否相等进行检验。它实质上是用各个预测变量（即自变量）作为因变量，用分组变量（即因变量）为因素的方差分析，因此这里称为单变量的 ANOVA。如果某个预测变量的 F 值的显著性值（Sig.）大于 0.1，那么该预测变量对判别分类没有作用，可以从自变量列表中剔除。
- Box'S M（B）：协方差是否相等的检验。

② **矩阵**：设置输出的协方差矩阵或者相关系数矩阵。

- 组内协方差（V）：给出预测变量的聚合组内协方差矩阵（Pooled Within-groups Covariance Matrix）。该矩阵是各个分组的协方差矩阵的加权平均值，权重为各组的样本量。
- 组内相关（R）：给出预测变量的聚合组内相关系数矩阵（Pooled Within-groups Correlation Matrix）。这里的聚合组内相关系数矩阵是由上述的组内协方差矩阵计算出来的。
- 分组协方差（E）：给出每一组的协方差矩阵。
- 总体协方差（T）：把所有待分析的组放在一起作为一个总体而计算出来的协方差矩阵。

③ **函数系数**：输出判别函数的系数。

- Fisher（F）：输出 Fisher 判别函数系数。
- 未标准化（U）：输出未标准化的判别函数系数。

（6）设定相关的选项之后，单击【继续】按钮，返回图 13-4 中的“判别分析”对话框，单击【分类（C）】按钮，得到图 13-8 所示的对话框。在该对话框中设置判别分析算法用到的先验概率和协方差矩阵，并设置输出结果和图形的方式。相关元素含义如下。

① **先验概率**：在没有其他信息的情况下，它给出了对每个个案属于某个类的可能性的估计。先验概率要和判别函数结合在一起对个案进行分类。

- 所有组相等（A）：个案属于每个组的概率相等。
- 根据组大小计算（C）：根据组的样本量来计算先验概率。应用组大小计算出来的先验概率可以提高总的分类正确率。

注意

如果需要特别提高某一类的分类正确率，需要仔细斟酌到底选择哪一个先验概率选项。

② **使用协方差矩阵**：

- 在组内（W）：应用聚合的协方差矩阵。
- 分组（P）：应用每一组的协方差矩阵。

③ **输出**：

- 个案结果（E）：给出个案的分组情况（实际组、预测组）和相应的概率等信息。
- 摘要表（U）：给出分类情况的摘要表。
- 不考虑该个案时的分类（V）：判别函数由该个案以外的所有个案来确定，即该个案不用于判别函数的建模。

④ **图**：

- 合并组（O）：当有两个以上的组时适用。
- 分组（S）：对每个分组，给出其个案的判别函数值的直方图。
- 区域图（T）：当有两个以上的组时适用。

⑤ **使用均值替换缺失值（R）**：如果选中该选项，数据中的缺失值将用其所属变量的均值来代替。

（7）按照图 13-8 中的设置进行设定，然后单击【继续】按钮，返回图 13-4 中的“判别分析”对话框，单击【保存】选项，得到图 13-9 所示的对话框。该窗口允许用户设置在数据集中保存分析结果。其中各个选项的含义分别解释如下。

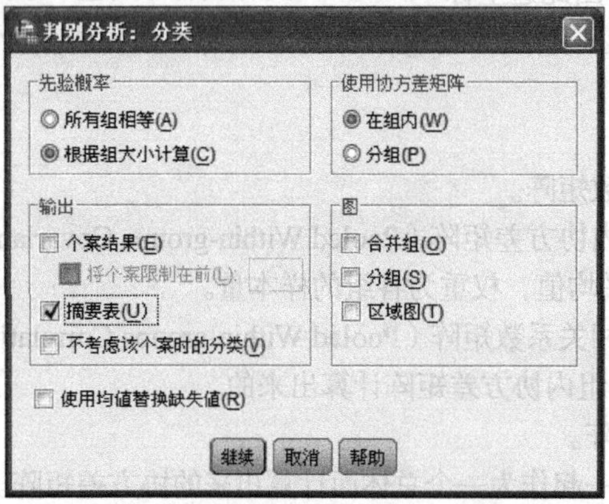

图 13-8 “判别分析设置：分类”对话框

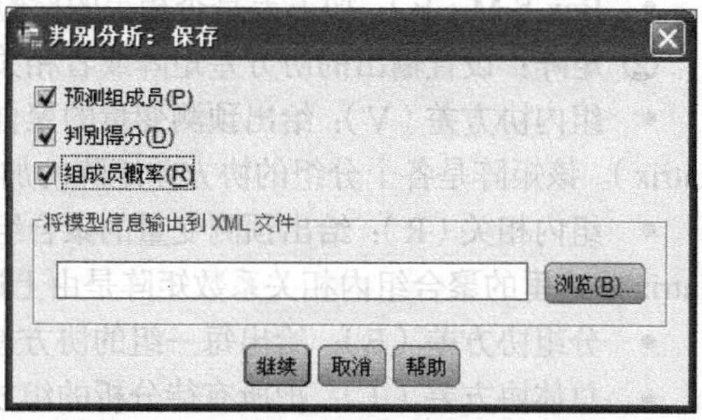

图 13-9 “判别分析设置：保存”对话框

① 预测组成员（P）：给出应用判别准则预测出来的给每个个案的分组。

② 判别得分（D）：每个个案的判别函数值。

③ 组成员概率（R）：每个个案属于各个组的概率。

这里设置保存“预测组成员（P）”“判别得分（D）”和“组成员概率（R）”，然后单击【继续】按钮，返回图 13-4 中的“判别分析”对话框，最后单击【确定】按钮，得到输出结果如表 13-1～表 13-15 所示。

下面解释输出中的一些重要结果。

表 13-1 给出了两个分组样本及把两个分组放在一起作为一个单独样本的描述性统计量。表 13-1 中的第 1 列的值为 0、1 和合计，分别表示组 0、组 1 和把两个组放在一起这 3 种情况下的样

本的描述性统计量。如表 13-1 所示，没有响应的用户（Response 为 0 的组）数为 917；有响应的用户（Response 为 1 的组）数为 83，并且没有响应的用户距上次购买的时间（12.73）远大于有响应的用户（Response=1）的距上次购买时间（9.41），即 $n1$=917，$n2$=83。从这里看出两组的人数差异极大。

表 13-1 组统计量

Response		均值	标准差	有效的 N（列表状态）	
				未加权的	已加权的
0	Months	12.73	8.107	917	917.000
	Artbooks	.33	.607	917	917.000
1	Months	9.41	5.951	83	83.000
	Artbooks	1.00	1.059	83	83.000
合计	Months	12.46	8.001	1 000	1 000.000
	Artbooks	.39	.681	1 000	1 000.000

表 13-2 的分类结果给出了按照判别函数在建模数据上进行分类的结果，它又被称为“混淆矩阵”。“初始”为行，表示的是数据的真实分类情况。“预测组成员”为列，是应用判别函数预测出的分类情况。表中内容给出了判别分析判别正确和错误的计数。

这里，第一行 917 个没有响应（Response 取值为 0）的观测中，有 907 个被预测正确，占没有响应组的 98.9%，另外 10 个被错误的预测为有响应（预测为 1），占没有响应组的 1.1%；而第二行类似。下面的“%”部分给出的是相对频数（或百分比）。因此，总的判对率为（907+11）/1 000=91.8%，也即脚注 a）。

表 13-2 分类结果 a

Response			预测组成员		合计
			0	1	
初始	计数	0	907	10	917
		1	72	11	83
	%	0	98.9	1.1	100.0
		1	86.7	13.3	100.0

a. 已对初始分组案例中的 91.8% 个进行了正确分类。

从表 13-3 中的组均值的均等性检验可以得出各个预测变量对于判别分组的重要性程度。如果最后一列的显著性值（即最后一列的 Sig.值）大于 0.10，该预测变量可能对模型判别分组的贡献不显著。这里显著性值都小于 0.000 5（由于计算的 Sig.值小于 0.000 5，故此四舍五入而在表中的 Sig.列显示为.000），因此 Months 和 Artbooks 都对判别有显著作用。而 Wilks 的 Lambda 的值越小，对应的预测变量对类的判别起的作用越大。这里说明购买的书籍的册书（Artbooks）这一预测变量对于判定用户是否对促销响应的作用大于另一个预测变量，即上一次购买距今的时间（Months）。不同于表 13-8 中的 Wilks 的 Lambda 值，这里是对预测变量的判别能力进行检验，而表 13-8 中的 Wilks 的 Lambda 值则是对判别函数的判别能力进行检验。

表 13-3 组均值是否相等的检验

	Wilks 的 Lambda	F	df1	df2	Sig.
Months	.987	13.283	1	998	.000
Artbooks	.927	78.445	1	998	.000

在假设两个组的协方差相等的情况下，可以采用两个组聚合的协方差矩阵（即组内协方差矩阵）。它同时给出了两个聚合组内矩阵：协方差矩阵和相关系数矩阵。

表 13-4　　汇聚的组内矩阵 [a]

		Months	Artbooks
协方差	Months	63.237	.164
	Artbooks	.164	.431
相关性	Months	1.000	.032
	Artbooks	.032	1.000

a. 协方差矩阵的自由度为 998。

表 13-5 的协方差矩阵给出了样本数据的分组协方差矩阵。该表中给出了 3 个协方差矩阵：Response 为 0 的部分给出的是没有响应的组（Response=0）协方差矩阵；Response 为 1 的部分给出的是有响应的组（Response=1）协方差矩阵；而合计则是对所有样本数据（把没有响应的组和有响应的组放在一起）计算的协方差矩阵。

相关性给出了预测变量之间的相关性，需要仔细检查该相关性矩阵。如果预测变量之间存在很强的共线性，那么判别函数的系数的大小可能不能直接说明自变量对判别函数的贡献性的大小。同时，需要结合结构矩阵仔细分析。

表 13-5　　协方差矩阵 [a]

Response		Months	Artbooks
0	Months	65.727	.239
	Artbooks	.239	.369
1	Months	35.416	−.671
	Artbooks	−.671	1.122
合计	Months	64.014	−.004
	Artbooks	−.004	.464

a. 总的协方差矩阵的自由度为 999。

表 13-6 给出了对数行列式。对数行列式给出了两个分组协方差矩阵和聚合的协方差矩阵的行列式的自然对数。对数行列式的大小揭示了分组中个体的差异情况。该值越大，说明组中个体间的差异越大。另外，分组之间的对数行列式的差异情况反映了它们的分组协方差矩阵之间的相似程度。这里，两个分组的协方差矩阵的对数行列式的值在第 3 列，对 Response=0 和 Response=1 这两个分组，其值分别为 3.186 和 3.671。是否能判断分组之间的协方差矩阵相等，还需要根据下面 Box 的 M 检验的结果。表 13-6 的第 2 列中的“秩”给出的是自变量的个数。

表 13-6　　对数行列式

Response	秩	对数行列式
0	2	3.186
1	2	3.671
汇聚的组内	2	3.304

打印的行列式的秩和自然对数是组协方差矩阵的秩和自然对数。

从表 13-7 可知，Box 统计量的值为 77.809，其显著性值小于 0.000 5，因此 Box 检验说明两个分组的协方差矩阵不相等。这说明，我们进行判别分析时选择聚合协方差矩阵将不是最优的选择。这时，应该选择分组协方差矩阵重新运行判别分析，重新对结果进行分析。

注意 Box 检验假设样本数据服从多元正态分布。如果样本数据不是多元正态分布，检验结果可能会受到影响。

表 13-7 检验结果

BOX 的 *M* 值		77.809
F	近似。	25.706
	df1	3
	df2	243 266.705
	Sig.	.000

对相等总体协方差矩阵的零假设进行检验。

表 13-8 给出了分组协方差矩阵是否相等的检验结果。从输出结果可以判断判别分析模型拟合数据的好坏情况。从表 13-8（a）中的特征值表能够判断每个判别函数的判别效能。当只有两个分组时，最后一列的正则相关性值（Canonical Correlation）是最重要的指标。它相当于判别得分和分组之间的 Pearson 相关系数。这里的值为 0.293，表明判别函数和分组的线性相关性不是很强。

表 13-8（a） 特征值和 Wilks 的 Lambda 值

函数	特征值	方差的 %	累积 %	正则相关性
1	.094[a]	100.0	100 .0	.293

a. 分析中使用了前 1 个典型判别式函数。

在表 13-8（b）Wilks 的 Lambda 值中，给出了每一个判别函数的判别能力（这里只有 2 个分组，所以判别函数的个数为 1），即每个判别函数对个案进行分类的能力。

表 13-8（b）的第 2 列中的 Wilks 的 Lambda 值给出了组之间的差别所不能解释的判别得分的总方差的比例。**Lambda 值越小，相应的判别函数的判别能力就越强**。第 3 列中的卡方值是用于检验各个分组在该函数上的均值是否相等的统计量，如果相应的显著性值小于 0.05，则各个分组在该判别函数上的得分不相等，也即该判别函数对个案具有判别能力。最后一列给出了第 3 列中卡方统计量的显著性值（Sig.），其值越小（如小于 0.05），表明各个分组的判别函数的均值差异越大，判别函数的判别能力越强，从而表明判别函数的判别能力越优于随机性的判别。

表 13-8（b） Wilks 的 Lambda 值

函数检验	Wilks 的 Lambda	卡方	Df	Sig.
1	.914	89.611	2	.000

表 13-9 给出了标准化的典型判别式判别函数的系数。它是把预测变量标准化为均值为 0，组内标准差为 1 后得到的判别函数系数。从这些系数可以大致判断出不同量纲的预测变量对于判别分组的重要性。绝对值大的系数所对应的预测变量具有较大的判别能力。这里 Artbooks 的系数大于 Months，表明 Artbooks 变量判别分组的能力优于变量 Months。

注意 如果你需要基于标准化的典型判别式函数的系数计算判别函数得分，必须用聚合的组内标准差的估计值来进行变量标准化，而不能用描述统计菜单中的 **Z** 分数（该分数应用所有类中的全部个案进行标准化）。

表 13-9 标准化的典型判别式函数系数

	函数
	1
Months	−.405
Artbooks	.927

从表 13-10 中的结构矩阵可以评估各个预测变量对判别得分的贡献大小。结构矩阵给出了预测变量和判别得分的 Pearson 相关系数，并按照相关系数绝对值的大小进行了降序排列。从表中可知，预测变量 Artbook 与判别得分的相关系数为 0.914，而 Months 与判别得分的相关系数为−0.376。这里，再一次表明预测变量 Artbooks 对判别函数的分类的重要性要高于预测变量 Months。

表 13-10　　　　结构矩阵

	函数
	1
Artbooks	.914
Months	−.376

判别变量和标准化典型判别式函数之间的汇聚组间相关性按函数内相关性的绝对大小排序的变量。

表 13-11 给出了典型判别式函数的系数，这里由于只有两个分组，所以只有一个判别式函数。这里的系数是非标准化的系数，不能够从系数的大小来对预测变量判别能力的大小进行判断。

表 13-11　　　　典型判别式函数系数

	函数
	1
Months	−.051
Artbooks	1.412
（常量）	.086

非标准化系数。

组质心处的函数是各个组的判别函数得分的均值。如果有多个判别函数，那么将有多组函数均值。从表 13-12 看出，Response 为 1 的类的判别函数得分均值要大于 Response 为 0 的类的判别函数得分的均值。

表 13-12　　　　组质心处的函数

Response	函数
	1
0	−.092
1	1.018

在组均值处评估的非标准化典型判别式函数。

注意　默认情况下，SPSS 假设个案属于每个组的可能性是相同的，即各个组的先验概率相等。然而，用各个组样品个数的相对频率作为组的先验概率可以提高总的分类正确率。

这里 Response 为 0 的有 917 人，相对频率为 917/1 000=0.917。表 13-13 给出了判别函数用到的各个组的先验概率，它是根据各个分组的大小计算出来的。因此，Response=0 这一组的先验概率为 0.917。类似的，Response=1 这一组的先验概率为 0.083。

表 13-13　　　　组先验概率

Response	先验	用于分析的案例	
		未加权的	已加权的
0	.917	917	917.000
1	.083	83	83.000
合计	1.000	1 000	1 000.000

分类函数用来对样品（个案）进行分类。每个类对应有一个分类判别函数，对每个样品计算判别函数的值，个案被归类到取值最大的分类函数所对应的类。

表 13-14 给出了分类函数的系数。从分类函数的系数可知，在 Response 为 0 的组上的上一次购买的时间（Months）的系数要大于 Response 为 1 的组上的 Months 的系数。它意味着：上一次购买的时间距现在越长，客户响应的可能性越小。根据其他系数的绝对值的大小，可以做出类似的解释。

表 13-14　　分类函数系数

	Response	
	0	1
Months	.200	.143
Artbooks	.699	2.267
（常量）	-1.473	-4.295

Fisher 的线性判别式函数。

13.4.2　两个以上总体的判别——电信客户分类

如果有两个以上的分类，判别函数的个数可能为一个或者一个以上。打开本章的数据文件 “telco.sav”。该数据记录了电信用户的特征。电信供应商根据用户应用电信业务的情况，把老客户分成 4 组，现在需要根据用户的人文地理特征确定一个分类规则，应用该规则对新客户进行相应的分类，据此对不同类别的客户进行有针对性的服务。这就是商业中经常用到的精准营销方式。这里应用逐步判别分析的方法来对新客户进行分类。具体设置如图 13-10 所示。这里选择“使用步进式方法”。

（1）如图 13-10 所示，这里“分组变量（G）”和“自变量（I）”的设置和 13.4.1 节中的设置方法是类似的。选择变量“Customer category”到“分组变量（G）”（即变量 custcat）框中。把剩余的 9 个变量都作为自变量选入“自变量（I）”框中。

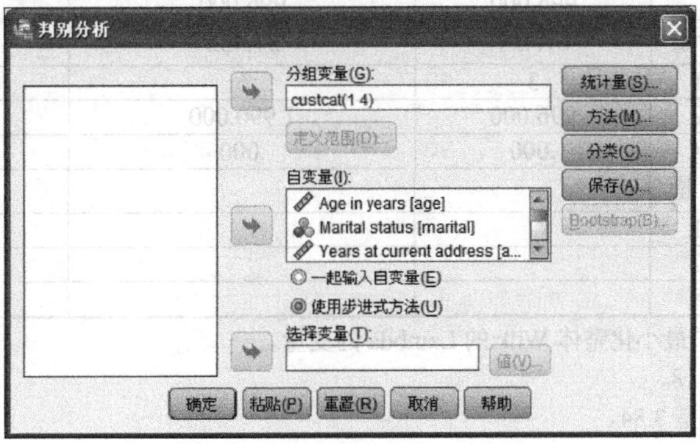

图 13-10　“判别分析”对话框

（2）单击【分类（C）】按钮，设置需要输出的结果和图形，如图 13-11 所示。

（3）进行图 13-11 所示的设置。设置完成后，单击【继续】按钮，返回图 13-10 所示的对话框，然后单击【方法（M）】按钮，得到图 13-12 所示的对话框窗口。该对话框设置步进法选择变量或者剔除变量的方法和标准，以及设置每一步输出的摘要信息。这里采用默认的设置。

（4）进行图 13-12 所示的设置。设置完成后，单击【继续】按钮，返回图 13-10 所示的对话框。其他选项，如“统计量（S）”和“保存（A）”的设置，采用默认值。因此，在这里直接单击【确定】按钮。SPSS 将运行判别分析过程，并输出结果，得到输出结果在表 13-15～表 13-24 以及图 13-13 中给出。下面给出输出的结果，并进行相应的解释。

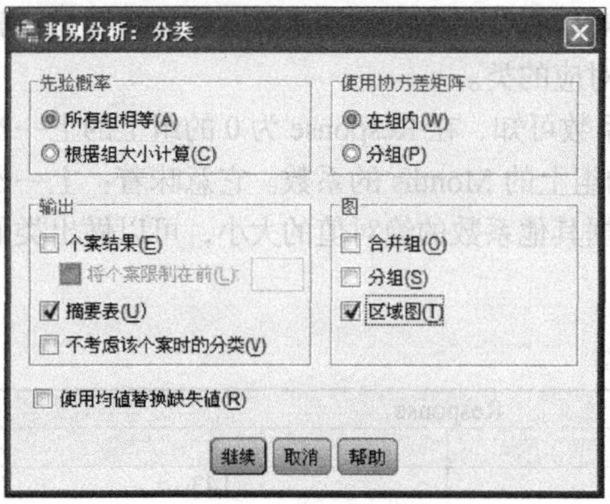

图 13-11　设置分类

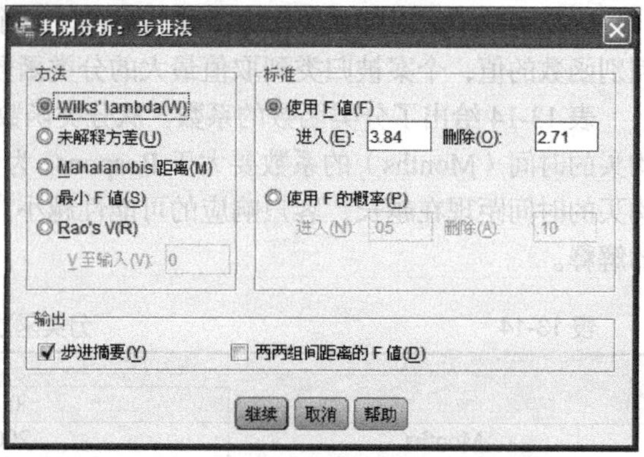

图 13-12　设置步进法的变量选择方法

表 13-15 给出了每一步选入模型的变量，在第 1 步中选入的变量为 “Level of education”，其对应的 F 值为 61.454，远远大于设定的进入标准 3.84；第 2 步选入的变量为 “Years with current employer”，第 3 步选入的变量为 “Number of people in household”，它们对应的 F 值分别为 37.4 和 26.4，都远远大于设定的进入标准 3.84。经过 3 步之后，再也没有变量满足进入标准，算法结束。最终有 3 个变量被选入模型，即 “Level of education” “Years with current employer” 和 “Number of people in household”。

表 13-15　　输入的/删除的变量 a,b,c,d

			步骤		
			1	2	3
输入的			Level of education	Years with current employer	Number of people in household
Wilks 的 Lambda	统计量		.844	.807	.796
	df1		1	2	3
	df2		3	3	3
	df3		996.000	996.000	996.000
	精确 F	统计量	61.454	37.432	
		df1	3	6	
		df2	996.000	1 990.000	
		Sig.	.000	.000	
	近似 F	统计量			26.445
		df1			9
		df2			2 419.285
		Sig.			.000

在每个步骤中，输入了最小化整体 Wilk 的 Lambda 的变量。

a. 步骤的最大数目是 18。

b. 要输入的最小偏 F 是 3.84。

c. 要删除的最大偏 F 是 2.71。

d. F 级、容差或 VIN 不足以进行进一步计算。

表 13-16 给出了每一步判别分析模型中的自变量及其相应统计量的值。与此相对应，表 13-17 给出了每一步的模型中没有被选入模型的自变量及其相应的统计量取值。结合这两张表的输出结果，可以看出步进法的变量选择逻辑。

从表 13-17 中的步骤 0 可知，一开始，计算所有自变量的相关统计量的取值。这时，模型中没有包含任何自变量。

结合表 13-16 和表 13-17 的相应的步骤，可以进行如下解释：第 1 步选取具有最大 F 值（“要输入的 F”）的自变量进入模型，即选取自变量 “Level of education”，其 F 值为 61.45。剩余的没有被选入模型的自变量中，还有变量的 F 值仍然大于选入标准（F 值至少为 3.84）；第 2 步对剩余的自变量重新计算相应的统计量值，然后从中选择满足选入标准（F 值至少为 3.84）并且 F 值为最大的变量进入模型，这里满足选入标准且 F 值最大的自变量为“Years with current employer”，所以它在第 2 步被选入判别模型；第 3 步对第 1 步和第 2 步选剩的自变量重新计算相应的统计量的值，与前 2 步一样，它从剩余的变量中选择满足进入标准 F 值大于 3.84 并且 F 值最大的自变量进入判别模型。这里选择的是“Number of people in household”。第 3 步之后，所有剩余自变量的 F 值都小于选入标准。至此，步进法停止，共有 3 个自变量被选入判别分析模型，它们分别是：Level of education，Years with current employer，Number of people in household。

表 13-16　　每一步分析中的所有选入的变量

步骤		容差	要删除的 F	Wilks 的 Lambda
1	Level of education	1.000	61.454	
2	Level of education	.953	59.108	.951
	Years with current employer	.953	14.933	.844
3	Level of education	.951	60.046	.940
	Years with current employer	.934	15.824	.834
	Number of people in household	.979	4.841	.807

表 13-16 中的“要删除的 F”和表 13-17 中“要输入的 F”对应的都是相应变量的 F 统计量的取值。

表 13-17　　每一步没有被选入的变量及其相应的统计量取值

不在分析中的变量

步骤		容差	最小容差	要输入的 F	Wilks 的 Lambda
0	Age in years	1.00	1.00	7.52	0.98
	Marital status	1.00	1.00	3.50	0.99
	Years at current address	1.00	1.00	8.43	0.98
	Household income in	1.00	1.00	6.69	0.98
	Level of education	1.00	1.00	61.45	0.84
	Years with current	1.00	1.00	16.98	0.95
	Retired	1.00	1.00	3.00	0.99
	Gender	1.00	1.00	0.37	1.00
	Number of people in	1.00	1.00	3.98	0.99
1	Age in years	0.98	0.98	6.13	0.83
	Marital status	1.00	1.00	3.80	0.83
	Years at current address	0.98	0.98	8.49	0.82
	Household income in	0.99	0.99	6.02	0.83
	Years with current	0.95	0.95	14.93	0.81
	Retired	0.99	0.99	1.43	0.84
	Gender	1.00	1.00	0.36	0.84
	Number of people in	1.00	1.00	3.97	0.83
2	Age in years	0.56	0.55	0.35	0.81
	Marital status	1.00	0.95	3.90	0.80
	Years at current address	0.80	0.77	2.91	0.80
	Household income in	0.69	0.66	0.63	0.81
	Retired	0.93	0.89	0.53	0.81
	Gender	1.00	0.95	0.39	0.81
	Number of people in	0.98	0.93	4.84	0.80
3	Age in years	0.53	0.53	0.25	0.80
	Marital status	0.60	0.59	1.51	0.79
	Years at current address	0.78	0.77	3.51	0.79
	Household income in	0.69	0.66	0.69	0.79
	Retired	0.92	0.88	0.35	0.79
	Gender	1.00	0.93	0.40	0.79

表 13-18 给出的内容和表 13-15 的内容基本上是一致的。不同之处是，表 13-15 第一行给出的是每一步所选进模型的变量名称，而表 13-18 中给出的是每一步骤中预测变量的数目。

表 13-18　　每一步中变量个数和相关统计量

Wilks 的 Lambda

		步骤		
		1	2	3
变量数量		1.00	2.00	3.00
Lambda		0.84	0.81	0.80
df1		1.00	2.00	3.00
df2		3.00	3.00	3.00
df3		996.00	996.00	996.00
精确 *F*	统计量	61.45	37.43	
	df1	3.00	6.00	
	df2	996.00	1 990.00	
	Sig.	0.00	0.00	
近似 *F*	统计量			26.45
	df1			9.00
	df2			2 419.29
	Sig.			0.00

从表 13-19 中可知，判别分析模型中的方差基本上是由前 2 个判别函数来解释的，它们的累计贡献率为 99.6%，第 3 个判别函数的贡献率仅为 0.4%，因此可以忽略第 3 个判别函数对判别分析模型的影响。

表 13-19　　判别分析特征值

函数	特征值	方差的%	累积%	正则相关性
1	.198[a]	80.2	80.2	.407
2	.048[a]	19.4	99.6	.214
3	.001[a]	.4	100.0	.031

a. 分析中使用了前 3 个典型判别式函数。

表 13-20 给出了判别函数对于各个分组均值的显著性检验的结果。原假设是表中的判别函数的均值在各个分组是相等的。从表 13-20 的第 1 行和第 2 行可知，各个分组的判别函数 1 和判别函数 2 的均值是显著不相等的。第 3 行表明，各个分组在第 3 个判别函数的均值上没有显著的区别。这表明，第 3 个判别函数对模型的贡献很小。

表 13-20　　判别函数对于各个分组的均值的显著性检验

函数检验	Wilks 的 Lambda	卡方	df	Sig.
1 到 3	.796	227.345	9	.000
2 到 3	.953	47.486	4	.000
3	.999	.929	1	.335

表 13-21 给出了标准化的典型判别式函数。从函数的系数可以认为变量“Level of education”的信息主要体现在第一个判别函数中。变量“years with current employer”则主要反映在第 2 个判别函数上。

表 13-21 标准化的典型判别式函数系数

	函数		
	1	2	3
Level of education	.985	.136	-.250
Years with current employer	.066	1.026	-.119
Number of people in household	.261	.239	.947

表 13-22 的结构矩阵中给出了每一个自变量分别和 3 个判别函数的相关系数。如果一个自变量与某个判别函数的相关系数是与 3 个判别函数相关系数中最大的，则在该相关系数的右上角用“*”标识。如果某个变量没有被选入模型，则在该变量的右上角用上标“a”表示。

从表 13-22 中可以看出，“Level of education”是与第一个判别函数密切相关的唯一变量。有 6 个变量与第 2 个判别函数有密切的关系，它们分别是“Years with current employer”“Age in years”“Household income in thousands”“Years at current address”“Retired”和“Gender”。这表明第 2 个判别函数是一个“稳定”（Stability）的判别函数。

表 13-22 结构矩阵

	函数		
	1	2	3
Level of education	.966*	-.090	-.244
Years with current employer	-.182	.964*	-.193
Age in years[a]	-.162	.598*	-.285
Household income in thousands[a]	.109	.514*	-.190
Years at current address[a]	-.151	.394*	-.214
Retired[a]	-.108	.230*	-.137
Gender[a]	.008	.054*	.009
Number of people in household	.232	.097	.968*
Marital status[a]	.132	.134	.600*

判别变量和标准化典型判别式函数之间的汇聚组间相关性按函数内相关性的绝对大小排序的变量。

*. 每个变量和任意判别式函数间最大的绝对相关性。

a. 该变量不在分析中使用。

表 13-23 组质心处的函数

Customer category	函数		
	1	2	3
Basic service	-.309	-.320	.011
E-service	.250	-.007	-.055
Plus service	-.450	.266	.007
Total service	.655	.050	.031

在组均值处评估的非标准化典型判别式函数。

表 13-23 给出了按照分类来计算的判别函数得分的均值，这里称为类的质心或者类的中心。

表 13-24　　分类结果汇总[a,c]

Customer category			预测组成员				合计
			Basic service	E-service	Plus service	Total service	
初始	计数	Basic service	125	11	61	69	266
		E-service	49	15	58	95	217
		Plus service	102	14	112	53	281
		Total service	40	16	37	143	236
	%	Basic service	47.0	4.1	22.9	25.9	100.0
		E-service	22.6	6.9	26.7	43.8	100.0
		Plus service	36.3	5.0	39.9	18.9	100.0
		Total service	16.9	6.8	15.7	60.6	100.0
交叉验证[b]	计数	Basic service	124	11	62	69	266
		E-service	49	15	58	95	217
		Plus service	103	14	110	54	281
		Total service	40	22	37	137	236
	%	Basic service	46.6	4.1	23.3	25.9	100.0
		E-service	22.6	6.9	26.7	43.8	100.0
		Plus service	36.7	5.0	39.1	19.2	100.0
		Total service	16.9	9.3	15.7	58.1	100.0

a. 已对初始分组案例中的 39.5%个进行了正确分类。

b. 仅对分析中的案例进行交叉验证。在交叉验证中，每个案例都是按照从该案例以外的所有其他案例派生的函数来分类的。

c. 已对交叉验证分组案例中的 38.6%个进行了正确分类。

表 13-24 给出了分类结果的汇总信息，总体的正确率为 39.5%。如果没有采用任何模型，仅仅把个体简单的划分到个体数最大的分组（即 Plus service 组），正确率为 281/1 000=28.1%。应用判别分析模型，通过逐步判别分析，采用了 3 个自变量，分类的准确率提高了 11.4%，达到 39.5%。模型识别 4 个分类（即 Basic Service、E-Service、Plus service 和 Total Service）的正确率分别为：47%、6.9%、39.9%和 60.6%。这里要注意的是，模型在识别 Total service 上准确率达到了 60.6%。而模型对于 E-Service 组的判别能力较差，准确率仅有 6.9%。为了将这类识别准确率较低的客户识别出来，我们需要提高这类客户的识别准确率。这需要进一步改进判别方法或者选择其他的自变量。

区域图（见图 13-13）可以帮助我们分析各分组和判别函数之间的关系。它将结构矩阵的结果联系起来，为自变量和分组之间的关系提供了一个图形解释。横坐标表示第一个判别函数的取值，而纵坐标表示的是第二个判别函数的取值。

第 1 个判别函数将第 4 类客户（Total Service Customers）从其他客户中分离出来。因为 Level of education 和第一个函数之间存在密切的正相关关系，这表明接受完全服务的客户，他们的教育水平都比较高。

第 2 个判别函数将第一类客户和第三类客户区分开来，即 Basic service 类和 Plus service 类。

从表中可以看出，接受增值服务的客户（即 Plus Service 类），他们工作时间长于接受基本服务（即 Basic Service）的客户，他们的年龄也要大一点。从区域图中也可以看出，第 3 类客户 E-service 不能够被很好地区分开来。

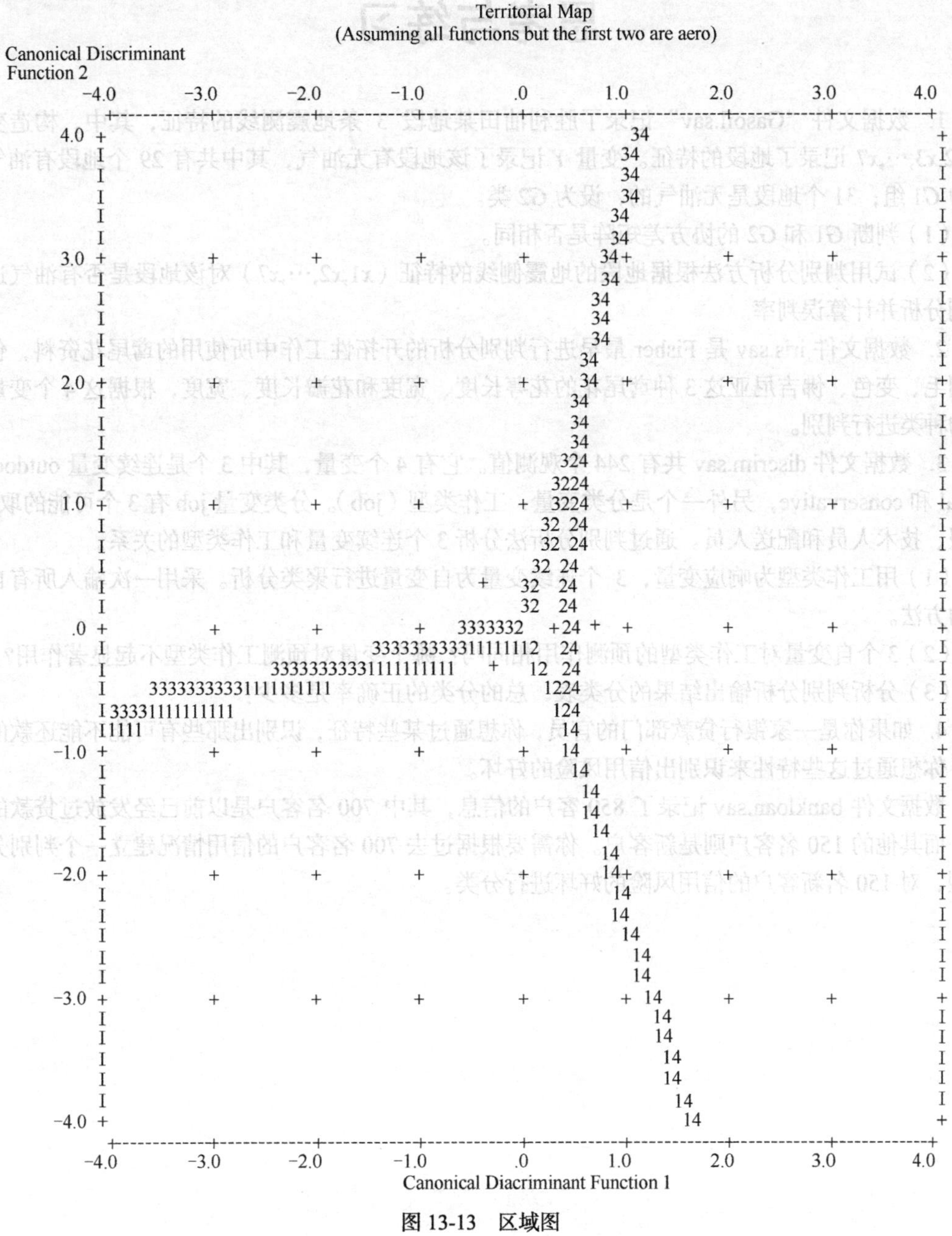

图 13-13　区域图

13.5　小结

本章主要介绍了判别分析的基本概念和两种主要的判别分析算法，分别简要介绍了 Fisher 判别法和马氏距离判别法，然后，详细介绍了 SPSS 中逐步判别法的使用方法。针对两个总体和多于两个总体的判别分析，分别给出了相应的案例。

思考与练习

1. 数据文件“Gasoil.sav”记录了胜利油田某地段 3 条地震测线的特征，其中，构造变量 $x1,x2,x3,\cdots,x7$ 记录了地段的特征。变量 Y 记录了该地段有无油气，其中共有 29 个地段有油气，设为 $G1$ 组；31 个地段是无油气的，设为 $G2$ 类。

（1）判断 $G1$ 和 $G2$ 的协方差矩阵是否相同。

（2）试用判别分析方法根据地段的地震侧线的特征（$x1,x2,\cdots,x7$）对该地段是否有油气进行判别分析并计算误判率。

2. 数据文件 iris.sav 是 Fisher 最早进行判别分析的开拓性工作中所使用的鸢尾花资料，包含了刚毛、变色、佛吉尼亚这 3 种鸢尾花的花萼长度、宽度和花瓣长度、宽度，根据这 4 个变量对花的种类进行判别。

3. 数据文件 discrim.sav 共有 244 个观测值。它有 4 个变量，其中 3 个是连续变量 outdoor、social 和 conservative，另外一个是分类变量：工作类型（job）。分类变量 job 有 3 个可能的取值：客服、技术人员和配送人员。通过判别分析法分析 3 个连续变量和工作类型的关系。

（1）用工作类型为响应变量，3 个连续变量为自变量进行聚类分析。采用一次输入所有自变量的方法。

（2）3 个自变量对工作类型的预测作用相同吗？哪个变量对预测工作类型不起显著作用？

（3）分析判别分析输出结果的分类表，总的分类的正确率是多少？

4. 如果你是一家银行贷款部门的官员，你想通过某些特征，识别出那些有可能不能还款的客户，你想通过这些特性来识别出信用风险的好坏。

数据文件 bankloan.sav 记录了 850 客户的信息，其中 700 名客户是以前已经发放过贷款的客户，而其他的 150 名客户则是新客户。你需要根据过去 700 名客户的信用情况建立一个判别分析模型，对 150 名新客户的信用风险的好坏进行分类。

第 14 章 典型相关分析

【本章学习目标】

- 了解典型相关分析的基本原理。
- 了解典型相关分析和相关分析以及复相关分析的区别与联系。
- 了解典型相关分析的应用。
- 了解 SPSS 进行典型相关分析的语法命令。
- 解释典型相关分析的结果。

14.1 典型相关分析简介

主成分分析和因子分析法都是讨论随机向量的各个分量之间的关系。而有时侯，我们需要考察两组有着密切关系但是我们却不能够找出它们之间的明确的函数关系式的变量，需要找出它们之间的相互影响关系。譬如，考察企业的经营规模和经营费用的关系；工资增长与劳动生产率变动的关系；家庭收入水平与支出的关系；政府政策变量与经济表现之间的关系等。这时候就可以应用典型相关分析的方法，得到这两组变量之间的线性相关程度。

在工农业生产及社会生活中存在着许多这样的相互依存、相互制约、相互影响的变量的例子。这些变量之间的关系称为相关关系。因为它们之间存在着密切的关系，但是又不能够由一个（或者几个）变量的值完全确定另一个变量的值。典型相关分析把变量分为两个组，可以找到每个组的变量的线性组合，使得这些线性组合的相关性为最大。这两个组相应的线性组合变量称为**典型相关变量**，它们的相关系数称为**典型相关系数**。

典型相关分析方法最早由哈罗德·霍特林（Hotelling）于 1935 年提出，他分析了算术速度和能力与阅读速度和能力之间的相关程度。典型相关变量与原始的变量之间的关系可以用图 14-1 来说明。

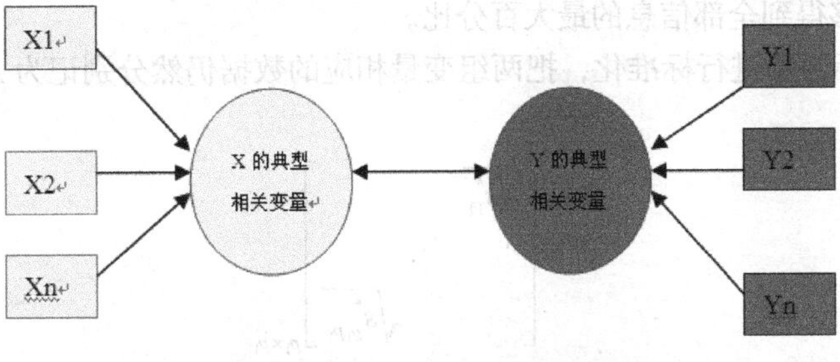

图 14-1 典型相关分析示意图

14.1.1 典型相关分析的应用范围

典型相关分析讨论两组随机向量之间的关系，是揭示两组因素之间的内部联系的一种有效工具，其基本思想是把两个随机向量 X 和 Y 之间的相关问题，转化为两个综合变量 U 和 V 之间的相关问题进行讨论，其中 U 和 V 分别为 X 和 Y 的线性组合，即 $U=a'X$，$V=b'y$。例如，对产品特性的市场价格（第 1 组）和这些产品的产量（第 2 组）之间关系的分析；某种产品的各种性能（第 1 组）和这种产品的各种物理、化学特性第 2 组的关系的分析；一年级大学生入学后的各科考试成绩（第 1 组）和其高考时各科的考试成绩（第 2 组）之间关系的分析。

14.1.2 典型相关分析的功能

典型相关分析的主要思想是把两组变量之间的相关性问题转换为两个单一的变量之间的相关性问题来讨论，应用典型相关分析，可以完成以下事项。

（1）确定变量之间是否存在相关关系。如果存在一定关系，找出它们之间依存关系的适当的数学模型。

（2）根据一个或几个变量的值，预测或者控制另一个变量的取值，并估计预测或控制达到的精确程度。

（3）进行因素分析。若有多个因素（或者变量）影响某一个指标，找出这些因素的主次，分析因素之间的关系。

14.2 典型相关分析算法简介

设评价指标的总体为随机变量 X，X 中评价指标的个数（即 X 的维数）为 p，把随机变量 X 分为两组（一般情况都可以分为两组），分别记为 $X_{(1)}$ 和 $X_{(2)}$，相应地，计算其方差和协方差如下，

设 $D(X)=V$，$V=\begin{bmatrix} V_{11} & V_{12} \\ V_{21} & V_{22} \end{bmatrix}$，$V_{11}=D(X_{(1)})$，$V_{22}=D(X_{(2)})$，$V_{12}=\mathrm{Cov}(X_{(1)},X_{(2)})=V'_{21}$。

其中，$X_{(1)}=(X_{11},\cdots,X_{1p_1})^T$，$X_{(2)}=(X_{21},\cdots,X_{2p_2})^T$，$p_1$ 是第一组评价指标的个数，p_2 是第二组评价指标的个数，n 为总体样本容量。

设 I_{p_1} 和 I_{p_2} 分别是维数为 p_1 和 p_2 的单位矩阵，下面给出对一个给定样本 X，进行典型相关分析的具体步骤。

令 x_{ij} 为第 i 个样本的第 j 个指标或者变量的取值，其中，$i=1,\cdots,n$，$j=1,\cdots,p=p_1+p_2$，$X_i=(x_{i1},\cdots,x_{ip})'$ 为第 i 个观测值。

设 α 为希望能够得到全部信息的最大百分比。

（1）将样本指标数据进行标准化，把两组变量相应的数据仍然分别记为 X_1 和 X_2，并计算如下矩阵。

$$A_1=\begin{bmatrix} \sqrt{s_{11}^*} & & \\ & \ddots & \\ & & \sqrt{s_{p_1p_1}^*} \end{bmatrix}_{p_1\times p_1}$$

$$A_2 = \begin{bmatrix} \sqrt{s^*_{p_1+1,p_1+1}} & & \\ & \ddots & \\ & & \sqrt{s^*_{p,p}} \end{bmatrix}_{p_2 \times p_2}$$

这里，A_1 和 A_2 分别为样本指标数据标准化前的两组变量的协方差矩阵的对角线元素构成的对角矩阵。

（2）对标准化后的数据，计算如下相关系数矩阵。

$$R(X) = \begin{bmatrix} D(X_1) & \mathrm{Cov}(X_1, X_2) \\ \mathrm{Cov}(X_1, X_2) & D(X_2) \end{bmatrix}$$

其中：

$$D(X_1) = \left(\frac{1}{n-1}\sum_{k=1}^{n} x_{ki}x_{kj}\right)_{p_1 \times p_1} \triangleq V_{11}，(i,j=1,\cdots,p_1)$$

$$\mathrm{Cov}(X_1, X_2) = \left(\frac{1}{n-1}\sum_{k=1}^{n} x_{ki}x_{kj}\right)_{p_1 \times p_2} \triangleq V_{12}，(i=1,\cdots,p_1;\ j=p_1+1,\cdots,p=p_1+p_2)$$

$$\mathrm{Cov}(X_2, X_1) = \left(\frac{1}{n-1}\sum_{k=1}^{n} x_{ki}x_{kj}\right)_{p_2 \times p_1} \triangleq V_{21}，(i=p_1+1,\cdots,p=p_1+p_2;\ j=1,\cdots,p_1)$$

$$D(X_2) = \left(\frac{1}{n-1}\sum_{k=1}^{n} x_{ki}x_{kj}\right)_{p_2 \times p_2} \triangleq V_{22}，(i,j=j=p_1+1,\cdots,p=p_1+p_2)$$

（3）计算矩阵：$W_1 = V^-_{11}V_{12}V^-_{22}V_{21}$（或者 $W_2 = V^-_{22}V_{21}V^-_{11}V_{12}$）。

（4）求出方程$|W_1 - \lambda^2 I_{p_1}|\alpha=0$（或者$|W_2 - \lambda^2 I_{p_2}|\alpha=0$）的特征根，并按大小顺序排列，排序后的特征根仍然记为 $\lambda^2_1 \geqslant \lambda_2^{\ 2} \geqslant \cdots \geqslant \lambda_p^{\ 2}$。

（5）确定典型相关变量的组数 s；

（6）把各个特征根分别代入方程$(W_1 - \lambda^2 I_{p_1})\alpha=0$ 和$(W_2 - \lambda^2 I_{p_2})\alpha=0$ 中，求出相应于这 s 个特征根的特征向量：$c_1, c_2, \cdots, c_s$。

（7）将特征向量变形为 a_i，$a_i = A^-_1 c_i$，$b_i = A^-_2 c_i$，其中，$i=1,\cdots,s$。

（8）写出 $X_{(1)}$与 $X_{(2)}$的第 1 对，…，第 s 对典型相关变量。得出典型相关的模型如下。

$$y_i = a_i' X_{(1)} = a_{i1}x_1 + \cdots + a_{ip_1}x_{p_1}$$

$$z_i = b_i' X_{(2)} = b_{i1}x_{p_1+1} + \cdots + b_{ip2}x_{p_1+p_2}，(i=1,\cdots,s)$$

（9）对模型的解释。

14.3　典型相关系数的显著性检验

如果两组随机变量 X_1 和 X_2 不相关，则其协方差矩阵 V_{12}（或者 V_{21}）仅包含零元素，因而典型相关系数 $\lambda_i (i=1,2,\cdots,s)$ 都变为 0。这时进行相关分析就失去了意义。因此，我们要对典型相关系数进行检验。这里应用大样本的卡方检验法，具体算法如下。

（1）令 k=1。

（2）计算：$\Delta_k = (1-\lambda_k)(1-\lambda_2)\cdots(1-\lambda_{p_1})$

$$Q_k = -[(n-k) - \frac{1}{2}(p_1 + p_2 + 1)]\ln\Delta_k$$

（3）给定显著性水平 α。

（4）查卡方分布表，得到分位点 $\chi_\alpha^2[(p_1-k+1)(p_2-k+1)]$。

（5）判断第 k 对典型相关变量是否显著相关。

① 如果 $Q_k \geqslant \chi_\alpha^2[(p_1-k+1)(p_2-k+1)]$，则认为在该显著性水平 α 下，第 k 对典型相关变量是显著相关的。这时，令 k=：k+1；转（2）。

② 若不显著相关，则令 k：=k+1，转（4）。

14.4 案例分析

调查 25 个家庭，每个家庭都有长子和次子，今分别测量长子的头长（OldWidth）及头宽（OldLength）、次子的头长（YLenghth）与头宽（YWidth），测量得到的数据在本章数据文件“CanonicalAna1.sav”中。试分析长子的头宽及头长和次子的头宽和头长之间的关系。在 SPSS 菜单中，单击【文件】→【打开】→【语法】，打开 SPSS 的语法编辑器，输入如下的代码。

```
INCLUDE "C:\Program Files\IBM\SPSS\Statistics\20\Samples\English\Canonical
        correlation.sps".
CANCORR SET1 = OldWidth OldLength
            /SET2 = YWidth YLength.
```

注意，上述语法的第一行 INCLUDE 后面引号里面的内容为文件“Canonical correlation.sps”，其路径要用户计算机中 SPSS 安装路径下面的“Canonical correlation.sps”所在的路径来代替。

输入结束后，如图 14-2 所示。

图 14-2　典型相关分析语法编辑器

确认无误后，用组合键【Ctr】+【R】或者单击工具栏上的绿色箭头来运行上述 SPSS 语法程序。得到的结果如表 14-1～表 14-11 所示。

表 14-1 给出了第一组变量长子的头长和头宽的相关系数矩阵。这里长子的头长与头宽的相关系数为 0.734 6。

表 14-1　　第一组变量的相关系数矩阵

Correlations for Set-1

	OldLengt	OldWidth
OldLengt	1.000 0	.734 6
OldWidth	.734 6	1.000 0

表 14-2 给出了第二组变量次子的头长和头宽的相关系数矩阵。这里次子的头长与头宽的相关系数为 0.839 3。从表 14-1 和表 14-2 可知，无论长子还是次子，他们的头长和头宽都有较大的相关系数。

表 14-2　　第二组变量的相关系数矩阵

Correlations for Set-2

	YLength	YWidth
YLength	1.000 0	.839 3
YWidth	.839 3	1.000 0

表 14-3 给出了第一组变量长子的头长和头宽与第二组变量次子的头长和头宽的相关系数矩阵。结果表明，长子的头长和头宽与次子的头长和头宽有显著的相关性。

表 14-3　　第一组变量和第二组变量的交叉相关系数矩阵

Correlations Between Set-1 and Set-2

	YLength	YWidth
OldLengt	.710 8	.704 0
OldWidth	.693 2	.708 6

表 14-4 给出了前 2 个典型变量的相关系数，它们分别为 0.789 和 0.054。从表 14-5 可知，第一对典型变量的相关系数为 0.789，该相关系数的显著性概率值（Sig.）为 0.000，即显著性值小于 0.005，因此，该相关系数在统计上是显著的，为强相关。而第 2 对典型变量的相关系数的显著性概率值（Sig.）为 0.803，大于 0.05，统计上是不显著的。

表 14-4　　典型相关系数

Canonical Correlations

1	.789
2	.054

表 14-5　　典型相关的显著性检验

Test that remaining correlations are zero:

	Wilk's	Chi-SQ	DF	Sig.
1	.377	20.964	4.000	.000
2	.997	.062	1.000	.803

表 14-6 和表 14-7 分别给出了两组原始变量的标准化及非标准化的典型变量系数。如果原始变量的量纲不同，建议采用标准化的典型变量系数。这样可以对原始变量在典型变量中的作用进行比较和解释。如果原始变量的量纲是一致的，就可以直接采用非标准化的典型变量系数。

由于原始变量的量纲是一致的，第一对典型变量可以采用表 14-6（b）和表 14-7（b）中的非标准化的典型变量系数。如果采用非标准化的典型变量系数（即表 14-6（b）和表 14-7（b）中的结果），第一对典型变量可以表示如下。

$$U_1 = -0.057 \times \text{OldLengt} - 0.071 \times \text{OldWidth}$$

$$V_1 = -0.05 \times \text{YLength} - 0.08 \times \text{YWidth}$$

表 14-6（a） 第一组变量的标准化的典型变量系数

Standardized Canonical Coefficients for Set-1

	1	2
OldLengt	-.552	-1.366
OldWidth	-.522	1.378

表 14-6（b） 第一组变量的非标准化的典型变量系数

Raw Canonical Coefficients for Set-1

	1	2
OldLengt	-.057	-.140
OldWidth	-.071	.187

表 14-7（a） 第二组变量的标准化的典型变量系数

Standardized Canonical Coefficients for Set-2

	1	2
YLength	-.504	-1.769
YWidth	-.538	1.759

表 14-7（b） 第二组变量的非标准化的典型变量系数

Raw Canonical Coefficients for Set-2

	1	2
YLength	-.050	-.176
YWidth	-.080	.262

表 14-8 和表 14-9 给出了原始变量和典型变量之间的相关程度的分析结果。由于只有第 1 对典型变量在统计上是显著的，因而这里给出的结果是原始变量和第 1 对典型变量的相关性结果，其中，Canonical Loadings 是原始变量与其相应的典型变量之间的相关系数，Cross Loading 是原始变量与其对立的典型变量之间的相关系数。

表 14-8 第一组变量的典型结构

Canonical Loadings for Set-1

	1	2
OldLengt	-.935	-.354
OldWidth	-.927	.375

Cross Loadings for Set-1

	1	2
OldLengt	-.737	-.019
OldWidth	-.731	.020

表 14-9 第二组变量的典型结构

Canonical Loadings for Set-2

	1	2
YLength	-.956	-.293
YWidth	-.962	.274

Cross Loadings for Set-2

	1	2
YLength	-.754	-.016
YWidth	-.758	.015

表 14-8 和表 14-9 中的典型结构结果可以用结构图给出，如图 14-3 所示。

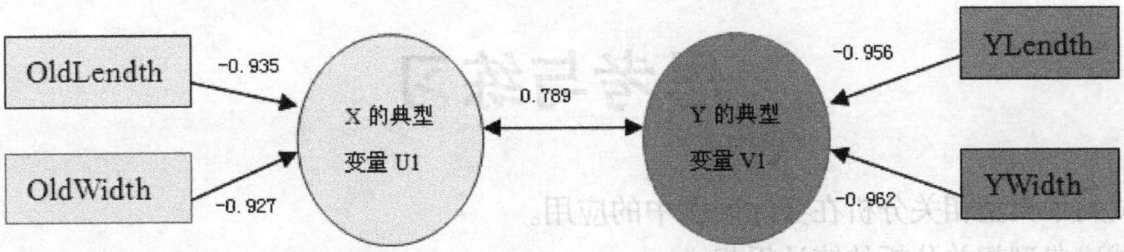

图 14-3　第一对典型变量的典型结构图

表 14-10 和表 14-11 给出了冗余分析（Redundancy Analysis）的结果。它表示各个典型变量对原始变量组整体的变差解释程度。从表 14-10 可知，第一组原始变量组的整体变差被第 1 对典型变量解释的比例分别为 86.7%和 53.9%，被第 2 对典型变量解释的比例分别为 13.3%和 0。

表 14-10　　第 1 组变量的冗余分析

Proportion of Variance of Set-1 Explained by Its Own Can. Var.	
	Prop Var
CV1-1	.867
CV1-2	.133
Proportion of Variance of Set-1 Explained by Opposite Can.Var.	
	Prop Var
CV2-1	.539
CV2-2	.000

从表 14-11 可知，第 2 组原始变量组的整体变差被第 1 对典型变量解释的比例分别为 92%和 57.2%，被第 2 对典型变量解释的比例分别为 8%和 0。

表 14-11　　第二组变量的冗余分析

Proportion of Variance of Set-2 Explained by Its Own Can. Var.	
	Prop Var
CV2-1	.920
CV2-2	.080
Proportion of Variance of Set-2 Explained by Opposite Can. Var.	
	Prop Var
CV1-1	.572
CV1-2	.000
------ END MATRIX -----	

14.5　小结

典型相关分析是一种较为复杂的多元分析方法。进行典型相关分析可以帮助梳理出变量的层次结构，并判断出一组变量受其他组变量的影响程度。如果有大量变量，并且很难搞清楚它们之间的关系，那么可以初步根据相关性或者变量所代表的含义，将所有变量分为两类，然后进行典型相关分析。在发现了数据蕴含的基本规律之后，用户可以进一步应用更为精确的多元统计分析模型对数据进行深入的分析。

在对典型相关分析的输出结果进行分析时，要理清重点和主次关系，重要的是典型相关系数及其显著性检验、典型变量的系数和典型结构分析。典型结构给出了典型变量和原始变量之间的相关性，可以勾勒出典型变量和原始变量之间简明的示意图。

思考与练习

1. 试列举典型相关分析在实际问题中的应用。
2. 试述典型相关分析的统计思想。
3. 什么是典型变量？它具有哪些性质？
4. 考虑下面的协方差矩阵，

$$\mathrm{Cov}\left(\left[X_1, X_2, Y_1, Y_2\right]\right)=\begin{bmatrix} 00 & 0 & 0 & 0 \\ 0 & 1 & 95 & 0 \\ 0 & 0.95 & 1 & 0 \\ 0 & 0 & 0 & 100 \end{bmatrix},$$

验证下面的结论。

（1）第一对典型相关变量为：$U_1 = X_1, V_1 = Y_1$。

（2）相关系数为 0.95。

参考文献

[1] SPSS 中国公司．SPSS 初中级培训讲义．内部资料.

[2] 宋志刚等．SPSS16 实用教程[M]．北京：人民邮电出版社，2008.

[3] 宋志刚，谢蕾蕾等．SPSS 16 实用教程[M]．北京：人民邮电出版社，2009.

[4] （美）Nancy L. Leech , Barrett, Karen Caplovitz , Morgan, George A. SPSS 统计应用与解析[M]．何丽娟，等译．北京：电子工业出版社，2009.

[5] （美）William Mendenhall, Terry Sincich．统计学（第 5 版）[M]．冯珍，关静，等译．北京：机械工业出版社，2009.

[6] 张文彤，闫洁．SPSS 统计分析基础教程[M]．北京：高等教育出版社，2004.

[7] 薛薇．SPSS 统计分析方法及应用[M]．北京：电子工业出版社，2009.

[8] 薛薇．统计分析与 SPSS 的应用[M]．北京：人民大学出版社，2008.

[9] 卢淑华．社会统计学（第 3 版）[M]．北京：北京大学出版社，2005.

[10] 吴喜之．非参数统计（第 2 版）[M]．北京：中国统计出版社，2006.

[11] 吴喜之．统计学：从概念到数据[M]．北京：高等教育出版社，2008.

[12] SPSS 18 用户手册，CD-ROM.

[13] 何晓群．现代统计分析方法与应用（第 2 版）[M]．北京：中国人民大学出版社，2007.

[14] 姜政毅．关于回归模型平方和分解公式成立条件分析[M]．卷 4．工业技术经济，2010.

[15] 陈旋，叶俊等．实用多元统计分析[M]．北京：清华大学出版社，2008.

[16] 道格拉斯，拉廷等．多元数据分析[M]．北京：机械工业出版社，2003.

[17] 张尧亭，方开泰．多元分析引论[M]．北京：科学出版社，1982.

[18] 张崇甫，陈述云等．统计分析方法及其应用[M]．重庆：重庆大学出版社，1995.

[19] 朱建平．应用多元统计分析[M]．北京：科学出版社，2006.

[20] 克劳斯等．多元统计分析方法[M]．上海：格致出版社，2009.

[21] 张文彤等．SPSS 高级统计分析教程[M]．北京：高等教育出版社，2004.

[22] 维基百科全书: http://en.wikipedia.org/wiki/LDA.

[23] 维基百科全书: http://en.wikipedia.org/wiki/SPSS , http://en.wikipedia.org/wiki/ Norman_Nie.

[24] David S. Moore，George P. McCabe. Introductory to the Practice of Statistics[M]. W H Freeman & Co (Sd) ,1999.

[25] Michael Sullivan, III. Statistics: informed decisions Using Data. NJ:Prentice Hall, 2004.

[26] Michael Sullivan, III. Statistics. NJ: Prentice Hall, 2003.

[27] Rickman, R., N. Mitchell, J. Dingman, J. E. Dalen. Changes in serum cholesterol during the Stillman Diet[M]. Journal of the American Medical Association, 1974,228:54-58.

[28] Norusis, M.. SPSS 16.0 Advanced Statistical Procedures Companion[M]. Upper Saddle-River. N.J.: Prentice Hall, Inc.,2008.

[29] James Lattin, J. Douglas Carroll. Analyzing Multivariate Data[M].Thomson Learning, 2003.